한국 국회의 현실과 이상

이 책에 실린 논문들은 2005년도 정부재원(교육인적자원부 학술연구조성사업비)
으로 한국학술진흥재단의 지원을 받아 연구되었음(KRF-2005-079-BS0024).

한국 국회의 현실과 이상

이갑윤 • 이현우 편저

Reality and Ideal of
Korean National Assembly

Lee, Kap Yun • Lee, Hyeon–Woo

ORUEM Publishing House
Seoul, Korea
2009

서문

　한국정치의 여러 가지 문제 중 하나가 국회가 제대로 작동하지 않고 있다는 점이다. 국민들의 국회에 대한 신뢰가 점점 더 낮아지고 있으며, 낮은 신뢰는 다시금 국회의 정상적 기능을 막는 원인으로 작용하는 악순환을 되풀이하고 있다. 국회에 대한 비판은 국회의원 선거 결과로 이어져 민주화 이후인 13대 국회부터 18대 국회까지 초선의원의 비율이 항상 절반을 넘었다. 국회변화에 대한 국민들의 의사가 반영된 것이라 하겠다. 그러나 실망스럽게도 국회에의 신뢰는 더욱 나빠지고 있는 실정이다.

　이 연구는 민주주의 운영에 중심이 되는 국회의 문제점을 인식하고 이를 개선하기 위한 학문적 노력이 필요하다는 학자들의 공감대 속에서 시작되었다. 이 연구는 한국학술진흥재단의 기초학문분야 지원사업의 일환으로, 서강대학교 동아연구소가 '한국 국회의 현실과 이상'이라는 연구과제로서 2005년 7월부터 2007년 6월까지 2년에 걸쳐 이루어졌다. 그리고 본 연구서가 그 최종 결과물이다.

　본 연구는 1차년도에 '한국 국회와 국회의원들에 대한 한국인의 태도와 평가'를 주제로 1,200명을 다단계 추출방식으로 표집하여 면접조사를 실시한 설문자료를 기초로 한국인의 국회에 대한 태도와 평가의 특성,

구조, 원인 등을 분석하였다. 설문지는 국회 및 국회의원에 대한 평가는 물론이고 국회기능에 대한 인식정도, 일반적인 정치의식, 다각적 방법의 이념측정, 정당과 선거 등 다양한 주제에 관해 구조화된 설문내용으로 구성되었다. 이 설문자료를 바탕으로 분석한 연구결과가 이 책의 1부에 담겨 있다.

　2차년도에는 '국회의원들의 국회에 대한 태도와 평가'를 주제로, 국회의원 대상의 설문을 실시하였다. 유효한 설문응답의원은 243명으로 소속정당, 성별, 선수 등을 검토한 결과 의원전체집단에 대한 대표성을 갖는 것으로 확인되었다. 의원조사의 설문지는 우선 1차년도에 조사한 국민들 의식조사와 비교할 수 있는 설문내용을 포함하였고, 의정활동과 국회운영 등에 대한 의원들의 태도와 평가를 측정할 수 있는 설문들이 추가되었다. 구체적으로 국회의원의 입법, 대표, 선거구 봉사, 행정부 견제활동에 특성과 원인을 분석할 수 있는 설문항들이 포괄적으로 포함되었다. 이 자료를 바탕으로 분석한 연구가 이 책의 2부에 실려 있다.

　이 연구의 의미는 무엇보다 국가기관 중에도 특히 평가가 낮은 국회를 비난하는 데 그치는 것이 아니라, 낮은 평가의 원인을 파악하고 개선책을 마련하려 시도했다는 점에 있다. 즉, 어떤 부분을 어떻게 개선하는 것이 필요한지에 대한 기초적 자료가 미비한 현실에서, 경험적 조사를 통해 개선책 마련의 계기를 마련하고자 한 것이 본 연구이다. 사실상 국회에 대한 논의는 무성하지만, 실증적 자료를 바탕으로 국회를 분석하고 개선책을 제시한 학문적 실적은 많지 않은 것이 현실이다. 이러한 인식하에 국회연구 및 발전에 학문적으로 기여하고자 하는 학자들의 노력과 그 결과가 본 단행본인 것이다.

　경험적으로 조사해 본 결과 국민들이 국회를 평가하기는 하지만 국회운영 및 국회의원들의 활동에 관한 정보수준이 매우 낮다는 것을 확인할 수 있었다. 따라서 국민들의 국회에 대한 객관적이고 공정한 평가가 이루어지기 어려운 실정이다. 국회에 대한 이해부족에도 불구하고 국회의원 선출 및 국회권한에 국민들의 지지가 미치는 영향력은 매우 크다. 특히 행정부의 권한이 확대되고 있는 현대국가에서 국민의 대표로서 국회의 중요성은 더 커짐에도 불구하고, 역설적으로 국회의 중요성과 신뢰가 국민들의 이해부족으로 인해 약화되는 면이 있다는 것을 확인할 수 있었다.

한편, 2차년도 연구는 국회의원들의 국회와 의정활동에 대한 태도 및 평가에 중심을 두었는데, 조사결과 의원들은 국회의원으로서의 자긍심과 업무충실도, 의정 활동 및 국회운영에 상당히 만족하고 있는 것으로 나타났다. 이러한 결과는 국민들이 국회를 평가하는 것과 상당한 차이를 보이는 것이다. 국회의원들의 의식에 대한 실증적 조사는 드물며, 더욱이 조사자료를 공개하는 경우는 거의 전무한 형편이다. 국회의원들이 어떤 업무를 중시하는지, 다양한 의정활동의 동기는 무엇인지 등 의원들에 대한 좀 더 많은 정보가 국민들에게 알려져야 한다. 왜냐하면 일반 국민들에게 국회와 국회의원들에 대한 정보를 충분히 제공하는 것이, 국회에 대한 이해를 높이고 국회에 대한 평가를 긍정적으로 이끌 수 있는 방안이 될 수 있기 때문이다.

이 책의 3부에서는 한국 국회와 일본과 미국 국회에 대한 국민평가를 비교하여 국회에 대한 좀 더 객관적 비교와 평가가 가능한 글들을 수록하였다. 다른 국가에서는 의회에 대한 평가가 어떠하며, 국민들은 어떤 요인들을 중시하는지 등을 분석하는 작업은 한국 국회 평가의 객관화를 위해서 필요하다 하겠다. 비교연구 결과 의회의 구조적 특성으로 인해 의회 신뢰도는 다른 국가에서도 높지 않았으며, 각 국가의 정치문화 및 정치적 경험 등이 국회평가에 중요한 요인으로 작용한다는 것을 확인하였다. 또한 국가별로 선거에서 현직자에 대한 호의정도 및 유리함 등이 차이를 보이고 있다는 것을 알게 되었다.

본 연구가 국민과 국회의원들에 대한 실증적 자료를 바탕으로 한국 국회의 당면한 문제점과 그 원인을 찾아내고 국회발전을 위한 개선책을 제시하는 것을 목적으로 하였지만, 기존의 연구가 충분치 못한 여건에서 초보적 수준에 머무를 수밖에 없는 한계가 있었다. 따라서 본 연구에서 제시한 국회개선 방향은 실천과제로서는 미흡하며 지속적 연구가 필요하다 하겠다. 뿐만 아니라 본 연구의 자료는 일회성 조사를 통해 얻어진 것이므로, 조사 당시 정치환경의 영향을 받은 단기적 요소와 지속적인 요소들을 구분하기가 어렵다는 한계를 가지고 있다. 차후 지속적 조사와 분석을 통해 국회 특성의 장·단기적 요인을 차별화시키는 작업이 필요하다.

마지막으로 본 연구는 설문조사라는 양적 자료를 바탕으로 하고 있다. 구조화된 설문지를 구성하였지만, 보다 완성도 높은 연구를 위해서는 심층인터뷰 등 설문조사의 문제를 보완할 수 있는 질적 자료의 산출과 분석이 보완되어져야 한다.

이 연구가 완성되기까지 여러 도움이 있었다. 먼저 큰 대가 없이 2년간 본 연구에 참여해주신 연구원들에게 감사를 드린다. 그리고 모든 궂은 일들을 성실히 처리해준 유지성 군을 비롯한 서강대학교 정외과 대학원생들에게도 노고를 전한다. 마지막으로 여러 가지 어려운 여건 속에서도 본 연구서를 발간할 수 있도록 물심양면 도와주신 부성옥 오름출판사 대표와 최선숙 부장 이하 모든 분들에게 고마움을 전한다. 본 연구의 결과물이 한국 국회 연구의 시작이라는 점에서 앞으로 많은 학자들의 연구가 진행되기를 진심으로 바란다.

2009년 8월

이갑윤 · 이현우

차례

제1부
국민의 국회평가

| 제1장
국민 인식 속의 국회와
객관적 국회의 비교 분석

가상준

I. 서론

국민들에 의해 선출된 의원들에 의해 구성된 국회는 대의기능, 행정부 견제 기능, 입법기능 등을 수행하는 중요 헌법기관이다. 국회의 역할과 활동은 국민의 정책적 수요에 대한 공급이라고 할 수 있기에 국회는 국민들의 의시기 전달되고 의사가 반영되는 곳이다. 이에 국회는 다른 정부기관보다 국민들과 빈번하게 접촉하고 국민들의 의견을 수렴하기 위한 활동을 수행하며, 그리고 이를 반영하기 위한 조치를 취하고 있다. 하지만 과거 권위주의 시기 국회는 앞에서 언급한 기능을 수행한다는 것을 기대하기 힘들었다. 대통령의 영향력하에서 움직이는 통법부로서의 역할만 수행할 뿐이었다. 하지만 민주화 이후 국회의 역할과 위상은 매우 달라졌다. 청문회와 국정조사 및 감사를 통해 효과적으로 행정부를 견제하고 있으며, 과거 행정부가 주도했던 입법에 있어서도 의회의 역할은 커졌다.

국회 기능의 발전에도 불구하고 한국 국민들의 의회에 대한 평가는 매우 부정적이며, 다른 선진국가와 비교하여 보았을 때 의회에 대한 신뢰감은 매우 낮은 상태다(임성호 2004). 이러한 결과는 국민들의 기대감에 미치지 못하는 활동에 대한 국민들의 실망감이라 할 수 있다. 국회 역할의 중요성에도 불구하고 국민들로부터 외면을 받고 있는 것은 민주주의의 위기를 초래할 수 있으며 민주주의 발전을 저해할 수 있는 요인으로 작용할 수 있다.

본 연구는 설문조사를 통해 이러한 문제의 심각성 정도를 파악하고, 국민들이 기대하는 국회와 현실 속의 국회는 어떠한 차이가 있는지 분석해보는 것을 연구목적으로 하고 있다. 이를 위해 국회에 대한 국민들의 평가를 알아보고 국회에 대한 평가는 무엇을 중심으로 이루어지고 있는지 살펴본다. 특히, 언론이 국회평가에 미치는 영향력을 분석하고 언론의 영향력이 국회에 대한 지식수준 정도에 따라 어떻게 나타나는지 분석하려고 한다. 이를 통해 국회에 대한 국민들의 평가가 긍정적인 방향으로 선회하기 위한 방안은 무엇인지 알아보려 한다.

본 연구에서 사용되는 설문자료는 서강대 동아연구소가 한국학술진흥재단의 지원을 받아 수행하고 있는 "국회의 이상과 현실 관련 국민의식조사" 연구를 위해 R&R(Research and Research)에 의뢰해 2005년 11월 제주도를 제외한 전국에서 1,200명을 면접 조사한 결과이다.

II. 국민 인식 속의 국회

정부기관이 국민들로부터 부정적인 평가를 받고 있다는 사실은 우리에게만 해당되는 내용은 아니다(Nye 1998). 특히 국회에 대한 국민들의 평가에 있어 중요한 두 가지 특징은, 첫 번째로 국회에 대한 평가가 다른 정부기관에 대한 평가보다 더 부정적이라는 것이고, 두 번째는 우리 국회에 대한 평가를 외국의 경우와 비교하여 보았을 때 매우 부정적이라는 것이다.[1] 국민들은 정부에 대한 강한 불신을 갖고 있으며 이에 정부기관에 대한 평가는 매우 낮게 나타나고 있다. 하지만 이 중에서 국회에 대한 평가는 제일 낮은 편이라 할 수 있다. 일반적으로 모든 국가에서 국회에 대한 평가는 부정적이지만 우리의 경우 외국과 비교하여 보았을 때 불신의 정도는 심각한 수준이다.

이러한 원인은 과연 무엇인가 기존 국내 · 외 연구결과들을 중심으로 알아보았다. 의회는 대통령에 비해 국민들의 커다란 관심대상은 아니다. 또한 의회에 대한 평가는 일반적으로 부정적이기에 상대적으로 많은 관심의 대상이 아니었다(Dennis 1981; Parker 1981; Patterson and Caldeira 1992). 의회에 대한 평가가 부정적인 것은 의회는 의원들 간의 불일치로 인한 느린 법안처리, 요구된 정책공급에 둔감한 반응, 집행부와 갈등, 그리고 의원과 관련된 정치적 의옥(疑獄, political scandal) 등의 이유에서이다(Durr et al. 1997; Farnsworth 2003; Parker and Davidson 1979). 또한 의회가 헌법으로부터 부여받은 역할에 대한 기대감과 현실 속에서의 역할에 커다란 차이가 있기 때문이다(Kimbell and Patterson 1997).

과거 조사결과에 의하면 국민들은 국회의 정책결정과정에 대해 큰 불만을 가지고 있는 것으로 나타나고 있다(임성호 2004). 이는 토의와 합의를 통해 정책이 결정되었는가에 대해 국민들은 많은 관심을 기울이고 있다는 점을 보여주는 것이다. 다수당의 일방적인 의사진행 및 정책결정 그리고 의회 내에서 여당과 야당 사이의 팽팽한 갈등 등은 국민들로 하여금 국회를 불신하게 하는 커다란 이유로 자리 잡게 된다는 것이다. 이와 함께 정책을 효율적으로 생산하지 못하고 있다는 이유 때

---

1) 국회에 대한 평가가 다른 나라에 비해 매우 낮다는 것을 World Value Survey 결과를 통해 알 수 있다(Inglehart et al. 2004). 2000년 조사에서 한국인들의 국회에 대한 신뢰감은 11%로 79개국 중 76위를 차지하고 있다. 미국인들의 의회에 대한 신뢰감은 38%, 영국은 36%, 대만은 46%, 일본은 22%로 나타나고 있다.

문에 국회는 국민들로부터 불신을 얻고 있다(Farnswort 2003; Fenno 1975). 국회에 대해 국민들이 크게 불신을 가지고 있는 또 다른 두 이유는, 첫 번째로는 일반적으로 국민들은 의회에 대해 불신의 감정을 갖는, 경향 때문이며, 두 번째로 대중매체가 의회 및 의원들의 긍정적인 활동보다는 부정적인 면을 집중 조명하는 태도 때문이다(Hibbing and Theiss-Morse 1995). 국회는 특히 다른 정부기관보다 국민들로부터 낮은 신뢰를 받고 있는데 이는 국회의원들에 대한 국민들의 불만과 깊은 관련성이 있다(Hibbing and Theiss-Morse 1995). 즉 공익 증진을 위해 많은 권한을 부여받은 의원들이 그들의 권한을 공익보다는 사익 증진을 위해 사용하고 있기 때문이라는 것이다. 특히 이익집단의 이익을 대변하는 그들의 활동으로 인해 국회는 부정적으로 국민들에게 평가되고 있다.

국회에 대한 부정적인 평가가 주를 이루는 또 다른 이유는 일반국민들이 의원을 접촉하는 것이 쉽지 않기 때문이다(Hibbing and Theiss-Morse 1995). 선거기간 동안 외에는 국회의원을 접촉한다는 것은 불가능하기 때문에 국민들은 국회 및 국회의원에 대해 불만을 가지고 있다. 한편으로 국회가 국민들로부터 부정적인 평가를 받는 것은 당연할지도 모른다. 이는 국회의 정책 결정과정이 어느 정부기관보다 공개적이기 때문이며 국회는 국가가 중요시하는 모든 정책 및 이슈를 다루고 있기 때문이다. 또한 토의와 합의를 통한 결정을 중시하기에 신속한 결정이 쉽지 않고 의회의 결정이 모든 국민을 만족시킬 수는 없기 때문이다(Parker and Davidson 1979).

또한 우리나라의 특징 중 하나는 지역구 의원들에 대한 평가도 매우 낮다는 점이다. 소선거구제도하에서 지역구 의원과 선거구민은 친밀한 관계를 유지하게 된다. 하지만 우리의 경우는 그렇지 않다. 같은 소선거구제를 실시하는 미국의 경우 지역구 의원들에 대한 평가는 의회에 대한 평가보다 높다(Cook 1979; Parker and Davidson 1979). 국민들은 이중 잣대를 갖고 의회의 역할과 지역구 의원들의 역할을 구분하여

평가하기 때문이다(가상준 2003). 일반적으로 국회에 대한 관심은 적
더라도 지역구 의원 및 활동에는 보다 높은 관심을 가지게 되는데 우리
의 경우는 그렇지 않다는 것이다. 이는 국회에 대한 정확한 정보를 갖
고 있지 않다는 것을 의미하기도 한다.

III. 국회에 대한 일반 국민들의 평가 분석

위의 결과들을 통해 국회에 대한 불신은 국회의 자체적인 문제도 있
지만, 국회에 대한 일반적인 국민들의 불신 태도 그리고 언론에 비춰지
는 부정적인 이미지 등이 영향을 미치는 요인임을 알 수 있다. 따라서
과거 결과들을 중심으로 다음과 같은 가설을 설정하였다.

먼저 국민들의 국회에 대한 지식 정도는 매우 낮을 것이라는 가설과,
국민들의 국회에 대한 부정적인 평가는 언론에 기인할 것이라는 가설
을 설정하였다. 또한 국회에 대한 지식 정도가 낮은 유권자일수록 미디
어에 영향을 받아 국회에 더 부정적인 의견을 가지고 있을 것이라는 가
설을 설정하였다.

첫 번째 가설은, 과거와 달리 국민들의 정치에 대한 관심이 줄어들면
서 국회에 대해 많은 관심을 기울이고 있지 않다는 것이다. 이에 국회
에 대한 전반적인 혹은 국회의원에 대해 많은 정보를 가지고 있지 않다
는 예측을 할 수 있다. 두 번째로 이렇게 관심이 낮음에도 불구하고 국
민들이 국회에 대해 부정적인 의견을 피력하는 것은, 언론의 영향 때문
이라 할 수 있다. 국회의 부정적인 면이 긍정적인 면보다 국민들의 관
심을 유발할 수 있기에 언론은 부정적인 면에 초점을 맞추어 보도할 것
이며, 국민들은 영향을 받아 국회에 대해 전반적으로 부정적인 의견을
갖게 될 것이다라는 예측을 할 수 있다. 마지막으로 국회에 대한 지식
의 정도가 낮을 때 언론이 제공하는 정보에 더 의존적일 수밖에 없으며,
이로 인해 지식이 낮은 유권자들은 국회에 대해 더 부정적인 평가를 내

〈표 1〉 국회 역할 수행 정도

응답	빈 도	%
잘하고 있다	10	0.8
잘하고 있는 편이다	40	3.3
그냥 그렇다	435	36.3
못하고 있는 편이다	462	38.5
못하고 있다	253	21.1

릴 것이라 예측할 수 있다.

먼저 국회에 대한 국민들의 평가가 어느 정도 수준인지 알아보았다. 1,200명 중 국회가 "잘하고 있다"고 대답한 응답자는 0.8%(10명)에 불과했으며 "잘하고 있는 편이다"라고 대답한 응답자도 3.3%(40명)에 불과하였다. 전체적으로 4.1%만이 국회 역할수행에 대해 긍정적인 평가를 내렸다. 이에 비해 "그냥 그렇다"라고 대답한 응답자는 36.3%(435명)며 "못하고 있는 편이다"라고 대답한 응답자는 38.5%(462명), 마지막으로 "못하고 있다"라고 대답한 응답자의 비율은 21.1%(253명)로 나타나고 있다. 이는 국회에 대해 국민들의 실망감을 보여주고 있는 결과라 할 수 있다.

위의 결과를 미국 의회에 대한 평가와 비교하여 보면 한국 국민들이 국회에 대해 매우 부정적으로 평가하고 있다는 것을 알 수 있다. 미국도 한국과 마찬가지로 정부기관에 대한 평가에 있어 의회에 대한 평가가 매우 낮은 편이다. 하지만 우리의 경우와 같이 심가한 수준은 아니다. 설문문항의 차이로 인해 직접적 비교는 무리가 있지만[2] 미국 의회에

---

2) NES(National Election Studies) 설문조사에서 의회평가를 위해 사용된 질문은 "How would you rate Congress?"이다. 이 질문에 응답자들은 (1)approve (2)disapprove (3)don't know로 대답하고 있다. don't know라고 대답하는 응답자의 비율은 10~15%로 낮은 편이다.

〈표 2〉 미국 국민들의 지역구 의원과 의회에 대한 평가

(단위: %)

	1980	1982	1984	1986	1988	1990	1996	2000
긍정적	57[a] (34)	51 (34)	68 (53)	58 (44)	65 (52)	61 (36)	54 (45)	51 (51)
부정적	8 (48)	8 (49)	9 (35)	8 (38)	7 (34)	11 (54)	11 (47)	10 (34)

a: 위의 값은 지역구 의원에 대한 평가, 괄호 안의 값은 의회에 대한 평가
출처: 가상준(2003)

〈표 3〉 지역구 의원에 대한 호감도

	빈 도	%
좋아한다	33	2.8
좋아하는 편이다	103	8.6
보통이다	710	59.2
싫어하는 편이다	286	23.8
매우 싫어한다	68	5.7

대한 평가에 있어 긍정적인 대답이 우리의 경우와 비교하여 볼 때 매우 높게 나타나고 있다.

미국의 경우 의회에 대한 평가와 비교하여 볼 때 지역구 의원들에 대한 평가는 매우 긍정적이다. 〈표 2〉가 보여주고 있는 것과 같이 지역구 의원에 대해 대체로 높은 만족감을 표시하고 있다. 하지만 우리의 경우는 이러한 현상이 나타나고 있지 않다. 〈표 3〉의 결과가 보여주는 것과 같이 지역구 의원에 대해 긍정적인 평가를 내리는 유권자는 11%에 불과하다. 물론 국회에 대한 평가보다 높지만 유권자와 긴밀한 친밀감을 특징으로 하는 소선거구제에서 매우 낮은 수준이라 할 수 있다.

국회에 대한 평가와 지역구 의원에 대한 선호도 간의 상관관계를 조

사함으로써 두 변수 간 관련성을 조사해 보았다. 두 변수 간 상관관계
는 0.294(p<0.01)로 그리 높지는 않지만 통계적으로 유의한 관계가 형
성되어 있음을 알 수 있다.[3]

  이와 함께 국회에 대한 평가 및 지역구 의원에 대한 평가가 낮은 것
은 정치신뢰와 깊은 관련성이 있는지 알아보았다. 이는 만성적으로 정
치 및 정부에 대한 신뢰가 낮은 국가에서 정부기관에 대한 신뢰가 높다
는 것은 기대하기 힘든 실정이기 때문이다. 정치적 신뢰를 알아보기 위
해 3가지 질문을 시도하였다. 첫 번째 질문은 "선생님께서는 정부를
통해 집행되는 세금이 얼마나 효율적으로 쓰이고 있다고 생각하십니
까?"였으며, 두 번째 질문은 "선생님께서는 정부가 하는 일들이 얼마
나 올바르다고 생각하십니까?", 마지막 질문은 "현재 우리나라 정치가
얼마나 민주적으로 운영되고 있다고 생각하십니까?"였다.[4] 이 질문에
대한 응답과 국회 평가에 대한 응답 그리고 지역구 의원에 대한 호감도
간의 상관관계를 살펴보았더니 0.220(p<0.01)와 0.161(p<0.01)의 값을
얻을 수 있었다.[5]

  상관관계 값이 크지는 않지만 통계적으로 유의한 결과를 보여주고 있
다. 즉 정부에 대한 신뢰와 국회에 대한 평가 그리고 지역구 의원에 대한
호감도 간에는 상관관계가 형성되고 있다는 것을 의미하는 것이다.

  국민들은 국회의 어느 기능을 가장 중요하게 생각하고 있는지 알아

---

3) 위의 상관관계 값은 스페어만 상관관계(Spearman's Rank order correlation
  coefficient) 값이다.
4) 첫 번째 질문에 응답자는 (1)매우 효율적으로 쓰이고 있다. (2)효율적으로 쓰이
  는 편이다. (3)비효율적으로 쓰이는 편이다. (4)매우 비효율적으로 쓰이고 있다
  의 대답 중 택일하였으며, 두 번째 질문에 (1)대부분 옳다. (2)비교적 옳은 편이
  다. (3)옳지 않은 경우가 많다. (4)대부분 옳지 않다 중 택일하였다. 마지막 질문
  에 대해 (1)매우 민주적으로 운영되고 있다. (2)민주적으로 운영되는 편이다. (3)
  민주적으로 운영되지 못하는 편이다. (4)매우 비민주적으로 운영되고 있다 중
  택일하였다.
5) 각 변수들을 합하여 3으로 나누었다.

〈표 4〉 국회의 가장 중요한 역할

응답	빈도	%
법의 제정	196	16.3
국민의사 대표	789	65.8
행정부 감독	128	10.7
지역구 봉사	84	7.0

보았다. 이 결과는 국민들이 국회에 가지는 기대감이 무엇인지 알 수 있는 기회를 제공한다. "국회가 하는 업무 중 가장 중요한 역할은 무엇이라고 생각하십니까?"라는 질문에 〈표 4〉가 보여주는 것과 같이 대부분의 응답자들은 국민의사 대표를 가장 중요한 국회의 업무라고 대답하였다. 그 다음으로 법 제정을 중요한 업무라고 대답하고 있다. 행정부 감독 그리고 지역구 봉사 활동이 가장 중요한 국회의 업무라고 생각하는 응답자는 소수였다. 국민들은 국회의 대의기능을 중요시하고 있으며 여기에 대해 높은 기대감을 표명하고 있다.

다음으로 국회가 수행하는 각 기능에 대해 응답자들은 어떻게 평가하고 있는지 알아보았다. 이는 현실적으로 어떠한 면에서 국회의 기능 및 역할에 대해 만족 혹은 실망감을 가지고 있는지 알 수 있는 기회를 제공한다. 설문조사를 통해 법 제정, 국민의사 대표, 행정부 감독, 그리고 지역구 봉사 업무에 대해 이렇게 평가하고 있는지 질문하였고 다음과 같은 결과를 얻었다.[6] 〈표 5〉가 보여주고 있는 것과 같이 응답자들이 가장 실망하고 있는 기능은 국민의사 대표로 평균값이 3.79였다. 지역구 봉사(평균값 3.74)에 대한 평가 또한 기대에 미치지 못하고 있는 것으로 드러났다. 법 제정 기능에 대한 평가가 상대적으로 국민들로부

---

6) 여기에 대해 응답자는 (1)잘하고 있다 (2)약간 잘하고 있다 (3)그냥 그렇다 (4)약간 못하고 있다 (5)못하고 있다 중 택일하였다. 이에 평균값은 1~5 사이에 놓여 있다. 낮은 평균값은 긍정적인 평가를, 높은 평균값은 부정적인 평가를 의미한다.

〈표 5〉 기능별 중요성에 따른 국회업무에 대한 평가[7]

가장 중요한 기능 / 기능별 평가 항목	법의 제정	국민의사 대표	행정부 감독	지역구 봉사	평균값	분산분석 F값
법 제정	3.20	3.28	3.34	3.43	3.29	1.389
국민의사 대표	3.73	3.81	3.78	3.64	3.79	1.745
행정부 감독	3.36	3.49	3.51	3.54	3.48	1.286
지역구 봉사	3.71	3.75	3.70	3.73	3.74	0.995
평균값	3.500	3.583	3.583	3.585		

터 긍정적인 것으로 나타나고 있다. 하지만 전체적으로 보았을 때 부정적인 평가가 주를 이루고 있다. 대부분의 응답자가 국회의 기능 중 국민의사 대표를 가장 중요한 업무라고 대답하고 있는데, 국회는 현실적으로 기대감에 못 미치는 활동을 수행하고 있다는 결과라 하겠다. 기대속의 국회와 현실 속의 국회 간에는 매우 깊은 괴리감이 있다고 말할수 있다.

이러한 결과는 국민들은 국회의 각 기능에 대해 전반적으로 부정적인 평가를 내리고 있지만, 그 중 의원들의 국민의사 대표 기능과 지역구 봉사에 대해 많은 실망감을 보이고 있다는 것을 의미하는 것이다. 응답자들의 국회 기능에 대한 평가를 집단별로 나누어 분석해 보았다. 즉, "국회가 하는 업무 중 가장 중요한 역할은 무엇이라고 생각하십니까?"라는 질문에 대해 동일하게 생각하는 응답자들로 집단을 나누고 그들은 국회의 기능에 대해 어떻게 평가하고 있는지 분석한 것이다.[8]

---

7) 평가 항목 "법 제정"과 중요한 기능 "법의 제정" 점수 3.20이 의미하는 것은 국회기능 중 법의 제정을 가장 중요하게 생각하는 응답자들의 국회 법 제정 업무에 대한 평가 평균값은 3.20이라는 것을 의미한다.

8) "국회가 하는 업무 중 가장 중요한 역할은 무엇이라고 생각하십니까?"라는 질문에 응답자들은 (1)법의 제정 (2)국민의사 대표 (3)행정부 감독 (4)지역구 봉사 중 택일하였다.

〈표 5〉는 집단별 평가점수 평균값을 보여주고 있다. 국회의 가장 중요한 기능을 법의 제정이라고 대답한 응답자들은 국회의 기능별 평가에 있어 법 제정에 가장 긍정적인 평가를 하고 있다. 이러한 결과는 다른 집단에서도 나타나고 있다. 하지만 국민의사 대표를 가장 큰 국회의 기능이라고 대답한 응답자들은 국민의사 대표 기능에 대해 가장 부정적인 평가를 하고 있으며, 지역구 봉사가 국회의 가장 중요한 기능이라고 대답한 응답자 또한 지역구 봉사에 대해 가장 부정적인 평가를 하고 있다. 전반적으로 모든 집단들은 법 제정 기능에 대해 상대적으로 높은 긍정적인 평가를 하고 있으며, 국민의사 대표 기능에 대해서는 부정적인 평가를 하고 있는 것으로 나타나고 있다.

국회에 대한 평가가 어느 정도인지 알아보기 위해 다른 정부기관 및 사회단체에 대한 평가와 비교해 보았다. 설문조사를 통해 대통령, 국회, 행정부, 경찰, 군대, 학교, 법원, 대기업, 신문방송 등 언론, 시민단체, 그리고 종교단체에 대해 어느 정도 신뢰하는지 물어보았고, 또한 영향력은 얼마나 큰지, 그리고 얼마나 기능을 잘 수행하고 있는지 물어보았다. 〈표 6〉을 통해 국회에 대한 신뢰가 정부의 다른 기관 및 사회단

〈표 6〉 각 기관에 대한 신뢰도

(단위: %)

	대통령	국회	행정부 공무원	경찰	군대	학교	법원	대기업	언론	시민 단체	종교 단체
1	2.0	1.3	1.0	1.1	3.2	3.9	2.8	3.2	5.6	5.2	3.2
2	14.8	5.3	12.1	19.2	25.3	27.3	30.0	21.0	29.0	35.1	20.8
3	39.8	29.3	46.8	50.6	49.2	44.7	44.4	44.4	37.8	40.3	49.0
4	30.8	45.3	31.8	23.6	18.8	19.5	18.8	25.0	20.5	16.3	22.1
5	12.5	18.8	8.3	5.6	3.5	4.6	4.0	6.4	7.1	3.1	4.9
높음	16.8	6.6	13.1	20.3	28.5	31.2	32.8	24.2	34.6	40.3	24.0
낮음	43.3	64.1	40.1	29.2	22.3	24.1	22.8	31.4	27.6	19.4	27.0

출처: 1: 매우높다, 2: 높은 편이다, 3: 보통이다, 4: 낮은 편이다, 5: 매우 낮다
　　 높음: 매우높다 + 높은 편이다
　　 낮음: 낮은 편이다 + 매우 낮다

<표 7> 각 기관에 대한 기능수행 평가

(단위: %)

	대통령	국회	행정부 공무원	경찰	군대	학교	법원	대기업	언론	시민 단체	종교 단체
1	0.6	0.6	0.9	1.0	3.1	2.1	1.9	2.8	3.3	4.1	3.3
2	10.4	4.4	10.7	17.8	23.3	20.3	24.6	22.9	23.3	31.3	16.8
3	42.4	28.6	48.3	53.9	52.9	54.7	48.4	47.3	45.3	43.3	53.4
4	36.3	47.5	33.1	23.4	17.3	19.0	21.0	22.8	21.6	17.9	22.8
5	9.8	18.9	7.1	3.9	3.3	4.0	4.1	4.0	6.7	3.3	3.7
긍정적	11.0	5.0	11.6	18.8	26.4	22.3	26.5	25.8	26.5	35.3	20.0
부정적	46.1	66.4	40.2	27.3	20.6	23.0	25.1	26.8	28.3	21.2	26.5

출처: 1: 매우 잘한다, 2: 잘하는 편이다, 3: 보통이다, 4: 못하는 편이다, 5: 매우 못한다
긍정적: 매우 잘한다 + 잘하는 편이다
부정적: 못하는 편이다 + 매우 못한다

체에 비해 매우 낮은 수준임을 알 수 있다. 국민으로부터 가장 신뢰받고 있는 기관은 시민단체, 언론, 법원의 순으로 나타나고 있으며, 가장 불신 받고 있는 기관은 국회, 대통령, 행정부, 대기업의 순으로 나타나고 있다. 각 기관에 대한 신뢰도를 통해 정부기관에 대한 신뢰도가 매우 낮음을 알 수 있으며 그 중 국회에 대한 신뢰도가 가장 낮다는 것을 알 수 있다. 국회에 대해 신뢰하고 있는 국민은 6.6%에 지나지 않았으며 부정적이란 의견을 표명한 국민은 64.1%나 되었다. 이는 국회가 국민들로부터 외면당하고 있는지 보여주는 단적인 예라 할 수 있다.

각 기관에 대한 신뢰도와 함께 각 기관에 대한 업무수행 능력에 대한 평가를 통해 국민들의 국회의 업무수행 능력 평가를 다른 기관 업무수행 능력 평가와 비교해 보았다. <표 7>을 통해 국민들로부터 긍정적인 업무수행 능력을 평가받고 있는 기관은 시민단체, 법원, 언론, 군대 등의 순으로 나타나고 있으며, 부정적인 업무수행 능력을 평가받고 있는 기관은 국회, 대통령, 행정부, 경찰의 순으로 나타나고 있는 것을 알 수 있다. 앞의 결과와 마찬가지로 업무수행 능력에 대한 평가에 있어 정부기관에 대한 평가가 매우 부정적이며 이 중 국회에 대한 평가가 가장

<표 8> 각 기관의 영향력 평가

(단위: %)

	대통령	국회	행정부 공무원	경찰	군대	학교	법원	대기업	언론	시민 단체	종교 단체
1	12.8	7.8	3.5	2.7	4.1	2.8	4.5	7.0	5.2	5.2	2.3
2	28.6	31.5	21.4	21.8	22.3	19.0	37.5	33.8	38.5	33.5	19.4
3	35.4	32.3	47.2	52.8	51.0	51.0	40.3	39.6	31.8	44.7	51.5
4	20.1	22.3	22.7	19.3	19.8	22.8	15.0	16.0	13.1	14.8	23.1
5	3.1	6.1	5.3	3.3	2.8	4.3	2.7	3.5	2.8	1.9	3.6
높음	41.4	39.3	24.9	24.5	26.4	21.8	42.0	40.8	52.3	38.7	21.8
낮음	23.2	28.4	28.0	22.6	22.6	27.1	17.7	19.5	15.9	16.7	26.7

출처: 1: 매우높다, 2: 높은 편이다, 3: 보통이다, 4: 낮은 편이다, 5: 매우 낮다
    높음: 매우높다 + 높은 편이다
    낮음: 낮은 편이다 + 매우 낮다

부정적인 것으로 나타나고 있다.

마지막으로 국민들은 각 기관의 사회적 영향력이 어느 정도라고 평가하고 있는지 파악해 보았다. 사회적 영향력에 대한 평가는 국민들이 생각하는 각 기관의 권한 및 영향력은 어느 정도인지 보여주는 것으로, 이는 곧 국민들이 각 기관에 대해 가지는 역할에 대한 기대감을 간접적으로 알 수 있게 하여 준다. 국민들이 평가한 가장 영향력 있는 기관은 언론, 대통령, 법원, 대기업, 국회 순으로 나타나고 있다. 언론이 가장 영향력 있는 기관이라는 사실은 조금은 놀라운 사실이다. 또한 법원과 대기업이 영향력 있는 기관으로 평가되고 있다는 것도 기업의 로비력 그리고 헌법재판소의 결정에 기인한 것이라 할 수 있다. 대통령의 영향력이 크게 나온 것은 놀라운 사실은 아니지만 국회의 영향력이 언론, 법원, 대기업보다 낮은 것은 의외다. 이에 비해 가장 영향력이 낮은 기관은 국회, 행정부, 학교, 종교단체 순으로 나타나고 있다. 국회는 영향력이 있는 기관으로 평가되기도 하지만 영향력이 없는 기관으로 동시에 평가되고 있다는 점이 특이하다. 이와 함께 행정부가 영향력이 없는 기관으로 평가되고 있다는 점 또한 특이한 발견이라 할 수 있다.

　위의 결과를 종합하여 보면 국민들은 여러 기관에 대한 평가에 있어 정부기관에 대한 업무수행 능력 그리고 신뢰도 면에서 매우 낮은 평가를 하고 있다는 점을 발견할 수 있다. 또한 국민들은 시민단체와 언론에 대한 신뢰도가 크며 업무수행에 있어 긍정적인 평가를 보내고 있다는 점을, 하지만 국회에 대한 국민들의 불신이 매우 크며 업무수행 능력에 대해 매우 부정적인 평가를 내리고 있다는 점을 발견할 수 있었다. 그리고 언론을 가장 영향력 있는 기관으로 평가하고 있다는 점을 발견할 수 있었으며 국회의 영향력에 대해 국민들의 평가는 이중적으로 나누어져 있다는 점을 발견할 수 있었다.

　이는 한편으로 국회의 업무에 대해 잘 파악하고 있지 못하다는 것을 의미한다. 국회가 대의기능, 입법권, 행정부 견제권 등 많은 권한을 가지며 역할을 수행하고 있음에도 불구하고, 사회적 영향력이 크지 않다고 평가되는 것은 국민들이 국회에 대한 지식이 크지 않다는 점을 나타내는 것이다. 또한 국민들은 언론에 대해 많은 신뢰를 가지며 언론의 역할을 긍정적으로 평가하고 있다는 점은, 언론의 의견과 주장에 수긍하며 이러한 주장과 의견이 사회적으로 영향을 미치는 데 있어 아무런 부담감을 가지고 있지 않다는 것을 의미한다.

　국회에 대해 국민들은 얼마나 관심을 가지고 있으며 축적하고 있는 지식은 어느 정도인지 알아보기 위해 다음과 같은 질문을 던졌다. 우선 정치에 대한 관심은 어느 정도인지 알아보기 위해 "선생님께서는 정치

〈표 9〉 정치에 대한 관심도

	빈 도	%
매우 많다	71	5.9
조금 있다	344	28.7
별로 없다	531	44.3
전혀 없다	254	21.2

〈표 10〉 국회활동 관심도

	빈 도	%
매우 많다	32	2.7
조금 있다	329	27.4
별로 없다	701	58.4
전혀 없다	138	11.5

에 얼마나 관심이 있습니까"라고 물어보았다. 그리고 국회에 대해 얼마나 관심이 있는지 알아보기 위해 "선생님께서는 국회활동에 어느 정도 관심을 가지고 계십니까"라고 물어보았다. 〈표 9〉는 정치에 대한 관심도를 〈표 10〉은 국회활동에 대한 관심도를 보여주고 있다.

정치에 대해 관심이 있다고 대답한 응답자는 34.6%로 관심이 없다고 대답한 유권자에 비해 낮은 비율이다. 매우 많다고 대답한 응답자는 겨우 5.9%였다. 국회에 대한 국민들의 관심도는 정치적 관심도에 비해 더욱 낮은 것으로 나타나고 있다. 국회활동에 대해 관심이 있다고 응답한 비율은 30.1%며 매우 관심이 많다고 대답한 응답자는 2.7%에 지나지 않는다.

정치적 관심도에 따라 국회에 대한 관심도에 차이가 있는지 교차분석을 통해 알아보았다. 〈표 11〉이 보여주는 것과 같이 정치에 관심 있는 국민일수록 국회에도 관심이 있으며 정치에 관심 없는 국민들은 국회에도 관심이 없는 것으로 나타나고 있다.[9] 두 변수 간 상관관계 계수는 0.378(p〈0.01)로 통계적으로 유의한 관련성이 있는 것으로 나타나고 있다. 〈표 11〉을 통해 정치에는 관심이 있지만 국회에 대해서는 관

---

9) 카이제곱 독립성 검증을 시도하여 정치적 관심도와 국회 관심도는 독립적인지 조사해 보았다. 모든 셀의 기대빈도가 5보다 크지 않기에 통계적 유의성에 조금의 의구심을 갖게 되지만 정치에 대한 관심 정도에 따라 국회에 대한 관심 정도에 차이가 있는 것으로 나타나고 있다.

〈표 11〉 정치 및 국회 관심도에 대한 교차분석

국회 정치	매우 많다	조금 있다	별로 없다	전혀 없다
매우 많다	14	29	25	3
조금 있다	11	135	154	14
별로 없다	6	102	361	62
전혀 없다	1	33	161	59

심이 없는 응답자들도 상당히 있는 것으로 나타나고 있다. 물론 국회활동에 관심을 갖고 있지만 정치에는 관심이 없는 응답자들로 다수 있었다. 이러한 점을 감안하고 이들의 국회에 대한 지식수준은 어느 정도인지 알아보았다.

국회에 대한 관심 및 일반적인 지식을 알아보기 위해 "선생님의 지역구 국회의원이 누군지 아십니까?"라고 물어보았으며, 안다고 응답한 분들에 한해 "선생님의 지역구 국회의원은 누구입니까"라고 물어보았다. 여기서 안다고 대답하며 정확하게 지역구 의원의 이름을 답한 분들과 그렇지 않은 응답자들을 구분하였다. 이와 함께 "국회의장이 누구인지 알고 있습니까?"라는 질문과 함께, 안다고 대답한 분들께 "국회의장은 누구입니까?"라고 질문하였다. 국회의장이 누구인지 알며, 그 이름을 정확히 대답한 응답자들은 그렇지 않은 응답자들과 구분하였다. 지역구 의원이름을 정확히 대답한 응답자는 38.4%(461명)이었으며, 그렇지 못한 응답자는 61.6%(739명)였다. 반면 국회의장의 이름을 정확히 대답한 응답자는 19.1%(229명)이었으며, 그렇지 못한 응답자는 80.9%(971명)이었다. 지역구 의원 이름을 알고 있는 응답자에 비해 국회의장의 이름을 알고 있는 응답자의 비율은 꽤 낮은 편이다.

지역구 의원 및 국회의장의 이름을 모두 정확히 알고 있는 응답자는 13.8%(166명)에 불과하였으며 두 명의 이름을 다 모르고 있는 응답자는 56.3%(676명)이었다. 지역구 의원 이름을 알고 있는 응답자는 모르

〈표 12〉 지역구 의원과 국회의장 인지 정도

국회 의장 ＼ 지역구 의원	모름	정확히 알고 있음
모름	676	63
정확히 알고 있음	295	166

고 있는 응답자에 비해 국회의장의 이름을 더 많이 알고 있는 것으로 나타나고 있다.[10] 위의 결과는 국회에 대한 국민들의 전반적인 지식수준이 낮다는 것을 보여주는 단적인 예라 할 수 있다. 즉 앞서 설정한 가설과 같이 국민들의 국회에 대한 지식정보 수준은 매우 낮은 것으로 판명되었다.

　국회에 대한 지식정도와 정치 및 국회활동에 대한 관심도 간에 어떠한 관련이 있는지 살펴보았다. 지식수준에 따라 응답자를 세 분류 즉 (1)두 질문에 정답을 답하지 못한 응답자, (2)둘 중 한 개의 질문에 정답을 한 응답자, (3)두 개의 질문에 모두 정답을 한 응답자로 나누어 그들의 정치 및 국회활동에 대한 관심에 있어 차이가 있는지 분석해 보았다.

〈표 13〉 국회 지식정도에 따른 정치 및 국회활동에 대한 관심도[11]

	(1)	(2)	(3)	분산분석 F값
정치 관심도 평균값	3.04	2.61	2.29	75.631 (p<0.01)
국회활동 관심도 평균값	2.95	2.68	2.38	59.932 (p<0.01)

---

10) 카이제곱 분석은 두 지역구 의원을 이름을 알고 있는 응답자와 그렇지 못한 응답자 간에 국회의장 이름 인지 정도에 있어 차이가 나타나고 있다는 결과를 보여주고 있다.

11) 평균값이 적을수록 정치 및 국회활동에 관심이 많은 것을 의미한다.

교차분석과 분산분석을 통해 국회에 대해 많은 지식을 가지고 있는 응답자들이 그렇지 않은 응답자들보다 높은 정치적 관심과 국회활동에 대한 관심을 가지고 있음을 알 수 있다.

지식수준을 기준으로 국회 및 지역구 의원에 대한 평가에 있어 어떠한 상이성을 보이고 있는지 분석해 보았다. 이와 함께 정치적 신뢰에 있어서도 차이가 있는지 알아보았다. 앞서와 마찬가지로 국회에 대한 지식정도에 따라 응답자를 나누고 국회 및 지역구 의원에 대한 평가 그리고 정치적 신뢰에 있어 차이가 있는지 분석해 보았다. 〈표 14〉는 이에 따른 결과를 보여주고 있다. 국회에 대한 지식이 높을수록 국회 및 의원에 대해 긍정적인 평가를 내리고 있는 것으로 나타나고 있다.[12]

반면 국회에 대한 지식이 낮을수록 부정적인 평가를 내리고 있는 것으

〈표 14〉 국회 및 지역구 의원 평가 그리고 정치신뢰[13]

	(1)	(2)	(3)	분산분석 F값
국회 평가 평균값	3.78	3.73	3.69	0.939
지역구 의원 평균값	3.33	3.06	3.05	19.252 (p〈0.01)
정치신뢰	2.88	2.80	2.73	8.558 (p〈0.01)

---

12) 분산분석 결과 국회에 대한 평가에 있어 3집단은 통계적인 차이가 발견되지 않는다. 하지만 지역구 의원에 대한 호감도에 있어 통계적 차이가 있다는 것을 알 수 있다.

13) 〈표 1〉에서 보여주는 것과 같이 국회평가에 대한 질문에 응답자들은 (1)잘하고 있다 (2)잘하고 있는 편이다 (3)그냥 그렇다 (4)못하고 있는 편이다 (5)못하고 있다 중 택일하고 있으며 지역구 의원에 대해 호감도를 가지고 있는가에 대해 (1)좋아한다 (2)좋아하는 편이다 (3)보통이다 (4)싫어하는 편이다 (5)싫어한다 중 택일하고 있다. 평균값이 낮을수록 국회 및 의원에 대한 평가가 긍정적이라는 것을 의미한다. 정치적 신뢰도 마찬가지다.

〈표 15〉 국회업무에 대한 평가

	전체 평균값	(1)	(2)	(3)	분산분석 F값
법 제정	3.29	3.32	3.29	3.13	3.355 (p=0.035)
국민의사 대표	3.79	3.80	3.83	3.63	3.525 (p=0.030)
행정부 감독	3.48	3.54	3.45	3.26	7.315 (p〈0.01)
지역구 봉사	3.74	3.72	3.80	3.65	1.934 (p=0.145)

로 나타나고 있다. 또한 국회에 대한 지식정도에 따라 정치적 신뢰도에
도 차이가 있음을 알 수 있다. 종합적으로 보았을 때 국회의 역할 및 기
능에 대한 지식이 풍부할수록 국회 및 지역구 의원에 대해 긍정적인 평
가를 내리며 정부 및 민주주의 운영에 대해서도 높은 신뢰를 보이고 있
다는 것을 알 수 있다. 국회에 대한 지식정도 수준에 따라 어떻게 국회
기능에 대해 평가하고 있는지 알아보았다.

〈표 15〉의 결과를 통해 지식수준이 높을수록 국회의 각 기능에 대해
긍정적으로 평가하고 있음을 알 수 있다. 지식수준이 높은 집단은 법 제
정, 국민의사 대표, 행정부 감독, 지역구 봉사 평가에서 다른 집단보다
높은 점수를 주고 있다. 국회에 대한 지식은 국회평가에 긍정적으로 영
향을 미친다고 할 수 있다.

또한 국회에 대한 지식 축적정도와 국회의 필요성에 대한 인식에 어떠
한 관련이 있는지 알아보았다. 국회는 그 나라의 민주주의 발전정도를
가늠케 하는 중요한 정부기관으로 국민들이 요구하는 정책에 대한 공급
그리고 대통령제를 실시하고 있는 국가에서는 대통령 및 행정부 견제 등
의 중요한 역할을 담당하고 있다. 이러한 중요한 역할을 담당하고 있는
국회를 불필요하다고 생각하는 것은 매우 위험한 생각이다. 〈표 16〉은
두 변수 간 교차분석 결과를 보여주고 있다. 국회에 대한 지식이 높은 응

〈표 16〉 지식정도 및 국회의 불필요 의견에 대한 찬반 교차표

국회 불필요성 지식정도	전적으로 찬성	약간 찬성	약간 반대	절대반대
(1)	27	194	381	73
(2)	19	90	189	60
(3)	10	33	82	41

답자는 그렇지 않은 응답자에 비해 국회가 불필요하다는 생각에 반대의 의사를 높이 표명하고 있는 것으로 나타나고 있다.[14] 이러한 결과는 분산분석을 통해서도 알 수 있다.[15] 분산분석 결과는 국회에 대한 지식수준이 높을수록 국회가 필요하지 않다는 의견에 대해 통계적 유의성을 띠면서 크게 반대하고 있다는 것을 나타나고 있는 것이다. 이는 국회에 대한 지식이 얼마나 중요한지 보여주는 것으로 국회에 대해 관심 및 지식을 가지고 있는 응답자들은 국회의 중요한 역할 및 기능을 인식하고 있다는 것을 보여주는 것이다.

하지만 불행히도 국회에 관심을 보이고 어느 정도 지식을 가지고 있는 응답자들은 그리 많지 않다. 그럼에도 국회에 대한 평가가 매우 부정적이라는 것은 국회에 대한 평가가 수집된 정보 혹은 지식에 의해 이루어졌다기보다는 언론 등에 의한 것이 아닌가 하는 생각을 들게 한다. 이러한 점을 알아보기 위해 우선 국회나 국회의원에 대한 정보를 어디를 통해 얻고 있는지 알아보았다. 그리고 언론의 정보를 어느 정도 신뢰하고 있으며 언론보도 태도를 어떻게 생각하고 있는지 알아보았다. 〈표 17〉을 통해 알 수 있는 것은 대부분의 국회 및 국회의원에 대한 정

---

14) 카이제곱 분석은 국회에 대한 지식이 높은 응답자들은, 그렇지 않은 응답자들보다 국회의 필요성에 대해 강조하고 있다는 결과를 보여주고 있다.

15) 분산분석 결과는 (3)그룹과 (2)그룹은 (1)그룹과 통계적 유의성을 보이며 국회가 필요하지 않다는 질문에 반대의견을 보내고 있다.

〈표 17〉 국회 및 국회의원에 대한 정보 습득원

습득원	빈 도	%
신문	208	17.3
텔레비전	894	74.5
라디오	5	0.4
홍보물	6	0.5
인터넷	61	5.1
개인 접촉 (친구, 동료)	26	2.2

보는 언론을 통해 얻고 있다는 점이다. 74.5%의 응답자가 텔레비전을 통해 정보를 얻고 있다고 대답하였고 신문을 통해 정보를 얻고 있다는 응답자가 17.3%로 그 뒤를 따랐다. 이러한 결과는 언론이 얼마나 많이 현대인의 정보습득에 많은 영향을 미치고 있는지 보여주는 단적인 예라고 할 수 있다. 홍보물과 개인접촉 등을 통해 정보를 얻은 응답자는 3%에 미치지 못했다.

또한 이들에게 국회에 대한 언론보도 태도가 긍정적인지 아니면 부정적인지 물어봄으로써 응답자들이 느끼는 언론보도 인식을 알아보았다. 〈표 18〉을 통해 알 수 있듯이 긍정적인 편이라고 대답한 응답자는 17.2%인데 반해, 중립적이라고 대답한 응답자는 47.4%이며 부정적이

〈표 18〉 국회에 대한 언론보도 태도

태도	빈 도	%
긍정적	12	1.0
약간 긍정적	194	16.2
중립적	569	47.4
약간 부정적	377	31.4
부정적	46	3.8
모름 / 무응답	2	0.2

라고 대답한 응답자는 35.2%로 나타났다. 많은 응답자들이 중립적이라고 얘기하고 있지만 긍정적이라고 대답한 응답자는 소수에 불과하다. 즉 언론으로부터 긍정적인 정보를 접한다는 것은 거의 불가능하다는 것이다. 언론의 속성상 긍정적인 보도를 통해서보다는 부정적인 보도를 통해 관심을 집중시키는 것이 쉬우며 많은 관심을 유발시킬 수 있기에 부정적인 태도를 견지(堅持)하게 된다고 할 수 있다. 특히 국회에 대한 보도는 다른 정부기관과 달리 의원들의 도덕성과 국회 업무처리 과정 그리고 여·야 간 대립 등에 초점을 맞추게 되다 보니 긍정적인 태도는 찾을 수 없는 것이다.

언론보도 태도와 함께 언론보도에 대해 응답자들은 어느 정도 신뢰감을 가지고 있는지 알아보았다. 〈표 19〉가 보여주는 것과 같이 대부분의 응답자들이 언론보도 신뢰감에 대해 중립적이라고 표명하고 있음을 알 수 있으며 불신한다고 대답한 응답자들이 신뢰한다고 대답한 응답자보다 더 높은 비율을 차지하고 있음을 알 수 있다. 이는 전체적으로 보았을 때 신뢰보다는 불신에 더 가깝다는 것을 의미한다. 이러한 결과는 국민들은 언론보도에 대해 일반적으로 신뢰하고 있지만, 국회보도에 있어 자극적이고 부정적인 면에 집중하여 편파성을 띠고 있는 언론에 대한 태도를 반영한 결과이기도 하다.

국회에 대해 지닌 지식수준에 따라 언론의 보도 태도는 어떻게 보고 평가하고 있는지 그리고 언론보도를 얼마나 신뢰하고 있는지 알아보았

〈표 19〉 국회에 대한 언론보도의 신뢰감

신뢰도	빈 도	%
매우 신뢰	12	1.0
약간 신뢰	238	19.8
중립적	537	44.8
약간 불신	372	31.0
매우 불신	41	3.4

〈표 20〉 언론보도 태도 및 신뢰도

	(1)	(2)	(3)	분산분석 F값
언론보도 태도	3.20	3.21	3.25	0.332
신뢰도	3.18	3.14	3.11	0.727

다. 국회에 관한 지식정도에 따라 언론의 논조 그리고 언론이 제공하는 정보에 대해 어느 정도 신뢰감을 표명하고 있는지 알아보는 작업이라 하겠다. 〈표 20〉이 보여주듯이 통계적으로 집단 간 차이가 발견되는 것은 아니다. 하지만 국회에 대한 지식수준이 높은 응답자들은 다른 집단보다 언론의 보도 태도에 대해 부정적이라 생각하고 있지만, 다른 어느 집단보다 언론보도를 신뢰하고 있는 것으로 나타나고 있다. 이에 비해 국회에 대한 지식수준이 가장 낮은 집단은 다른 집단과 비교하여 보았을 때 언론보도 태도에 대해 긍정적으로 평가하고 있지만 신뢰면에서는 다른 집단보다 낮게 평가하고 있는 것으로 나타나고 있다.

국회에 대한 지식수준 그리고 언론이 국회평가에 영향을 미치는지 알아보기 위해 회귀분석을 시도해 보았다. 지식수준, 언론보도 태도에 대한 의견, 의회 다수당인 열린우리당에 대한 평가, 그리고 사회·경제 변수를 독립변수로 하였다. 지식수준이 높을수록 국회에 대해 긍정적인 평가를 할 것이라고 예측하였으며 언론보도 태도가 긍정적이라 생각할수록 국회업무 수행에 대해 긍정적으로 평가할 것이라 예측하였다. 그리고 의회 다수당인 열린우리당에 대해 호감을 가지고 있는 국민일수록 국회에 대해 긍정적인 지지를 내릴 것이라 예측하였다. 사회·경제변수로 교육, 임금, 성별, 그리고 연령을 포함하였다. 국회에 대한 평가는 서열척도로 항목이 5개이기에 순서프로빗(ordered-probit)을 사용하여 분석하였다. 〈표 21〉은 이에 따른 결과를 보여주고 있다.

이 결과가 보여주듯이 국회에 대한 지식이 넓을수록 국회에 대해 긍정적인 평가를 내리고 있음을 알 수 있다. 즉 국회에 대한 지식이 풍부

<표 21> 순서프로빗(Ordered-Probit) 최대우도 추정치

변수	계수	표준오차
지식정도	0.153*	0.078
언론보도 태도	0.132*	0.068
열린우리당 선호도	0.402***	0.061
교육	-0.004	0.074
임금	-0.184***	0.499
성별	0.196*	0.110
연령	0.0003	0.005
첫 번째 절사점	-0.080	0.524
두 번째 절사점	1.710	0.526
세 번째 절사점	4.508	0.546
네 번째 절사점	6.155	0.615
카이 제곱	66.27***	
Pseudo R^2	0.0227	
N	1,197	

*p<0.1, **p<0.05, ***p<0.01

할수록 국회의 기능 그리고 역할을 이해하며 국회의 중요성을 알게 되며 국회에 대한 지지를 보이는 것이다. 또한 국회에 대한 언론보도가 부정적이라 판단할수록 국회에 대해 부정적인 평가를 내리고 있음을 알 수 있다. 이는 언론의 국회에 관한 보도 태도가 국회평가에 영향을 미치는 중요한 요인이라는 것을 보여주는 것이다. 이와 함께 의회 다수당인 열린우리당에 대해 호감을 가지고 있을수록 국회에 대해 긍정적인 평가를 내리고 있음을 <표 21>은 보여주고 있다. 또한 임금수준이 높을수록 국회에 대해 부정적으로 평가하고 있으며, 여성보다는 남성이 국회업무 수행에 대해 부정적으로 평가하고 있음을 알 수 있다. 위의 결과는 국회에 대한 평가에 있어 언론의 보도 태도 그리고 국회에 대한 정보가 얼마나 중요한 요인인지 보여주는 결과라 하겠다.

IV. 함축적 의미

앞서 보여준 결과들을 통해 국회와 지역구 의원에 대한 평가는 매우 부정적임을 알 수 있었다. 또한 다른 정부기관 및 사회단체와 비교하여 보았을 때 국회에 대한 평가 및 신뢰도가 낮다는 것을 알 수 있었다. 하지만 설문조사 결과는 국민들의 국회에 대한 정보 및 지식수준 또한 높지 않다는 것을 보여주고 있다.

국회에 대한 지식수준에 따라 응답자들을 구분하여 국회 업무수행 및 신뢰도를 측정하여 보았을 때 흥미로운 사실은, 국회에 대한 전반적인 평가가 부정적이지만 지식수준이 높은 응답자들이 그렇지 않은 응답자들에 비해 국회에 대해 긍정적으로 평가하고 있다는 것이다. 지식수준이 높은 응답자들이 정치 신뢰도도 높은 것으로 나타나고 있다. 국회의 법 제정, 국민의사 대표, 그리고 행정부 감독 기능에 대한 평가에 있어서도 국회에 대한 지식수준이 높은 응답자가 그렇지 않은 응답자에 비해 긍정적인 평가를 내리고 있는 것으로 나타나고 있다.

이러한 결과가 의미하는 것은 국회의 기능 및 역할에 대해 이해하고 국회활동에 대해 관심을 갖게 된다면, 국회에 대해 긍정적으로 평가하게 될 것이라는 것이다. 국회가 사회가 요구하는 기능 및 역할에 부합하지 못해 부정적인 평가를 받고 있지만, 국회의 중요성을 인식하고 국회의 역할 및 기능에 대해 관심을 갖게 된다면 국회에 대한 평가는 높아지게 될 것이다.

조사 결과는 국민들은 국회에 대한 정보를 주로 신문과 텔레비전을 통해 얻고 있음을 보여주고 있다. 국민들은 언론의 국회에 대한 보도 태도에 대해 중립적이라 말하고 있지만, 부정적이라는 대답이 긍정적이라는 대답보다 높게 나타났다. 또한 국회의 보도에 대해 신뢰하고 있다는 대답이 다수였지만, 신뢰하지 않는다는 대답이 신뢰한다는 대답보다 높게 나타났다. 국회에 대한 지식수준에 따라 언론의 보도 태도에 대해 분석해 보았을 때, 지식수준이 높은 응답자들이 그렇지 않은 응답자에 비해 언론보도 태도가 부정적이라 대답하고 있었다. 국회에 대한 부정적인 평가에 있어서 언론은 중요한 요인으로 작용하고 있음을 분석결과 알 수 있었다. 언론의 속성상 긍정적인 면보다는 부정적인 면에 초점을 맞추어 보도하게 되지만 이러한 점이 국회의 부정적인 평가에 영향을 미치게 되는 중요한 요인으로 작용하고 있다.

위의 결과를 종합하여 보면 국회에 대한 부정적인 평가를 긍정적으로 선회시키는 데 있어 중요한 것은, 국회 역할 및 기능에 대해 홍보하는 것이라 할 수 있다. 이러한 홍보는 국민들에게 국회의 활동 및 역할에 대해 알리게 되어 지식을 높일 것이고 홍보는 언론을 통해 긍정적인 면이 조명될 것이기에 국민들에게 좋은 인식을 심어주게 될 것이기에 결과적으로 국회에 대한 평가를 높이게 될 것이다.

V. 결론

본 연구는 국민 인식 속의 국회는 어떤지 알아보는 것을 목표로, 국회 및 지역구 의원에 대한 평가가 어떤지 알아보았고 국민들은 국회 업무 중 어느 기능을 가장 중요시하고 있는지 분석해 보았다. 또한 국회에 대한 평가가 낮은 이유는 무엇인지 알아보기 위해, 국회에 대한 평가를 다른 정부기관 및 사회단체와 비교해 보았으며 국민들의 정치 및 국회에 대한 관심도는 어느 정도인지 측정해 보았다.

무엇보다 국회에 대한 지식수준은 어느 정도인지 알아보고 지식수준에 따른 국회 평가 및 정치적 관심도에 차이가 있는지 검정해 보았다. 또한 국회에 대한 정보는 어떻게 수집하고 있으며, 언론에 대한 보도 태도에 대해 어떻게 생각하고 있는지 분석해 봄으로써 언론이 국민들의 국회평가에 어떠한 영향을 미치고 있는지 분석해 보았다. 분석결과 국민들은 국회의 대의기능을 매우 중요한 업무라고 생각하고 있음을 알 수 있었다.

하지만 국회의 활동은 국민들의 기대감에 못 미치고 있는 것으로 나타나고 있다. 즉, 국회에 대해 국민들의 냉소적인 태도는 매우 심각한 수준이며 정치신뢰 수준도 매우 낮은 것으로 나타나고 있다. 하지만 국민들은 국회에 대한 정확한 정보 및 지식을 가지고 있는 못한 것으로 나타나고 있다. 국회 활동에 대해 정확한 정보를 가지고 있지 않은 상황에서 일반적으로 비난의 대상인 국회에 대해 매우 부정적인 평가를 내리고 있다고 말할 수 있다. 특히 국회에 대한 부정적인 평가에 있어 언론이 미치는 영향은 매우 큰 것으로 나타나고 있다. 언론의 보도 태도가 긍정적이라 대답한 응답자들은 국회에 대해 보다 긍정적으로 평가하고 있는 것으로 나타나고 있다. 또한 국회에 대해 높은 지식을 가지고 있는 응답자들은 그렇지 못한 응답자에 비해 국회에 대해 긍정적으로 평가하고 있는 것으로 나타나고 있다.

이러한 결과를 토대로 국회는 국회의 활동 및 역할에 대해 널리 알리는 홍보활동이 필요하다고 말할 수 있겠다. 홍보활동을 통해 국회에 대한 국민들의 지식수준을 높이고 긍정적인 평가가 언론을 통해 보도될 수 있도록 해야 한다. 민주주의 정부에 있어 국회는 매우 중요한 역할을 수행하고 있다. 이러한 국회가 국민들로부터 외면당한다면 국회의 정통성은 훼손되며 민주주의의 위기가 초래된다. 국회에 대해 국민들의 관심과 긍정적인 평가를 이끌어내기 위한 활동이 기대되는 시점이다.

참고문헌

가상준. 2003. "미국 의회와 지역구 의원에 대한 평가에 있어 모순성과 상호 관련성." 『국제정치논총』 43-3: 339-359.
임성호. 2004. "국회불신의 수준과 원인." 『한국 의회정치와 제도개혁』. 한국 정치학회 엮음. 서울: 한울 아카데미.

Cook, Timothy E. 1979. "Legislature vs. Legislator: A Note on the Paradox of Congressional Support." *Legislative Studies Quarterly* 4-1: 43-52.

Dennis, Jack. 1981. "Public Support for Congress." *Political Behavior* 3: 319-350.

Durr, Robert H., John B. Gilmour, and Christina Wolbrecht. 1997. "Explaining Congressional Approval." *American Journal of Political Science* 41-1: 175-207.

Farnsworth, Stephen J. 2003. "Congress and Citizen Discontent: Public Evaluations of the Membership and One's Own Representative." *American Politics Research* 31-1: 66-80.

Fenno, Richard F. 1975. "If, as Ralph Nader Says, Congress is 'The Broken Branch.' How Come we Lover Our Congressmen So Much?" In Norman J. Ornstein, ed. *Congress in Change: Evolution and Reform*. New York, NY Praeger.

Hibbing, John R., and Elizabeth Theiss-Morse. 1995. *Congress as Public Enemy: Public Attitudes Toward American Political Institutions*. New York. NY. Cambridge University Press.

Inglehart, Ronald, Miguel Basanez, Jaime Diez-Medrano, Loek Halman, and Ruud Luijkx. 2004. *Human Beliefs and Values: A cross-cultural sourcebook based on the 1999-2002 Value Surveys*. Delegacion Cyoacan, Mexico.

Kimball, David C., and Samuel C. Patterson. 1997. "Living up to Expectations: Public Attitudes Toward Congress." *Journal of Politics* 59-3: 701-728.

Nye, Joseph S. Jr. 1998. *Why People Don't Trust Government*. MA. Harvard

University Press. 임길진 감수/박준원 번역. 굿인포메이션.

Parker, Glenn R. 1981. "Can Congress Ever be a Popular Institution?" In Joseph Cooper and G. Calvin Mackenzie, eds. *The House at Work*. Austin TX, University of Texas Press.

Parker, Glenn R., and Roger H. Davidson. 1979. "Why Do Americans Love Their Congressmen So Much More than Their Congress?" *Legislative Studies Quarterly* 4: 52-61.

Patterson, Samuel C., and Gregory A. Caldeira. 1990. "Standing up for Congress: Variations in Public Esteem since the 1960s." *Legislative Studies Quarterly* 15-1: 25-47.

| 제2장
국민의 국회의식에 관한 통시적 분석

김진하

한국 정치는 민주화를 거치면서 많은 변화를 겪어왔다. 1987년 민주화 이래로, 국민의 손으로 대통령을 직접 선출한지 다섯 번이 되었고, 지방선거를 실시한지도 세 번이 지나갔다. 정당은 경선을 통해 국회의원 후보자와 대통령 후보를 선출하였으며, 여당의 당대표나 원내대표 또한 대통령의 임명이 아닌 선출에 의하여 결정되어졌다. 인터넷의 보급과 함께 촉진된 국민의 정치 참여는 게시판, 이메일, 댓글을 통해 청와대나 정치인에게 직접 전달되기도 하며, 각종 의사 결정 단계에서 시민단체의 영향력은 유례가 없을 정도로 확대되었다. 참여와 제도화라는 측면에서 한국의 민주주의는 큰 발전을 이룩한 것이 사실이다.

민주주의의 발전에도 불구하고 국가기관, 특히 국회에 대한 언론의 공세는 끊임이 없고, 인터넷 댓글 등을 보면 국민의 국회에 대한 평가도 긍정적이기보다는 부정적인 측면이 더 많은 것 같이 보인다. 이 글에서는 국회에 관한 국민의식을 통시적으로 연구함으로써 국회에 관한 국민의식의 변화여부를 알아보며, 국회에 대한 국민의식의 지속성과 변화의 원인을 찾아보고자 한다. 과거 한국정치학회보에 발표되거나 단행본으로 출간된 국회에 관한 국민의식 자료와 서강대학교와 Research & Research가 2005년 11월에 공동으로 조사한 '국회의 이상과 현실 관련 국민의식 조사,' 그리고 2006년 World Value Survey(WVS) 자료를 이용하여 분석하였다.

I. 도입

일반적으로 국민의식이나 여론은 변하지 않는다는 통설이 있다(Berelson, Lazarsfeld and McPhee 1986; Page and Shapiro 1992). 이러한 통설이 맞는다면 국회나 정치일반에 관한 국민의 부정적인 의식(길승흠 1992; 박동서 · 김광웅 1985; 김광웅 · 김학수 · 박찬욱 1991) 또한 민주화 이전이나 지금이나 별로 달라지지 않았을 가능성이 크다. 그러나 민주화를 기점으로 정치제도화에 연착륙한 한국의 경우에 입법부로서의 국회가 본래의 기능을 회복하게 되면서 국회에 대한 국민 의식 또한 긍정적으로 변했을 개연성도 부정할 수 없다. 정치제도화의 진전과 더불어서 더욱이 한국사회가 경험했던 급격한 사회경제적 변화는 국민 의식의 변화 가능성의 단초를 두 가지 면에서 제공할 수 있다고 본다.

하나는, 개인적인 인식의 변화는 없으나 전체적으로 사회를 구성하는 인적 구성이 달라짐으로써 전체 국민의사가 변할 수 있다는 것이다(Page and Shapiro 1992). 이는 일반적인 교육수준의 증가나 고령화시대로 인한 노인인구의 증가, 혹은 탈물질주의(post-materialism) 세대의 등장(어수영 1996) 등과 같은 인구 구성상의 변화가 전체 국민의식의 변화로 나타나게 되는 것이다. 특히, 세대별 · 교육수준별 의식의 차이가 두드러질수록 집단구성 분포의 변화는 전체적 사회의식의 변화로 나타날 수 있다.

두 번째는, 개인들의 의식이 한 방향으로 동시에 변화할 때 집단적인 국민의식이 변화하는 경우이다(Page and Shapiro 1987). 우리나라의 경우에는 민주화를 경험하면서 국회를 비롯한 정부권력의 인적 · 제도 적 변화가 급격하게 이루어졌고, 또한 국민의 교육수준의 향상과 선거 참여, 인터넷 확산으로 인한 새로운 소통의 문화로 인한 민주주의 학습 효과로 인해서, 국회에 대한 기대나 평가가 달라질 수 있다는 측면에서 개인적인 차원에서의 인식 변화의 가능성도 배제할 수는 없다.

국민의 정치의식 조사는 중요 선거나 국정현안이 있을 경우에 언론 기관이나 여론 조사 기관, 학자들에 의하여 많이 이루어져 왔다. 그러 나 국회에 관한 국민의식 조사가 단독으로 행해진 경우는 거의 없었고, 정치의식의 일부로서 서너 문항이 조사된 것이 대부분이었다. 더욱이 국민의식 조사의 문항들 역시 다른 국민의식 조사의 문항들과의 통일 성을 염두에 두고 고안된 것이 아닌 경우가 많아서, 국회에 대한 국민 의식에 관한 그간의 조사들은 일관성 있게 이루어지지지 않았다. 그 결 과 국회에 관한 국민의식에 대한 통시적 분석을 하는 데 어려움이 많았 던 점도, 국회에 관한 국민의식의 통시적 분석이 많이 이루어지지 않았 던 이유 중의 하나이다.

국민의식을 통시적으로 비교한 대표적 연구들 중에서 국회에 관한 부분을 찾아보면, 길승흠은 1963, 1978, 1985, 1992년의 국민의식 조사 비교연구에서, 국회의원이 국민의사를 잘 반영하지 못한다고 하는 국 회의원의 대표기능에 대한 국민의 부정적인 인식과, 그에 따른 국회의 원에 대한 불신이 증대하고 있다는 것을 밝혀내고 그 요인을 잉글하트 (Inglehart)의 문화론으로 설명하고 있다(길승흠 1992). 즉, 질서유지와 물가안정의 물질적 가치를 높이 평가하는 물질주의자(materialists)가 늘고, 비물질적 가치를 중요하게 여기는 탈물질주의자(post-materialists) 와 물질적 가치와 비물질적 가치를 동시에 중시하는 혼합형 인구가 줄 어들었기 때문이라고 분석하고 있다. 그러나 그 이후 시대를 분석하는 연구서들은 탈물질주의자들의 성장과 국민의식 변화에서의 이들의 중 요한 역할을 발견해내고 있다.

어수영은 1990년과 1996년의 분류와 지표를 사용한 연구에서 물질
주의자는 줄었고, 혼합주의자가 절대 다수를 형성하는 사회에 들어섰
다고 주장하며, 국회에 대한 국민의 신뢰는 다른 정치제도와 비교하여
최저의 신뢰도를 보여주며, 다소나마 탈물질주의자의 국회에 대한 불
신이 약간 줄고, 물질주의자의 불신이 늘었지만, 근본적으로 의회에 대
한 국민의 불신은 여전하다고 결론을 내렸다(어수영 1996). 그러나 그
의 후속 연구에서(어수영 2005), 어수영은 전체의 4.5% 정도인 탈물질
주의자는 의회에 대해 심한 불신을 가지고 있는 반면에, 물질주의자들
은 국회와 정치체제에 대해 상대적으로 높은 신뢰도를 보인다는, 과거
연구와 다소 상반된 경향을 발견하였다.

길승흠과 어수영의 연구들의 공통점은 문화론적인 접근법을 사용
하여 세대, 교육수준, 탈물질주의 가치 등을 주요 변수로 사용하였고,
국회제도나 기능의 변화는 국회에 대한 국민의식의 지속성 혹은 변화
를 설명하는 데 주요한 독립변수로서 다루지 않았다는 것이다. 사회·
경제적 변화가 국민의 인적 구성에 변화를 가져오고, 인구 구성의 변화
와 역사적 경험이 전체적으로 국민의 정치인식에 영향을 미친다는 점
은 틀림없지만, 국민의 국회인식은 또한 국회의 효율성과 독립성이라
는 독립변수의 영향을 받는 종속변수일 수 있다는 점이 간과되었다. 이
연구에서는 국민의 국회인식 변화와 지속성을, 민주화 이래로 정상화
되고 있는 국회의 기능과 효율성이라는 점에 초점을 맞추어 설명하고
자 하였다.

II. 국민의식의 변화와 지속성

1. 국민의 정치관심과 정부체제 선호

국회에 관한 국민의식을 알아보기 전에, 국민의 일반적인 정치의식

〈표 1〉 국회의원 선거에 대한 관심도[1]

(단위: %)

	1960	1963	1978	1985	1992
관심이 많다	79.9	45.2	25.8	33.1	26.6
조금 관심 있다	11.4	27.6	33.4	36	43.3
관심이 있다(합)	91.3	72.8	59.2	69.1	69.9
별로 관심이 없다	5.4	15.9	28.9	22.6	21.3
조금도 관심이 없다	1	4.9	6	4	3.3
관심이 없다(합)	5.4	20.8	34.9	26.6	24.6
무응답, 모르겠다	2.3	6.4	5.9	4.3	3.3

을 간단히 조사해 볼 필요가 있다. 특히 국민의 정치관심도나 정부형태에 관한 관심은 국회의원 개인이나 국회에 대한 인식 혹은 평가 못지않게 중요하다고 할 수 있다. 국회나 정치 일반에 대한 염증이나 불신 때문에 국민의 정치적 관심도가 줄어들 수도 있으며, 정치적 민주화와 국회의원의 대응성(responsiveness)의 제고는 국민의 정치적 관심도를 끌어올릴 수도 있기 때문이다. 또한, 대통령제와 의원내각제의 선호도의 변화 역시 대통령과 행정부 vs. 의회에 대한 국민의 평가를 반영하는 부분으로 국회에 대한 국민의식을 살펴보기 전에 알아볼 필요가 있다.

국민의 정치적 관심도와 국회의원 선거에 대한 관심도가 같은 것은 아니지만 초기 연구에서 정치적 관심도를 측정하거나 설명하는 데 국회의원 선거에 대한 관심도가 더러 사용되었다(길승흠 1980; 1992).

위의 〈표 1〉에서 보면 국회의원 선거에 대한 관심도는 1960년도의 91.3%에서 1978년도의 59.2%로 감소하다가, 1985년, 1992년에 69%까지 다시 증가한 것을 볼 수 있다. 1960, 1963, 1978년의 국회의원 선거에 대한 관심도를 비교하면서 길승흠은 국민의 정치적 관심도가 낮아

1) 1960~1992까지의 설문은 국회의원 선거에 관한 관심으로, 자료는 길승흠(1980, 1992)에서 재인용.

〈표 2〉 정치의 중요도[2]

(단위: %)

	1990	1996	2001
매우 중요	30.9	19.4	15
다소 중요	40.3	46.2	36.4
중요(합)	71.2	65.6	51.4
별로 중요하지 않음	25.2	28.5	38.8
전혀 중요하지 않음	3.6	5.8	9.8
중요하지 않음(합)	28.8	34.3	48.6

지고 있고, 그 이유는 유신 국회제도에 대한 불만감과 대통령이나 행정부에 비해 취약한 국회권력에 대한 정치적 냉소주의(political cynicism) 때문이라고 하였다(길승흠 1980). 〈표 1〉에서 보면 국회의원 선거에 대한 관심도는 1985년부터 다시 상승하였다. 유신정국은 끝이 났으나, 5공화국의 권위주의 체제는 약화되지 않았고, 국회 역시 과거에 비해 더 강해졌다고 볼 수 없는데도 1985년의 경우에 국회의원 선거에 대한 관심이 증가한 것은 대중교육의 확대, 중산층의 증가와 관련이 있다고 볼 수 있을 것 같다.

〈표 2〉는 정치의 중요도를 측정한 것인데, 정치를 자기 인생에서 중요하다고 생각한 응답자의 분포는, 1990년의 71.2%에서 1996년에는 65.5%, 2001년에는 51.4%로 감소하는 추세를 보이고 있다. 단순히 중요하다고 응답한 응답자의 비율이 감소하고 있는 것뿐만 아니라, 매우 중요하다고 응답한 응답자도 30%에서 19%, 15%로 10년간 감소하고 있다. 이는 민주-반민주의 갈등 해소로 인해 시민의 일상 삶에서 정치의

---

2) World Value Survey 자료로, 질문은 "정치는 당신의 인생에서 얼마나 중요합니까?" 였으며, 각각의 표본크기는 1,200명 정도이다. 이 질문은 단순히 정치의 중요도만을 묻는 것이 아니라 응답자 자신의 삶에서 정치가 얼마나 중요한 것인지를 묻는 질문이기에, 정치를 개인화한 의미를 갖는다.

〈표 3〉 정치에 관한 관심(2005)

(단위: %)

관심이 많다	조금 관심	관심(합)	관심없는편	전혀 없다	무관심(합)
5.9	28.7	34.6	44.3	21.2	65.4

〈그림 1〉 정치에 관한 국민 의식

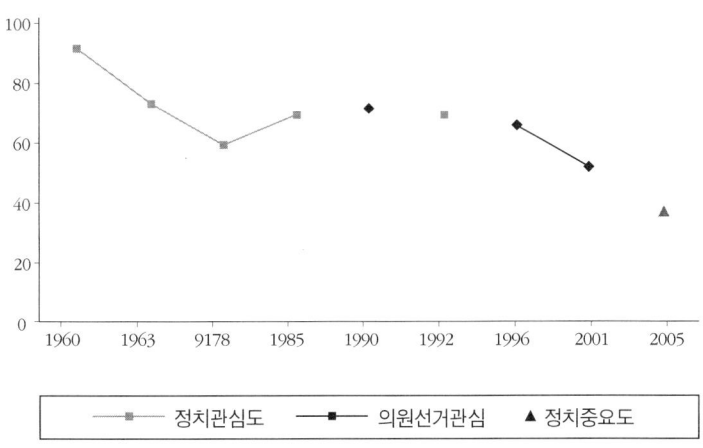

중요도가 다소 약해지고 있다는 것을 시사하고 있다.

국회의원 선거에 대한 관심이나 정치의 중요성 질문과 똑같지는 않지만 비교 목적으로 2005년 정치에 관한 관심을 조사한 결과는 다음과 같다. 〈표 3〉에서 알 수 있듯이, 2005년 조사에서는 정치에 무관심한 층이 전체 응답자의 65.4%에 달하였다. 이는 〈표 2〉에서 나타난 정치의 중요도 감소 혹은 관심 감소의 흐름을 잘 보여주고 있다고 할 수 있다.

〈그림 1〉은 앞서 논의한 세 가지 자료를 그림으로 나타낸 것이다. 국회의원 선거 관심도나 정치의 중요성, 정치 관심도가 정확하게 같은 자료는 아니지만 국민의식의 변화를 보여주는 참고 지표로의 가치는 충분하다고 할 수 있다. 1960년대 이래 감소하던 국회의원 선거에 대한

관심은 1980년대에 다소 상승하여, 1990년대까지 거의 변화가 없었고, 정치의 중요도는 1990년대 국회의원 선거에 대한 관심도와 비슷한 수준이었다가 2000년대 들어서 급격히 감소하였으며, 정치에 대한 국민의 관심도는 2005년 더 낮은 수준으로 감소하였다. 결국 민주화 이래 2000년대 접어들면서 국민의 정치관심도는 감소추세에 있다는 것을 알 수 있다.

위의 결과에서 우리는 세 가지 잠정적 결론을 도출해낼 수 있다. 첫째는, 문민정부 등장 이래로 그간 한국정치에서 중심 화두였던 '민주화'의 갈등이 해소되고 IMF 위기를 겪으면서 국민들이 탈정치화되어 정치적 관심도가 낮아졌을 가능성이 있다는 점이다. 두 번째는 선거에 대한 관심은 정치에 대한 관심과 동등하게(equivalent) 비교될 수 없기에 앞선 연구(길승흠 1980)에서 선거에 대한 관심의 축소를 정치적 관심의 축소로 확장하여 해석하는 것이 지나친 해석이 될 수 있지만, 1990년대 이후의 정치의 중요도 조사 결과는 최소한 정치에 대한 국민의 관심이 줄어들고 있다는 것을 확인한다. 그리고 마지막으로는 앞서 언급한 두 가지가 혼합하여 나타날 경우이다. 즉, 선거에 대한 관심도가 정치적 관심도와 일치하는 것은 아니지만 일반적 경향(trend)을 보여줄 경우, 다소 편차가 있겠지만, 실제로 정치적 관심도의 감소추세를 보일 가능성이 있다는 것이다.

정치적 관심도를 알아보는 또 다른 방법은 정치적 담론을 얼마나 주변의 사람들과 나누는가 하는 것을 조사하는 것이다. 다음의 〈표 4〉는 주위의 사람들과 정치적 화제를 나누는 정도를 조사한 것이다.

〈표 4〉를 보면 정치적 이야기를 전혀 안 했던 국민의 비율이 1963년 66.7 %에서 1978년 51.8%로 줄었고, 1988년 7.7%로 급락했으나 2005년에 다시 40.7%로 상승한 것을 볼 수 있다. 주위의 사람들과 정치적 이야기를 나누는 경우가 1963년의 30.8%에서 1978년 39.9%, 1988년 92.1%, 2005년 59.1%로 늘었다. 1988년의 폭발적 증가는 유신헌법 이래로 첫 번째 직선제 대통령을 선출한 직후, 올림픽을 거치면서 그동안

<표 4> 정치적 이야기를 주변의 사람들과 나누는가?[3]

(단위: %)

	1963	1978	1988	2005
매우 많다			7.7	3.3
많은 편이다			31	5.9
그저 그렇다			32.6	17.2
적은 편이다			20.8	32.8
이야기한다(합)	30.8	39.9	92.1	59.1
전혀 안 한다	66.7	51.8	7.7	40.7
무응답	2.5	8.3	0.0	0.2

금지되었던 정치적 자유가 급격하게 확장되면서 나타난 일시적 현상일 수 있다.

주변의 사람들과 정치적 이야기를 전혀 나누지 않거나 빈도수가 적은 편이라는 응답자를 합치면 1988년에는 28.5%, 2005년에는 73.5%에 이른다. 이는 <표 1>에서 국회의원 선거에 관심이 없다고 대답한 1985년의 26.6% 혹은 1992년의 24.6%[4]나, <표 3>에서 정치에 관심이 없다고 대답한 2005년의 65.%의 추세와 비슷하다. 따라서 <표 1>, <표 3>, <표 4>의 결과를 종합하여 볼 때, 2005년 국민의 정치적 관심도는 최소한 1980년대 후반이나 1990년대 초반에 비하여 줄어들었다는 것을 알 수 있다. 이는 민주주의 이행 이후에 IMF를 거치면서 국민 전반이 정치

---

3) 1963, 1978년에는 빈도수를 묻지 않고 '한다', '안 한다' 밖에 묻지 않았다(길승흠 1980). 1988년 자료는 "올림픽 이후 한국사회의 과제와 전망에 관한 조사연구"로 2,007명을 대상으로 조사하였다(최명, 권태환, 홍두승 편 1989). 2005년에는 '매일' '일주일에 3~4회' '일주일에 1~2회' '한달에 1~2회' '거의 없음'으로 구성되어 있다. 1988년과 2005년의 단순 빈도수 비교는 그저 그렇다(일주일에 1~2회)를 전후로 나누어 보아야 한다, 1963, 78년과의 비교 연구를 위해서 이야기 한다(합)를 대신 삽입하였다.

4) 1985, 1992년 설문의 경우에는 선거에 대한 관심의 설문이었음.

보다는 경제에 관심을 더 기울이기 때문이라고 볼 수 있다. 2005년 조사에서 '민주주의와 경제발전' 중 하나를 선택해야 한다면 경제발전을 선택한다는 의견이 84.6%인데 비해서, 민주주의를 선택한다는 의견은 15.3%에 불과한 사실은 이러한 주장을 뒷받침해준다. 경제성장이 중요하다고 대답한 응답자의 33.4%가 정치에 관심이 있다고 대답한 반면에, 민주주의가 중요하다고 대답한 응답자의 41.3%가 정치에 관심이 있다고 대답을 하여, 민주주의가 중요하다고 생각하는 응답자들은 경제성장이 중요하다고 생각하는 응답자들에 비해 정치적 관심도가 더 높은 것을 알 수 있었다.[5]

국민들은 대통령중심제와 의원내각제 중에 무엇을 더 선호하는가? 〈표 5〉는 정부체제에 대한 국민의 선호도를 보여준다.

다음의 〈표 5〉를 보면 4 · 13 호헌조치 이후 1987년 5월에 실시된 여론조사에서는 직선제 개헌에 의한 대통령중심제가 민주화의 주요 열망이었기에 대통령중심제를 선호하는 의견이 48%에 이르는 반면, 전두환 대통령의 집권 연장 시나리오로 인구에 회자되던 이원집정부제에

〈표 5〉 정부체제에 대한 국민 선호도

(단위: %)

선호 정부체제	대통령중심제	의원내각제	이원집정부제	상관없다, 모름[6]
1987	48	20.5	16.5	15
1988	28.3	34.9	15	19.9
2005	48	25.6	2.7	23.8

---

5) chi-square 검증 결과 95% 신뢰구간에서 유의미한 것으로 나타났다.
6) 1988년 자료는 앞의 주 2)와 같다. "상관없다"는 2005년도 항목이고, "모르겠다"는 1987, 88년 항목이다. 1988년 통계에서 27명의 기타와 9명의 무응답은 1.7%에 해당하나, 〈표 2〉에서는 비교의 목적으로 생략하였다. 1987년 자료는 1987년 5월에 중산층과 생산직 근로자를 상대로 실시된 전환기 한국사회 조사를 종합한 것이다 (최명, 권태환, 홍두승 편 1989).

대한 선호도 16.5%에 이르는 것을 볼 수 있다. 의원내각제의 경우에는 20.5%의 국민만이 선호했던 것을 알 수 있다. 비록 1년 사이지만 1987 년과 1988년 사이의 국민의식의 변화가 크게 나타남을 알 수 있다. 우선 대통령 선거를 직선으로 치루고 나서 국민의 대통령중심제 선호는 28.3%로 약 20%가량 줄어들었다. 반면에 의원내각제를 선호하는 의견이 다수를 형성하여 34.9%에 이르렀다. 이처럼 1년 사이에 국민의 정부체제에 대한 선호도가 급격하게 변화하는 것은 정치제도의 변화와 지역주의 발현에 대한 국민의 반응으로 볼 수 있을 것이다.

1988년에 비해 2005년에 대통령중심제를 선호하는 국민은 28%에서 48%로 20% 가량 증가하여 1987년 수준을 회복하였다. 반면에 의원내각제를 선호하는 국민은 35%에서 25%로 약 10%가량 줄어들었다. 아울러 이원집정부제의 지지는 15%에서 2.7%로 크게 줄어든 것을 알 수 있다. 그러나 어떤 정부체제가 좋은지 모르겠다는 의견도 1987년에 15%, 1988년에는 약 20%가량 있었고, 어떤 제도도 상관없다는 의견이 2005 년에는 23.8%나 존재하여, 어떤 정치체제도 과반수 국민의 지지를 받지 못하고 있는 것을 알 수 있었다.

1988년은 박정희, 전두환으로 이어지는 권위주의적 대통령 체제를 막 벗어나서 첫 번째 직선제 대통령 선출 직후였기에 민주적 대통령제에 대한 국민의 믿음이 약했던 시기였다고 볼 수 있다. 아울러 정당의 지역할거주의에 의해 국회가 4당 체제에 의하여 어느 한 당도 우세를 점하지 못하던 여소야대의 시대였기에 정권을 잡지 못한 지역의 국민들이 의원내각제를 선호하거나 이원집정부제를 지지하였을 가능성이 높다. 그에 비해 2005년은 문민정권 이래로 국민의 정부, 참여정부를 거치면서 민주적 대통령제에 대한 국민의 신뢰가 증가하고 탄핵사태 이후로 회복하지 못한 국회에 대한 불신이 겹쳐 의원내각제의 선호가 10% 정도 하락한 것으로 보인다.

2. 국회에 관한 국민의식

국민은 국회가 순기능을 할 때, 국회의 필요성을 인식하게 되지만, 국회가 무용지물이라고 생각하면 국회가 꼭 필요한 것은 아니라고 인식할 수 있다. 다음의 〈표 6〉은 국민이 국회를 꼭 필요하다고 생각하는지를 알아본 결과이다.

다음〈표 6〉을 보면 1985년의 경우 응답자의 13.1%가 국회가 꼭 필요하다고 생각하지 않는다고 대답을 한 반면에, 2005년에는 31.1%의 응답자가 국회가 꼭 필요하다고 생각하지 않는다는 대답을 하여, 국회의 필요성에 대한 국민의 공감대가 20년 만에 20% 정도 하락한 것을 알 수 있다. 국회가 필요하다는 응답은 1985년과 2005년 사이에 5%의 감소밖에 없지만, 1985년에는 과반수인 52.3%가 국회가 불필요하다는 의견에 매우 강한 부정을 보인데 비해서, 2005년에는 14.5%만이 강한 부정을 보여서 국회의 필요성을 주장하는 강도가 상당히 약해진 것을 알 수 있다. 이처럼 국회의 존립의 필요성에 대한 국민의식이 부정적으로 변한 이유는 어디에 있는가?

국회는 민주화 이전까지 행정부에 비해 상당히 약한 권력을 보유하

〈표 6〉 국회가 불필요하다는 의견에 대한 찬성과 반대[7]

(단위: %)

	찬성		보통	반대		무응답
	매우 찬성	약간 찬성		약간 반대	매우 반대	
1985	13.1		13	73.8		0.1
	6.7	6.4		21.6	52.2	
2005	31.1			68.8		0.1
	4.7	26.4		52.1	14.5	

---

7) 1985년 조사(박동서, 김광웅 1985)에서는 '보통'이 항목에 들어 있었으나, 2005년 조사에서는 '보통'이 선택의 항목에서 빠져 있다.

였지만, 제도(institution)로서 국회는 행정부의 독재를 견제하면서 학생과 함께 민주화의 중요한 역할을 담당해왔기 때문에 국회의 존재 필요성에 대해 1985년 조사에서 응답자의 73.8%가 찬성을 하였다고 볼 수 있다. 1987년의 연구에서 "어떤 사람을 국회의원으로 선출하겠느냐"는 질문에 전체 응답자의 50.3%가 정치의 민주화에 관심이 있는 사람을 국회의원으로 선출하겠다고 대답한 것을 보아도 민주화 이전 우리나라 국민이 국회에 바라는 가장 큰 기대감은 민주화와 관련된 것이었다고 볼 수 있다.[8] 그러나 민주화가 이루어지고 노무현 대통령 탄핵 사태를 거치면서 대통령을 탄핵했던 기관인 의회의 필요성에 대한 국민의 지지의 강도가 약해지고 더 나아가 불필요하다고 느끼는 국민이 31.1%에 달하게 된 것이다. 그러나 이러한 부정적 변화가 탄핵정국 이후에 조성된 일탈적인 것인지, 아니면 시대적 흐름인지를 판단하기에는 향후 조사로 증거가 보강되어야만 알 수 있을 것이다.

그렇다면 우리나라 국민이 국회의 역할에 대하여 갖는 생각은 어떠한지 조사해볼 필요가 있다. 국회의 기능에 대한 질문은 응답자가 받아들이기에 따라서 규범적 질문과 현상적 질문으로 달리 대답할 가능성이 있다. 응답자가 질문을 규범적으로 이해할 때에는, "국회는 어떤 일을 하는 기관인가?"라는 질문에, 바람직한 의회의 기능이나 의회의 본질적 기능을 지적하겠지만, 똑같은 질문을 현재 국회가 어떤 일을 하고 있는 기관으로 보는가의 현상적 질문으로 이해할 때에는 현실 정치에서 의회가 하고 있는 역할에 대한 진술을 하기 때문이다. 이처럼 질문이 중의적인 의미로 받아들여지게 될 때, 조사자들이 원하는 대답을 찾는 것은 쉽지 않다. 이 연구에서 재인용된 1985년 박동서, 김광웅의 조사 자료를 살펴보면 응답자의 답변이 규범적인 답변과 현실 인식의 답

---

8) 1987년 5월 실시되었던 "전환기의 한국사회" 조사로 총 응답자 1,043명 중에 525명이 정치적 민주화에 관심이 있는 후보자를 국회의원으로 선출하겠다고 대답을 하였다.

〈표 7〉 국회의 기능[9]

(단위: %)

	1985	2005
입법 기능	17.9	16.3
대의 기능	28.3	65.8
행정부 감독 기능	4	10.7
지역구 봉사	1.5	7
일반국정 담당[10]	26.3	
정치하는 곳[11]	5.4	
기타[12]	6.7	
무응답	9.9	0.3

변으로 나누어짐을 볼 수 있다. 그러나 2005년의 조사에서는 규범적 기
능들을 보기를 주고 그 중에서 고르게 하는 객관식 설문을 구성함으로
써 응답자들이 규범적 기능과 현상적 기능의 차이로 인한 혼란을 다소
피할 수 있었던 것으로 보인다. 〈표 7〉은 우리나라 국민이 인식하는 국
회의 역할에 관한 조사 결과이다.

　1985년의 경우에는 응답자들이 규범적 국회와 현실정치에서 비춰지
는 국회의 모습을 같이 대답한데다가 미분화된 일반국정 담당(26.3%)
과 같이 애매한 대답이 많아서 2005년의 조사와 직접 비교하는 것이
문제가 될 수도 있으나, 두 조사 자료 간의 그와 같은 차이를 고려하
더라도 1985년과 2005년 국민의식의 특징을 비교하는 데에는 무리가
없다. 국회의 입법기능을 중요하게 인식하는 국민은 전체 응답자의

---

9) 1985년의 질문은 "국회는 무슨 일을 하는 곳인가?"였고, 2005년의 질문은 '국
　회의 가장 중요한 역할'을 묻는 것이었다.
10) 일반 국정의 담당은 가장 포괄적인 응답으로 여기에는 예산 심의, 정책결정,
　나랏일을 하는 곳 등이 포함되어 있다.
11) 정치에는 '정당정치' '정치하는 곳' 등이 포함되어 있다.
12) 기타에는 '쓸모없는 곳' '정부의 시녀' '기타' 등이 포함되어 있다.

17.9%(1985)와 16.3%(2005)로 1985년과 2005년의 큰 차이가 없는 것으로 나타났다. 행정부 감독 기능과 지역구 봉사 기능에 대한 인식은 약 6%가량 늘었다. 그에 비해서 1985년과 2005년에 국회가 대의 기능을 담당하는 곳이라는 응답자가 공통적으로 제일 많았지만, 1985년의 경우에는 28.3%로 1/3이 되지 않은데 비해서 2005년에는 65.8%로 두 배 이상 증가하였다. 국회의 기능에 관한 국민의식의 가장 현저한 변화는 대의 기능을 국회의 가장 중요한 기능이라고 인식하는 국민의 증가 현상이다.[13]

1985년 조사에서는 대의 기능 다음으로 일반국정 담당이라고 대답한 응답자가 26.3%나 된다. 이는 국회의 기능을 세부적으로 잘 모르거나(박동서 · 김광웅 1985) 현실 정치에서 인식되는 현상적 국회의 기능을 지적했기 때문일 것이다. 2005년 조사와의 병렬성을 위해서 1985년의 자료에서 일반국정 담당, 정치하는 곳, 기타를 제외하고 응답자의 분포를 재설정하면 입법 기능 34.6%, 대의 기능 54.7%, 행정부 감독 기능 7.7%, 지역구 봉사 2.8%로 재구성된다. 이렇게 재구성을 하면 대의 기능을 국회의 기능이라고 대답한 응답자가 유효 응답자의 과반수가 되나, 2005년의 65.8%에 비해 여전히 10% 이상 차이가 남을 알 수 있다. 이는 설문기법의 차이로 인한 오차를 가정해서 보수적으로 2005년 의식 조사를 재평가하여도 대의 기능을 중요시하는 국민의식의 증가를 부인하기 어렵다는 것이다.

국회와 행정부의 관계에 대해서 국민들은 어떻게 생각하는지 알아

---

13) 그러나 1985년 자료를 해석하는 데에는 주의를 기울여야 하는데, 그것은 규범적 질문이 아닌 현상적 질문으로 받아들여서 대의기능을 잘못하고 있다고 판단하는 응답자들이 국회의 주요 기능이 대의 기능이 아니라고 대답하였을 가능성이 있기 때문이다. 따라서 1985년 조사에서 28.3%가 대의 기능이 국회의 제일 중요한 기능이라고 판단하였다고 생각해서는 안 된다. 오히려 대의 기능이 제일 중요한 기능이나 그 기능 대신 다른 기능을 주로 하고 있다고 생각하는 응답자들이 누락되었을 가능성이 있다. 따라서 1985년 조사와 2005년 조사의 비교 분석에는 단순 수치 비교보다는 경향을 분석하는 것이 중요하다.

〈표 8〉 국회가 행정부에 간섭하거나 견제하는 것은 좋지 않다[14]

(단위: %)

	찬성		보통	반대		무응답
	매우 찬성	약간 찬성		약간 반대	매우 반대	
1985	22.9		24.1	52.4		0.6
	8.5	14.4		21.4	31	
2005	57.7			42.3		0
	8.4	49.3		33.9	8.4	

보면 위의 〈표 8〉과 같다. 앞서 〈표 6〉과 마찬가지로 1985년에는 보통이라는 선택이 있는 점이 2005년과 다른 점이다. 행정부에 대한 국회의 간섭이 좋지 않다는 의견은 1985년에는 22.9%였으나, 2005년에는 57.7%로 증가하였다. 아울러 행정부에 대한 국회의 간섭이 부정적인 결과를 낳는다는 의견에 반대하는 의견은, 1985년의 52.4%에서 2005년 42.3%로 줄어들었다. 〈표 7〉에서 행정부에 대한 국회의 감독 기능이 국회의 제일 중요한 기능이라고 대답한 응답자는 10.7%로 1985년에 비해서 6.7% 늘었지만 전체적으로 그 비중이 크지 않고, 〈표 8〉에서 보듯이 행정부에 대한 견제를 부정적으로 보는 의견이 오히려 두 배 이상 증가하여 과반수가 된 것은 민주화 이후 제도화와 정치권력 관계의 재편으로 인한 국민의식의 변화이거나, 인구 구성상의 변화라고 볼 수 있다.

　국회와 다른 기관에 대한 국민의 신뢰도는 어떠한지 1990, 96년 자료와 비교하여 보았다.[15]

---

14) 1985년에는 "국회의 지나친 간섭은 국민생활에 도움이 되지 않는다"였고, 2005년에는 "국회가 정부를 자주 견제하면 정부는 중요한 일을 할 수 없다"이다.

15) 1990년과 1996년 자료는 4점 스케일로 크게 신뢰, 약간 신뢰, 거의 신뢰 안 함, 전혀 신뢰 안 함의 4점 척도로 구성되어 있다(어수영 1996). 반면 2005년 신뢰도 자료는 매우 높다, 높은 편이다, 보통이다, 낮은 편이다, 매우 낮다의 5점 척도로 되어 있다. 이를 연구 목적을 위해 4점 척도로 변형하여 비교하였다.

〈표 9〉 기관에 대한 국민의 평균 신뢰도(4점 만점)

신뢰도	1990	1996	2005
군	3.18	2.91	2.64
사법부	2.85	2.68	2.67
언론	2.80	2.78	2.63
대기업	2.23	2.27	2.50
국회	2.35	2.27	2.00

위의 〈표 9〉을 보면 조사된 모든 기관들의 평균 신뢰도가 대기업을 제외하고는 1990년부터 2005년까지 계속 하락하고 있음을 알 수 있다. 신뢰도의 가장 큰 하락세를 보인 것은 군으로 1990년의 3.18에서 2005년의 2.64로 0.54 하락하였다. 그러나 상대적 신뢰도의 측면에서 군은 1990년대에 가장 신뢰도가 높은 기관이었고, 신뢰도가 하락한 2005년에도 사법부 다음으로 가장 신뢰도가 높은 기관으로 여전히 국민의 신뢰도가 높은 기관임을 알 수 있다. 1990년대 대기업과 함께 가장 신뢰도가 낮은 기관인 국회의 경우에는 2005년에 더욱 낮아져서 다른 기관들에 비해 0.5 이상 낮은 평균 신뢰도를 보인다. 대기업의 경우에는 1990년 가장 낮은 신뢰도를 보이는 기관이었으나, 다른 기관들의 경우 국민의 신뢰도가 하락함에도 불구하고 대기업에 대한 국민의 신뢰도는 꾸준히 증가하여왔다.

국회에 대한 국민의 신뢰도가 낮아지고 있는 경향뿐만 아니라, 다른 기관들에 비해 상대적으로 신뢰도가 매우 낮다는 것도 문제이다. 위의 〈표 9〉에는 나와 있지 않지만, 2005년 조사에서 대통령의 평균 신뢰도는 2.30, 행정부의 평균 신뢰도는 2.32, 사법부의 평균 신뢰도는 2.67을 보이고 있다.[16] 국민의 신뢰도를 중심으로 삼부를 평가한다면 사법부,

---

16) 대통령과 행정부에 대한 신뢰도는 1990년이나 1996년 설문 대상이 아니어서 통시적 비교는 할 수 없었다

〈표 10〉 국회에 대한 국민의 신뢰도 변화(2005년 보통 − 29.3%)[17]

(단위: %)

신뢰도		1982		1990*		1996*		2001		2005	
높다(합)		68.3		38.1		32.9		10.8		6.6	
매우	약간	24.9	43.4	10.6	27.5	4.1	28.8	1.4	9.4	1.3	5.3
낮다(합)		31.7		62.4		68.1		89.2		64.2	
약간	매우	25.3	6.4	40.9	21.5	50.4	17.2	49.9	39.3	45.3	18.8

행정부(대통령), 입법부의 순서이고 신뢰도의 격차도 약 0.3 정도의 일정한 차이를 보이고 있다.

국회에 대한 국민의 신뢰도의 변화를 좀 더 구체적으로 살펴보면 〈표 10〉과 같다.

2005년 국회에 대한 신뢰도 조사 항목에는 '보통'이 있으나, 그 외의 해에는 '보통'이 없어서 2005년 자료와 직접적 비교에 어려움이 있다. 2005년의 조사에서 '보통'이라고 대답한 응답을 매우 낮거나 매우 높은 항목에는 위치할 수 없기에 이들을 제외하면, 1982년 이래로 국회에 대한 매우 높은 신뢰를 보이는 국민은 24.9%, 1990년 10.6%, 1996년 4.1%, 2001년 1.4%, 2005년 1.3%로 크게 감소하고 있는 사실을 부정하기는 어렵다. 또한 2005년 설문에서 '보통'이라고 대답한 응답자를 반으로 나누어 '높은 편'이나 '낮은 편'으로 재편성해도 역시 국회에 대한 신뢰도의 질문에서 긍정적인 대답을 하는 국민이 줄어들고, 부정적으로 대답하는 국민이 늘고 있다는 것을 알 수 있다. 전체적으로 국회에 대한 신뢰도를 긍정적으로 평가하는 인구는 1982년 68.3%에서 해마다 지속적인 감소세를 보이다가 2005년에는 6.6%로 떨어져서, 일반적으로 국민들이 국회를 신뢰하지 않고 있다는 것을 알 수 있었다. 하지만 국회에 대해서 매우 낮은 불신감을 가지고 있는 응답자는 1982년

---

17) * 표시가 된 1990, 1996년 자료는 어수영의 자료와 WVS자료의 단순 평균치를 사용하였다. 1982, 2001년 자료는 WVS자료이고, 2005년 자료는 서강대 자료이다.

6.4%에서 1990년 21.5%로 증가하였다가, 1996년 17.2%로 감소세에 접어들더니, 2001년 39.3%로 대폭 증가하였고, 다시 2005년 18.8%로 감소하였다. 이는 국회에 대한 신뢰도는 하락하지만, 극단적 불신감은 조사연도의 정치적 상황에 따라서 증감을 보인다는 것을 알 수 있다.

지금까지 제도로서의 국회에 대한 국민의식을 국회의 존립 필요성, 국회의 기능, 국회의 행정부 감독 기능, 국회에 대한 신뢰도를 중심으로 살펴보았다. 우리나라 국민은 국회의 필요성에 대해 공감은 하지만 과거에 비해 그 필요성에 대한 지지가 약해졌으며, 과거와 비교하여 국민의 대의 기능을 국회의 주요한 기능이라고 인식하고 있고, 과거와는 달리 국회의 지나친 행정부 견제에 대해서는 약간 부정적인 인식을 가지고 있고, 국회에 대한 신뢰도는 역사적으로 그리고 상대적으로 매우 낮은 수준을 보이고 있다.

3. 국회의원에 대한 국민의식

일반적으로 미국인들은 의회에 대해서는 긍정적으로 평가하지 않지만, 지역구 의원에 대해서는 긍정적으로 평가하는 것으로 알려져 있다. 우리나라의 과거 국회 연구에서는 국회에 대한 국민인식과 국회의원에 대한 국민의식을 따로 구분하여 연구한 사례가 많지 않다. 지금까지 살펴본 것에 의하면 우리나라 국민의 국회에 대한 인식은 과거에 비해 부정적인 방향으로 움직여 왔다는 것을 알 수 있다. 그렇다면 국회의원에 대한 국민의 평가는 어떻게 변해 왔는지 알아보자.

다음의 결과를 보면 1985년에 우리나라 국민은 국회의원이 누가 되는가에 따라서, 어느 정당이 정권을 잡는가에 따라서 다른 결과를 낸다고 과반수인 54.2%가 생각했었지만, 2005년에 그렇게 생각하는 인구는 31.9%로 줄어들었다. 위의 설문을 정당의 차원에서 해석해보면 민주화 이전의 정당 구조가 민주 vs. 반민주의 구도로서 권위주의 정권의 연장 vs. 민주정부 수립에 대한 인식의 차이가 1985년에는 컸었지만 오늘날

<표 11> 누가 국회의원이 되어도 차이가 없다[18]

(단위: %)

	찬성		보통	반대		무응답
	매우 찬성	약간 찬성		약간 반대	매우 반대	
1985	24.7		20.3	54.2		0.8
	12.2	12.5		20.5	33.7	
2005	68			31.9		0.1
	20.7	47.3		25.8	6.1	

그러한 민주 vs. 반민주 구도가 종식되면서 민주노동당의 등장으로 계급정당이 출현하였지만 크게 지역 구도를 벗어나지 못하는 정당제에 대한 국민의 인식이 일정 부분 반영된 것이라고 볼 수 있다.

국회의원에 대한 관점에서 위의 설문을 분석해보면 두 가지 측면에서 이해할 수 있다. 첫째, 응답자가 국회의원 개인에 대한 질문으로 받아들였다면 이는 국회의원의 개인적 자질과 정치적 성향 혹은 원내에서의 입지에 따라 다른 결과에 대한 기대감에 대한 질문으로 해석할 수가 있다. 그 경우 우리나라 국민이 국회의원 개인에 대해 걸고 있는 기대가 줄어들었다고 볼 수 있다. 두 번째, 응답자가 질문을 국회의원 개인 차원이 아닌 다수당(여당)과 소수당(야당)의 차원으로 이해했다면, 여·야 정당 간의 차이를 묻는 질문으로 해석할 수가 있다. 결국 〈표 11〉은 정당과 국회의원의 역할에 대한 국민의 기대감이 상당히 줄어들었다는 것을 보여주는 것 이상으로 세분하여 논하기에는 어려움이 있다.

앞서 〈표 7〉에서는 국회의 규범적 기능에 대한 국민의식을 알아보았

---

18) 원래 질문은 "누가 국회의원이 되건 어느 정당이 정권을 잡건 다 마찬가지이다"라는 말에 대한 국민의 의견을 묻는 것으로 국회의원뿐만 아니라 정당의 차이에 대한 질문도 포함하므로 엄격하게 국회의원에만 해당하는 것은 아니다. 이렇게 질문을 받아들이는 사람이 여러 가지 각도에서 대답을 할 수 있는 질문은 좋은 질문은 아니다.

〈표 12〉 국회의원이 해야 할 일에 대한 국민의식

(단위: %)

	주민 뜻 대변	행정부 견제	지역구 봉사[19]	입법	정책홍보
1985	56.7	25.4	2.9	13.1	1.8
2005	46.3	12.9	20.1	16.4	3.9

다면, 〈표 12〉에서는 국회의원의 규범적 기능에 대한 국민의식을 살펴볼 수 있다.

우리나라 국민이 국회의원에게 바라는 것 중에 가장 큰 부분을 차지하는 것은 과거나 지금이나 주민의 뜻을 대변해주기를 원하는 것이다. 그렇지만 1985년에 비해서 국회의원이 주민의 뜻을 대변해 주거나 행정부 견제를 해야 한다고 생각하는 국민이 줄어들었다. 그에 비해서 국회의원이 지역사업을 유치하거나 지역구민의 민원을 해결해주기를 원하는 국민은 1985년의 2.9%에서 2005년에는 20.1%로 증가하였으며, 좋은 법을 제정해주기를 원하거나 정부 정책을 지역구민에게 홍보해주기를 원하는 국민들도 각각 3% 정도 증가하여 총 20%가량 됨을 알 수 있다. 특히 눈에 띄는 것은 국회의원의 지역구 봉사 기능의 증가이다. 과거에 비해서 우리나라 국민들은 국회의원이 지역구 봉사에 좀 더 힘써줄 것을 원하고 있으며, 이는 입법기능이나 행정부 견제 기능 등의 다른 기능에 비해 더 중요하게 인식되고 있다는 것이다.

위의 〈표 12〉에 나타난 국회의원의 규범적 기능에 대한 국민의식 변화는 앞서 살펴본 〈표 7〉의 국회의 기능에 대한 국민의식 변화와 주목할 만한 차이점들을 보여준다. 우선 우리나라 국민들은 1985년에 비해 국회에게는 대의기능을 더욱 요구하지만, 국회의원에게 주민의 뜻을 대표해주기를 원하는 국민은 줄어들었다는 점을 들 수 있다. 여전히 국

---

19) 2005년의 지역구 봉사(20.1%)는 지역사업 유치의 13.3%와 지역구민 민원해결의 6.8%가 합산되어 있다.

〈표 13〉 국회의원이 국회 주요문제 결정 시 따라야 할 의견

(단위: %)

	1985	2005
소속 정당의 의견	14.5	7.3
국회의원 개인의 의견	6	19.4
국민 여론		57.3
지역구민 의견	70.8	12.9
행정부 및 대통령의 의견	7.3	2.3
이익집단이나 시민단체 의견	1.5	0.7

회나 국회의원에게 바라는 대의기능이 가장 큰 부분을 차지하는 것은 사실이지만, 우리나라 국민은 과거와 비교하여 국회에는 충실한 대의 기능의 수행을 좀 더 요구하지만, 국회의원이 지역주민의 뜻을 대표해 주길 원하는 주민의 비율은 줄어들었다. 또, 1985년에 비해 국회의 행정부 감독 기능을 요구하는 국민의 비율은 증가하였지만, 국회의원에게 행정부 감독의 역할을 해주기를 원하는 국민의 비율은 감소하였다. 국회의 입법 기능에 대한 요구도 2005년에는 줄어들은데 비해서, 좋은 법 제정이 국회의원에게 바라는 제일 중요한 일이라고 인식하는 국민은 오히려 늘어났다. 〈표 5〉와 비교하여 보면 우리나라 국민은 지역구 봉사가 국회의 주요한 기능이라고 생각하지는 않지만, 지역구에 사업을 유치하고 지역구민의 민원을 해결해 주는 것이 국회의원이 중요한 역할이라고 인식한다는 것을 알 수 있다.

위의 〈표 13〉은 국회에서 국회의원의 의사결정에 가장 큰 영향을 미치는 규범적인 요소는 무엇인지를 조사한 결과이다. 1985년 박동서, 김광웅의 조사에서는 지역구민 의견과 국민 여론을 구분하지 않은데 비해 2005년에는 그 두 가지를 나누어 조사한 것이 다른 점이다. 1985년에 비해서 소속 정당의 의견을 따라야 한다는 의견이나 행정부 및 대통령의 의견, 이익집단이나 시민단체의 의견을 따라야 한다는 주장은 2005년에 감소하였음을 알 수 있다. 반면에 국회의원 개인의 의견을 따

라야 한다는 의견은 1985년 6%에서 2005년 19.4%로 증가하였다. 1985
년에 국회의원 개인의 의견은 이익집단, 시민단체의 의견을 제외하고
는 상대적 중요성이 떨어졌었다. 그러나 20년 후인 2005년에는 국회의
원 개인의 의견이 제일 중요하다고 생각하는 국민은 지역구민의 의견
을 따라야 한다고 생각하는 국민보다도 많아졌다.

　1985년 질문에는 국민여론이 선택항목에 존재하지 않아서 국민이나
지역구민 등의 민초들의 의견을 따라야 한다고 생각하는 70.8%의 응답
자들이 '지역구민 의견'을 선택했을 가능성이 높다. 그런 점에서 2005
년의 국민 여론과 지역구민을 합한 70.2%와 큰 차이를 보이지 않는다.
전체적으로 국민 여론이나 지역구민의 의사에 따르는 것이 제일 중요
하다고 인식하는 국민은 약 70%로 1985년이나 2005년이나 큰 차이를
보이지 않는다. 국민 여론과 지역구민 의견을 따로 구별하여 보았을 때
에는 국민 여론을 따라야 한다는 의견이 직역주민의 의견을 따라야 한
다는 의견보다 압도적으로 많은 것을 알 수 있다. 이는 우도 방폐장 사
건과 같이 지역구민의 뜻과 국민여론이 일치하지 않을 때에 지역구민
보다는 국민의사를 더 존중해야 한다고 국민들이 인식하고 있는 것으
로 판단할 수 있다. 2005년에 지역주민의 뜻이 제일 중요하다고 응답한
응답자는 12.9%로 국회의원 자신의 뜻이 제일 중요하다고 응답한 응답
자의 19.4%에 비해서 2/3 수준에 불과하다. 즉, 우리나라 국민들은 국
회의원이 원내 의사 결정을 할 때 고려해야 할 중요한 요소로 국민 여론,
국회의원 자신의 판단, 지역주민의 순으로 인식하고 있는 것을 알 수
있고, 그러한 인식은 20년 전의 국민의식과는 달라졌다는 것을 알 수
있었다.

　국회의원에 대한 국민의식을 국회의원이나 정당에 대한 기대감, 국
회의원이 해야 할 일, 국회의원이 주요 의사결정을 할 때 따라야 할 의
견의 측면에서 살펴본 결과, 국회의원이나 정당에 대한 국민의 기대감
은 다소 약해졌으며, 국회의원이 해야 하는 가장 중요한 일은 지역주민
의 의사를 대변하는 일이지만 지역구 봉사 등 다른 역할에 대한 기대감

이 상승한 것을 알 수 있었다. 또한, 과거에 비해 국회의원의 국회 내에 서의 의사결정 시에 국회의원 자신의 뜻이 중요하다고 생각하는 국민들이 많이 늘었으며, 소속 정당이나 대통령, 행정부 혹은 시민 단체나 이익단체의 뜻에 따라야 한다고 생각하는 국민은 약 10% 정도로 줄어든 것을 알 수 있었다.

III. 맺음말과 연구의 한계

우리나라 국민들의 정치적 관심이나 정치적 담화의 빈도수는 과거에 비해서 많이 줄어들었으며, 국회에 대한 국민의 신뢰도는 하락하였고, 국회의 존립에 대해 국민이 느끼는 필요성은 줄어들고 있다. 이는 우리나라 국민이 정치에 관심을 잃어가기 때문만은 아니다. 다른 모든 기관에 대한 국민의 신뢰도가 하락했지만, 군을 제외하고는 국회에 대한 신뢰도가 가장 많이 하락했으며, 다른 기관과 비교하여 보면 상대적으로도 가장 낮은 신뢰도를 보인다.

국민들은 과거에 비해서 국회의 대의기능에 대한 요구가 높아졌으나, 국회의원이 지역주민의 뜻을 대변하는 것이 제일 중요하다고 생각하는 국민들은 오히려 줄어들었고, 지역구 봉사 기능에 대한 국민의 요구가 증가하였다. 또한, 국회의원의 국회에서 의사결정 시에 국회의원 자신의 뜻을 따라야 한다는 국민도 증가하였다.

국회에 관한 국민의식의 통시적 비교는 설문조사 간의 동일한 문항이나 표현의 유사성이 결여되어 직접적으로 비교하기는 매우 어려웠고, 국회에 관한 문항수도 기관 신뢰도와 기능 밖에 없어서 폭넓은 분석이 되지 못한 점이 이 연구의 한계라고 할 수 있다.

과거와 비교하여 국민들의 교육수준이 올라가고 평균 수명이 길어지면서 노인층 인구가 증가하였고, 다양한 직업군이 등장하였으며, 전체적으로 유복해진 사회가 되었다는 사실은 국회에 대한 국민의식의 변

화를 인구 구성상의 변화로 설명할 수 있는 하나의 잠정적 요인이 되지
만, 이를 검증하지 못하였다. 또한, 사회·경제적 변화로 인한 인구통
계학적 집단의 여론의 변화(shift)도 국회에 대한 국민의식의 변화를 설
명할 수 있는 잠재적 요인이었지만, 이 또한 검증되지 못하였다. 단, 민
주화로 인한 정치 제도의 변화와 IMF, 대통령 탄핵과 정치권력관계의
변화, 국회 기능의 정상화, 지방 자치의 보급 등으로 인해 국민의 국회
의식이 변화한 것은 분명하다.

대통령 탄핵 이후로 국회의 기능 중에서 대의기능을 중시하는 국민
인식과 행정부에 대한 국회의 감독을 부정적으로 보는 의견이 증대하
였고, 상대적으로 강화된 국회의 입법기능에 대한 불만은 별로 없으나,
대의 기능을 제대로 수행하지 못한다고 판단한 국민들에 의하여 국회
의 신뢰도는 과거에 비해서, 그리고 다른 기관에 비해서 상대적으로 낮
아지게 되었다고 볼 수 있다.

참고문헌

길승흠. 1980. "한국인의 정치의식 구조변화: 1968년과 1973년."『한국정치학
　　　회보』14집.
_____. 1992. "한국인의 정치의식 변화."『한국정치학회보』26집 3호.
김광웅 · 김학수 · 박찬욱. 1991.『한국의 의회정치: 이론과 현상인식』. 박영사.
김광웅 · 이갑윤 편. 1996.『정당, 선거, 여론』. 한울 아카데미.
김　욱. 2005.『정치 참여와 탈물질주의: 한국과 스웨덴 비교』. 집문당.
마인섭 · 장훈 · 김재한. 1997. "한국사회에서의 탈물질주의적 가치관의 등장
　　　과 사회적 균열구조의 변화."『한국과 국제정치』13권 2호.
박동서 · 김광웅. 1985.『한국인의 민주정치의식』. 서울대학교 출판부.
어수영. 1996. "한국인의 가치변화와 지속성 그리고 민주화."『한국정치학회
　　　보』33집 3호.
_____. 2004. "가치변화와 민주주의 공고화: 1990~2001년간의 변화 비교연구."
　　　『한국정치학회보』38집 1호.
이현출. 2005. "한국국민의 이념 성향."『한국정치학회보』39집 2호.
최　명 · 권태환 · 홍두승 편. 1989.『사회조사10년: 1979~1988』. 서울대학교
　　　사회과학 연구소.
한국정치학회 편. 2004.『한국 의회 정치와 제도개혁』. 한울 아카데미.

Berelson, B. R., P. F. Lazarsfeld, et al. 1986. *Voting*. Chicago: University of
　　　Chicago Press.
Inglehart, Ronald. 1990. *Culture Shift*. Princeton University Press.
Page, B., R. Shapiro et al. 1987. "What Moves Public Opinion?" *APSR* 81(1):
　　　pp. 23-43.
Page, B., and R. Shapiro. 1992. *The Rational Public*. Chicago: University of
　　　Chicago Press.
Rokeach, Milton. 1968. *Beliefs, Attitudes, and Values*. San Francisco: Jossey-
　　　Bass.

정혜숙

| 제3장
국민들의 국회에 대한 태도 및 평가:
인구통계적 차이를 중심으로

I. 문제제기

이 글은 국민들의 국회와 국회의원에 대한 의식 조사를 바탕으로 인구통계적 차이― 즉 성별, 연령별, 지역별, 교육수준, 소득수준, 직업―와 개인들의 이념적·정치적 성향의 차이와 지지정당에 따른 국회에 대한 태도 및 평가의 편차를 알아보고자 하는 것이다.

국회에 대한 일반적인 부정적 의식과 평가는 일반적으로 정치에 대한 불신과 이를 바탕으로 오랫동안 형성된 정치적 무관심 때문이라고 본다. 이는 전체적인 평가일 따름일 뿐 구체적으로 어떤 영역에서 어떤 이유로 부정적으로 평가하는지는 알 수 없다. 따라서 이번 작업은 우선적으로 인구통계적 차이가 국회에 대한 인식 정도와 역할에 대한 평가에 이르기까지 어떠한 양상으로 나타나는지를 살펴보는 작업이 될 것이다. 덧붙여 정치적 성향이나 지지정당에 따라 국회에 대한 평가에 차이가 있을 것인지를 살펴보고자 한다.

II. 연구설계

국민들의 국회에 대한 인식과 평가에 대한 분석에서는 다음과 같은 가설을 설정하여 그 가설을 검증함으로써 차이점을 발견하고자 한다. 이 연구를 통해 알아보고자 하는 것은 인구통계적 변수에 따라 국회에 대한 인식이 어떤 차이를 가지고 있느냐 하는 것이다. 즉 일반적인 인구통계적 변수라 할 수 있는 성, 연령, 지역, 교육수준, 소득수준, 직업이 여기에 포함된다. 덧붙여 국회에 대한 인식과 평가에 있어 중요한 변수가 될 수 있는 정치적 성향과 지지정당의 변수를 동시에 주요한 독립변수로 삼아 국회에 대한 의식을 알아보고자 한다.

이를 위해 빈도분석과 변수 간의 상관관계를 검증하기 위해 교차분석을 실시하거나 집단 간 차이를 알아보기 위한 회귀분석 방법을 사용하였으며 빈도분석 결과를 활용하기도 하였다. 분석에 활용되는 자료는 서강대학교 동아연구소에서 2005년 실시한 "국회의 이상과 현실 관련 국민의식 조사" 결과이다.

〈가설 1〉 인구통계적 변수에 따라 국회에의 인식과 평가에 차이가 있을 것이다.

국회의 역할 중 가장 중요하다고 생각하는 것, 국회가 제 역할을 다하지 못하는 이유는 무엇이라고 생각하는지 나아가 국회에 대한 평가와 그 평가가 어디에서 비롯되고 있는지에 대한 인구통계적(성, 연령, 지역, 도시규모, 소득, 직업, 학력 등) 변수에 따른 차이점을 비교, 분석해본다.

〈가설 2〉 성별에 따라 국회에 대한 인식과 평가 차이가 있을 것이다.

여성들의 교육수준이나 사회적 진출이 점차 활발해져가고 있으며 이에 따른 의식의 수준도 높아져 가는 것이 사실이다. 그럼에도 불구하고 정치적 측면에서만큼은 아직도 여성들의 진출이나 관심도는 상당히 저조한 수준이라고 할 수 있다. 따라서 성별에 따라 어떤 차이가 어떻게 존재하는지를 살펴보고자 한다.

〈가설 3〉 젊은 세대일수록 국회에 대한 평가에 있어 지역주의적 가치판단에 의하기보다 합리적 판단이 주요할 것이다.

　연령은 대부분의 선거연구에서도 중요한 변수 중 하나라 할 수 있다. 특히 젊은 세대일수록 나이가 많은 연령대에 비해 지역이나 정치적 성향에 얽매이지 않으며 지역주의적 투표 경향이 낮다. 그럼에도 불구하고 정치적 무관심과 불신으로 인해 정치인과 정치 전반에 대해 부정적 의식을 많이 가지고 있다.

〈가설 4〉 현재 거주지역, 거주지 규모와 같은 지역변수는 선거 및 정치구조 전체에 많은 영향력을 행사하고 있다. 국회에 대한 평가에도 상당한 영향력을 행사할 것이다.

　한국의 선거사에서 지역변수는 그 어떤 변수들보다 오랫동안 강력한 영향력을 행사해 온 변수라 할 수 있다. 따라서 '지역정당'들의 장인 국회에 대한 평가는 출신지역에 따라 상당부분 차이가 있을 것이다. 동시에 지역 간 차이가 줄어들고 있다고는 하나 아직도 지역 간 차가 상당부분 존재하고 있어 거주지 규모에 따라 국회에 대한 의식이나 평가의 인식차이가 존재할 것이다. 마지막으로 거주 지역권, 거주지규모라는 두 가지 변수들의 관련성을 찾아보고자 한다.

〈가설 5〉 교육수준과 소득수준, 직업에 따라 국회에 대한 의식과 평가에 차이가 있을 것이다.

　한국 사회에서 교육은 소득과 직업을 결정짓는 중요한 요소라 할 수 있지만 반드시 그런 것은 아니다. 따라서 각각의 변수들에 따른 인식의 차이를 알아봄과 동시에 이 세 가지 변수들 중 어떤 변수가 인식의 차이를 가져오는 중요한 변수인지를 알아보는 것이 필요하다.

〈가설 6〉 정치적 성향에 따라 국회에 대한 인식과 평가는 차이가 있을 것이다. 또 정치적 성향변수와 지역변수 중 어떤 변수가 더 중요한 영향력을 행사하느냐는 정치적 민주화와 상당한 관련성을 가질 수 있다.

이념적 성향에 대한 문항은 개인이 자신의 성향에 대해 내린 판단이므로 정확성을 파악하기 어려울 듯하다. 따라서 이념적 성향과 달리 정책에 대한 판단에 따라 보수, 중도, 진보의 정치적 성향으로 나눌 것이다. 어떠한 정치적 성향을 갖고 있느냐에 따라 국회에 대한 인식에 차이가 있을 것이다.

III. 실증분석

1. 국회의 역할에 대한 인식과 평가

1) 국회의 역할에 대한 인식

대부분의 국민들은 성별이나 연령, 지역규모, 직업, 소득에 상관없이 국회의 가장 중요한 역할로 '국민들의 의사를 대표'하는 것(65.8%)을 꼽았으며 '법의 제정'(16.3%), '행정부 감독'(10.7%), '지역구 봉사'(7.0%)를 들었다.[1] 〈표 1〉에 따르면 그 중 거주지별 변수와 학력 변수의 경우 통계적 유의성이 있는 것으로 나타났다. 우선, 거주지별 변수를 살펴보면 국회의 가장 중요한 역할로 '국민의사 대표'에 대해 강원

---

1) "국회의 기능에는 국회의 전통적 기능인 대표(혹은 대의)기능, 입법기능, 행정부 견제 기능 외에도 통합기능(김영래 2004; 심지연 1999)과 지역구 봉사 기능이 있다." "그런데 그 중 대표 혹은 대의기능의 경우 양면성이 존재한다. 긍정적인 측면으로는 국회가 국민의 의사를 정책에 반영함으로써 일반 국민의 정치적 효능감을 높이고 산출된 정책에 대한 만족감을 높이며 국가기관에 대한 신뢰를 높일 수 있다. 그러나 지나친 대의는 국회의원으로 하여금 국가 이익보다는 자신을 선출한 지역 유권자의 이익을 추구하게 됨으로써 전체 이익을 해칠 우려가 있다는 것이다"(김진하 2006).

〈표 1〉 국회의 역할 인식

		가장 중요한 국회의 역할 (%)					합계		
		법의 제정	국민의사 대표	행정부 감독	지역구 봉사	모름/ 무응답	빈도	행 %	P값
	전체	16.3	65.8	10.7	7.0	.3	1,200	100.0	
성 별	남자	17.3	64.7	11.0	6.8	.2	590	100.0	.854
	여자	15.4	66.7	10.3	7.2	.3	610	100.0	
연 령 별	20대	13.4	69.8	11.5	5.3		262	100.0	.524
	30대	15.5	67.6	9.1	7.4	.3	296	100.0	
	40대	17.9	63.9	9.9	7.7	.7	274	100.0	
	50대 이상	17.9	62.8	12.0	7.3		368	100.0	
거 주 지 별	서울	17.5	67.3	10.6	4.6		263	100.0	.000 ***
	인천/경기	16.5	71.1	6.2	6.2		322	100.0	
	부산/울산/경남	15.2	66.0	11.2	7.6		197	100.0	
	대구/경북	12.3	66.9	10.8	10.0		130	100.0	
	광주/전라	23.1	58.5	10.0	6.2	2.3	130	100.0	
	대전/충청	15.4	51.2	22.0	11.4		123	100.0	
	강원	5.7	77.1	11.4	5.7		35	100.0	
지 역 규 모	대도시	16.5	66.6	10.3	6.5		581	100.0	.204
	중소도시	17.8	63.3	10.6	7.8	.6	501	100.0	
	군지역	9.3	72.0	12.7	5.9		118	100.0	
학 력 별	중졸 이하	15.4	61.7	10.1	12.8		149	100.0	.031 *
	고졸	15.6	65.9	10.7	7.6	.2	634	100.0	
	대졸 이상	17.5	67.4	10.9	3.6	.5	411	100.0	
직 업 별	농어민, 기타	17.3	64.4	11.6	6.5	.2	542	100.0	.822
	서비스, 판매생산	14.8	67.7	9.9	7.2	.5	405	100.0	
	전문, 공직, 기업	16.6	65.6	9.9	7.9		253	100.0	
소 득 별	200만 원 미만	15.2	64.0	9.9	10.5	.3	342	100.0	.094
	200~400만 원	16.8	66.4	10.8	5.9	.1	762	100.0	
	400만 원 이상	17.6	64.8	13.2	3.3	1.1	91	100.0	

* P〈.05 이하 ** P〈.01 이하 *** P〈.001 이하

77.1%, 인천/경기 71.1%, 서울 67.3%, 대구/경북 66.9%, 부산/울산/경남이 66.0%, 광주/전라 58.5%, 대전/충청 51.2%가 동의를 표했다. 그런데 광주/전라의 경우 '법의 제정'이 23.1%로 다른 지역의 평균 10%대보다 높게 나타난 것이 특징이라고 할 수 있다. 이는 광주항쟁과 관련한 여타의 법안들에 대해 국회가 적극적으로 나서주기를 기대하는 마음이 일정정도 반영된 것이 아닌가 생각된다. 다음으로 학력변수에 따라 나타난 차이를 살펴보면 학력이 낮을수록(중졸 이하 12.8%, 고졸 7.6%, 대졸 이상 3.6%) '지역구 봉사'를 중요한 국회의 역할이라고 꼽고 있는 반면, 학력이 높을수록(대졸 이상 67.4%, 고졸 65.9%, 중졸 이하 61.7%) '국민의 의사를 대표'하는 일이 국회의 중요한 일이라고 생각하고 있었다. 즉 학력이 낮은 경우 국회는 국민의 의사를 대표하는 것과 동시에 지역의 직접적인 이해를 대표해야 한다고 생각하고 있어 실생활에서 느낄 수 있는 국회의 역할을 기대하고 있다고 할 수 있다. 즉 국회의 역할이란 국민들의 정치적·사회적 나아가 지역, 생활과 관련한 의사 전체를 대변해 주는 것이라고 생각하고 있다.

또 국회의원이 가장 중요시 해야 할 일에 대해서는 대부분의 국민들이 '지역주민의 뜻을 대변하는 일'(46.3%)을 들었으며 '좋은 법 제정' (16.4%), '지역사업 유치'(13.3%), '행정부 견제'(12.9%), '지역구민 민원해결'(6.8%), '정부의 정책 홍보'(3.9%)의 역할에 대해서는 상대적으로 낮은 지지의사를 밝히고 있다. 즉 일반적인 국민들의 경우 국회의원은 국민의 대변인으로서 국회는 국민의 의사를 대변하는 자리여야 한다고 생각하는 것이다. 좀 더 구체적으로 여당의원과 야당의원의 역할에 대해서는 두 경우 모두 국민의사 수렴이 가장 중요한 역할(여당의원의 경우 25.6%, 야당의원의 경우 23.2%)이라고 생각하고 있었다. 여당의원과 야당의원 각각에게 야당과의 협력(20.7%), 여당과의 협력(22.5%)을 국민의사 수렴 다음으로 중요한 역할로 꼽고 있어 국회가 국민의 의사를 수렴하고 잘 대변하기 위해 여·야 할 것 없이 협력하기를 바라고 있다는 것을 알 수 있다.

이렇게 국민들의 의사를 대변하는 일을 해 나갈 국회의원을 선출하는 데 있어 국민들은 가장 중요한 기준으로 '개인적 자질'(36.3%)을 들었으며 '공약실천도'(25.3%)를 다음으로 꼽아 국회의원 개인의 '전문성', '청렴성', '성실성' 같은 개인적 자질과 공약 실천을 위한 확고한 의지와 노력이라는 국회의원 개인에 대한 평가를 가장 중요하게 생각하고 있었다. 그럼에도 불구하고 국회의원들이 국회 내에서 중요한 결정사항이 있을 때 가장 영향을 미치는 것이 무엇이라고 생각하는지의 질문에 대해서는 국민들 대다수가 '소속 정당의 의사'(42.2%)를 선택하였으며 '국회의원 개인의 소신'(27.6%)이나 '지역구민 의사'(14.4%), '여론'(12.4%)의 경우는 그에 미치지 못하는 것으로 생각하고 있었다.

즉 국민들은 국회의원을 뽑을 때는 국회의원 개인의 자질을 가장 크게 생각하고 있으나 실지로 국회 내에서의 국회의원은 개별 의원이 아닌 소속정당의 일원이 되어버리고마는 정치적 구조와 상황[2]을 국민들 스스로 인지하고 있는 것이다. 그럼에도 불구하고 국회의원들이 중요한 문제를 결정할 때 가장 중요하게 생각하여야 할 의견에 대해서 국민들은 '국민여론'(57.3%)을 들고 있어 일관되게 국회와 국회의원의 역할을 국민의 의사를 수렴하고 그 뜻을 대표하여 여야가 협력적으로 국회를 잘 운영해 주길 기대하고 있다.

그러나 국회에 대한 기대와는 다르게 현실에 대한 평가는 어떠한가? 국회기 자신의 역할을 제대로 하고 있는가에 내한 〈표 2〉의 분석에 따르면 성별이나, 연령, 학력, 거주지, 소득, 직업 등에 상관없이 대체로 부정적('못하고 있는 편이다'와 '못하고 있다' 포함) 평가가 전체의

---

2) 한국 정당의 경우 1인 중심체제로 형성, 운영되어진 경험이 오랜 동안 지속되어 왔다. 또 지역주의를 바탕으로 한 선거 경쟁은 이러한 1인 중심체제를 지속시킬 수 있었던 힘이 되었었다. 개인적 자질보다 소속 정당의 공천이 선거에서의 당선을 의미하는 경우가 대부분이었으며, 다음 선거에서 공천을 받기 위해서는 국회 내 민감한 정치적 사안이나 중요 의제의 의결 시 개인의사보다 소속정당의 당론을 따르는 것이 일반화되어 있었다.

59.6%를 차지하고 있었다. 거주지와 지역규모라는 두 변수의 경우만 통계적으로 유의미한 차이가 있는 것으로 나타났다.

먼저, 거주지 변수의 경우 국회의 역할에 대한 평가에서 부산/울산/경남이 가장 부정적(73.1%로)이었으며, 광주/전라의 경우 중간적 입장('그냥 그렇다'의 경우가 60.0%), 대전/충청의 경우 상대적으로 긍정적 평가('잘하고 있다'와 '잘하고 있는 편이다'를 합하여 8.2%)를 하고 있었다. 광주/전라의 경우 자신들의 지지정당이[3] 국회의 다수를 차지하고 있기 때문에 상대적으로 부정적 평가가 다른 지역에 비해 적었다고 할 수 있다.

다음으로 지역규모에 따라 국회의 역할 수행에 대한 평가도 통계적으로 유의미한 차이가 있는 것으로 나타났다. 구체적으로 군지역의 경우 대도시나 중소도시에 비해 상대적으로 부정적 평가가 덜한 편이다(군지역의 경우 38.1%로 중소도시의 61.9%와 대도시의 61.9%에 비하면 3분의 2수준이라 할 수 있다).

이러한 결과는 군지역이 대부분 농촌지역으로 인구분포로 보면 젊은 층들보다는 노인층들이 많이 살고 있으며, 이들의 의식 속에 대체로 국회의원이나 대통령은 하늘에서 내리는 사람이거나 그 정도까지는 아니더라도 일반 사람들과는 다른 사람이라는 생각이 아직도 남아 있기 때문이라 할 수 있다. 이는 "정부와 국민 간의 관계는 부모와 자식 간의 관계와 같아야 한다"는 주장에 대해 국민들의 견해를 물은 결과 군지역의 경우 긍정적인 답변('매우 그렇다'와 '그런 편이다'를 합쳐)이

---

3) 2004년 국회의원 선거에서 정당별 득표율과 의석수를 살펴보면 광주지역의 경우 열린우리당이 51.6%, 7/7석, 전남지역의 경우 열린우리당이 46.7%, 7/13석으로 민주당보다 더 높은 지지를 보내고 있다(나간채 2004 참고). 열린우리당이 전국 득표율 38.3%로 전체 299석 중에 152석을 차지하여 과반수를 차지하였으며 이는 자신의 지지정당이 국회의 운영을 주도할 것이라는 인식이 전제된다. 따라서 국회에 대한 평가를 함에 있어 다른 지역에 비해 상대적으로 부정적 평가가 적었을 것이다.

〈표 2〉 국회의 역할수행에 대한 평가

		국회의 역할수행 정도(%)					합계		
		잘하고 있다	잘하고있 는편이다	그냥 그렇다	못하고있 는편이다	못하고 있다	빈도	행 %	P값
성별	남자	1.4	3.6	33.1	39.2	22.9	590	100.0	.057
	여자	.3	3.1	39.3	37.9	19.3	610	100.0	
연령별	20대	1.1	4.6	37.4	34.0	22.9	262	100.0	.041 *
	30대	1.4	2.7	34.8	34.1	27.0	296	100.0	
	40대	.4	2.2	34.3	43.4	19.7	274	100.0	
	50대 이상	.5	3.8	38.0	41.6	16.0	368	100.0	
거주지별	서울		5.7	35.4	26.2	32.7	263	100.0	.000 ***
	인천/경기	.9	2.2	32.0	41.9	23.0	322	100.0	
	부산/울산/경남	.5	2.0	24.4	55.8	17.3	197	100.0	
	대구/경북	.8	3.8	38.5	35.4	21.5	130	100.0	
	광주/전라		1.5	60.0	30.0	8.5	130	100.0	
	대전/충청	3.3	4.9	39.8	38.2	13.8	123	100.0	
	강원	2.9	2.9	40.0	45.7	8.6	35	100.0	
도시규모	대도시	1.0	4.0	33.0	37.5	24.4	581	100.0	.000 ***
	중소도시	.4	2.8	34.9	41.5	20.4	501	100.0	
	군지역	1.7	2.5	57.6	30.5	7.6	118	100.0	
학력별	중졸 이하	1.3	2.7	39.6	45.0	11.4	149	100.0	.097
	고졸	.6	2.8	36.8	38.0	21.8	634	100.0	
	대졸 이상	1.0	4.1	34.3	36.7	23.8	411	100.0	
직업별	농어민, 기타	.6	3.1	39.3	39.7	17.3	542	100.0	.051
	서비스, 판매생산	.5	3.2	33.1	38.3	24.9	405	100.0	
	전문, 공직, 기업	2.0	4.0	34.8	36.4	22.9	253	100.0	
소득별	200만 원 미만	1.2	3.2	39.2	40.6	15.8	342	100.0	.125
	200~400만 원	.7	3.5	35.4	38.3	22.0	762	100.0	
	400만 원 이상	1.1	2.2	33.0	33.0	30.8	91	100.0	

* P〈.05 이하 ** P〈.01 이하 *** P〈.001 이하

71.2%로 대도시(63.0%)와 중소도시(60.9%)에 비해 상대적으로 높았던 것과 일맥상통한다 할 수 있다. 또 "못 배운 사람들도 배운 사람들만큼 정치적 발언권이 있어야 한다"는 주장에 대해서도 군지역의 경우 긍정적 평가('매우 그렇다'와 '그런 편이다'를 포함)가 49.2%로 대도시(61.6%)에 비해 상대적으로 낮아, 나와는 달리 많이 배운 사람이 정치를 하는 것이라는 생각이 지역규모변수의 통계적 유의성을 가져오는 이유라고 할 수 있을 것 같다.

구체적인 국회의 역할('국민의사 대표', '법의 제정', '행정부 감독', '지역구 봉사')에 대한 국민들의 평가에 있어서도 국회의 역할수행을 상당히 부정적으로 평가하고 있다. 특히 국회의 역할수행에 대한 빈도 분석 결과를 살펴보면 국민의사를 대표하는 역할에 대해 63%가 부정적으로 평가하고('못하고 있다'와 '못하고 있는 편이다'를 합하여) 있었으며 '지역구 봉사'에 대해서도 59.1%가 부정적으로 평가하였다. 상대적으로 '행정부 감독'의 경우 48.6%, '법의 제정'의 경우 37.7%로 부정적 평가가 앞의 두 부분에 비해 낮았다. 결과적으로 국민 대다수는 국민의 의사를 대표하는 일이 국회의 가장 중요한 일이라는 생각을 갖고 있으며 동시에 국회가 이 일을 가장 잘 수행하고 있지 못하다고 평가하고 있다. 구체적으로 연령, 거주지, 지역규모의 경우에는 변수에 따른 통계적 유의성이 있는 것으로 나타났다.

먼저, 연령의 경우 40대와 50대의 경우 못하고 있는 편이다라는 평가가 다른 연령대에 비해 높았으며, 상대적으로 20대와 30대의 경우 못하고 있다는 단정적인 평가가 다른 연령대에 비해 높게 나타났다. 그럼에도 불구하고 국회가 불필요하다는 데 대한 찬반의사를 묻는 항목에 대해서는 68.9%가 반대의 의사를 표하고 있었다. 즉, 국회가 국민의 의사를 대변하는 중요한 역할을 하는 곳이므로 반드시 필요한 기관이라고 생각하고 있지만, 현재 그 역할을 제대로 수행하고 있지 못해 부정적인 견해를 갖는 것이다.

또, 부정적 평가를 했던 응답자들을 대상으로 왜 국회가 그 역할을 다하지 못했다고 생각하느냐는 질문에 대해서는 61.7%가 '정당들의 당리당략'을 꼽았으며 '국회의원들의 자질 미흡'을 32.0%로 꼽아 정당 운영 체계와 운영 주체의 문제를 가장 중요한 이유로 생각하고 있었다. 상대적으로 '국회의 힘이 행정부에 비해 너무 약해서'라는 항목에 대해서는 3.1%만이 그렇다고 답변하고 있어 국회 위상과 권한의 문제가 국회의 부정적 역할에 대한 평가의 근거가 아님을 보여주었다.

결론적으로 대부분의 국민들은 국회의 가장 중요한 역할로 국민의 의사를 대표하는 것을 꼽고 있으나 국회의원들이나 국회가 국민의 의사보다는 소속정당의 의사(당론)나 당리당략으로 인해 제대로 된 국민의 대변인 역할을 잘 하지 못하고 있다는 것이 부정적 평가의 내용이라 할 수 있다. 따라서 국회가 각 정당과의 관계에 있어 독립성과 자율성을 가지도록 체계적이고 제도적인 변화가 필요할 것이다. 그리고 국민들이 원하는 자질을 갖춘 국회의원(개인의 신념을 가진, 전문성을 가진, 성실성과 청렴성을 가진 등)들의 선출이 함께 이루어져야 할 것이다.

2) 정치에 대한 관심과 정치발전을 위한 인식

그렇다면 국회가 국민들의 의사를 제대로 반영하지 못하고 있다는 평가는 어디에서 비롯되어진 것인가? 국회의원 개인의 활동 혹은 국회의 활동을 어느 정도 인식하고 있는가 또 본질적으로 정치에 대해 얼마나 관심을 갖고 있는가?

우선, 정치에 대해 얼마나 관심을 가지고 있는지에 대한 문항의 결과는 전체의 34.6%('매우 많다' 5.9%, '조금 있다' 28.7%를 합하여)가 관심을 가지고 있는 것으로 나타났고 65.4%('별로 없다' 44.3%, '전혀 없다' 21.2%를 포함하여)가 관심이 없는 것으로 나타났다. 그리고 정치와 관련하여 주변의 사람들과 얼마나 대화를 나누고 있는지에 대한 물음에 대해서는 거의 없음이 전체의 40.75를 차지하고 있었다('매일' 3.3%, '일주일에 3~4회' 5.9%, '일주일에 1~2회' 17.2%, '한 달에 1~2회' 32.8%). 상당히 많은 국민들이 정치에 대해 무관심하며 대화의 주제가 되는 경우도 많지 않지만, 그럼에도 불구하고 적지 않은 사람들이 정치에 관심을 갖고 지속적인 대화를 나누고 있었다. 또 정치발전을 위해 가장 시급한 현안으로 '국회의원의 자질 향상'(41.3%)을 가장 많은 국민들이 선택하였으며 '대통령의 책임정치'(24.6%), '전문가의 행정부 각료 임명'(10.3%), '국민의 정치의식 고양'(9.8%), '언론의 공정한 국정 보도와 감시'(7.4%), '시민단체의 적극적 활동'(3.3%), '정치 선진국의 제도 도입'(3.2%) 순으로 선택하였다.

국민들은 정치에 대해 무관심한 경우가 대부분이라고 할 수 있기는 하지만 적지 않은 숫자의 국민들이 정치에 대해 관심을 가지고 있으며 정치발전을 위해 가장 시급한 현안이 바로 국회의원의 자질 향상이라고 생각하고 있다. 즉 국민들은 대통령의 책임정치라는 행정부의 역할보다 국회의원의 자질 향상이라는 국회의 역할에 대해 더 큰 기대를 갖고 있으며 이에 대한 상대적인 불만족으로 인해 국회에 대한 부정적 평가가 더욱 높은 것이라 할 수 있다.

3) 국회의장과 지역구 국회의원에 대한 인식 수준

국회에 대한 평가가 국회의 역할이 제대로 수행되지 않고 있기 때문이라고 했을 때 과연 국민들이 국회에 대해 얼마나 알고 있는지 나아가 국회에 대한 평가가 국회의 활동에 대한 정보를 토대로 한 평가인지를 알아보았다.

〈표 3〉의 국회의장과 지역구 의원 인지 여부에 대한 교차분석 결과를 보면 '국회의장에 대한 인지도'의 경우 20대(10.7%), 30대(21.6%), 40대(28.8%), 50대 이상(22.8%)으로 나타났다. 반면 지역구 국회의원에 대한 관심은 상대적으로 높은 편이어서 20대(46.3%), 30대(36.5%), 40대(51.1%), 50대 이상(51.4%)으로 나타났다. 20대의 경우 다른 연령대에 비해 국회의장이나 지역구 국회의원에 대한 인지도가 상대적으로 낮았는데 이는 일반적으로 얘기하는 젊은 연령대의 정치적 무관심[4]에 따른 결과라고 생각할 수 있다. 거주지에 따른 차이를 살펴보면 광주,

〈표 3〉 국회의장과 지역구 의원 인지도

		국회의장 인지 여부(%)		합계			지역구 의원 인지 여부(%)		합계		
		안다	모른다	빈도	행 %	유의 확률	안다	모른다	빈도	행 %	유의 확률
성 별	남자	32.7	67.3	590	100.0	.000 ***	46.3	53.7	590	100.0	.004 *
	여자	10.2	89.8	610	100.0		38.0	62.0	610	100.0	
연 령 별	20대	10.7	89.3	262	100.0	.000 ***	26.0	74.0	262	100.0	.000 ***
	30대	21.6	78.4	296	100.0		36.5	63.5	296	100.0	
	40대	28.8	71.2	274	100.0		51.1	48.9	274	100.0	
	50대 이상	22.8	77.2	368	100.0		51.4	48.6	368	100.0	
거 주 지 별	서울	26.2	73.8	263	100.0	.000 ***	42.2	57.8	263	100.0	.000 ***
	인천/경기	23.3	76.7	322	100.0		39.1	60.9	322	100.0	
	부산/울산/경남	10.7	89.3	197	100.0		28.4	71.6	197	100.0	
	대구/경북	16.2	83.8	130	100.0		63.1	36.9	130	100.0	
	광주/전라	30.0	70.0	130	100.0		57.7	42.3	130	100.0	
	대전/충청	17.9	82.1	123	100.0		37.4	62.6	123	100.0	
	강원	22.9	77.1	35	100.0		25.7	74.3	35	100.0	
지 역 규 모	대도시	20.7	79.3	581	100.0	.440	40.6	59.4	581	100.0	.453
	중소도시	22.8	77.2	501	100.0		42.7	57.3	501	100.0	
	군지역	17.8	82.2	118	100.0		46.6	53.4	118	100.0	
학 력 별	중졸 이하	11.4	88.6	149	100.0	.000 ***	42.3	57.7	149	100.0	.625
	고졸	18.8	81.2	634	100.0		41.0	59.0	634	100.0	
	대졸 이상	28.5	71.5	411	100.0		44.0	56.0	411	100.0	
직 업 별	농어민, 기타	15.9	84.1	542	100.0	.000 ***	40.2	59.8	542	100.0	.121
	서비스, 판매생산	25.2	74.8	405	100.0		46.2	53.8	405	100.0	
	전문, 공직, 기업	26.5	73.5	253	100.0		39.5	60.5	253	100.0	
소 득 별	200만 원 미만	17.5	82.5	342	100.0	.011 *	46.5	53.5	342	100.0	.121
	200~400만 원	21.4	78.6	762	100.0		39.9	60.1	762	100.0	
	400만 원 이상	31.9	68.1	91	100.0		41.8	58.2	91	100.0	

* P〈.05 이하 ** P〈.01 이하 *** P〈.001 이하

전라지역의 경우(30.0%) 서울(26.2%)을 제외한 다른 지역들에 비해 상
대적으로 국회의장 인지도가 상당히 높게 나타났으며, 지역구 국회의
원에 대한 인지도 역시 57.7%로 높은 수준을 나타냈다. 그런데 대구/경
북지역의 경우(16.2%) 국회의장 인지도는 다른 지역들에 비해 상당히
낮게 나타났으나, 지역구 국회의원에 대한 인지도에 있어서는 63.1%로
가장 높은 순위를 차지하였다. 광주/전라와 대구/경북 지역에서 지역
구 국회의원에 대한 인지도가 1, 2위를 차지한 것은 국회의원 선거에서
의 지역주의적 투표행태에 의한 영향이라고 할 수 있다.[5] 학력 변수에
따른 결과를 보면 국회의장에 대한 인지여부에 있어서는 학력이 높을
수록 인지도가 높은 것으로 나타났다.

　그러나 지역구 의원 인지도에 있어서는 학력에 상관없이 40% 정도
가 지역구 의원을 인지하고 있었다. 직업별 변수에 있어서도 전문, 공직,
기업에 종사하는 사람들이 농어민, 판매 서비스직에 종사하는 사람들
에 비해 국회의장에 대한 인지도가 높은 것으로 나타났으며 소득별
로도 소득이 높을수록 국회의장 인지도가 높은 것으로 나타났다. 즉 소
득, 학력이 높을수록, 전문직일수록 국회의장 인지도가 높았다. 그러나

---

4) 정당의 정치화 현상, 지역대표의 전문성 결여, 정치적 무관심 등으로 인해 선거
　과정에서 20대의 투표율은 자신의 최초의 투표임에도 불구하고 최하위를 기록
　하고 있다. 그럼에도 불구하고 전자민주주의, 인터넷의 사회적 영향에 대한 연
　구를 하는 사람들은 2030세대의 정치적 영향력이 점차 확산되어갈 것이라고 예
　측하고 있다(이현우 2005).

5) 우리나라 지역주의의 투표 성향은 그 사회경제적·정치적 원인이 무엇이든 지역
　출신의 정치지도자와 그가 이끄는 정당을 매개로 하여 지역에 대한 집단적 이익
　을 추구하기 위한 형태로 나타났다. 해당지역의 대다수 유권자들은 무엇보다 지
　역출신 정치지도자 개인에게 상당한 정치적 일체감을 갖고 있으며 지지의 강도
　(혹은 정치적 충성심) 역시 매우 강하다. 또 선거를 통해 지속성과 안정성을 갖고
　있으며 서구와는 달리 포괄적이고 추상적인 부분(집권 그 자체)에 보다 큰 의미를
　부여한다(강원택 2003). 따라서 "그 지역출신 후보가 당선된다 해도 지역유권자
　들의 입장에서 구체적으로 어떤 혜택이 올지 예상할 수 없"(강원택 2000)음에도
　불구하고 지역주의적 성향은 그대로 선거에 반영되어 결과로 나타난다.

상대적으로 지역구 국회의원에 대해서는 학력, 직업, 소득에 상관없이 40% 정도가 인지하고 있는 것으로 나타났다. 아무래도 지역구 국회의 원의 경우 자신의 생활과 직접적 연관을 가지기 때문에 더 많은 관심을 보이고 있는 것이라 할 수 있다. 결론적으로 국회의장에 대한 인식수준 보다 자신의 지역구 국회의원에 대한 인지도가 높다는 것인데 즉, 국민 들 대부분은 자신의 지역구에서 활동하고 있는 국회의원에 대한 인지 도가 멀리 떨어져 있는 국회의장에 대한 관심보다 높다는 것이다.

그렇다면 지역구에서 일하고 있는 국회의원들의 활동내용을 얼마나 알고 있는지, 지역구에서 국회의원을 대면한 적이 있는지 그 횟수와 지 역구 국회의원에 대한 호감 여부를 통해 국회에 대한 부정적 평가와 지 역구 국회의원의 활동내용에 대한 인지, 호감과의 교차분석을 실시하 였다.

〈표 4〉를 보면 지역구 국회의원의 활동내용에 대해서는 남성이 여성 에 비해, 광주-전라지역이 타 지역에 비해, 중소도시가 대도시나 군지 역 거주지들에 비해 지역구 국회의원의 활동내용을 잘 알고 있다고 답 하였다.

우선 남성이 여성에 비해 상대적으로 정치적 관심도가 높다는 사실 을 다시 한번 확인할 수 있었다.

다음으로 지역규모별 변수를 살펴보면 중소도시 지역이 지역구 국회 의원의 활동에 대한 인지도가 가장 높은 것으로 나타났는데, 군지역의 경우는 고 연령층의 정치에 대한 관심 부족이 인지도가 낮은 이유라 할 수 있고 상대적으로 대도시의 경우 유명한 정치인뿐만 아니라 다양한 정치 사안들이 벌어지는 곳이라 지역구 국회의원에 대한 관심보다 정 치 전반에 대한 관심이 높기 때문이라 할 수 있다. 중소도시의 경우 지 역구가 많지 않고 대표적인 정치인들도 적고 지역발전이 곧 자신의 발 전과 연결된다는 의식이 높기 때문에 지역구 국회의원의 활동내용에 대한 인지도가 높다고 할 수 있다.

마지막으로 연령의 경우 20대가 다른 연령대에 비해 가장 낮게 나타

〈표 4〉 지역구 의원 활동내용과 지역구 의원에 대한 호감 정도

		지역구 의원 활동내용 인지도(%)					빈도	카이스퀘어값	거주지 지역구 의원 호감도(%)					빈도	유의확률
		매우 잘 안다	잘 아는 편이다	잘 모르는 편이다	전혀 모른다	모름/ 무응답			좋아 한다	좋아 하는 편이다	보통 이다	싫어 하는 편이다	매우 싫어 한다		
성별	남자	.2	11.2	59.8	28.6	.2	590	17.354 **	3.9	9.7	54.2	25.8	6.4	590	.005 *
	여자	.2	5.1	59.8	34.8	.2	610		1.6	7.5	63.9	22.0	4.9	610	
연령별	20대		2.7	61.5	35.9		262	25.936 *	1.9	7.6	64.9	19.8	5.7	262	.445
	30대		7.4	57.8	34.5	.3	296		3.7	6.8	59.1	23.3	7.1	296	
	40대	.4	9.1	58.0	32.5		274		3.3	8.8	56.6	26.3	5.1	274	
	50대이상	.3	11.7	61.7	26.1	.3	368		2.2	10.6	57.1	25.3	4.9	368	
거주지별	서울		7.6	57.0	35.4		263	71.822 ***	1.9	11.0	66.2	15.6	5.3	263	.000 ***
	인천/경기		5.0	55.6	39.4		322		3.4	6.2	53.7	29.2	7.5	322	
	부산/울산/경남		7.1	72.1	19.8	1.0	197		2.0	5.6	37.6	44.7	10.2	197	
	대구/경북		6.2	62.3	31.5		130		2.3	9.2	70.0	16.2	2.3	130	
	광주/전라	1.5	16.2	60.0	22.3		130		4.6	17.7	70.0	6.9	.8	130	
	대전/충청		12.2	56.9	30.9		123		1.6	4.9	66.7	22.8	4.1	123	
	강원		8.6	51.4	40.0		35		5.7	5.7	71.4	14.3	2.9	35	
지역규모	대도시		5.7	62.1	32.0	.2	581	18.710 *	1.9	8.3	63.7	20.1	6.0	581	.001 **
	중소도시	.4	10.4	55.3	33.7	.2	501		3.6	8.0	53.1	28.9	6.4	501	
	군지역		10.2	67.8	22.0		118		3.4	12.7	62.7	20.3	.8	118	
학력별	중졸 이하		11.4	55.7	32.9		149	21.094	1.3	11.4	55.0	30.2	2.0	149	.013 *
	고졸	.3	6.6	61.2	31.7	.2	634		2.4	8.5	57.3	25.7	6.2	634	
	대졸 이상		8.8	59.1	31.9	.2	411		3.9	7.5	63.5	18.7	6.3	411	
직업별	농어민, 기타	.2	5.4	63.1	31.2	.2	542	29.956	.4	9.4	61.8	23.8	4.6	542	.001 *
	서비스, 판매생산	.2	9.9	58.8	31.1		405		4.7	7.7	55.3	25.7	6.7	405	
	전문, 공직, 기업		11.1	54.5	34.0	.4	253		4.7	8.3	59.7	20.9	6.3	253	
소득별	200만 원 미만		8.2	61.1	30.7		342	28.335	2.3	8.8	67.5	19.0	2.3	342	.001 **
	200~400만 원	.3	7.6	59.8	32.0	.3	762		2.5	8.3	56.4	25.7	7.1	762	
	400만 원 이상		11.0	53.8	35.2		91		6.6	11.0	50.5	25.3	6.6	91	

* P〈.05 이하 ** P〈.01 이하 *** P〈.001 이하

났는데 이는 전체 정치 전반에 대한 불신이 국회와 국회의원, 정치인 전반에 대한 불신으로까지 이어지고 있음을 알 수 있다. 학력이나 소득 수준, 직업 변수들의 경우 통계적으로 의의가 없는 것으로 나타났는데 즉 이들 변수가 지역구 국회의원의 활동내용을 인지하는 데 아무런 작용을 하지 않았다고 할 수 있다. 그러나 통계적으로 유의한 차이가 있다고 하더라도 활동내용에 대해 인지하고 있는 수준은 아주 낮아 대부분의 국민들은 지역구 의원들의 활동내용을 잘 모르거나 전혀 모르고 있었다(모든 변수들에 상관없이 90% 이상이 지역구 국회의원들의 활동을 잘 모르고 있었다). 지역구 국회의원에 대한 호감도를 묻는 질문에 대해서는 성별의 경우 남성이 여성보다 지역구 국회의원을 좋아하거나('남성' 13.6%, '여성' 9.4%) 싫어하는 정도('남성' 32.2%, '여성' 26.9%)가 분명하게 나타났다. 그리고 연령에 상관없이 부정적 평가가 대부분('20대' 25.5%, '30대' 30.4%, '40대' 31.4%, '50대 이상' 31.2%)이었으며 연령에 따른 차이는 없었다. 거주지별 변수에 따른 결과를 보면 부산/울산/경남의 경우 비호감이 54.9%로 다른 지역에 비해 상대적으로 높았으며 광주/전라지역의 경우 22.3%의 호감과 비호감의 경우도 7.7%로 가장 낮은 수치를 나타냈다.

〈표 5〉의 거주지 지역구 국회의원과 대면한 횟수가 얼마나 되느냐는 질문에 대해서는 거의 모든 변수들 사이에 통계적 의의가 나타나지 않았으며, 유일하게 거주지 변수만이 통계적 의의를 가지는 것으로 나타났다. 특이한 점은 강원지역의 경우 지역구 의원 인지도(25.7%)나 국회의원 인지도(22.6%)가 다른 지역에 비해 낮은 수준이었음에도 불구하고 지역구 의원과의 대면 횟수의 경우 가장 높았다(1회 11.4%; 2회 8.6%; 3회 2.9%; 4회 2.9%; 5회 이상 2.9%로 총 대면율이 28.6%로 부산, 울산, 경남의 9.1%에 비해 3배 이상 높은 결과로 나타났다). 아마도 지역 사안이면서 동시에 국가적 사안이라고 할 수 있는 2014년 평창동계 올림픽 유치와 연관하여 강원도 지역 국회의원 및 지역 출신 의원들의 회동이 잦았던 해였던 것이 그 원인[6]이라고 할 수 있을 듯하다.

정리해 보면, 거의 전 지역에서 자신의 지역구 국회의원이 어떤 활동을 하고 있는지에 대해 거의 아는 바가 없었으며, 지역구 국회의원을 대면한 경우도 거의 없었다. 전체 국회보다 자신의 지역구 국회의원에 대해 관심도가 더 높게 나타났으나 실지로는 지역구 국회의원의 활동내용을 전혀 알지 못하고 있었으며 대면횟수도 거의 없어 지역구 국회의원의 활동 결과와 평가에 따라 국회 전반으로 부정적 평가가 확산된 것은 아니라는 점을 알 수 있다. 상대적으로 정치 전반에 대한 불신과 무관심이 지역구 국회의원에 대한 호감을 활동에 대한 관심이나 참여로 확산시키지 못하도록 만들었다고 할 수 있다. 또 지역이라는 변수는 국회, 국회의원의 활동과 필요성, 호감 등 다양한 영역에서 통계적 유의성을 보였는데 이는 지역주의의 영향, 지역의 이해, 지역과 관련한 정책 등의 영향에 의한 것이라 할 수 있다. 지역의 이해와 관련하여 국회 역할 평가, 인식수준, 호감의 정도가 결정되는 것이 조기숙(2000)에 따르면 '합리적 선택'에 의한 것이라 할 수 있다.

그러나 합리적 선택으로만 설명될 수 없는 경우도 있다. 예를 들면 국회의장과 지역구 국회의원 인지도의 경우 대구/경북은 국회의장에 대한 인지도는 가장 낮았으나, 지역구 국회의원에 대한 인지도는 다른 지역에 비해 상당히 높은 수준이었다. 이는 전체적인 정치 수준과 달리 지역 내 선거과정에 대한 관심도와 집중도가 높기 때문인 것으로 이해할 수 있다. 즉 지역주의적 '선거바람'이 지역 정당이 아닌 다른 정당과 경쟁을 유발하고 이에 따른 선거 관심과 집중화를 만들어내는 것이

---

6) 2014년 동계올림픽 유치위가 2005년 3월 31일 창립총회를 열고 본격적인 활동에 나서며 이해찬 국무총리를 비롯 문화부장관, 외교통상부장관, 강원도지사 등 많은 귀빈들이 참석하였다(2005년 3월 31일 YTN 뉴스). 2005년 11월 30일 용평 리조트에서는 동계올림픽 유치를 위한 강원지역 5개 시, 군 추진위원 다짐대회가 열려 한승수 동계올림픽 유치위원장, 김진선 강원도지사 등 많은 분들이 참석하여 올림픽 유치를 위해 적극 노력할 것을 다짐하였다(2005년 11월 30일 연합뉴스).

〈표 5〉 1년간 지역구 의원 대면횟수

		지난 1년간 지역구 의원 대면 정도(%)						합계		
		1번	2번	3번	4번	5번 이상	만나본 적 없다	빈도	행 %	유의 확률
성 별	남자	7.1	2.9	1.4	.5	2.2	85.9	590	100.0	.503
	여자	4.6	2.3	1.6	.7	2.0	88.9	610	100.0	
연 령 별	20대	3.1	.8	1.1	.8	1.5	92.7	262	100.0	.088
	30대	4.4	3.4	2.0	.3	1.0	88.9	296	100.0	
	40대	8.0	1.8	1.1	.7	2.2	86.1	274	100.0	
	50대 이상	7.3	3.8	1.6	.5	3.3	83.4	368	100.0	
거 주 지 별	서울	3.0	2.7	1.9	.4	1.9	90.1	263	100.0	.009 *
	인천/경기	5.3	1.9	1.6	.3	1.9	89.1	322	100.0	
	부산/울산/ 경남	4.1	2.5			2.5	90.9	197	100.0	
	대구/경북	10.8	2.3	4.6	2.3	3.1	76.9	130	100.0	
	광주/전라	8.5	3.1		.8	2.3	85.4	130	100.0	
	대전/충청	6.5	2.4	.8		.8	89.4	123	100.0	
	강원	11.4	8.6	2.9	2.9	2.9	71.4	35	100.0	
지 역 규 모	대도시	3.6	2.6	1.5	.3	1.7	90.2	581	100.0	.016 *
	중소도시	8.2	2.4	1.2	.4	2.4	85.4	501	100.0	
	군지역	6.8	3.4	2.5	2.5	2.5	82.2	118	100.0	
학 력 별	중졸 이하	8.7	2.7	2.0		2.7	83.9	149	100.0	.605
	고졸	4.7	2.4	1.4	.9	1.9	88.6	634	100.0	
	대졸 이상	6.6	2.9	1.5	.2	2.2	86.6	411	100.0	
직 업 별	농어민, 기타	5.2	2.0	1.7	.6	2.6	88.0	542	100.0	.934
	서비스, 판매생산	6.2	3.0	1.2	.5	2.0	87.2	405	100.0	
	전문, 공직, 기업	6.7	3.2	1.6	.8	1.2	86.6	253	100.0	
소 득 별	200만 원 미만	8.2	2.9	1.2	.6	2.3	84.8	342	100.0	.493
	200~400만 원	5.0	2.4	1.6	.7	2.2	88.2	762	100.0	
	400만 원 이상	3.3	3.3	2.2			91.2	91	100.0	

* P〈.05 이하 ** P〈.01 이하 *** P〈.001 이하

다. 따라서 지역주의적 선거와 지역주의적 정당과 정치 구도를 민주적
이고 자율적인 정당과 정치, 자유로운 선거로 만들어 나가기 위한 개별
정치인, 국회의원 나아가 국회, 정치 전반의 노력이 필요하다. 국민들
의 국회, 정치전반에 대한 불신과 무관심은 정치인 그리고 정치전반의
구조적인 문제에서 비롯되어졌다는 사실을 통해 정치 전반, 국회에 대
한 신뢰와 긍정성을 위해 무엇이 가장 선행되어져야 할 문제인지 인지
할 수 있을 것이다.

2. 여성의원들의 활동에 대한 국민들의 관심과 평가

예전에 비해 많은 여성들이 여성 관련한 정책 입안이나 제정 나아가
정치 전반에 대한 관심을 갖고 있으며, 그 활동의 폭과 내용도 넓어지
고 있다. 먼저 인구학적 특성에 따라 여성국회의원에 대한 국민들의 의
식에 차이가 있을 것이라는 가설에 따른 분석결과를 살펴보고자 한다.
여성의원이 남성의원에 비해 일을 잘하고 있는지에 대해 〈표 6〉을
보면 우선, 성별에 따른 차이는 통계적으로 유의하지 않다. 그러나 성
별에 상관없이 대체로 잘하는 편이다('매우 잘한다'와 '잘하는 편이다'
를 포함)라는 긍정적 평가('남성' 28.1%, '여성' 32.8%)가 못하는 편이
다('매우 못한다'와 '못하는 편이다'를 포함)라는 부정적 평가('남성'
16.3%, '여성' 14.9%)보다는 좀 더 우세하게 나타났다. 국민들은 성별
에 상관없이 여성의원들이 남성의원들에 비해 상대적으로 업무를 잘
수행해나가고 있다고 평가하고 있다.
2004년 17대 국회는 여성의원들이 전체 의원의 13%(총 39명)를 차지
하여 16대 국회에 비해 여성의원들의 국회 진출이 두드러졌었다. 그러
나 전체 의원 숫자에 비하면 여성의원들의 숫자는 아직 미약한 수준이
라고 할 수 있다. 그럼에도 불구하고 민주노동당의 국회 첫 입성, 여성
의원들의 두 자리 수 국회 진출, 전체의 63.0%(188명)가 초선의원으로
채워진 점 등은 17대 국회에 대해 국민들이 새로운 기대를 가지게 만들

〈표 6〉 여성의원 업무수행정도 평가

		남성의원 대비 여성의원의 업무수행 정도(%)						합계		
		매우 잘한다	잘하는 편이다	비슷 하다	못하는 편이다	매우 못한다	모름/ 무응답	빈도	행 %	유의 확률
성 별	남자	1.7	26.4	55.4	14.6	1.7	.2	590	100.0	.604
	여자	2.6	30.2	52.1	13.4	1.5	.2	610	100.0	
연 령 별	20대	2.3	30.2	56.1	9.2	1.5	.8	262	100.0	.069
	30대	2.0	27.0	54.1	14.2	2.7		296	100.0	
	40대	2.9	25.9	56.9	13.1	1.1		274	100.0	
	50대 이상	1.6	29.9	49.5	17.9	1.1		368	100.0	
거 주 지 별	서울	1.5	34.2	51.7	11.8	.8		263	100.0	.000 ***
	인천/경기	2.2	23.9	64.3	9.0	.6		322	100.0	
	부산/울산/ 경남	3.0	27.4	40.6	26.4	2.0	.5	197	100.0	
	대구/경북	3.1	23.8	60.0	10.0	3.1		130	100.0	
	광주/전라		24.6	66.9	8.5			130	100.0	
	대전/충청	3.3	37.4	30.9	22.8	4.9	.8	123	100.0	
	강원	2.9	28.6	54.3	11.4	2.9		35	100.0	
지 역 규 모	대도시	2.2	33.6	50.6	12.0	1.2	.3	581	100.0	.000 ***
	중소도시	1.8	25.7	58.9	12.2	1.4		501	100.0	
	군지역	3.4	13.6	47.5	31.4	4.2		118	100.0	
학 력 별	중졸 이하	2.7	34.9	50.3	11.4	.7		149	100.0	.532
	고졸	2.1	26.5	53.5	16.1	1.7	.2	634	100.0	
	대졸 이상	2.2	28.7	55.2	11.9	1.7	.2	411	100.0	
직 업 별	농어민, 기타	2.2	29.7	50.9	15.1	2.0		542	100.0	.501
	서비스, 판매 생산	1.7	27.9	56.0	12.6	1.2	.5	405	100.0	
	전문,공직,기업	2.8	26.1	56.1	13.8	1.2		253	100.0	
소 득 별	200만원 미만	1.5	31.9	50.9	14.6	1.2		342	100.0	.368
	200~400만 원	2.2	26.8	55.2	13.8	1.8	.1	762	100.0	
	400만 원 이상	3.3	28.6	53.8	12.1	1.1	1.1	91	100.0	

* P〈.05 이하 ** P〈.01 이하 *** P〈.001 이하

기 충분했었다. 실제 17대 국회의 첫 국정감사 때 감사기간을 밀접 감시한 '국정감사 NGO모니터단'[7]은 국정감사 평가 보고서를 통해 여성의원들의 맹활약을 긍정적 평가 중 주요한 하나로 발표했다(2004. 10. 24. 연합뉴스). 또 국정감사 모니터 활동을 통해 우수한 활동을 한 의원으로 선정한 의원 57명(초선의원 40명) 중 23%인 17명이 여성의원이었고 대표발의 법안도 여성의원 1명당 3.8건으로 남성의원 1명당 2.6건보다 앞섰다고 발표했다(2005. 4. 26 한겨레 21)).[8]

다음으로 연령에 따라 여성의원들의 활동을 평가하는 정도가 다른가에 대해서도 통계적으로 유의한 차이가 없다는 결론을 얻었다. 긍정적 평가의 경우('매우 잘한다'와 '잘하는 편이다' 포함), '20대'가 32.5%, '30대'가 29%, '40대'가 28.6%, '50대 이상'이 31.5%로 나타났으며 부정적 평가의 경우('매우 못한다'와 '못하는 편이다' 포함) '20대'의 경우 10.7%, '30대'의 경우 16.9%, '40대'의 경우 28.6%, '50대 이상'의 경우 19%로 나타났다. 연령변수의 경우 통계적으로 유의한 차이 없이 대체로 여성의원들에 대해 일반적으로 긍정적 평가를 하고 있다고 볼 수 있다. 거주지 변수의 경우 여성의원들의 활동에 대한 평가가 통계적으로 유의한 차이가 있는 것으로 나타났다. 대전, 충청지역의 경우('매우 잘한다'와 '잘하는 편이다' 포함하여 긍정적 평가 대전 40.7%) 다른 지

---

7) 국정감사 NGO 모니터단은 진보와 보수를 막라한 270여 개의 시민단체들로 구성되었으며 국정감사기간 동안 대략 700여 명의 모니터 단원들이 밀접 감시활동을 벌였다. 모니터단 소속 단체로는 법률소비자연맹, 한국여성유권자연맹, 바른사회를위한시민회의, 부정부패추방시민연합회, 한국과학기자협회, 환경실천연합회, 평화통일시민연대, 전국교직원노동조합, 참교육학부모회 등이 포함되어 있다(2004. 10.5. 오마이뉴스).

8) 공직에 취임하면 여성후보는 재임 중 평균 1,088건 남성은 569건 여성관련 법안에 사인한 것으로 나타난다. 스칸디나비아 국가들에 있어 모성보호나 남녀평등 기회법 등에서 여성정치인의 역할이 핵심적이었으며, 미국에서도 여성의원이 여성관련 법안에 대해 관심이 높은 것으로 나타났다(Tarnerius, 117; Sapiro, 711; Eduards 1991, 677-705; Thomas 1991, 958-976).

역들에 비해 여성의원들의 업무수행에 대한 긍정적 평가가 상대적으로 높게 나타났다. 이러한 평가는 대전, 충청의 지역구 의원들이 모두 남성인 점을 감안한다면 지역구에서의 활동에 대한 직접적 평가라기보다는 중앙 국회에서의 활동에 대한 전체적인 평가라고 생각된다. 그런데 상대적으로 남성의원이 더 낮다고 생각하고 있는 경우도 27.7%('못하는 편이다'와 '매우 못한다' 포함)로 부산/경남/울산에 이어 두 번째를 차지하고 있다.

이는 대전/충청지역 주민들의 여당지지 성향과 보수적인 가치관이 공존하고 있는 지역적 특성이 반영된 것이라고 생각된다. 한편, 부산/경남/울산과 대구/경북지역이 여성의원들의 업무 수행에 대한 평가가 가장 낮게 나타났는데, 이는 경상도가 갖고 있는 보수적 성향이 반영된 것이라 할 수 있다. 지역규모 변수의 경우 대도시에서 시, 군 지역으로 갈수록 여성의원들의 업무에 대한 긍정적 평가의 수준이 낮게 나타났다('매우 잘한다'와 '잘하는 편이다' 포함의 긍정적 평가가 대도시 35.6%, 중소도시 27.5%, 군 지역 17%). 군 이하 단위 지역의 경우 대체로 연령대가 높고 보수적 성향이 강하기 때문에 여성에 대한 인식수준이나 평가가 다른 대도시나 중소도시에 비하여 낮게 나타난다고 볼 수 있다. 직업 변수와 소득변수의 경우 통계적으로 유의한 차이는 발견할 수 없었으나, 전체적으로 여성의원들에 대한 긍정적 평가가 대략 30% 정도로 나타나 전체적으로 여성의원들에 대힌 평가가 남성의원들에 비해 상대적으로 긍정적이라는 사실을 알 수 있었다.

여성의원의 업무 활동에 대한 긍정적 평가가 대체로 30% 내외였던 데 반해, 여성의원에 대한 호감도는 70% 내외로 일반 국민들은 여성의원에 대해 상당히 높은 호감을 갖고 있는 것으로 나타났다. 〈표 7〉을 보면 우선, 여성이 남성에 비해 여성의원에 대한 호감도가 조금 더 높은 것으로 나타났다. 이는 여성의원들의 업무 수행에 대한 평가의 항목과 다음 장의 정당별 여성할당제에 대한 찬반을 묻는 항목에서도 동일한 결과를 보였다. 즉 여성들이 남성들에 비해 상대적으로 여성의원에

〈표 7〉 여성의원에 대한 호감도

		여성의원 호감도(%)					합계		
		매우좋아한다	약간좋아한다	약간싫어한다	매우싫어한다	모름/무응답	빈도	행 %	P값
성별	남자	2.5	66.1	28.8	2.4	.2	590	100.0	.005 **
	여자	3.8	74.4	20.2	1.5	.2	610	100.0	
연령별	20대	4.2	74.8	18.7	1.9	.4	262	100.0	.158
	30대	3.4	74.0	20.9	1.4	.3	296	100.0	
	40대	3.3	67.2	27.4	2.2		274	100.0	
	50대 이상	2.2	66.6	29.1	2.2		368	100.0	
거주지별	서울	3.8	71.5	22.4	2.3		263	100.0	.022 *
	인천/경기	3.1	77.6	18.3	.6	.3	322	100.0	
	부산/울산/경남	2.5	63.5	32.0	1.5	.5	197	100.0	
	대구/경북	3.1	66.2	28.5	2.3		130	100.0	
	광주/전라	2.3	71.5	26.2			130	100.0	
	대전/충청	3.3	62.6	28.5	5.7		123	100.0	
	강원	5.7	71.4	17.1	5.7		35	100.0	
지역규모	대도시	3.6	69.7	24.8	1.9		581	100.0	.008 **
	중소도시	2.6	74.1	21.8	1.2	.4	501	100.0	
	군지역	3.4	57.6	33.9	5.1		118	100.0	
학력별	중졸 이하	4.7	73.2	21.5	.7		149	100.0	.742
	고졸	2.8	69.2	25.9	1.9	.2	634	100.0	
	대졸 이상	3.2	71.0	23.1	2.4	.2	411	100.0	
직업별	농어민, 기타	3.1	70.1	24.2	2.6		542	100.0	.526
	서비스, 판매생산	4.0	70.9	24.0	1.0	.2	405	100.0	
	전문, 공직, 기업	2.0	70.0	25.7	2.0	.4	253	100.0	
소득별	200만 원 미만	4.4	69.3	24.3	2.0		342	100.0	.423
	200~400만 원	2.4	70.2	25.3	1.8	.3	762	100.0	
	400만 원 이상	4.4	76.9	16.5	2.2		91	100.0	

* P〈.05 이하 ** P〈.01 이하 *** P〈.001 이하

대해 더 호감도를 나타내며, 여성의원들의 업무에 대해 더 긍정적으로
평가하며 정당공천과정에서 여성할당제를 더 찬성하는 것으로 나타난
것이다. 정치 영역은 이제까지 남성들만의 영역으로 여겨져 왔으며 정
치과정의 부패로 인해 많은 국민들은 정치에 대한 염증을 느껴왔다. 따
라서 여성의 정치참여는 한편으로는 이러한 정치영역에 대한 비판에서
비롯되었다고 할 수 있다. 부정과 부패로 연결지을 수 있었던 남성의원
이 아닌 다른 대안세력의 요청에 의한 것이라고 할 수 있다. 다른 한편
으로는 여성들의 정치의식 각성과 정치참여를 위한 여성계의 노력에
의한 것이라고 할 수 있다.[9]

한편 연령, 학력, 소득, 직업 변수는 여성의원에 대한 호감도에 통계
적으로 유의미한 관계가 없는 것으로 나타났다. 연령이 낮을수록, 학력
이 높을수록, 소득이 높을수록, 전문직일수록 여성의원에 대한 호감도
가 상대적으로 그렇지 않은 경우보다 높을 것이라는 일반적인 생각과
는 다른 결과라고 할 수 있다. 그러나 그 내용을 살펴보면, 약 70% 정도
의 국민들은 연령, 학력, 소득, 직업과 상관없이 여성의원들에 대한 호
감을 갖고 있는 것으로 나타나 여성의 정치 참여를 긍정적으로 평가하
는 경향이 높다는 사실을 알 수 있다. 지역별 변수에 따른 여성의원 호
감도의 경우 통계적으로 유의한 차이가 있는 것으로 나타났다. 즉 지
역에 따라 여성의원 호감도에 차이가 있다는 것인데, 인천, 경기지역
의 경우 매우 좋아한다와 약간 좋아한다를 포함하여 긍정적인 호감도

---

9) 여성단체의 정치참여는 2000년대 들어 보다 활성화되었는데 2000년 참여연대
를 비롯한 한국 사회시민단체가 총망라되어 조직된 시민총선연대의 '낙천, 낙
선운동'에 참여하였으며 일부 여성단체의 경우 여성후보 지원을 위한 유권자
및 여성지도자교육을 비롯하여 여성후보 선거지원 활동도 전개하였다. 2002년
지방선거에서 여성단체들은 여성의 정치참여와 후보당선을 위해 여성정치세력
민주연대, 여성정치연맹, 한국여성유권자연맹, 의회를 사랑하는 사람들 단체가
중심이 되어 '여성정치연대'를 결성하였으며 활동내용도 보다 적극적이며 광범
위한 활동을 벌여오고 있다(박재규 2005 참고).

가 80.7%로 가장 높게 나타났고 서울(75.3%)과 강원지역(77.1%), 광주/
전라(73.8%)순으로 나타났다. 대전/충청지역의 경우 가장 낮은 호감도
(65.9%)를 나타냈으며 '약간 싫어한다'와 '매우 싫어한다'를 포함한 여
성의원에 대한 비호감도(34.2%)도 가장 높았다. 대전/충청지역의 경우
여성의원들의 활동에 대한 평가는 다른 지역보다 높게 나타났으나 호
감도의 경우 다른 지역에 비해 상대적으로 낮게 나타나 의외의 결과를
보였다. 앞서 지적하였듯이 대전/충청지역의 지역구에는 여성의원들
이 전혀 없으므로 여성의원들에 대한 평가는 전체 여성의원들에 대한
일반적 평가일 것이라 생각되며 호감도의 경우 대전/충청지역의 보수
적 정서를 반영한 것이라고 생각된다. 즉 여성의원들을 좋아하지는 않
지만 활동하는 것에 대해서는 긍정적 평가를 하는 이중적 태도를 취하
고 있는 것이다.

　지역규모별로 보면 중소도시, 대도시, 군지역의 순으로 여성의원에
대한 호감도가 나타났다('매우 좋아한다'와 '약간 좋아한다'의 긍정적
호감도가 중소도시 76.7%, 대도시 73.3%, 군지역 61%). 실제 지역구에
서 여성 국회의원이 당선된 경우는 서울(3명), 부산(1명), 대구(1명), 경
기(4명), 전북(1명)으로 총 10명, 광역의원의 경우 서울(2명), 부산(2명),
대구(2명), 인천(1명), 광주(2명), 울산(1명), 경기(2명), 충남(1명), 전북
(1명), 대전, 강원, 충북, 전남, 경북, 경남, 제주 모두 한 명도 없었다. 기
초의원의 경우 상대적으로 여성의원들의 분포가 좀 더 높게 나타났다
(서울 29명, 부산 3명, 대구 2명, 인천 4명, 광주 5명, 대전 1명, 경기 17
명, 강원 1명, 충북 2명, 충남 1명, 전북 2명, 전남 3명, 경북 4명, 경남 2
명, 제주 0명). 특히 기초의원들의 경우 서울을 제외하고는 대체로 중소
도시지역에서 당선되었다.[10] 따라서 정치 전반에 대한 관심도나 정치
이슈에 더욱 민감한 대도시보다 생활정치에 가까운 기초의원들에 대한
관심이 여성의원들에 대한 호감도로 이어진 것이라 할 수 있다. 군지역

10) 중앙선거관리위원회 역대 선거정보시스템 참고.

의 경우 다른 대도시나 중소도시에 비해 호감도가 낮긴 하지만 전체적으로 볼 때 대부분의 국민들이 여성의원들에 대해 상당히 높은 호감도를 보이고 있는 것을 알 수 있다.

여성의원에 대한 호감과 여성의원들의 활동에 대한 긍정적 평가는 정당공천과정의 여성할당제에 대해서도 일관된 결과로 나타났다. 대부분의 여성들이 남성들에 비해 할당제에 찬성하는 비율이 높게 나타났다('매우 찬성한다'와 '찬성하는 편이다' 포함 찬성비율의 경우 여성들은 73.3%, 남성들은 64.6%). 또 다른 변수들의 경우도 대체로 '정당공천과정에서의 여성할당제 도입'에 대해서 찬성이(대부분 60~70%의 찬성률) 높게 나타났다. 즉, 대부분의 국민들은 여성의원에게 호감을 갖고 있으며 여성의원들의 활동내용에 대해서 긍정적으로 평가하고 여성의 정치참여 기회를 열어주는 것에 대해서도 찬성의사를 갖고 있는 것이다. 물론 이러한 평가가 여성의원들의 활동내용과 평가를 기반으로 한 것이라기보다는 현재 정치를 하고 있는 남성의원 혹은 현실 정치, 현실 국회에 대한 비판과 반발에서 비롯된 것일 수도 있다. 그러나 국회운영과정에 대한 NGO나 여성단체들의 평가에서도 알 수 있듯이, 여성의원들의 성실성과 참신성은 국민들로 하여금 여성의원 자체에 대한 평가와 기대를 높이도록 했다고 할 수 있을 것이다.

그렇다면 이제 정치와 관련하여 성별간에 별다른 차이가 존재하지 않게 되었을까, 아니면 아직도 일정한 차이가 남아 있는 것인가. 이를 위해 성별에 따른 정치관심도와 정치관련 대화정도의 차이를 알아 보았다. 〈표 8〉을 보면 남성이 여성보다 정치관심도도 높으며 여성보다 정치관련 대화도 더 많이 나누고 있는 것으로 나타났다. 아직도 많은 여성들이 정치에 대한 관심이 높지 않음을 말해주는 결과라 할 수 있다. 또 국회의장이 누구인지 알고 있는 경우는 '남성'(32.7%), '여성'(10.2%)으로 일정한 차이가 나타남을 알 수 있었다. 그런데 지역구 국회의원에 대한 인지도의 경우는 '남성'(46.3%), '여성'(38.0%)으로 나타났는데 여성들의 경우 국회의장에 대한 인지도에 비해 지역구 국회

〈표 8〉 성별에 따른 정치관심도와 정치관련 대화정도의 차이

	성별	빈도	평균	표준편차	평균의 표준오차	F값
정치관심	남자	590	2.60	.827	.034	22.297***
	여자	610	3.00	.796	.032	
정치관련 대화정도	남자	590	3.78	1.164	.048	20.929***
	여자	610	4.26	.924	.037	

* P〈.05 이하 ** P〈.01 이하 *** P〈.001 이하

의원에 대한 인지도가 높았다. 이는 여성들이 자신이 살고 있는 지역 정치에 대해 더욱 관심이 높기 때문이라고 할 수 있다.[11]

이렇듯 여성들의 정치의식이나 정치관심도는 아직은 남성에 비해 낮다고 할 수 있다. 그런데 여성들의 정치참여나 여성의원들에 대한 호감도에 있어서는 여성들이 남성보다 더 적극적임을 알 수 있었다. 〈표 9〉에서도 알 수 있듯 여성들이 남성들에 비해 상대적으로 여성의원에 대해 더 호감도를 나타내며, 정당공천과정에서의 여성할당제를 더 찬성하는 것으로 나타났다.

전체적으로 보았을 때 여성들의 정치의식 수준이 아직도 남성에 비해 낮은 편이라고는 하나, 여성들의 정치참여를 적극 지원하며 여성에

---

11) 1990년대 지방자치제선거의 실시로 많은 시민단체가 중앙뿐만 아니라 지방에서도 활발히 조직되어 총선과 지방선거에 직간접으로 참여하기 시작하였다. 여성단체들 역시 여성의 정치적 대표성 확보가 정치적인 의사결정과정과 민주성 확립을 위해 반드시 필요한 것이라는 인식하에 여성의 정치참여 확대를 위한 단체들의 연합조직들이 나타나기 시작하였다(한국여성정치문화연구소 1991). 특히 17대 총선을 앞두고 여성정치 원년을 열겠다는 목표하에 321개의 여성단체들이 결집하여 총선여성연대를 결성하고 정치제도 개혁운동에 앞장섰으며 맑은정치 여성네트워크를 통해 자체적으로 여성후보를 발굴하고 공천과 당선운동을 펼쳤다(경향신문, 2004.12.23). 이러한 여성들의 정치적 각성과 참여는 제도적 보완과 함께 더욱 확대되고 있다.

〈표 9〉 여성의원 관련한 성별 차이 비교

	성별	빈도	평균	표준편차	평균의 표준오차	F값
여성의원호감도	남자	589	2.31	.560	.023	29.073***
	여자	609	2.19	.512	.021	
남성의원대비 여성 의원업무평가정도	남자	589	2.88	.730	.030	3.627
	여자	609	2.81	.752	.030	
정당공천과정에서 여성할당제 찬반정도	남자	590	2.36	.573	.024	18.880***
	여자	610	2.24	.539	.022	

* P〈.05 이하 ** P〈.01 이하 *** P〈.001 이하

대한 편견이나 선입견도 많이 사라진 듯하다. 정치 영역의 확장은 이제까지 남성들만의 영역으로 여겨져 왔던 영역에 다양한 사회성원들의 참여를 가져올 것이며 투명하지 못했던 공간을 더욱 투명한 정치활동의 공간으로 바꿀 수 있을 것이다. 민주주의적 정치체제는 다양한 성원들의 의견을 대변할 수 있어야 함에도 불구하고 그동안 우리 국회는 여성이나 노인, 아동, 장애우… 등등 우리 사회에 소외받는 계층을 대변할 수 있는 세력을 구축하지 못했었다. 이제라도 여성, 노인 등 다양한 계층의 이해를 대변할 수 있는 제도적 차원에서의 노력과 사회적 의식의 각성과 확산이야말로 국회에 대한 긍정성과 관심을 회복시킬 수 있는 방안이 될 수 있다.

3. 이념성향과 정치적 성향에 따른 국회 인식과 평가

1) 국회의 역할에 대한 인식

이념성향이라는 변수는 사실상 개인에 의한 선택이며 동시에 "이쪽 같기도 하고 저쪽 같기도 하고, 이도저도 아닌 것 같고 그래서 답하기 좋게 중도라는 항목에 쉽게 눈이 갈 수밖에(부산일보, 2006.2.13)" 없다. 따라서 이 장에서는 자신의 이념성향[12]을 물었던 항목에 따른 분석을

실시함과 동시에 문항 13번부터 문항 22번까지의 정책에 대한 견해를 토대로 정치적 성향을 보수, 중도, 진보로 나누어 이념성향에 따른 종속변수와 동일한 변수에 대한 교차분석을 실시하였다. 정책에 대한 판단의 경우 각 문항별 나온 결과를 종합하여 보수(164), 중도(894), 진보(137)로 나누었다.

국회의 역할인식에 대해서는 이념이나 정치적 성향과 상관없이 국민의 의사를 대표하는 것이 국회의 가장 중요한 역할이라고 생각하고 있었다. 다만 정치적 성향이 보수적인 사람들의 경우 법의 제정과 행정부 감독을 국회의 중요한 역할이라고 인식하는 경향이 있어 국회를 좀 더 다양한 역할을 담당하는 곳으로 여기고 있음을 알 수 있다. 국회의 역할수행에 대한 평가와 국회의 업무에 대한 평가를 비교해서 보면 이념성향에 상관없이 국회의 역할수행에 대한 평가는 부정적(보통이다와 못한다를 합쳐)인 경우가 90~95%이다. 정치적 성향에 따른 결과를 보면 진보적 성향을 가지고 있는 경우가 보수적이거나 중도적 성향의 사람들에 비해 국회의 역할수행에 대해 더욱 부정적으로 평가(97.8%)하고 있었다.

특히 국회의 역할 중 가장 중요하다는 '국민의 의사를 대표'하는 일에 대한 평가에서도 진보적인 성향을 갖고 있는 경우 부정적 평가가 높았으며 그 중에서도 '못하는 편이다'보다 '못하고 있다'로(이념성향에서 진보 28.8%, 정치적 성향에서 진보 24.1%로 다른 성향들에 비해 가장 높음) 단정짓는 경향이 있었다. '법의 제정'이나 '행정부 감독'의 역할에 대해서는 상대적으로 긍정적 평가가 많았다. 이러한 부정적 평가는 진보적 성향을 갖고 있는 사람들로 하여금 국회가 불필요하다는 견해를 가지도록 만들었다(국회가 불필요하다는 데 찬성이 40.8%로 가장

---

12) 이념적 성향의 경우 3번까지를 보수, 4번부터 6번까지를 중도, 7번부터 10번까지를 진보라고 조작적으로 정의하여 보수(263명), 중도(781), 진보(156)으로 나누었다(〈표 10〉 참고).

〈표 10〉 정책적 판단의 빈도분석표

정책판단성향		빈도	퍼센트	유효퍼센트	누적퍼센트	조작적정의
유 효	1.10	4	.3	.3	.3	보수 (164)
	1.20	6	.5	.5	.8	
	1.30	18	1.5	1.5	2.3	
	1.40	15	1.3	1.3	3.6	
	1.50	20	1.7	1.7	5.3	
	1.60	27	2.3	2.3	7.5	
	1.70	39	3.3	3.3	10.8	
	1.80	35	2.9	2.9	13.7	
	1.90	47	3.9	3.9	17.7	중도 (894)
	2.00	64	5.3	5.4	23.0	
	2.10	100	8.3	8.4	31.4	
	2.20	85	7.1	7.1	38.5	
	2.30	99	8.3	8.3	46.8	
	2.40	99	8.3	8.3	55.1	
	2.50	98	8.2	8.2	63.3	
	2.60	110	9.2	9.2	72.5	
	2.70	82	6.8	6.9	79.3	
	2.80	62	5.2	5.2	84.5	
	2.90	48	4.0	4.0	88.5	
	3.00	35	2.9	2.9	91.5	진보 (137)
	3.10	37	3.1	3.1	94.6	
	3.20	23	1.9	1.9	96.5	
	3.30	15	1.3	1.3	97.7	
	3.40	12	1.0	1.0	98.7	
	3.50	7	.6	.6	99.3	
	3.60	4	.3	.3	99.7	
	3.70	2	.2	.2	99.8	
	3.90	2	.2	.2	100.0	
	합계	1,195	99.6	100.0		
결측	시스템 결측값	5	.4			
	합계	1,200	100.0			

높게 나타났다).

2) 국회의장과 국회의원에 대한 인식

이념성향과 정치적 성향에 따른 국회의장 인지도에 대한 교차분석을 실시한 결과 대부분의 국민들은 성향에 상관없이 국회의장에 대한 인지도가 상당히 낮다는 사실을 알 수 있다. 국회의장 이름에 대한 인지도는 대체로 낮은 수준이지만 정확도는 상당히 높은 수준에 있다. 이념성향이나 정치적 성향 모두에서 최소 87.9%에서 최대 91.7%까지로 나타나 국회의장을 알고 있는 사람들의 수는 적지만 알고 있는 사람들의 경우 대부분 정확하게 알고 있었다. 지역구 국회의원에 대한 인지도의 경우 이념성향이나 정치적 성향에 따른 차이 역시 없었으며, 정확도도 최소 86.6%에서 최대 94.3%로 높은 수준이었다.

그런데 〈표 11〉과 〈표 12〉를 비교해서 보면 국회의장에 대한 인지도보다 지역구 국회의원에 대한 인지도가 대략 2배 정도 높게 나타난다. 이는 자신들의 생활터전인 지역구의 국회의원에 대한 국민들의 관심이 더 높기 때문이라고 할 수 있다.[13]

3) 이념성향과 정치적 판단에 따른 지역구 국회의원에 대한 인식
   – 활동내용, 대면횟수, 호감도

지역구 의원 활동내용을 얼마나 알고 있느냐에 대해서는 잘 모르거

---

13) 생활하는 데 필요한 사항, 불필요한 사항을 누구보다 잘 알 수 있는 것이 여성이기 때문에 지역에서의 구, 시의원과 같은 생활터전에서의 정치는 여성이 담당하는 것이 적합하다. 이러한 "생활정치"에 대한 논의가 확대되면서 여성 뿐만 아니라 지역에서의 많은 시민단체들은 "생활정치를 구현"할 것을 후보들에게 요청한다. 또한 "민주노동당의 경우 서민들의 눈높이에 맞춘 생활정치를 구현할 것(네이버 뉴스. 2004.5.11)"을 다짐하기도 하였다. 따라서 점차 자신들이 살고 있는 지역구, 지역구의 의사를 담당할 국회의원들에 대한 관심이 높아져 가고 있는 것이다.

〈표 11〉 이념성향에 따른 국회의장 인지도

		국회의장 인지도(%)		합계		
		안다	모른다	빈도	행 %	p값
이념성향	보수	22.1	77.9	263	100.0	.052
	중도	19.6	80.4	781	100.0	
	진보	28.2	71.8	156	100.0	
정책판단	보수	29.3	70.7	164	100.0	.018
	중도	20.2	79.8	894	100.0	
	진보	17.5	82.5	137	100.0	

* P〈.05 이하 ** P〈.01 이하 *** P〈.001 이하

〈표 12〉 이념성향에 따른 지역구 의원 인지 여부

		지역구 의원 인지 여부(%)		합계		
		안다	모른다	빈도	행 %	p값
이념성향	보수	44.9	55.1	263	100.0	.528
	중도	41.0	59.0	781	100.0	
	진보	42.9	57.1	156	100.0	
정책판단	보수	42.7	57.3	164	100.0	.001
	중도	44.1	55.9	894	100.0	
	진보	27.0	73.0	137	100.0	

* P〈.05 이하 ** P〈.01 이하 *** P〈.001 이하

나 전혀 모르는 경우가 거의 대부분이며 이념성향에 따른 차이는 통계적으로 유의하지 않았다. 정책에 대한 판단을 하는 데 있어 진보적 성향을 갖고 있거나 중도적이거나 보수적인 성향을 갖고 있는 경우에 상관없이, 대체로 지역구 국회의원의 활동내용을 잘 모르고 있었으나 통계적으로 유의한 차이가 있었다(진보 92%, 중도 91.8%, 보수 90.3%).

지역구 국회의원과의 대면횟수에 있어 지역구 국회의원을 만나본

적이 없는 경우가 대부분이었으며 1번의 만남을 가진 경우가 대체로 6% 내외로 상당히 저조했다. 어떤 과정에서 국회의원을 만나게 되었는지에 관한 물음이 없는 관계로 정확한 내용을 알 수 없어 만남의 의미를 파악하는 것이 쉽지 않다. 그렇다 하더라도 지난 1년간 지역구 국회의원을 1번도 만나본 경험이 없는 경우가 대부분이라고 한다면 아마도 선거기간이 아닌 경우에는 자신의 지역구 국회의원을 거의 만날 수 없음을 의미하는 것이다. 4번 이상 만남을 가져본 경우가 진보적 성향을 갖고 있는 경우 5.8%로 보수 3.1%, 중도 2.0%로 나타나 미미한 차이지만, 진보적이거나 보수적인 경우가 그렇지 않은 경우보다 더 적극적인 것으로 이해할 수 있다. 즉 선거기간이 아닌 경우라면 대부분 정책 설명회 혹은 토론회, 지역 행사 참여 등이 국회의원이 자신의 지역구를 방문하는 기회일 것이기 때문에 이런 공간에 참여하는 경우 국회의원을 만나게 될 확률이 높을 것이기 때문이다. 그러나 85% 이상은 이념적 성향에 상관없이 지역구 국회의원을 만나보지 못하였다. 정치적 성향에 따른 지역구 국회의원과의 대면횟수의 차이에 대한 교차분석 결과는 통계적으로 거의 차이가 없는 것으로 나타났다.

지역구 국회의원의 호감도에 관한 결과를 보면, 이념성향이나 정치적 성향과는 전혀 연관이 없는 것으로 나타났다. 호감을 나타내는 경우가 대략 10~20% 정도이고 비호감을 나타내는 경우가 30% 정도로, 전체적으로 봤을 때 지역구 국회의원에 대해 별 감정이 없거나 비호감인 경우가 대부분(80~90%)이었다고 할 수 있다.

결과적으로 이념성향이나 정치적 성향은 국회를 인식하거나 평가하는 데 큰 변수는 되지 못했다. 즉 정치적 성향이 어떠하든 국회에 대해서는 전반적으로 부정적 평가를 내리고 있으며 지역구 국회의원을 만나본 경험도 거의 없을 뿐만 아니라 활동 내용에 대해서도 거의 잘 알고 있지 않았다. 다만 1번 만나기도 어려운 자신의 지역구 국회의원을 4번 이상 만난 경우는 국회의원과 정치적 연결망을 갖고 있든지 아니면 지역에 대한 높은 관심으로 많은 정책토론회나 지역 행사 등에 참여한 결과라고 할 수 있을 것이다. 진보〉보수〉중도의 순으로 나타난 것을 보면 정치에 대한 관심과 정치적 성향과의 연관성이 국회의원과의 대면횟수에 영향을 미쳤을 것이라고 생각할 수 있다.

IV. 결론 및 요약

인구통계학적 변수에 따른 국회와 지역구 국회의원에 대한 인지도를 살펴 본 결과를 요약하면 다음과 같다.

인구통계적 변수에 따른 국회의 태도 및 평가에 대한 차이를 분석한 결과를 요약하면 다음과 같다.

첫째, 대부분의 국민들은 국회의장이나 지역구 국회의원의 이름, 활동내용들을 대체로 잘 모르고 있었으며, 심지어 지역구 국회의원을 한 번도 만나보지 못한 경우가 80~90%를 차지하고 있었다. 즉 대부분의 국민들은 국회가 국민의 의사를 대변하는 것이 가장 중요하며, 따라서 국회의 필요성에 대해서는 동의하고 있으나 국회와 지역구 국회의원, 구체적인 활동내용 등에 대해서는 잘 알고 있지 못하였다. 그럼에도 국회와 지역구 국회의원에 대해 부정적 평가가 많았는데, 이는 전반적인 정치적 무관심과 정치전반에 대한 불신의 결과라 할 수 있다. 즉 오랜 부정부패와 정경유착, 국회 내 의사진행과정에서의 폭력성과 폭로전 등 국회와 국회의원에 대한 부정적 견해가, 현재의 국회와 국회의원의 활동에 대해서도 그 활동의 내용이나 평가에 근거하지 않은 부정적 견해로 이어진 것이라고 할 수 있다. 한편 지역구 국회의원들의 경우 지역민들을 제대로 만나고 있지 못하는 것도 중요한 이유라 할 수 있으며, 지역구에서의 활동이 제한적이었기 때문이라고 생각해 볼 수 있다. 따라서 좀 더 적극적이고 다양한 활동을 벌여나가는 것이 지역구 국회의원뿐만 아니라 국회 전체에 대한 신뢰를 회복하는 길이 될 수 있을 것이다.

둘째, 성별 변수에 따른 차이를 보면 남성은 여성에 비해 국회나 지역구 국회의원의 이름, 국회의원의 활동내용(남성 11.4%, 여성 5.3%)을 비교적 많이 알고 있었으며 지역구 국회의원에 대한 호감과 비호감(남성 13.6%와 32.2% 대 여성 9.4%와 26.9%)을 분명하게 표현하고 있다. 즉 전체적으로 보았을 때 아직 남성이 여성에 비해 상대적으로 정치적 성향을 띤다고 할 수 있다. 그러나 생활정치의 등장과 함께 많은 여성 의원들이 속속 등장하고 있으며(17대 국회의원 선거에서 지역구 10석을 포함하여 비례대표 29명이 당선됨으로써 총 39명의 여성국회의원이 탄생하였다) 활동내용에 대해서도 긍정적 평가를 받고 있다.[14] 또 여성 의원들의 업무 활동에 대해 남성의원들에 비해 상대적으로 긍정적 평가가 많았으며, 정당공천과정에서의 여성할당제에 대해서도 우호적인 견해가 우세하였다. 대체로 여성의원들의 성실함과 깨끗함이 부정부패로 얼룩졌던 선거과정에서의 남성의원들에 비해 상대적으로 높은 평가를 받게 한 것으로 생각된다.

따라서 여성들에 대한 정치적 의식의 각성과 정치 참여의 기회를 확대시키기 위한 제도적 노력을 통해 많은 여성의원들이 활동할 수 있는 여건을 마련하는 것은, 한편으로는 민주적 의사과정에 참여의 폭을 넓히는 것이 되며 다른 한편으로 여성의원들의 국회참여로 인해 국회에 대한 긍정적 의식을 제고하는 데 도움을 줄 수 있을 것이다.

셋째, 젊은 세대들의 정치적 무관심이 생각 이상으로 높다는 것은 국회뿐만 아니라 정치 전반에 있어 우려할 만한 일이라 할 수 있다. 국회에 대한 인식이나 국회의원의 활동내용에 대한 인식수준도 다른 연령대에 비해 상대적으로 낮았으며 자신의 지역구 국회의원의 대면횟수도

---

14) 남성국회의원에 비해 여성국회의원의 업무수행 정도에 대한 평가에 있어 전체적으로 잘하는 편이다라는 평가가 30%~40% 정도로, 못하고 있다는 평가 15~20% 보다 높은 것으로 보아 여성국회의원들의 역할이 상당히 기대된다 하겠다.

다른 연령대에 비해 저조(1번 만남의 경우 20대 3.1%, 30대 4.4%, 40대 8.0%, 50대 이상 7.3%)하며 한 번도 만나본 적 없는 경우도 92.7%로 가장 높다. 즉 젊은 연령층이 갖고 있는 국회에 대한 부정적 평가는 국회의 활동에 대한 내용에 근거하여 내린 평가라기보다는 정치전반에 대한 불신과 이에 따른 정치적 무관심의 결과라고 생각된다. 연령이라는 변수는 선거에 대한 연구과정에서 주요한 변수이다. 17대 국회의원 선거에서 연령 즉 세대라는 변수는 인터넷이라는 새로운 선거공간에 대한 논의와 함께 주요한 이슈가 되었다(김영래 2004; 윤성이 2004). 예를 들면 천만 관객을 동원하는 힘의 원천 중 하나가 인터넷 '댓글문화'라고 한다. 그만큼 인터넷은 자신의 의사를 표현하고 적극적인 행위를 통해 결과에 영향력을 행사한다.[15]

　그런데 이러한 인터넷 주 사용층은 10~20대 젊은 연령층이다. 자신의 의사를 자유롭게 표현하고 이를 위해 적극적인 행위에 과감하게 나서면서도 투표율에 있어서는 최하위층이 바로 20대이다. 오랜 정치적 과정에서의 불신과 부정부패로 인한 정치적 무관심이 현재의 국회나 국회의원의 활동에 대한 인식의 수준은 낮게, 상대적으로 국회에 대한 평가는 부정적으로 나타나도록 하는 것이다. 따라서 20대 젊은 연령층이 국회와 국회의원에 대한 신뢰를 가지게 된다면 그 파급효과는 엄청나게 될 것이다. 국회와 국회의원에 대한 신뢰를 가지도록 하기 위해서는 열린 정치, 민주정치, 바른 정치를 도모하는 것이 유일무이한 길이다.

　넷째, 거주지라는 변수는 다른 변수들에 비해 다양한 차이들을 갖고 있었다. 거주지 지역구 국회의원에 대한 호감도에 있어서는 부산/울산/경남

---

15) '네티즌'이라는 용어는 사전적 의미로 인터넷 공간에서 영향력을 발휘하는 사람이며 '네티즌의 힘'은 사회, 문화 전반에 폭넓게 그 영향력이 나타나고 있는 것을 가리키는 것이라 할 것이다. '효순이 미순이 사건 때 촛불모임'이 그러했고 월드컵 당시의 '붉은 악마'의 힘이 그러하다. 따라서 현재의 선거과정에서 출마의원 혹은 국회의원들의 홈페이지 운영 혹은 이미지 메이킹은 주요한 선거 전략 중 하나가 되고 있다.

의 경우 비호감이 54.9%로 가장 높았으며 광주/전라지역의 경우 22.3%의 호감과 7.7%의 비호감으로 다른 지역에 비해 상대적으로 높은 호감도를 갖고 있었다. 특히 광주/전라지역의 경우 '국회의장에 대한 인지도'는 30%로 전체 지역 중 1위, '지역구 국회의원에 대한 인지도'도 57.7%로 2위를 차지하고 있으며, 지역구 국회의원의 활동내용에 대한 인지도 17.7%로 역시 1위로 정치 전반에 대한 관심이 다른 지역에 비해 높다는 것을 알 수 있다. 대구/경북지역의 경우 '국회의장에 대한 인지도' 16.2%로 전체 7개 지역 중 6위를 차지한 반면, '지역구 국회의원에 대한 인지도'는 63.1%로 가장 높게 나타나 정치 전반에 대한 관심보다는 지역과 연관한 정치, 선거에 큰 관심을 갖고 있는 것을 알 수 있다.

그런데 대구/경북지역의 경우 지역구 국회의원의 활동내용에 대해서 잘 안다는 경우가 6.2%로 가장 낮아 실지로 국회의원의 활동내용에 대해서는 잘 알지 못하면서 국회의원에 대한 호감을 표하고 있는 것을 알 수 있다. 국회의 역할에 대한 평가에 있어서는 부산/울산/경남이 가장 부정적이었으며, 대전/충청의 경우 상대적으로 긍정적 평가를 하고 있다. 따라서 지역이라는 변수는 아직까지 정치 전반에 상당한 영향력을 행사한다고 할 수 있으며 지역의 이해와 연관된 정책에 따라 평가가 다양하게 나타날 수 있는 동시에 지역 이해와 무관한 지역주의[16]에 의

---

16) 조기숙(2000)에 따르면 "상대적 번영을 누렸던 영남에서의 지역주의 투표가 상징적인 정치를 반영한다면 호남에서의 지역주의 투표는 오히려 쟁점 중심의 투표"이며 이것은 "지역주의 투표의 지역별 차이가 합리적 선택이론으로부터 예측된다는 것을 의미"한다고 하였다. 즉 지역주의를 약화, 해체단계에 있다고 보는 낙관론적 시각을 갖고 있다. 그러나 정치적 구조화 과정으로서의 지역주의를 설명할 때 점차 지역에 따라 그 특성이 다르다는 점을 강조하는데 영남의 지역주의를 "패권적 지역주의(손호철 1996)" 혹은 "모순된 허위의식(이종오 1994)"으로 호남의 그것을 "저항적 지역주의(황태연 1997)" 혹은 "지역주의와 이념성의 결합(나간채 2004)"으로 설명하는 것이다. 합리적 선택이든 감정적 지역주의 성향 때문이든 대표적인 두 개 지역의 정치와 선거문화를 동일한 지역주의로 설명할 수는 없다.

해서도 상당한 영향을 받는다. 지역의 이해와 관련하여 지역정서나 국회 혹은 국회의원에 대해 호감과 비호감이 결정되는 것은 조기숙(2000)에 따르면 합리적 선택에 의한 것이라 할 수 있다. 그러나 합리적 선택이 아니라 단순한 지역적 정서를 바탕으로 한 감정적 평가 혹은 호감과 비호감이라면 정치의 민주화를 위해 반드시 지역주의를 해소해야 할 뿐만 아니라 국회의 올바른 역할 평가와 이해를 위해서도 반드시 사라져야 할 대상이다.

다섯째, 지역규모별 특성을 살펴 보면 국회의 역할에 대한 평가에 있어 군지역이 대도시나 중소도시에 비해 상대적으로 덜 부정적이다('군지역'의 경우 38.1%로 '중소도시'의 61.9%와 '대도시'의 61.9%에 비하면 3 분의 2 수준이라 할 수 있다). 이러한 결과는 군지역이 대부분 농촌지역이며 인구분포로 보면 젊은 층들보다는 노인층들이 많이 살고 계신다. 그래서인지 지역구 국회의원의 활동과정에 대한 인지도는 가장 낮았다. 즉 이들의 의식 속에 대체로 국회의원이나 대통령은 하늘에서 내리는 사람이거나, 그 정도까지는 아니더라도 일반 사람들과는 다른 사람이라는 생각이 아직도 남아 있어 다른 지역에 비해 국회에 대한 평가가 덜 부정적이라 할 수 있다.

지역구 국회의원의 활동에 대한 인지도에 있어 중소도시가 가장 높은 것으로 나타났는데 대도시의 경우 유명한 정치인뿐만 아니라 다양한 정치사안들이 벌어지는 곳이라 지역구 국회의원에 대한 관심보다 정치 전반에 대한 관심이 높고 중소도시의 경우 지역구가 많지 않고 대표적인 정치인들도 적고 지역발전이 곧 자신의 발전과 연결된다는 의식이 높기 때문에 지역구 국회의원의 활동내용에 대한 인지도가 높다고 할 수 있다. 지역 변수는 지역과 연관된 정책, 지역주의, 지역규모 등 다양한 측면에서 국민의 의식에 영향을 미치고 있음을 알 수 있다. 성, 연령, 학력, 직업 등 다양한 다른 변수들에 비해 국회, 국회의원, 국회의원 활동 내용 등 정치전반에 대해 상당한 영향력을 행사하는 것이 바로 '지역'변수라는 사실이다. 감정적인 지역 정서가 아니라 합리적이고 지역중심적인 가치관에 따른 선택에 의해 국회, 정치 전반에 대한 평가와 판단이 이루어져야 할 것이다.

여섯째, 이념이나 정치적 성향에 따른 국회 평가나 인식의 차이는, 통계적으로 의의가 없는 경우가 대부분으로 국회를 인식하거나 평가하는데 설명력 있는 변수는 되지 못했다. 즉 정치적 성향이 어떠하든 국회에 대해서는 전반적으로 부정적 평가를 내리고 있으며 지역구 국회의원을 만나본 경험도 거의 없을 뿐만 아니라 활동 내용에 대해서도 거의 잘 알고 있지 못한 것이다. 다만 1번 만나기도 어려운 자신의 지역구 국회의원을 4번 이상 만난 경우는 국회의원과 정치적 연결망을 갖고 있든지, 아니면 지역에 대한 높은 관심으로 많은 정책토론회나 지역행사 등에 참여한 결과라고 할 수 있을 것이다. 4번 이상 만난 경우 진보>보수>중도의 순으로 나타난 것을 보면 정치에 대한 관심과 정치적 성향과의 연관성이 국회의원과의 대면횟수에 영향을 미쳤을 것이라고 생각할 수 있다.

국민들은 국민의 의사를 대변하는 일이 국회의 가장 중요한 역할이라고 생각하고 있으며, 그 역할을 제대로 수행하고 있지 않다고 판단되는 것이 국회의 부정적 평가를 높이고 있는 이유이다. 그리고 국회의 역할이 제대로 이루어지지 못하고 있는 것은 정당의 당리당략이 가장 큰 문제라고 생각하고 있었다. "못 배운 사람들도 배운 사람들만큼 정치적 발언권이 있어야(못 배운 사람들도 배운 사람들만큼 정치적 발언권이 있어야 한다는 주장에 대해 전체 78.4%가 긍정)한다"고 생각해 국민 전체의 의사를 개별 국회의원이, 정당이, 나아가 국회가 잘 대변해 주기를 기대하고 있다.

그러나 "힘 있는 소수가 나라를 움직이고 있으며 보통 사람들은 그에 대해 어떻게 해볼 도리가 없다"는 주장에 대해 전체의 69.2%가 긍정을 표해 국민들 스스로 정치 전반에 어떤 영향력을 행사할 수 없다는 무력감을 느끼고 있음을 알 수 있다. 따라서 제대로 된 자질을 갖춘 국회의원들이 많이 나오고(정치발전을 위해 가장 시급한 현안으로 국회의원의 자질 향상을 들고 있음), 도덕적 정치인들이 정치전반을 맡게 되다면 국민들은 그들에게 모든 것을 맡길 수 있다고 한다(도덕성이 높은 정치지도자들이 있다면 그들에게 모든 것을 맡길 수 있다는 주장에 대해 전체의 65.4%가 긍정을 표했다). 이렇듯 대부분의 국민들은 국회는 꼭 필요하며 국회가 국민의 의사를 올바로 대변해 주기를 기대하고 있으며, 그렇게 된다면 국민들 스스로 국회에 대해 상당한 지지를 아끼지 않을 것임을 강조하고 있다.

참고문헌

강원택. 2000. "지역주의 투표와 합리적 선택: 비판적 고찰."『한국정치학회보』34(2): 51-67.

_____. 2003.『한국의 선거정치-이념, 지역. 세대와 미디어』. 푸른길.

『경향신문』, 2004. 12. 23. "올해의 여성 10대 뉴스."

국회사무처. 1990.『입법조사월보』11월.

권영자. 1998. "선거제도와 여성."『국회보』9. 국회사무처.

김선욱. 1996. "여성의 정치참여 현황과 정책적 과제."『한국사회정책』3: 41-62. 한국사회정책학회.

김형준. 1997. "선거와 정치발전."『여의도 정책논단』봄호. 여의도 연구소.

나간채. 2004. "진보와 지역정치: 광주, 전남사례." 2004 한국사회학회 전기사회학대회 발표문.

박종덕. 1997. "한국의 지역주의 현황과 과제."『여의도 정책논단』봄호. 여의도 연구소.

박재규. "17대 총선에서 여성단체의 여성후보 지원활동 분석."『한국사회학』39(4): 131-161.

백승대. 2004. "보수와 진보의 지역정치: 대구지역사례." 2004년도 한국사회학회 전기사회학대회 발표문.

비키 랜달 지음. 김민정 외 옮김. 2000.『여성과 정치』. 풀빛.

손봉숙 편. 한국여성정치연구소 기획. 2000.『90년대의 여성정치』1권. 다해.

_____. 2000.『90년대의 여성정치』2권. 다해.

연세대 동서문제연구원. 2004.『17대 국회의원선거 평가와 정책제안』서강대 국제 지역연구소 .

윤성이. 2004. "인터넷과 17대 총선."『17대 총선 분석: 대통령 탄핵과 향후 정국의 전망』. 2004 한국정치학회 총선특별학술회의.

앤드류 헤이드 지음. 조현수 옮김. 2003.『정치학 – 현대 정치의 이론과 실천』. 성균관대 출판부.

이갑윤. 1998.『한국의 선거와 지역주의』. 오름.

이남영. 1991. "한국국회의원 선거결과를 결정하는 주요 요인: 1985년 88년 양대 국회의원 선거결과의 비교분석." 석호 한배호 박사 화갑 기념논문집 간행위원회.『한국의 자본주의와 민주주의』.

이미경. 2002. "여성의 정치참여확대는 왜 필요한가."『민주논단』(겨울, 통권 7호). 새천년민주당 정책위원회.

이종오. 1994. "지방화 시대와 정치적 지역주의."『인문사회과학 논총』1권 1호.

이춘호. 2002. "여성의 정치적 대표성 측면에서 분석한 역대 지방선거."『공공 정책연구』통권 12호. 한국공공정책학회.

이현우. 2005. "국회의원의 표결 요인 분석: 정당, 이념 그리고 지역구."『한국 과 국제정치』50: 187-218. 경남대 극동문제연구소.

_____. 2005. 정보통신정책연구원. "21세기 한국의 메가트랜드 시리즈 2: 2030 세대와 참여정치 거버넌스."

정혜숙. 2004. "17대 총선 선거분석: 지역주의 해소는 과연 가능할 것인가?"『2004 한국 선거학회 연례학술회의』.

조기숙. 2000.『지역주의 선거와 합리적 유권자』. 나남 출판.

조찬뢰·이상환·주미영. 2003.『가치변화에 따른 투표행태: 1990년대 한국과 미국의 대통령선거에 대한 비교분석』. 집문당.

조현옥 외 10인 지음. 2005.『한국의 여성 정치세력화 운동』. 도서출판 사회와 연대.

진수희. 1997. "선거와 여성유권자."『여의도 정책논단』봄호. 여의도 연구소.

한국 갤럽. 2004.『제 17대 국회의원 선거 투표행태』.

한국여성정치문화연구소. 1991. "여성의 정치참여 무엇이 문제인가."『제6회 학술세미나 보고서』.

황아란. 2005. "2002년 시·도의회 비례대표선출의 변화와 특징 – 여성의 정치 세력 화를 중심으로."『지방행정연구』19(1): 29-54.

R. 달시·수잔 웰크·자네트 클라크 공저. 김현자·주준희 공역. 1990.『여성, 선거, 의회진출』. 여성연구신서, 한국여성개발원.

Diamond, Larry, Seymour Martin Lipset, and Juan Linz. 1987. "Building and Sustaining Democratic Government in Developing Countries: Some Tentative Findings." *World Affairs*, 150-1.

| 제4장
국회에 대한 국민인식과 발전방향

이현출

I. 서론

2005년 9월부터 국회 본회의장이 획기적으로 변화하였다. 좌석마다 컴퓨터가 설치되어 표결도 의원석에 설치된 단말기의 화면을 터치하는 방식으로 이루어지고, 법안과 예산안 관련 각종 자료도 여기에서 꺼내 볼 수 있게 되었다. 회의장마다 빠지지 않던 큼지막한 서류뭉치는 이제 역사 속에 사라지고 말았다. 이제는 회의 중에도 회의장 밖의 보좌진과 즉석에서 이메일로 회의 자료를 주고받을 수도 있게 되었다.

이제 첨단 디지털 시설로 국회는 회의의 효율성을 높일 수 있고, 국민은 더 가까운 거리에서 국회의 활동을 지켜볼 수 있게 된 것이다. 제도가 시설을 바꾸기도 하지만, 때로는 시설이 제도보다 앞서 나가 회의 운영 방식과 세부규칙을 바꿀 수도 있다. 첨단 디지털 국회로의 외형상의 변화가 국회운영에 어떤 결과를 초래할지에 대해 국민은 많은 기대를 걸었다. 그러나 그러한 변화의 흥분이 채 가시기도 전에 바로 그 현장에서 욕설과 몸싸움, 멱살잡이가 난무하는 아수라장 국회를 연출하고 말았다. 과반수 이상의 의석을 확보한 다수당은 단독집회와 단독표결을 통해서라도 자신들이 주장하는 입법의제를 통과시키려 하고, 소수당은 의장석 점거나 본회의장 출입봉쇄와 같은 실력저지를 통해서라도 이를 막으려 하는 입법행태가 반복되어 오고 있다. 국회파행은 18대 국회에서도 여야만 바뀐 채 그대로 나타나고 있다. 언론에서의 표현과 같이 '입법전쟁'이라는 용어가 어색하지 않게 국회파행은 더욱 격화되고 있다는 점에서 그 대책 마련이 시급하다고 할 것이다.

　주인-대리인 이론에 따르면 민주주의 의회제도에서는 국민이 주인이고 국회의원은 대리인이다. 대리인은 주인의 여망에 부응하여 입법과 예산 심의, 그리고 행정부에 대한 감독업무를 성실히 수행하여야 한다. 그러나 국회의원은 국민들의 뜻은 아랑곳하지 않은 채 여야 간의 지루한 정치적 공방을 지속하고 있다. 또한 불법 정치자금 수수를 비롯한 의원윤리의 문제도 괘도에 오르지 못하고 있는 실정이다. 정책대결의 실종과 파행국회의 지속은 국정혼란은 물론이고 경제위기에도 악영향을 미쳐 국가선진화의 걸림돌로 작용하고 있다는 비난이 제기된 것은 어제 오늘의 일이 아니다. 우리 국회의 파행은 보다 근본적으로 책임성(accountability) 결여와 반응성(responsiveness)[1]의 부재라는 대의민주주의의 심각한 위기를 초래하고 있다.

　이와 같은 문제의식 속에서 이 연구는 주인의 입장에서 국민은 국회와 국회의원을 어떻게 평가하고 있는지 전문적인 국회관련 의식조사 결과를 통해서 분석하고자 한다. 국민들이 갖는 정치에 대한 불신, 특

---

1) 본 장에서는 책임성은 산출(outcomes)과 제재(sanctions) 간의 관계, 즉 시민들이 자신들의 선호와 요구에 반응하지 못하는 비대표적인(unrepresentative) 대표를 대표적인 대표와 구분하고 적절히 제재를 가할 수 있다면 책임성이 있다고 말할 수 있으며, 반응성은 유권자의 선호(preferences)와 정책(policies) 간의 관계, 즉 대표가 시민들이 선호하는 것을 정책으로 채택하면 반응적이라고 할 수 있다는 정의(Przeworski & Stokes & Manin 1999, 8-10)를 따른다.

히 국회와 지역구 의원에 대한 불만의 원인을 규명하고, 이러한 분석에 기초하여 국민의 입장에서 국회의 발전방향 마련을 위한 대안을 모색하는 데 목적이 있다. 먼저 이 연구에서는 국회가 본연의 기능인 입법기능, 대표기능, 행정부 견제 기능 등을 제대로 수행하고 있는지 종합적인 평가를 시도할 것이다. 평가결과 제대로 기능수행이 이루어지지 않고 있다고 생각하는 분야의 문제점을 도출해 나갈 것이다. 이 장에서의 분석은 지난 17대 국회 기간 중 실시된 국회 및 국회의원 평가와 관련된 전문 여론조사[2] 자료를 활용하였다. 국회에 대한 국민의 신뢰가 낮은 상황에서 국회의 제도와 운영에 대한 유권자 의견을 분석하여 축적함으로써 국민에 대한 국회의 반응성을 높일 수 있다는 점에서 의미를 가질 것이다.

II. 선행연구 검토 및 연구과제 설정

한국에서의 의회에 대한 국민의식조사는 길승흠의 연구(1963)로 거슬러 올라간다. 길승흠은 1963년, 1978년, 1985년, 1992년에 각각 실시한 국민의식조사에서 국회의원의 국민의사 반영여부에 대한 국민의 부정적 인식과 국회의원에 대한 불신이 증대하고 있음을 밝히고 있다. 1990년 7월에 실시된 조사에서는 국회와 국회의원에 대한 불신의 차원을 넘어 국회 무용론이 60% 정도에 이르는 것으로 나타났다(김광웅 · 김학수 · 박찬욱 1991). 이러한 분석결과는 국회에 대한 불만족이 여러 독립변수들을 매개하여 나타난다는 것을 밝히고 있다. 즉, 국민은 국회가 하는 일에 못마땅하다고 느끼기 때문에 국회가 필요없다고 생각하

---

2) 데이터는 서강대 동아연구소가 2005년 10월 21일부터 11월 8일까지 전국의 1,200명의 만 20세 이상 남여를 대상으로 조사한 "국회의 이상과 현실 관련 국민의식조사"에 기초한 것이다.

는 것이다.

1990년대의 어수영(1990; 1996)의 연구에서도 국회에 대한 국민의 신뢰는 다른 정치제도와 비교하여 최저의 신뢰도를 보여주고 있음을 확인하고 있다. 그러나 길승흠과 어수영의 연구는 국회에 대한 인식의 변화 요인을 문화론적 접근법으로 설명하고 있으며, 국회제도나 기능은 연구의 독립변수로 간주하고 있지 않다는 점이 주목된다.

임성호(2004)는 한국 국회에 대한 불신감의 원인을 구체적 정책결과보다는 일반적인 정치과정이 국회불신감의 보다 중요한 요인을 제공하고 있다고 주장한다. 즉, 정치과정의 훼손은 곧 불신감으로 이어진다는 주장이다. 정치과정이 감정적 말싸움으로 흘러가고 있다는 인상이나 상호성과 예의가 결여된 논쟁, 특정 사회이익만을 대변한다는 인상, 과장된 허풍과 전투적 이념분자들 간의 대결적 논쟁 등이 불신을 부추긴다는 논의이다. 따라서 국회개혁의 방향은 정책결정 과정의 민주성, 개방성(투명성), 다양성, 신중성, 토의와 안건심의의 충실성을 기하는 방향으로 모아져야 한다는 주장을 제시하고 있다.

한편, 외국에서도 국가기관 불신의 중심에 의회가 서 있다는 점에서 의회에 대한 국민들의 불신에 관한 연구는 많이 진행되어 왔다(Asher & Barr 1994; Hibbing & Theiss-Morse 1995; 1998; Kimball & Patterson 1997). 일반적으로 이들의 연구는 의회 전체에 대한 인식을 중심으로 이루어져 왔다. 그러나 페노(Fenno 1975)와 후속연구자들은 국회에 대한 평가는 부정적이지만 지역구 의원들에 대한 평가는 긍정적으로 나타나고 있다는 점에 흥미를 갖게 되었다. 이러한 경향은 전체로서의 의회에 대한 평가와 지역구 의원들에 대한 평가를 분리해서 살펴볼 필요가 있다는 점을 말해준다(Farnsworth 2003).

이러한 점은 한국에서도 국회의원 투표 기준으로 유권자들은 인물을 들고 있다는 점을 통해서도 잘 알 수 있다. 그러나 이들이 정당이라는 틀, 국회라는 틀 속에 들어가면 평가가 나빠진다는 지적도 흔히 볼 수 있는 것과 같다. 이 장에서는 입법부 자체와 지역구 의원에 대한 일반의 평가가 어떤 요소로 구성되어 있는지 살펴보고자 한다. 전체 의회에 대한 평가는 의회의 반응성과 공정성의 견지에서 평가될 것이며, 개별 의원에 대한 평가는 반응성과 그들의 지역구 이익을 챙기는 능력의 견지에서 평가받을 것이라는 논지이다(Farnsworth 2003).

또한 시민들은 하나의 정책결정이 자신의 지역구에 이익이 되는 방향으로 결정되는지 여부보다도 어떻게 그 결정이 이루어지는지에 더 흥미를 가지고 있다. 즉 유권자는 자신들의 의사에는 아랑곳하지 않고 당리당략 또는 정략에만 몰두하는 정치에 불만을 갖는다는 것이다. 타일러(Tyler 1988)의 주장에 따르면, 정부에 대한 시민들의 태도정향은 정책문제를 제기하기 위해 사용된 의사결정 절차에 크게 영향을 받는다고 한다. 그는 '절차적 정의(procedural justice),' 즉 정책결정자가 다양한 정책대안들 중에서 하나를 선택함에 있어 공정했는지 여부가, 시민들이 주어진 정책의 결과를 수용하는 데 중요한 역할을 한다는 것을 발견하였다. 절차적 정의는 당국이 공정하게 문제를 제기하고 있는지, 그들이 정직하고 윤리적인지, 그리고 정책결정이 내려지기 전에 개인들에게 정책결정자를 설득할 기회가 주어지는지 여부의 문제를 내포하고 있다고 할 것이다(Lind, Tyler & Huo 1997).

이러한 논의의 연장선상에서 입법절차의 공정성에 관한 인식이 의회 평가에 중요한 역할을 한다는 주장이 제기되었다(Hibbing and Theiss-Morse 1995). 즉, 의회에 대한 공정성 인지(認知)는 실질적인 정책의 결과보다 시민들에게 있어서 더 중요하다고 주장한다. 시민들은 정책결정이 모두를 위해 공정하게 이루어지지 않고 특수계층의 이익을 위해 봉사하기 때문에 의회에 분노한다는 것이다. 다른 연구에서도 시민들의 불만은 의회가 옳은 것을 한다는 것을 시민입장에서 신뢰할 수 없다는 인식으로부터 나온다는 주장이 제기되었다(Craig 1993; 1996).

시민들의 의회에 대한 인식은 의원들이 자신의 지역구의 숙원사업에 얼마나 집중하는지, 즉 얼마나 지역구 지향적(parochial)인지의 정도에 따라 좌우될 수도 있다(Farnsworth 2003). 메이휴(Mayhew 1974)는 연방예산을 통해 자신의 선거구에 특정한 이익을 주는 것은 의원이 시민들과 접촉할 수 있는 주요한 수단이 된다는 점을 강조하였다. 의원들은 지역구에 이익을 제공하는 것은 자신들의 재선에 직접적인 영향을 미친다고 인식하고 있기 때문에 중요하게 생각하고 있다.

물론 의회에 대한 평가는 다른 정치 제도들에 대한 평가와 비교하지 않고 독립적으로 이루어질 수 없을 것이다. 선행연구에 따르면 의회 및 지역구 의원에 대한 평가는 입법부와 행정부 간의 관계와도 관련이 있다는 주장이 제기되고 있다(Mayhew 1991; Skocpol 1997). 의회에 대한 긍정 또는 부정적인 인식의 일부는 대통령에 대한 평가에 의해서도 설명될 수 있다는 것이다(Farnsworth 2003). 이는 대통령에 대해 부정적으로 평가할 경우에 입법부에 대해서는 긍정적으로 평가할 수 있다는 가정에 기초한 주장이다. 이외에도 정당에 대한 선호도 또한 의회의 평가에 영향을 미칠 수 있을 것이다. 즉 다수당에 호의적 태도를 가진 시민들은 국회에 대해 긍정적 평가를 내릴 것으로 추론할 수 있을 것이다.

이러한 논의를 종합하면 시민들이 의회를 평가할 때 두 가지의 절차적 정의 문제가 특히 중요하다는 것을 알 수 있다. 즉, 의회가 시민들의 요구에 얼마나 반응적인지 여부, 그리고 정부가 정책결정에 얼마나 공정한지 여부에 의해 영향을 받는다는 것을 말해주고 있다. 이와 함께 지역에 대한 특정 이익의 공여가 의회, 특히 지역구 의원에 대한 평가에 영향을 미친다는 것이다. 끝으로 의회와 대통령의 관계 또한 의회 평가에 영향을 미친다고 정리할 수 있을 것이다.

III. 데이터와 분석방법

이 장에 사용된 설문은 국민의 시각에서 국회를 어떻게 바라보고 있는지 분석하기 위하여 기획되었다. 질문은 크게 정치 일반의 인식에 관한 질문과 정당과 선거에 관한 질문, 그리고 국회에 관한 질문으로 구성되어 있다. 정치 일반에 관한 설문은 응답자의 정치 일반에 관한 지식과 정치적 효능감, 그리고 이념적 성향과 주요 정책에 대한 입장을 분석할 수 있는 자료가 되고, 이는 국회에 대한 국민의 불만을 분석할 중요한 자료가 될 것이다. 특히 63%의 초선의원들이 진출하여 새롭게 구성된 17대 국회에서 국민의 국회인식을 체계적으로 조사하였다는 점에서 의미가 크다고 할 것이다.

분석에 앞서 응답자의 인구통계학적 요소를 살펴보면, 전체 응답자의 49.2%가 남자였으며, 50.8%가 여자였다. 서울 거주자는 전체 응답자의 21.9%였고, 경기ㆍ인천을 포함한 수도권 응답자는 서울 거주자를 제외하고 26.8%에 해당한다. 연령적으로는 20대, 30대, 40대가 전체 응답자의 21.8%, 24.7%, 22.8%를 차지하고, 50대 이상의 응답자는 전체 응답자의 30.7%에 해당하였다. 이는 설문조사의 표본이 인구통계학적으로 전국의 성인남녀를 적절하게 대표하고 있다는 점을 보여주고 있다.

이 논문에서 연구자는 국회와 지역구 의원에 대한 평가 간의 관계에 주목하고 있다. 전반적으로 우리 국민의 66.4%는 국회가 기능수행을 못하고 있는 편(못하는 편 47.5%, 매우 못함 18.9%)이라고 응답하고 있다. 지역구 의원에 대한 호감도는 29.5%가 싫어한다고 응답하고, 11.3%가 좋아한다고 응답하였으며, 59.2%가 보통이라고 응답하고 있다. 국회에 대해서는 기능에 대한 평가를 질문하였고, 지역구 의원에 대해서는 호감도를 질문하였으나 이 두 질문에 대한 응답결과가 종속변수가 될 것이다.

그리고 응답자의 사회경제적 배경과 선행연구 검토에서 논의한 의회의 반응성(responsiveness), 공정성, 지역구 지향성(지역구 봉사 평가), 대통령 평가 등과 관련된 다양한 척도를 독립변수로 활용하고 있다. 사회경제적 배경으로는 기존의 연구에서 정당일체감, 교육수준, 소득수준 등이 정치적 정향에 영향을 미치는 것으로 입증되었으므로(Verba, Schlozman & Brady 1995) 이 글에서도 적용하고자 한다. 논문에 활용된 설문은 〈부록〉에서 밝히고 있다.

다음으로 본 연구에서 검증하고자 하는 연구가설을 정리하면 다음과 같다.

〈가설 1〉 국회의 반응성에 대한 평가(문38-2)가 높을수록 국회와 지역구 대표에 대한 지지가 높게 나타날 것이다.

〈가설 2〉 매개기관으로서 행정부의 절차적 공정성에 대한 평가가 높을수록 국회와 지역구 대표에 대한 지지가 높게 나타날 것이다.

〈가설 3〉 매개기관으로서 정당에 대한 평가는 국회와 지역구 국회의원 평가에 영향을 미친다.

〈가설 4〉 지역이익에 봉사하는 지역구 지향적 의정활동에 대한 관심이 높을수록 지역구 의원에 대한 지지도 높아질 것이다.

〈가설 5〉 대통령/정부에 대한 평가가 부정적일수록 의회에 대한 지지는 높아질 것이다.

IV. 분석

1. 국회의 기능과 역할

국회는 '입법기능'과 '국민의사 대표기능', '행정부 견제 기능', '지역구 봉사기능'을 복합적으로 수행하고 있다. 국민은 이러한 기능 중에서 '국민의사 대표기능'을 가장 중요한 역할로 인식하고 있는 것으로 나타났다(〈표 1〉 참조).

다음의 결과를 보면 국민은 국회가 수행하는 기능 중 '국민의사 대표

〈표 1〉 국회의 가장 중요한 기능

(단위: %)

법의 제정	국민의사 대표	행정부 감독	지역구 봉사
16.3	65.8	10.7	7

기능'을 가장 중요하다고 인식하고 있는 것을 알 수 있다. 이러한 인식은 먼저 입법기능이 그동안 크게 강화된 데서 비롯되었다고 볼 수 있다. 17대 국회에서의 의원입법 발의건수는 6,387건에 달하며, 이는 16대 국회 대비 3.3배 증가한 수치이다. 또한 의원발의 법안의 급증과 더불어 국회통과 법률 중에서 의원발의 법률이 차지하는 비율도 증가하여 제17대 국회에서 71%를 차지하고 있는 것으로 나타났다(이현출 2009). 이처럼 국회는 더 이상 입법의 주변이 아니라 입법의 중심으로 변화되고 있음을 보여주고 있다는 점에서 입법기능에 대해서는 그다지 비중을 두지 않고 있는 것으로 이해할 수 있다. 행정부 견제기능과 관련하여서도 국정감사와 국정조사, 특별검사제도뿐만 아니라 2000년 인사청문회법이 실시된 이후 고위공직자에 대한 인사청문회가 확대되고 있다는 점 등의 이유로 그다지 중요하게 인식하고 있지 않은 것으로 이해할 수 있다.

그러나 2004년 대통령 탄핵사건 이후 치러진 제17대 총선에서 신인이 63%나 국회에 진출한 것은 국민의사와 관계없이 대표들이 활동하면 언제든지 낙선시킬 수 있음을 보여준 것이라고 할 수 있다. 설문 결과도 정책결과보다는 정치과정에서 당리당략에 얽혀 국민의 의사를 제대로 대변하지 못하고 있는 점에 대한 부정적 인식을 반영하고 있는 것으로 이해할 수도 있다. 국회가 국민의 선호와 이익에 반응하는 경우에 대표적(representative)이라고 할 수 있다면, 국민은 국회의 반응성 확보에 비중을 많이 두고 있다는 것을 확인할 수 있다.

아울러 국민들의 과반수는 국회가 제 역할을 잘 못하고 있다고 평가하고 있는 것으로 나타났다. 다음의 〈표 2〉에서 보는 바와 같이 국회가

<표 2> 국회의 역할 평가

(단위: %)

잘하고 있다	잘하는 편이다	그냥 그렇다	못하는 편이다	못하고 있다
0.8	3.3	38.3	38.5	21.1

제 역할을 못하는 편이거나 못하고 있다고 부정적으로 평가하는 응답
자가 전체의 59.6%이고, 국회가 일을 잘하고 있거나 잘하는 편이라고
평가하는 응답자는 4.1%에 불과하며, 그냥 그렇다고 평가하는 응답자
는 38.3%인 것으로 나타났다.

　이러한 부정적 평가의 배경을 알아보기 위하여 국회의 역할에 부정
적이거나 '그냥 그렇다'라고 대답한 응답자를 대상으로 국회가 제 기
능을 못하는 이유를 알아보았다. <표 3>에서 보는 바와 같이, 응답자의
과반수는 정당들의 당리당략 때문에 국회가 제 기능을 못하고 있다고
평가하고 있음을 알 수 있다. 다음으로 32%가 국회의원의 자질미흡을
들고 있다. 이처럼 정당의 당리당략과 국회의원의 자질문제 때문이라
는 평가가 93.7%에 이른다는 점은 우리 국회에 무소속이 거의 없다는
점을 감안하면 정당과 그 정당 소속의 국회의원의 당리당략 때문에 국
회가 제 기능을 못한다고 평가하고 있는 것을 알 수 있다.

　특히 국회의원의 자질문제는 의원 개개인의 학력이나 경력은 나무
랄 데 없는데도 불구하고 정당의 소수 지도부의 일방적 지시에 꼼짝 못
하고 고성과 욕설, 그리고 몸싸움이 난무하는 이른바 국회활극의 주인
공으로 나서기 때문에 문제가 되는 것이다. 국민의 시선은 아랑곳 않고
계파싸움에만 몰두하는 모습도 국민의 비난을 받는 대목이다. 이러한
이면에는 국회의원의 공천권을 쥔 정당 또는 소수 지도부의 힘이 의원
들이 국민의 대표로서 기능하는 것을 가로막고 있다는 것을 알 수 있을
것이다. 따라서 오늘날 국회가 제 역할을 못하는 데에는 정당이라는 매
개변수가 중요하게 작용하고 있음을 알 수 있다.

〈표 3〉 국회가 제 역할을 못하는 이유

(단위: %)

국회의 약한 힘	정당의 당리당략	국회의원의 자질미흡	사회단체의 압력
3.1	61.7	32	3

2. 의회평가 모형

다음의 〈표 4〉는 국민의 의회에 대한 평가 모형을 나타내고 있다. 회귀분석을 통해 국회와 지역구 의원에 대한 평가에 영향을 미치는 요인들을 분석하였다. 분석결과는 정당선호도와 반응성 평가, 정부 세금집행의 효율성 정도, 지역구 봉사 평가, 대통령 기능수행 평가 등의 요인이 유의미한 영향을 미치는 것으로 나타났다. 그러나 사회경제적 배경

〈표 4〉 국회의 기능수행 평가

모형	B	표준오차	베타	t
연령	-.001	.002	-.021	-.712
성별	-.027	.041	-.017	-.662
학력	.009	.028	.010	.334
소득	-.006	.019	-.008	-.309
자기이념 평가	-.008	.005	-.043	-1.699
열린우리당 선호도	-.054*	.024	-.061	-2.215
한나라당 선호도	.086***	.021	.109	4.177
국민의사 대표 평가	.186***	.029	.196	6.475
지역구 봉사 평가	.127***	.029	.133	4.415
세금집행 효율성	.135***	.032	.113	4.158
정부업무의 공정성	.060	.036	.046	1.676
대통령 기능수행평가	.339***	.027	.345	12.561
상수	1.375	.245		5.605

* p〈.05 **p〈.01 ***p〈.001
Adjusted R^2 .267***

변수인 연령, 성별, 학력, 소득수준이나 이념의 차이는 유의미한 영향을 미치지 않고 있음을 보여주고 있다. 이 중에서도 표준화 계수가 가장 높게 나타난 것은 대통령에 대한 기능수행 평가이다. 즉 대통령의 기능수행에 대한 평가가 나쁠수록 의회에 대한 평가가 나쁘게 나타난다는 것을 말해 준다. 아울러 정부의 기능수행과 관련하여 세금집행의 효율성에 대한 평가가 긍정적일수록 국회 평가도 긍정적으로 나타나고 있음을 알 수 있다. 따라서 그 결과는 선행연구에서 제시된 바와 같이 대통령에 대한 평가가 나쁠수록 의회에 대한 평가는 높을 것이라는 〈가설 5〉는 한국에서는 입증되지 않고 있음을 알 수 있다.

다음으로, '국회의 대표성 평가' 변수가 유의미한 영향을 미치고 있음을 알 수 있다. 즉 국회의 대표성에 대해 긍정적으로 평가할수록 국회에 대한 평가가 높다는 것을 의미한다. 이러한 결과는 〈가설 1〉을 입증해주고 있는 것이다. 그러나 그 영향력은 대통령 평가보다는 다소 낮은 것을 알 수 있다.

다음으로, 의회의 매개기관으로서 행정부의 절차적 공정성을 나타내는 '정부가 하는 일들의 공정성 정도'는 의회평가에 유의미한 영향력을 미치고 있지 못함을 알 수 있다. 즉 선행연구에서 정부의 절차적 공정성이 높을수록 의회에 대한 평가가 높을 것이라는 논의는 한국의 국회평가에서는 입증되지 않았다.

매개요인으로서 '정당에 대한 평가' 변수가 국회평가에 유의미하게 영향을 미치고 있는 것을 확인할 수 있다. 그러나 어느 정당을 긍정적으로 평가하느냐에 따라 국회평가는 갈리는 것으로 나타났다. 즉 다수당인 열린우리당에 대한 선호도가 높을수록 국회에 대한 평가가 부정적이고, 한나라당에 대한 선호도가 높을수록 국회에 대한 평가가 높은 것으로 나타나고 있다. 이것은 제17대 국회에서 열린우리당이 다수를 차지하고 있었기 때문에 다수당 지지자일수록 국회에 대한 기대는 큰 반면, 성과에 대한 평가는 약할 것이라는 추론으로 이해할 수 있을 것이다. 이것은 의회평가에 매개요인으로서의 정당 선호도가 영향을 미친다는 〈가설 3〉을 입증해 주고 있다.

그리고 지역구 봉사에 대한 평가가 높을수록 국회에 대한 평가가 높게 나타나고 있음을 알 수 있다. 지역구 봉사 업무도 국회의 반응성의 하나라고 평가할 수 있을 것이다. 따라서 〈가설 4〉와 같이 지역이익에 봉사하는 지역구 지향적 의정활동에 대한 관심이 높을수록 의회에 대한 지지도 높아질 것이라는 가설이 입증되고 있다.

다음으로, 지역구 국회의원에 대한 평가에 영향을 미치는 요인들을 살펴보자. 지역구 국회의원에 대한 호감도의 영향요인을 알아보면, 국민의사 대표기능 평가, 정당선호도(열린우리당), 정부업무의 공정성 정도, 세금집행의 효율성, 지역구 봉사 평가 등이 유의미한 영향을 미치고 있고, 반면 연령, 성별, 학력, 소득수준 등 사회경제적 배경변수와 이념성향, 대통령 평가 등은 유의미한 영향을 미치지 못하고 있음을 알 수 있다(〈표 5〉 참조).

〈표 5〉 지역구 국회의원에 대한 선호도 분석

모형	B	표준오차	베타	t
연령	-.001	.002	-.023	-.712
성별	-.027	.044	-.017	-.615
학력	-.056	.029	-.061	-1.899
소득	.028	.020	.041	1.439
자기이념 평가	.006	.005	.034	1.220
열린우리당 선호도	.114***	.026	.135	4.475
한나라당 선호도	.028	.022	.037	1.314
국민의사 대표 평가	.167***	.030	.183	5.528
지역구 봉사 평가	.067*	.030	.037	2.224
세금집행 효율성	.084*	.034	.073	2.454
정부업무의 공정성	.102**	.037	.081	2.722
대통령 기능수행평가	.028	.028	.030	1.002
상수	1.375	.245		5.605

* p<.05 **p<.01 ***p<.001
Adjusted R^2 .118***

지역구 의원에 대한 평가가 국회에 대한 평가와 차이를 보이는 것은 대통령의 기능 수행에 대한 평가가 영향을 미치지 않고 있으며, 반면 정부업무의 공정성 정도가 유의미하게 영향을 미치고 있다는 점에서 차이를 보이고 있다. 그리고 매개요인으로서 정당선호도는 당시의 여당인 열린우리당에 대한 선호도가 높을수록 지역구 의원 평가가 높다는 것을 알 수 있다. 이는 여당의원이 지역구 봉사에 좀 더 영향을 미치고 있다는 점에서 열린우리당에 선호도가 높을수록 지역구 의원을 긍정적으로 평가하고 있다고 추론할 수 있다.

이 장에서의 발견은 국회에 대한 평가와 지역구 의원에 대한 호감도는 국민의사 대표기능, 즉 반응성에 대한 평가에 영향을 받고 있다는 점이다. '국민의사 대표 평가'와 '지역구 봉사'에 대한 평가도 함께 영향을 미치고 있다는 점이다. 아울러 세금의 효율적 집행 또한 입법부의 문제로 인식하고, 자신의 지역구 의원에 대한 불만 요인으로 작용하고 있다는 것을 알 수 있다. 그리고 국민은 대통령에 대한 평가와 국회에 대한 평가가 서로 연계되어서 나타나고 있으나 지역구 의원에 대한 호감도에는 영향을 미치지 않는 다는 것을 확인할 수 있다.

V. 국회의 발전방향

앞 절에서의 단순 빈도분석과 회귀분석을 통하여 얻을 수 있는 결론은 국민은 국회와 지역구 국회의원에 대한 기능인식에 있어서 대표기능에 보다 역점을 두고 있으며, 국회와 국회의원 평가에서도 대표기능에 대한 평가가 유의미한 영향을 미치고 있음을 확인할 수 있었다. 따라서 정책결정 기능, 행정부 통제 기능보다는 국회의 국민의사 대표기능을 강화하는 방향으로 국회 개혁방향이 모아져야 할 것이다. 그것은 국회와 국회의원의 역할에 대한 인식이 다를 경우에는 당연히 그러한 역할을 하는 데 필요하다고 생각되는 자원이나 인력 및 원내 의사결정

구조가 다르고 행동양식이나 기능에 있어서도 강조하고자 하는 점이 서로 다르기 때문이다(Rieselbach 1995).

이하에서는 국회의 대표기능을 높이는 방향으로 발전방안을 제시하고자 한다. 대표기능은 한편으로는 유권자의 선호(preferences)와 정책(policies) 간의 관계, 즉 대표가 시민들이 선호하는 것을 정책에 반영하는 반응성(responsiveness)과 산출(outcomes)과 제재(sanctions) 간의 관계, 즉 시민들이 자신들의 선호와 요구에 반응하지 못하는 비대표적인(unrepresentative) 대표를 대표적인 대표와 구분하고 적절히 제재를 가할 수 있는 책임성(accountability)의 제고를 통해서 높아질 수 있을 것이다(Przeworski & Stokes & Manin 1999, 8-10). 따라서 이 글에서의 방안은 크게 반응성과 책임성의 제고로 나누어 고찰하고자 한다.

1. 반응성 제고를 위한 논의

1) 정당의 기능적 대표성 강화

오늘날 정당 간의 대결이나 당내 계파 간의 갈등이 국회 운영상의 불안을 확대 재생산하고 있으며, 정당 지도자의 부패와 인격적 권위의 상실이 국회에 대한 불신과 혐오를 재촉해 왔다고 평가받고 있다(박재창 2004). 입법과정에서의 합리적 정책결정을 왜곡하는 주요인자가 바로 정당이라고 알려져 있고, 사회저변의 정치적 선호를 정책결정 과정에 신속, 정확하게 전달하지 못한다는 비판을 받아왔다. 이러한 정당의 부정적 요소가 국회에 전이되어온 점을 부정할 수 없다.

따라서 국회개혁의 시작은 정당이 정치과정의 투명성을 강화하고 정당정치의 본래 기능인 정치적 대표기능을 복원하고, 이를 통해 수렴된 국민들의 선호를 입법화하는 노력을 경주해야 할 것이다. 이를 위해서는 먼저 그동안 추진되어온 원내정당화의 노력이 지속되어야 할 것이다. 중앙당으로서의 정당에서 공직에서의 정당, 즉 원내정당으로 무게 중심이 이동되어야 한다. 지금까지 한국의 정당정치는 국민의 민생이나 정책을 둘러싼 토론이나 논쟁보다 권력투쟁 자체에 많은 시간을 허비하였다. 이제 기존의 정당 사무처 중심의 중앙당으로서의 정당적 요소를 줄여 나가고 정국운영의 중심을 중앙당에서 국회로 전환해야 한다. 이를 통해 정당 간 이견과 갈등이 국회를 통하여 수렴되도록 조정하는 일이 정당개혁의 핵심요소이며 국회정상화의 관건 중 하나이다(임성호 2003).

다음으로, 원내정당화의 연장선상에서 국회운영과 심의과정에 정당의 영향력을 줄여 나가야 한다. 즉, 정당의 정체성과 관련되거나 정당의 명운이 걸린 법안, 국가중대사에 관련된 법안의 경우를 제외하고는 위원회 심의과정에서의 국회의원의 자율성을 존중하고, 정당기율을 약화시켜야 한다. 국회법 등에서 상임위원회가 입법과정의 중심지로 기능하도록 규정되어 있음에도 불구하고, 정당지도부가 사실상 의제선정과 의사일정을 지배하는 것은 결과적으로 소관사항에 관한 상임위원회의 배타적인 결정권한을 침해한다고 볼 수 있다. 이것은 개별적 헌법기관으로 기능하는 국회의원의 입법권을 침해할 수 있을 뿐만 아니라 국회의 심의 자체를 원천적으로 불가능하게 하고 만다. 또한 정당지도부 중심의 국회운영은 상임위원회 단위에서 정책적인 토론과 타협을 중심으로 이루어져야 할 입법과정을 정당지도부 수준에서 정치적 협상의 대상으로 전락시킨다는 문제가 있다. 즉 몇몇 쟁점법안을 무기로 정치적 거래와 흥정을 함으로써 실제로 법안심의과정에서 숙의되어야 할 정책사안들이 희생될 수 있다는 점에서도 정당의 엄격한 기율은 재고되어야 할 것이다.

다음으로, 정당의 공직후보 선출과정의 민주성이 강화되어야 한다. 앞에서도 살펴보았듯이 개인적으로 유능한 국회의원이 의사당에서 국회활극의 주인공으로 전락하는 이유가 정당의 공천권에 예속되어 있기 때문이라고 할 수 있다. 즉, 국회의원이 정당지도부의 결정에 구속되는 가장 큰 원인은 정당지도부가 국회의원이 필요로 하는 정치적 자원을 갖고 있기 때문이다. 국회의원에게는 재선동기가 무엇보다 중요하기 때문에 선거에서 후보공천권을 정당지도부가 갖고 있다는 사실은 재선을 원하는 국회의원들을 정당 지도부 결정에 귀속시키는 매우 강력한 무기로 기능하고 있다.

2) 국회 심의에서의 반응성 강화

지금 국회제도 발전에 필요한 것은, 국회의 심의에 나타나는 제도적 교착상태를 해소하여 유권자의 선호에 대한 반응성을 강화하고, 나아가 국민의 국민대표기능에 대한 인식을 높이는 데 있다고 할 것이다. 다수결원리와 소수의견 존중의 원리는 의회의 심의와 결정의 토대를 제공하는 핵심원리이다. 그러나 이 두 가지 원리는 민주주의의 핵심원리이지만 현실에서의 구현과정에서는 많은 경우 갈등관계에 놓이는 원리이기도 하다.

먼저, 원내대표 회담 중심의 국회운영을 국회의장과 운영위원회 중심의 국회운영체제로 전환하여야 한다. 현행 국회법상 국회운영과 관련된 주요사항은 국회의장이 원내 교섭단체대표와 협의하여 결정하도록 되어 있지만(국회법 제76조), 사실상 원내교섭단체 대표 간의 협의에 의해 결정되는 것이 현실이다. 이처럼 교섭단체 대표회담을 통해 다수당과 소수당이 일괄타결을 기대하기 때문에 국회운영에 관한 합의를 도출하기가 쉽지 않고, 결과적으로 이것이 위원회에서의 법안심의 자체를 봉쇄하는 경우가 많다. 현행 교섭단체 대표협의 체제는 국회법에 따라 20석 이상의 의석을 획득한 정당만이 원내교섭단체를 구성할 수 있기 때문에, 교섭단체를 구성하지 못한 정당이나 무소속 의원이 국회운영의 기본사항을 결정하는 과정에서 소외되어 군소정당과 무소속 의원의 대표성이 제약되는 결과를 가져온다(임종훈 2008). 또한 원내대표회담은 '각 교섭단체 대표 1인'으로 구성되기 때문에 170석을 차지하는 정당이나 20석을 차지한 정당이나 동등한 발언권을 가진다. 이는 다수당의 '과소대표성'과 소수당의 '과다대표성'의 문제를 낳게 된다. 나아가 원내대표회담은 비공개로 진행되고 기록이 남지 않기 때문에, 정치적 결정의 책임성이란 측면에서도 문제가 된다(임종훈 2008). 정치적 결정과정을 공개해야 하는 이유는 공개성이 책임귀속성과 직결되기 때문이다. 따라서 밀실에서의 원내대표회담에 의존하는 현행 국회운영 방식의 많은 부분은 반응성 제고 차원에서도 재고되어야 할 여지가 많다고 본다.

다음으로, 위원회 구성과 운영에서의 반응성 강화를 위한 방안을 검토해보자. 먼저 소위원회 중심으로 원내안건 심의가 지나치게 분업화한 결과 할거주의적 관점에 따른 국정 종합능력의 상실, 지나친 대표성의 편재화에 따른 의회민주주의의 기본철학 유실, 소수의 의원만이 의안심사에 관여하는 데 따른 외부로비나 부패의 가능성 증대, 소관행정부서와의 유착가능성 증대 등 여러 가지 제기되는 문제점을 극복할 방안을 마련하는 것이 시급하다(박재창 2004).

실제 소위원회를 상설하고 있는 미국 의회에서도 이런 문제점의 극복을 위해 의원의 복수위원회 가입을 허용하여 소위원회의 위원 수를 늘리는 조치를 취하였다(Lees 1979). 그러나 한국의 경우에는 소위원회의 구성이 3~4명 또는 5~6명에 이르고 있고 실재 운영에 있어서는 3~4명의 출석으로 소위원회가 운영되기도 하는 실정이다. 이로 인해 대표성이 왜곡되고 입법과정이 소수인에 의해 독과점되거나 부실 운영되는 등의 문제점을 낳는다.

다음으로, 전원위원회 제도의 활용을 통하여 반응성을 높이는 방안을 강구해 볼 수 있을 것이다. 전원위원회는 '의회 소속 의원 전원이 위원이 되는 위원회'로, 본회의의 최종 의사결정에 앞서 보다 유연한 방식으로, 보다 심도 있게 의안을 심사하여 본회의 심의 능력을 강화하기 위한 의회 내 공식 심의기구이다. 현재 영·미 계통의 국가들에서 전원위원회 제도는 위원회보다 폭넓은 의원들의 참여가 필요한 경우나 의결기능 중심의 본회의보다 심도 있는 의안심의가 필요한 경우, 그리고 의안에 따라 위원회-본회의 구조를 거치지 않고 빠른 심의를 할 필요가 있을 경우 채택되는 의안심의제도로 정착되어 왔다.

한국 국회에서 심사의 대부분은 소관상임위원회에서 이루어진다. 법률안이 다른 상임위원회의 소관사항과도 관련이 있다고 인정될 때 의장은 그 법률안을 관련위원회에도 회부할 수 있으나(국회법 제83조) 관련위원회의 심사결과는 단지 참고사항일 뿐이며 소관상임위원회를 구속할 수 없다. 따라서 소관상임위원회 소속위원이 아닌 국회의원은 설령 타 위원회에서 심사 중인 어느 법률안에 대하여 전문지식이 있거나 지역구민으로부터 특별한 요구가 있어도 이를 입법에 반영할 방법이 없다. 물론 본회의에서 수정안을 낼 수 있지만 이를 위해서는 동료의원 30인 이상의 찬성을 얻어야 하기 때문에 쉬운 일이 아니다. 따라서 단일 소관위원회주의의 문제점을 극복하기 위하여 전원위원회 제도의 활성화가 요구된다고 할 것이다.

전원위원회는 국회에서의 심의를 더욱 강화하여 국민의 요구에 반응하는 결정을 내릴 수 있는 긍정적 기능을 수행한다고 볼 수 있다. 일반적으로 전원위원회 제도는 위원회 중심제 국가의 경우 소관 상임위원회의 이해관계로 인하여 의안이 부적절하게 처리될 가능성을 낮추는 기능을 한다. 그리고 위원회 심의를 마쳤으나 본회의에서 심각한 갈등 상황이 예견되어 교착상태가 발생했을 때, 이를 타개할 수 있는 제도적 절차로서 기능할 수 있을 것이다.

끝으로, 특정 정책영역을 특화하여 다루는 주제별 위원회 가운데 비교적 장시간을 요하며 개별 위원회 소관경계를 뛰어넘는 국가적 정책과제에 대한 심의를 위한 위원회에 대한 관심 또한 높아지고 있다. 한국 국회도 단기에 걸친 특별위원회 운영경험은 축적되어 있으나, 비교적 장기간에 걸친 특정 정책 및 현안 심의를 위한 위원회 가동의 경험은 없다고 볼 수 있다. 일본의 헌법조사회, 미국의 유럽 안보·협력 위원회(The Commission on Security and Cooperation in Europe: 일명 헬싱키 위원회), 의회-행정부 중국위원회(Congressional-Executive Commission on the People's Republic of China), 미-중국 경제안보 관계 검토위원회(U.S.-China Economic and Security Review Commission)

가 이러한 예에 해당할 것이다. 이러한 장기과제위원회는 의회가 정부 제출 예산안 심의·소관부처에 대한 감독이라는 대 행정부 견제역할에 그치지 않고 보다 장기적인 국가비전을 다룸으로써 의회의 새로운 역할모델을 정립할 수 있을 것으로 본다.

3) 국민 참여 강화

다음으로 입법과정에 국민들의 의견을 청취하고 그 의견을 보다 체계적으로 구체화시킬 수 있도록 할 필요가 있다. 먼저, 청원의 내실화를 통하여 국민의 요구와 희망을 입법과정에 반영할 수 있도록 하여야 할 것이다. 국회법에 청원제도가 도입되어 있으나 그 실적은 미미한 실정이다. 청원제도와 관련하여 제기되어온 문제점을 요약해 보면 다음 몇 가지로 정리해 볼 수 있다.

첫째, 형식적인 소개로, 청원으로서 타당성이 없거나 청원사항이 되기 어려운 내용을 소개하는 경우가 있다. 둘째, 청원처리의 지연으로, 청원 심사를 다른 안건 심사에 비해 경시하는 경향이 존재하여 처리를 지연함으로써 적시성을 잃는 경우가 적지 않다는 것이다. 셋째, 사실조사의 미흡으로, 청원의 이유나 내용을 정확하게 파악하려면 현지조사가 필요함에도 불구하고 이러한 절차 없이 소관 부처의 의견을 듣는 것으로 대체하는 경우가 많다. 넷째, 소개 의원과 청원인의 심사 과정 참여 미비로, 심사 과정에서 청원인의 의견을 듣는 절차가 없으며 소개 의원의 의견 청취도 충분하게 이루어지지 못하는 실정이다.

청원을 좀 더 효율적이고 심도 있는 심의를 도모하는 차원에서 대안으로 영국이나 독일 의회처럼 청원위원회를 설치하는 것을 고려해 볼 필요가 있을 것이다. 독일의 경우에는 연방의회 의사규칙에 따라 청원 특별위원회를 설치하고 있다. 청원은 국민 각자가 의원의 협조 곧 의원의 소개 없이도 청원할 수 있으며, 익명으로 청원한 경우라도 청원인과 동일인이라는 것을 확인할 수 있을 때에는 이를 수리하고 있다. 청원위원회는 특별위원회로 운영하고 있으며, 위원의 임명은 원내교섭단체의 의원 수에 비례하여 각 교섭단체에서 임명하고 있다.

다음으로, 입법과정에서 공청회와 청문회 제도를 실질화하여 공개적인 의견수렴 및 입법과정에 반영하도록 하는 방안을 강구할 필요가 있다. 지금까지 청문회는 무기력화하거나 형식화하는 경우가 종종 있으나 이의 획기적인 개선이 필요하다. 입법과정에서 공청회제도는 의회입법의 대표성 보장 방안이기도 하지만 유권자들과 정보를 장으로서의 역할을 수행하기도 한다. 아울러 청문회제도는 신문을 통해 국회의 역할과 기능을 부각시키며 국민들로 하여금 어떤 쟁점에 대해 보다 더 정리된 지식과 정보를 향유할 수 있도록 하는 과정이다. 따라서 청문회의 활성화를 위해서는 행정정보의 공개와 조사능력의 향상이 요청된다고 할 것이다.

2. 책임성 제고를 위한 논의

1) 의원윤리 강화

국회가 스스로의 권위를 높이고 국회의원들의 품위와 국민적 신뢰를 회복하기 위해서 가장 중요한 제도적 개선책은 윤리특위의 강화라고 본다. 윤리특위는 의회의 위상과 권위를 높이는 필수적인 자정기능을 수행하기 때문에 중요하다. 그동안 국회가 국민으로부터 비판받고 불신받게 된 중요한 요인 가운데 하나가 국민들의 선호와 요구와 관계없이 의원들의 부패사건 연루와 같은 비도덕적 행위나 혹은 의회 내에서 비의회적(unparliamentary) 언어나 행위에 대한 자기정화 기능을 갖추지 못한 것과 긴밀한 관련을 갖는다(강원택 2005). 여기에 덧붙여 의원석방 동의안 가결과 같은 의원 감싸기, 정파적 논쟁으로 인한 회의 파행 등의 요인이 개선과제로 논의될 수 있을 것이다.

윤리특위와 관련한 가장 심각한 문제는, 의원윤리 문제가 발생해도 중립적으로 국회의원의 행동에 대해 처벌이나 책임여부를 국회 스스로가 판단하기 어려운 경우가 생겨나는 것이다. 결국 공정하고 중립적인 자정기구가 아니라 정당 간 정치적 대결의 또 다른 전투장으로 변해 버린다는 데 있다. 이처럼 윤리특위가 활성화되지 못한 가장 중요한 요인은 의원들 스스로가 자신들의 비윤리적·비의회적 언행을 제대로 다루기 어려운 현실이라는 것이다. 이러한 문제점을 해결하기 위한 한 가지 방안으로는 외부의 중립적 인사들을 통해 제3의 심판관을 두자는 견해다. 즉 외부 인사들로 구성된 기구를 두되, 그 기능은 윤리특위의 결정을 권고해 주는 자문기구로 삼자는 주장이다(강원택 2005). 그리고 윤리특위는 이러한 권고사항을 관행적으로 수용하는 형태로 운영하는 방식이다.

우리 국회에도 제17대 국회에서 윤리특별위원회의 기능을 활성화하기 위하여 '윤리특별위원회 구성 등에 관한 규칙'을 개정하여(2005년 7월) 위원회에 의원의 윤리심사와 징계에 관한 사항을 자문하기 위하여 '윤리심사자문위원회'를 두도록 하였다. 그러나 규칙 개정 후 윤리심사자문위원회가 실제로 구성된 사례는 한 번도 없다. 이러한 연장선상에서 국회운영제도개선 자문위원회는 자문위원회 구성을 의무화하도록 제안한 바 있다(국회운영제도개선 자문위원회 2008). 국회에서의 각종 폭력사태 등을 경험하면서 의원윤리 강화는 더 이상 미룰 수 없는 과제라고 할 것이다. 국회법 수준으로 규범력을 강화하여 이를 보완하는 것이 시급하다고 할 것이다.

아울러 윤리특위의 위상을 위원장 자리의 하나로 다루기보다는 '특별한' 위치로 격상시켜 권위를 강화하는 방안도 검토해볼 만하다. 그렇게 되면 의회 내의 결정에 대한 수용의 관행을 확립하고, 의원들의 자세를 변화시키는 데에도 도움을 줄 것으로 판단된다.

아울러 의원윤리의 강화는 위에서 언급한 의원 개인의 윤리적 책임성의 측면과 동시에 정책적 책임성도 고려해야 할 것이다. 즉 국회의원이 겸직을 하는 경우나 겸직은 아니더라도 자신이 다루는 안건의 내용과 직접적인 이해관계를 맺게 될 가능성이 얼마든지 있다. 자신과의 직접적인 이해관계가 있는 과제를 그 이해당사자가 심의하고 정책으로 입안한다면 공익보다는 사익을 우선할 개연성이 얼마든지 있을 것이다. 따라서 이해충돌 회피를 통한 공공성의 확보를 함으로써 정책적 책임성을 확보하려는 노력도 강화되어야 할 것이다.

2) 입법예고제 실시로 법안에 대한 책임성 강화

다음으로 의원입법에 대한 입법예고제를 강화하여 입법안에 대한 책임성을 강화할 필요가 있다. 현행 국회법 제82조의 2에 규정되어 있으나 국회규칙이 마련되지 않아 실시되지 않고 있는 입법예고제의 시행 및 활성화를 통해서 입법과정에 대한 국민의 견제와 여론수렴이 가능할 것이다. 정부입법의 경우 입법예고제도가 의무적으로 시행되고 있으나, 의원입법의 경우에는 사실상 시행되지 않고 있는 실정이다. 모든 입법에 대해 입법예고제를 의무적으로 시행함으로써 의원에게는 법안 제출에 책임성을 강화하고, 이해관계 국민에게는 알권리를 강화할 수 있다는 강점이 있다. 국회법 제82조의 2가 임의규정으로 되어 있는 것을 의무규정으로 개정하고, 입법예고 규칙 제정을 통해 방법과 절차를 규정할 수도 있으나, 법 개정 없이도 국회 홈페이지 "법률관련 정보" 코너에 '국회통과 새법률', '최근접수 법률안' 등의 코너가 있는데, 이에 부가하여 '최근제출 법률안에 대한 국민의견 접수창구'를 개설하여 국민들의 의견을 수렴하는 방안(국회 홈페이지 별도 메뉴 구성 등)을 검토해 볼 수 있을 것이다. 이러한 경우 의원입법 및 국회의 대표기능에 대한 국민인식을 높일 수 있을 것이다.

3) 국회입법과정의 투명성 제고: 심의기록의 보존

국회의 위원회나 본회의 단계에서 법률안을 상정할 것인지 여부 등 입법과정의 중요한 부분은 위원회의 간사회의나 원내교섭단체대표 회의에서 결정되는데, 이러한 회의는 비공식적으로 이루어지기 때문에 회의내용에 대한 구체적 기록이 남아 있지 않다(임종훈 2008). 그리고 위원회 단계에서 법률안을 심사하다가 교착상태가 발생하면 중요한 결

정은 회의를 잠시 중단하고 막후에서 그 처리방향을 결정하고 그 결과
만 위원회에 발표하고 회의를 계속하는 것이 보통이다. 국회법 제66조
에 따라 위원회 안건심사를 마친 때에는 심사보고를 작성하여 제출하
게 되어 있으나 이 또한 조문별 심사보고에 이르지 못하고 쟁점별 형식
적인 심사보고에 그치고 있다. 이처럼 국회의 심사기록에 관한 기록이
남아있지 않은 경우가 대부분이다. 따라서 국회심의 투명성을 높이
고 이에 따른 책임성을 제고하기 위하여 국회운영과 심의의 전 과정에
대한 기록보존을 강화할 필요가 있다.

VI. 결론

이 연구는 국민들이 갖는 정치에 대한 불신, 특히 의회와 자신의 지
역구 의원에 대해 갖는 불만의 원인을 분석하고, 이를 통해 국회의 발
전방향을 제시하였다. 분석결과 국민은 국회와 지역구 국회의원에 대
한 기능인식에 있어서 대표기능에 보다 역점을 두고 있으며, 국회와 국
회의원 평가에서도 대표기능에 대한 평가가 유의미한 영향을 미치고
있음을 알 수 있었다. 따라서 국회발전방향도 정책결정 기능, 행정부
통제 기능보다 국회의 국민의사 대표기능을 강화하는 쪽으로 모아져야
할 것이다.

이 연구에서는 대표기능은 반응성과 책임성의 강화를 통해서 이루어
진다고 주장하며, 이러한 방향으로 발전방향을 모색하였다. 반응성 강
화를 위하여 먼저, 정당의 기능적 대표성 강화를 제시하고 있다. 둘째,
국회 심의에서의 반응성 강화 방안을 제시하고 있다. 위원회의 구성과
운영, 전원위원회를 통한 심의의 강화, 그리고 정책과제별 장기위원회
의 운영 등의 방안을 논의하고 있다. 셋째, 국민참여를 강화하는 방안
을 모색하고 있다.

다음으로 책임성 강화를 위한 방안을 제시하였다. 책임성은 의원의

윤리적 책임성과 의원 및 정당의 정책적 책임성을 동시에 고려할 것을 제안하고 있다. 그 방안으로 의원윤리의 강화와 입법예고제의 실질화, 그리고 국회운영과 심의기록 보존 강화를 통한 의정활동의 투명성 강화를 제시하고 있다. 국회와 국회의원이 여당의 경우에는 대통령과 행정부라는 조직 뒤에 숨어 있고, 야당의 경우에는 집권당에 모든 책임을 돌리거나 책임을 공유해야 할 사안들에 대해서는 당론이라는 명분에 숨어 있는 경우에는 책임성을 확보할 수 없게 될 것이다. 국회와 국회의원의 책임성 확보가 국민의 대표기능을 향상시키는 첩경이 될 것이다.

이 글에서 논의한 바와 같이 국민의 평가 속에서 나타나는 문제는 대표기능을 높이는 방향으로 모아졌다. 민주화 이후 국회불신이 낮아지지 않고 있다는 점은 문제가 아닐 수 없다. 그동안 입법기능과 행정부 견제 기능은 크게 강화된 것을 체감할 수 있을 것이다. 그러나 여전히 국민대표 기능은 불신의 주요한 원인으로 제기되고 있다. 국민의 목소리에 반응하지 않는 정치, 책임지지 않는 정치를 종식시키는 것이 국회 개혁의 본질이라는 것을 다시 한번 강조한다.

참고문헌

강원택. 2005. "국회기능 활성화를 위한 제도적 보완책에 대한 논의." 참여연대 의정감시센터. 국회파행방지와 국회의정활동 활성화를 위한 토론회 발표논문(2005. 1. 19).

김광웅 · 김학수 · 박찬욱. 1991. 『한국의 의회정치: 이론과 현상인식』. 서울: 박영사.

국회운영제도개선 자문위원회. 2008. 『국회운영제도개선 자문위원회 활동결과 보고서』(2008. 12).

박재창. 2004. 『한국의회개혁론』. 서울: 오름.

어수영. 1996. "한국인의 가치변화와 지속성 그리고 민주화." 『한국정치학회보』 제33집 3호.

이현출. 2009. "17대 국회 의원입법안 분석: 발의, 내용, 심의결과." 『한국정당학회보』 8권 1호.

임성호. 2003. "원내정당화와 정치개혁." 『의정연구』 9권 1호(통권 15호).

_____. 2004. "국회불신의 수준과 원인." 한국정치학회 엮음. 『한국 의회정치와 제도개혁』. 서울: 한울아카데미.

임종훈. 2008. "국회 입법 60년의 평가와 과제." 한국입법학회 학술대회 발표논문(2008. 12. 23).

_____. 2009. "원내대표 밀실협상 없애라." 『중앙일보』, 2009년 1월 9일자.

Asher, & Barr. 1994. "Popular support for Congress and its members." In T.E.Mann & N.J.Ornstein, eds. *Congress, the Press and the Public.* Washington, D.C.: American Enterprise Institute and Brookings Institution.

Craig, S.C. 1993. *The malevolent leaders.* Boulder, Co.: Westview.

Farnsworth, Stephen J. 2003. "Congress and Citizen Discontent: Public Evaluations of the Membership and One's Own Representative." *American Politics Research*, Vol. 31, No. 1.

Fenn, R.F., Jr. 1975. "If, as Ralph Nader says, Congress is "the broken branch," how come we love our congressmen so much?" In N.J. Ornstein, ed. *Congress and change: Evolution and Reform.* New York: Praeger.

Hibbing, J.R., & E. Theiss-Morse. 1995. *Congress as Public Enemy: Public Attitutides Toward American Political Institutions*. Cambridge: Cambridge Univ. Press.

Kimball, D.C., & S.C. Patterson. 1997. "Living up to expectations: Public attitudes towards Congress." *Journal of Politics*, 59(3).

Lees, John D. 1979. "Committees in the United States Congress." Jond D. Lees and Malcolm Shaw, eds. *Committees in Legislatures: A Comparative Analysis*. Durham, N.C.: Duke University Press.

Mann, Thomas E., and Norman J. Ornstein, eds. 1994. *Congress, the Press, and the Public*. Washington, D.C.: American Enterprise Institute and The Brookings Institution.

Mayhew, D.R. 1974. *Congress: The electoral connection*. New Haven, CT: Yale University Press.

Przeworski, Adam, Susan C. Stokes, and Bernard Manin. 1999. *Democracy, Accountability, and Representation*. Cambridge: Cambridge University Press.

Rieselbach, Leroy N. 1995. *Congressional Politics: The Evolving Legislative System*. San Francisco: Westview Press.

Rohrschneider, Robert. 2005. "Institutional Quality and Perceptions of Representation in Advanced Industrial Democracies." Comparative Political Studies, Vol. 38, No. 7.

Tyler, T.R. 1988. "What is procedural justice?" *Law & Society Review*, 22(1).

〈부록〉 분석에 활용된 설문

〈문 7〉 선생님께서는 정부를 통해 집행되는 세금이 얼마나 효율적으로 쓰이고 있다고
생각하십니까?

    1) 매우 효율적으로 쓰이고 있다   2) 효율적으로 쓰이는 편이다

    3) 비효율적으로 쓰이는 편이다   4) 매우 비효율적으로 쓰이고 있다

〈문 8〉 선생님께서는 정부가 하는 일들이 얼마나 올바르다고 생각하십니까?

    1) 대부분 옳다   2) 비교적 옳은 편이다

    3) 옳지 않은 경우가 많다   4) 대부분 옳지 않다

〈문 23〉귀하께서는 자신의 이념적 성향이 다음 중 어디에 위치한다고 생각하십니까?

    〈진보〉   〈중도〉   〈보수〉

    0 − 1 − 2 − 3 − 4 − 5 − 6 − 7 − 8 − 9 − 10

〈문 34〉 우리나라의 다음 정당에 대해 어떻게 생각하십니까?

열린우리당

매우 좋아한다	좋아하는 편이다	보통이다	싫어하는 편이다	매우 싫어한다

한나라당

매우 좋아한다	좋아하는 편이다	보통이다	싫어하는 편이다	매우 싫어한다

〈문 35〉 국회가 하는 업무 중 가장 중요한 역할은 무엇이라고 생각하십니까?

   1) 법의 제정   2) 국민의사대표   3) 행정부 감독   4) 지역구 봉사

〈문 38〉 다음에 나오는 국회 업무에 대해서 어떻게 평가하고 계십니까?

번호	내 용	잘하고 있다	약간 잘하고 있다	그냥 그렇다	약간 못하고 있다	못하고 있다
문38-2	국민의사 대표	①	②	③	④	⑤
문38-4	지역구 봉사	①	②	③	④	⑤

〈문 39〉 선생님 지역의 지역구 의원에 대해 어느 정도 호감을 가지고 계십니까?

> ① 좋아한다
> ② 좋아하는 편이다   ☞ **문40으로**

> ③ 보통이다
> ④ 싫어하는 편이다   ☞ **문41로**
> ⑤ 싫어한다

〈문 59〉 선생님은 국회가 그 기능을 얼마나 잘하고 있다고 생각하십니까?

   1) 매우 잘한다 2) 잘하는 편이다 3) 보통이다 4) 못하는 편이다 5) 매우 못한다

〈문 59〉 선생님은 대통령이 그 기능을 얼마나 잘하고 있다고 생각하십니까?

   1) 매우 잘한다 2) 잘하는 편이다 3) 보통이다 4) 못하는 편이다 5) 매우 못한다

제2부

국회와 국회의원

| 제5장
국회에 대한 국민과 국회의원의
의식 및 평가 비교*

정혜숙

I. 문제제기

　본 장은 국회에 대한 국민들의 의식을 조사 평가한 데 이어, 국회에 대한 국회의원들의 의식을 조사한 결과를 토대로 국회에 대한 국민의 의식과 국회의원의 의식의 유사성과 차별성을 살펴볼 것을 목적으로 한다. 1차년도와 마찬가지로 인구통계적 특성—즉 성별, 연령별, 지역별, 도시규모별 변수—과 개인적 특성이면서 동시에 국회의원으로서의 특성이라고 할 수 있는—소속정당과 당선횟수 등—에 따른 국회의원들의 국회에 대한 의식과 평가의 내용을 분석하는 것이 일차적인 연구의 목적이다. 다음으로 국회에 대해 국민들이 갖고 있는 의식과 평가와는 어떠한 유사점과 차이점을 갖고 있는지 비교·분석할 것이다. 현

* 2007년 계명대학교 사회과학연구소,『사회과학농촌』26권 2호에 실렸던 논문을 수정·보완하였다.

재 국민들의 정치적 불신은 정치인 개개인에 대한 불만과 불신에서부터 국회 전체, 정치 전반에까지 퍼져 있는 것이 사실이다. 이는 한국 정치사가 갖고 있는 근본적인 구조적 결함에서부터 국회의원 개개인의 자질에 이르기까지 다양한 측면들에서 국민들의 정치 불신과 국회에 대한 부정적 견해를 확산시켜온 탓이라 할 수 있다.

그런데 17대 국회는 국회 형성단계에 있어 국민들로 하여금 상당히 큰 기대를 갖게끔 하는 많은 구조적 변화를 가졌다. 초선의원들의 대거 입성과 여성의원들의 수적 증가, 진보정당임을 강조하는 민주노동당의 등장 등은 국민들로 하여금 여느 국회보다 새로운 변화를 기대하게 만든 것이다. 그럼에도 불구하고 1차년도 조사에 대한 분석결과를 보면 국민들의 국회에 대한 평가는 상당히 부정적이었다.

그렇다면 국회에 대한 부정적 평가의 근거는 무엇이었는가? 조사내용 중 국회의장이나 지역구 국회의원에 대한 인지도, 국회의원의 활동 내용에 대한 정보, 대면횟수에 대한 분석 결과 국회나 국회의원의 활동 전반에 대한 국민들의 인식은 상당히 낮은 수준이었다. 즉 국회에 대한 부정적 평가는 개별 국회의원들의 지역구 활동이나 의정활동과 같은 활동에 대한 인식을 토대로 한 것은 아니라는 것이다. 상대적으로 선거 및 정책 관련한 청탁과 비리, 개인적 부정부패, 정당 간의 당리당략으로 인한 국회 파행, 행정부와의 갈등으로 인한 법안 처리 미비 및 정책 지연과 같은 국회 전체의 모습이 정치인 개인, 정당, 나아가 국회와 정치 전반에 대한 부정적 평가로 이어지고 있는 것이다.

그렇다면 국회의원들은 국회의원 스스로와 국회의 활동에 대해 어떻게 평가하고 있는가, 나아가 국민들의 의식과 평가와는 어떤 유사성과 차이점을 갖고 있는가를 국회의원에 대한 조사를 토대로 비교 분석해 본다. 국민들과 국회의원들의 의식과 평가의 간격을 메워가는 것 그것이야말로 국회에 대한 국민들의 신뢰를 높여나가며 국회가 제 역할과 기능을 해나갈 수 있는 토대를 만드는 길이 될 것이다.

II. 연구 설계

국회의원들의 국회에 대한 인식과 평가를 위해 다음과 같은 가설을 설정하고 그 가설을 검증해 보고자 한다. 특히 인구통계적 변수라 할 수 있는 성, 연령, 지역, 도시규모 등을 주요 변수로 설정할 것이다. 동시에 국회의원 스스로 판단한 이념적 성향과 소속된 정당의 이념적 성향을 주요한 변수 중 하나로 삼을 것이다. 당선횟수라는 변수는 정당인으로서의 정치인과 국회의원으로서의 역할 중 어떤 것이 자신의 판단에 더 큰 영향을 미치는가를 알아보는 데 도움을 줄 것이다.

분석에 활용되는 자료는 2005년 서강대학교 동아연구소와 리서치 앤 리서치(R&R)의 조사와 서강대학교 동아연구소와 중앙일보, 참여연대가 함께 2006년 "한국 국회의 현실과 이상: 국민과 국회의원의 국회에 대한 태도와 평가"에 관한 조사를 토대로 한다.

〈가설 1〉 인구통계적 변수에 따라 국회의원들의 국회에 대한 태도 및 평가가 다르게 나타날 것이다.

국회의원들은 국회의 역할 중 어떤 것이 가장 중요하다고 생각하는지, 국회의 역할에 대해 16대에 비해 어떤 평가를 내릴 수 있을지, 부정적 평가를 하는 이유는 무엇인지와 같은 문항에 대하여 인구통계적 변수에 따라 나타나는 차이점을 비교, 분석할 것이다. 또 1차 조사 결과 국민들이 갖고 있는 국회에 대한 의식과 평가와 어떤 점에서 국회의원들의 그것과 유사점과 차이점을 찾을 수 있는지 살펴볼 것이다.

〈가설 2〉 지역변수가 다른 어떤 변수보다 국회평가에 더 크게 작용할 것이다.

지역변수는 국민들의 국회평가에 있어서도 중요한 변수 중 하나였다. 지역주의적 정당구조를 갖고 있는 한국의 정당구조하에서 지역변수는 소속정당의 변수와 함께 중요한 국회평가 변수 중 하나로 작용할 것이다. 특히 예전의 영호남 지역대립구도보다 수도권/비수도권의 지역대립이 더 중요한 지역변수가 될 것이라는 주장들이 등장하는 가운데 국회평가에도 영향이 있는지 분석해 보고자 한다. 덧붙여 지역규모의 경우도 국회평가에 있어 통계적으로 유의미한 영향을 가질 것이라고 볼 수 있으며 이를 살펴보고자 한다.

〈가설 3〉 국회의원들의 이념성향에 따라 국회 평가가 다르게 나타날 것이다.

국민들의 경우도 이념성향에 따라 국회의 평가나 국회의 필요성에 대해서 다른 결과가 나타났었다. 특히 국회의원들의 경우 자신들의 이념성향도 중요하지만 자신이 소속되어 있는 소속정당의 이념성향이 어떠냐에 따라 국회 평가의 내용이 달라질 것이다. 민주노동당을 지지했던 국민들은 다른 정당을 지지했던 사람들보다 상대적으로 진보적 성향을 띠고 있었는데, 국회의 필요성에 대해 보수적이거나 중도적인 성향에 있는 사람들보다 훨씬 부정적이었다. 다양성의 사회, 다원화된 사회에서 개인 혹은 집단의 이익과 이해를 표현하기 위한 이익집단들이 존재하며 쌍방향적 대중매체의 확산 또한 그러한 역할을 담당한다. 따라서 소수의 엘리트나 힘을 갖고 있는 사람들의 의사만 반영하고 국민들의 의사가 반영되어지지 않는 국회는 더 필요하지 않다고 생각하는 것이다. 그럼에도 불구하고 아직도 많은 국민들은 국회는 반드시 필요하며, 좋은 자질을 갖춘 국회의원들이 국회를 잘 꾸려나가 주기를 기대하고 있다. 그렇다면 국회의원들의 이념성향은 어떠한지 그리고 이에 따른 국회평가의 차이점은 어떠한지 알아보도록 한다.

〈가설 4〉 국회의 중요한 의사결정과정에서 국회의원들에게 자신의 신념이나 지역구의 이익보다 소속정당의 당론이 더 큰 영향력을 행사할 것이다.

국회에 대한 국민들의 의식조사 결과에 의하면 국민들의 대부분이 국회가 부정적 평가를 받는 이유로 '정당의 당리당략'을 들었으며 정치발전을 위한 가장 시급한 현안으로 '국회의원의 자질향상'을 꼽았다. 즉, 국민들은 전문성과 성실성 등 자질을 갖춘 국회의원들이 소속정당

의 당리당략에 맞서, 자신의 신념이나 국민의 의사를 제대로 반영해 올
바른 정책과 법률 제정 등 국회의 역할을 수행해 나가기를 기대하고 있
다. 그러나 현실은 아직도 지역주의에 근거한 선거결과를 토대로 지역
패권적 정당체제가 형성되며 국회운영이 원외중심적 정당에 의해 이루
어지는 구조적 문제를 안고 있다. 따라서 국회의원들은 국회의 중요 의
사결정과정에서 소속정당의 당론에 가장 큰 영향을 받을 것이다.

〈가설 5〉 여성의원들의 활동에 대한 평가에 차이가 있을 것이다.

국민들의 경우 대체로 성별에 상관없이 여성의원들에 대해 상당한
호감을 갖고 있었으며 그 활동에 대해서도 긍정적으로 평가하고 있었
다. 그러나 어떤 면에서 여성의원들의 활동을 긍정적으로 평가하는지
에 대한 물음이 없어 구체적인 이유를 알 수는 없었다. 그렇다면 국회
의원들 스스로는 여성의원들의 활동에 대해 어떻게 생각하고 있는가?
여성의원들이 남성의원들에 비해 긍정적인 면은 무엇이며 부정적인
면은 무엇인지 비교해 볼 것이다. 나아가 분석 결과를 토대로 여성들
이 정치활동에 참여할 수 있는 기회와 제도적 장치의 마련을 통해 여성
의원(지방의원 및 국회의원)의 수를 확대하는 것이 국민들에게뿐만 아
니라 국회의원에게도 국회의 긍정성을 높여 나갈 수 있는 방안이 될 수
있을 것인지 알아보도록 한다.

III. 실증분석

한국 국회에 대한 국민들의 평가는 국회의 중요성에 대한 높은 인식
에도 불구하고 평가의 수준은 상당히 낮은 편에 속한다. 국회에 대한
낮은 평가는 대체로 다음의 3가지 요인에 의해 나타난다고 한다. 먼저,
구조적 요인으로 지역패권적 정당체제의 형성과 그에 따른 문제, 국회
운영이 원외중심적 정당에 의해 이루어지면서 독립성과 효율성이 저해

되는 문제 등을 들 수 있다. 둘째는, 제도적 요인으로 구체적으로는 상임위원회 구성부터 운영에 이르기까지 전문성과 자율성에 의해 운영되기 어려운 점, 당선횟수 등에 비례해 소속 상임위원회가 선정되는 등 비합리적으로 운영되어지는 점 등을 들 수 있다. 또 입법지원체제의 미비와 소위원회의 투명성이 확보되지 못하여 의원들의 의정활동이 비효율적으로 이루어지는 점을 들 수 있다. 마지막으로 의정활동을 지배하는 의식 역시도 아직 성숙되지 못하다는 점을 들 수 있다. 원내 정당의 대립적인 여/야 의식은 여/야를 넘어선 국회의 집단의식 부족으로 나타나 제대로 된 국회의 역할을 수행할 수 없도록 만든다.

그런데 이러한 요인들은 독립적으로 존재하는 것이 아니어서 하나의 요인이 부정적으로 작동하게 되면 국회운영 전반에 영향을 미치며, 다른 요인이 부정적 결과를 초래하도록 만든다. 그렇다면 국회의원들은 과연 국회를 운영해 나가는 데 있어 가장 어려운 점을 무엇이라고 생각하는지, 부정적 평가를 극복하기 위한 방안으로 어떤 것을 들고 있는지 실제적인 분석을 통해 알아보도록 한다.

대체로 모든 변수와 상관없이 국민들 대부분은 국회에 대한 부정적 평가를 내리고 있었다. 그러나 평가의 근거가 구체적인 개별 국회의원들의 활동에 근거한다기보다는 국회 전체적인 부정적 운영과 그에 따른 결과 등에 기반하고 있다. 또 한국정치지형에 있어 지역중심적 정당구조에 의한 영향으로 인해 지역변수는 다른 변수들보다 국회에 대한 태도와 평가에 있어 크게 작용하고 있다는 점을 알 수 있었다. 따라서 본 장에서는 인구통계적 변수에 따른 국회 평가, 국회의원들의 의식, 지역구와 국회활동 등에서 나타날 수 있는 차이점들을 비교하면서 지역변수에 더욱 주목해 보고자 한다. 한편 국민들은 국회가 아닌 지역구 국회의원에 대해서는 상대적으로 높은 인지도를 갖고 있었으나 국회의원의 활동 내용에 대해서는 잘 알지 못하거나 지역구에서 한 번도 만나보지 못한 경우가 태반이었다. 실질적으로 국회의원 조사를 통해 국회의원들의 활동(의정 활동, 지역구 활동 등)이 어떻게 이루어지고 있으며, 이에 대한 국민들의 평가가 적절한 것이었는지 아니면 과대 혹은 과소평가되고 있는 것은 아닌지 분석해 보도록 한다.

1. 국회에 대한 인식 및 평가

1) 국회에 대한 인식

1차년도 조사 결과 국민들은 국회의 다양한 기능들(대의기능, 입법 기능, 행정부 견제 기능, 통합기능, 지역구 봉사 등) 중 가장 중요한 역할로 국민들의 의사를 대변하는 것(65.8%)을 꼽았다. 법의 제정(16.3%), 행정부 감독(10.7%), 지역구 봉사(7.0%)와는 큰 차이를 가진다. 즉 국민들은 국회의 역할을 국민들의 정치적·사회적 나아가 지역, 생활과 관련한 의사 전체를 대변해 주는 것이라고 생각한다. 국회의원이 가장 중요시 해야 할 일에 대해서도 대부분의 국민들은 지역주민의 뜻을 대변하는 일(46.3%)을 들었다. 또 국회의원들이 중요한 문제를 결정할 때 가장 중요하게 생각하여야 할 의견에 대해서도 국민여론(57.3%)을 들었다.

그러나 국회의원들이 국회 내에서 중요한 결정사항이 있을 때 가장 영향을 미치는 것이 무엇이라고 생각하는 지의 질문에 대해서는 소속 정당의 의사(42.2%)를 선택하였으며 국회의원 개인의 소신(27.6%)이나 지역구민의 의사(14.4%), 여론(12.4%)의 경우는 그에 미치지 못하는 것으로 생각하고 있었다. 즉, 국민들은 국회의원들이 국민들의 의사를 대변하는 대변자로서 국민을 위한 정책을 입안, 실행하는 역할을 해 주길 기대하고 있으나 국회의원이 되고 나면 국민의 의사를 대변하는 대변자가 아니라 소속한 정당의 일원이 되어버리고마는 정치적 구조와 상황이 존재하고 있는 현실을 분명하게 인지하고 있는 것이다.[1]

---

1) 한국 정당의 경우 1인 중심체제로 형성·운영되어진 경험이 오랜 동안 지속되어 왔다. 또 지역주의를 바탕으로 한 선거 경쟁은 이러한 1인 중심 체제를 지속

〈표 1〉 국회의 가장 중요한 역할

		중요역할										합계		
		법률 제·개정		국민의사 대표		행정부 견제 감시		사회갈등 조정		모름/ 무응답		빈도	%	유의 확률
		빈도	%	빈도	%	빈도	%	빈도	%	빈도	%			
	전체	61	25.1	132	54.3	26	10.7	23	9.5	1	.4	243	100.0	
성별	남자	53	26.1	110	54.2	21	10.3	18	8.9	1	.5	203	100.0	1.309
	여자	8	20.0	22	55.0	5	12.5	5	12.5			40	100.0	(.860)
소속정당	열린우리당	31	27.4	61	54.0	8	7.1	12	10.6	1	.9	113	100.0	
	한나라당	24	23.3	55	53.4	17	16.5	7	6.8			103	100.0	
	민주당	4	36.4	5	45.5			2	18.2			11	100.0	15.982
	민주노동당	1	11.1	6	66.7			2	22.2			9	100.0	(.718)
	국민중심당	1	20.0	3	60.0	1	20.0					5	100.0	
	무소속			2	100.0							2	100.0	
연령	30대			1	33.3	2	66.7					3	100.0	
	40대	14	19.7	35	49.3	13	18.3	8	11.3	1	1.4	71	100.0	25.729
	50대	26	25.7	59	58.4	8	7.9	8	7.9			101	100.0	(.058)
	60대	19	31.7	34	56.7	2	3.3	5	8.3			60	100.0	
	70대	2	25.0	3	37.5	1	12.5	2	25.0			8	100.0	
당선횟수	초선	43	26.4	85	52.1	19	11.7	15	9.2	1	.6	163	100.0	3.574
	재선	11	27.5	23	57.5	2	5.0	4	10.0			40	100.0	(.893)
	3선 이상	7	17.5	24	60.0	5	12.5	4	10.0			40	100.0	
지역	서울	6	18.2	19	57.6	2	6.1	6	18.2			33	100.0	
	인천/경기	11	22.9	29	60.4	4	8.3	4	8.3			48	100.0	
	대전/충남	4	20.0	13	65.0	3	15.0					20	100.0	
	광주/호남	9	33.3	13	48.1	1	3.7	3	11.1	1	3.7	27	100.0	35.664
	대구/경북	4	18.2	9	40.9	8	36.4	1	4.5			22	100.0	(.151)
	부산/울산/경남	9	25.7	19	54.3	4	11.4	3	8.6			35	100.0	
	강원/제주	4	40.0	4	40.0	1	10.0	1	10.0			10	100.0	
	비례대표	14	29.2	26	54.2	3	6.3	5	10.4			48	100.0	
도시규모	대	10	17.2	33	56.9	8	13.8	7	12.1			58	100.0	
	중	28	29.5	47	49.5	12	12.6	8	8.4			95	100.0	11.297
	소	9	22.0	25	61.0	3	7.3	3	7.3	1	2.4	41	100.0	(.504)
	비례대표	14	28.6	27	55.1	3	6.1	5	10.2			49	100.0	

* P〈.05 이하 ** P〈.01 이하 *** P〈.001 이하

그렇다면 국민들과 달리 직접 국회를 운영하고 있는 국회의원들의 경우는 어떤가? 우선 국회의 가장 중요한 역할이 무엇이냐는 문항에 대해서는 국회의원들 역시 국민들과 동일한 생각을 갖고 있다. 앞의 〈표 1〉을 보면 국회의원들의 경우 국민들의 의사를 대변하는 역할이 무엇보다 가장 중요한 국회의 역할(54.3%, 132명)이라고 인식하고 있었으며 법률 제·개정이 25.1%, 행정부 견제/감시가 10.7%, 사회갈등조정이 9.5% 순으로 나타났다. 국민들과 국회의원 모두 국회의 가장 중요한 역할이 국민들의 의사를 대변하는 것이라고 생각하고 있었으며 이 질문에 대해서는 성, 소속정당, 연령, 당선횟수, 지역, 도시규모 등 어떤 변수 간에도 차별성을 찾을 수 없었다. 모든 변수에 상관없이 국민들의 의사를 대변하는 것이 국회의 가장 중요한 역할이라고 생각하고 있는 것이다.

2) 국회에 대한 평가

국회에 대한 국민들의 평가는 어떠한가? 2006년 중앙일보의 "국회에 대한 국민의식 조사"[2] 결과는 2005년 서강대학교 동아연구소의 "국회의 이상과 현실 관련 국민의식 조사"와 유사한 결과를 보여준다. 2005년 조사 결과 나타났던 국민들의 국회에 대한 부정적 평가는 2006년 16대 국회와 비교해 17대 국회를 어떻게 평가할 수 있느냐는 상대평가 질문을 통해서 좀 더 구체적인 결론으로 나타난다. 우선 2005년 조사 결

시킬 수 있었던 힘이 되었었다. 개인적 자질보다 소속 정당의 공천이 선거에서의 당선을 의미하는 경우가 대부분이었으며, 다음 선거에서 공천을 받기 위해서는 국회 내 민감한 정치적 사안이나 중요 의제의 의결시 개인의사보다 소속정당의 당론을 따르는 것이 일반화되어 있었다. 이갑윤(1998)은 국회의원 당선에 절대적 영향력을 행사하고 있는 것은 지역주의 정당구조이며 어떤 정당의 후보이냐가 당락의 가장 중요한 결정적 요소라고 보았다.

2) 중앙일보는 2006년 12월 13일 "국회에 대한 국민의식 조사"를 여론조사기관인 디 오피니언을 통해 전국 16개 시 도 거주 만 20세 이상 성인남녀 1,000명을 대상으로 실시하였다.

과 국회가 그 역할을 잘 하고 있는지에 대한 물음에 대해서 국민들의 부정적(못하고 있는 편이다와 못하고 있다 포함) 평가가 전체의 59.6%를 차지하고 있다. 또 부정적 평가를 했던 응답자들을 대상으로 "왜 국회가 그 역할을 다하지 못했다고 생각하느냐"는 질문에 61.7%가 '정당들의 당리당략'을 꼽았으며 '국회의원들의 자질 미흡'을 32.0%로 꼽아 정당 운영 체계와 운영 주체의 문제를 가장 중요한 이유로 생각하고 있었다. 상대적으로 '국회의 힘이 행정부에 비해 너무 약해서'라는 항목에 대해서는 3.1%만이 그렇다고 답변하고 있어, 국회의 위상과 권한의 문제가 국회의 부정적 역할에 대한 평가의 근거가 아님을 보여주었다.

다음으로 2006년 중앙일보 조사 결과를 보면 16대와 비교해 17대 국회를 전반적으로 어떻게 평가하느냐는 질문에 대해 17대 국회를 좀 더 부정적으로 평가하고(약간 못하고 있음과 매우 못하고 있음을 포함 60.3%) 있다. 특히 부정적으로 평가한 국민들의 경우 왜 국회가 제 역할을 다하지 못했다고 생각하는지의 물음에 대해 그 주된 이유로 59%가 '정당들의 당리당략', '국회의원들의 자질 미흡' 25.8%, '시민단체 또는 이익단체들의 지나친 간섭 때문에' 7.0%, '국회의 힘이 행정부에 비해 약해서'가 4.6%, '입법지원체계가 미흡해서' 3.0%를 들고 있었다. 이는 앞의 2005년 조사 결과와 동일한 국민들의 생각을 보여주는 것이다.

이렇듯 국회가 국민들로부터 부정적 평가를 받는 것에 대해 박재창(2003, 151-179)은 정당중심주의와 의회중심주의에 대한 요구가 서로 대립하고 있어 의회가 다양한 사회적 갈등이나 대립적인 이해관계를 조정하고 통합하는 역할을 제대로 하지 못하기 때문이라고 보았다. "정치적 쟁점법안 심의과정의 국회와 정당"이라는 연구에서 그는 13대 국회 개원시점부터 3당 합당에 따라 4당 체제가 붕괴된 1990년 1월 2일까지 국회 접수된 총 607건의 법안에 대해 정치적 쟁점법안 심의과정의 특성, 심의기간과 통과율, 정당별 정책간여정도 등을 분석한 결과 정치적 쟁점법안 또는 정치적 현저성이 높은 정책주제의 입법과정에서 정당에 의한 국회일탈이 나타남을 지적하였다. 특히 정당에 의한 국회일

탈 현상이 주로 비공식적, 과두적 양식에 의해 주도된다는 사실에 주목하고 이는 곧 정치발전의 걸림돌이 정치권 자체라고 하는 일반인들의 관찰과 주장을 확인해 주는 셈이라고 보았다.

결론적으로 볼 때 국민들은 국회의원들이 국민들의 의사보다 소속 정당의 의사를 더 우선시한 결과, 국회가 국민들의 의사를 대변해야 하는 중요한 역할과 임무를 다하지 못하고 있다고 생각하며 이러한 생각이 국회에 대한 부정적 평가로 이어지고 있는 것이라 할 수 있다.

그러나 국회에 대한 평가에 있어 국회의원들은 국민들과 상당히 다른 견해를 갖고 있다. 국민들의 경우 16대에 비해 17대 국회가 그 역할을 잘하지 못하고 있다고 평가(2006년 중앙일보 조사)한 데 반해 국회의원들은 17대 국회를 16대 국회에 비해 상대적으로 긍정적으로 평가하고 있다. 〈표 2〉를 보면 17대 국회가 잘하고 있다는 긍정적 답변(매우 잘하고 있다와 약간 잘하고 있다 포함)이 58.5%, 못하고 있다는 부정적 답변(매우 못하고 있다와 약간 못하고 있다 포함)이 13.2%로 긍정적 평가가 높게 나타났다. 특히 소속정당에 따른 국회평가의 경우 통계적 유의성이 있는 것으로 나타났다. 구체적으로는 열린우리당이 가장 긍정적으로(64.6%) 평가하고 있었으며 다음이 한나라당(58.3%)이었다. 전체 조사대상 243명 의원들 중 열린우리당과 한나라당 133명의 의원들이 대체로 17대 국회에 대해 긍정적인 평가를 내리고 있었는데 이는 국회를 운영해 나가는 집권당과 거대야당으로서 국회평가를 자신에 대한 평가와 동일시하기 때문에 다른 정당 소속 의원들에 비해 상대적으로 긍정적이었다고 볼 수 있다.

지역 변수도 통계적 유의성을 가지고 있었는데 강원/제주의 경우 가장 높은 80%가 17대 국회에 대해 긍정적이었으며, 인천/경기 64.6%, 대구/경북 63.6%, 서울 57.6%, 대전/충남 50.0%, 광주/호남 51.8%, 부산/울산/경남 45.7% 순이었다. 전체적으로 보았을 때 50%를 넘는 국회의원들이 17대 국회를 긍정적으로 평가하고 있었다. 성, 연령, 당선횟수, 도시규모의 변수에 따른 평가에는 차이가 존재하지 않았으며 대체로

〈표 2〉 16대 대비 17대 국회 업무 평가

		16대 대비17대 평가												합계		
		①매우잘함		②약간잘함		③비슷		④약간못함		⑤매우못함		모름/무응답				
		빈도	%	빈도	%	빈도	%	빈도	%	빈도	%	빈도	%	빈도	%	유의확률
전 체		18	7.4	125	51.4	66	27.2	27	11.1	5	2.1	2	.8	243	100.0	
성별	남성	15	7.4	101	49.8	57	28.1	25	2.3	3	1.5	2	1.0	203	100.0	5.084 (.406)
	여성	3	7.5	24	60.0	9	22.5	2	5.0	2	5.0			40	100.0	
소속정당	열린우리당	8	7.1	65	57.5	27	23.9	9	8.0	2	1.8	2	1.8	113	100.0	59.885 (.000) ***
	한나라당	8	7.8	52	50.5	28	27.2	15	14.6					103	100.0	
	민주당	1	9.1	3	27.3	3	27.3	1	9.1	3	27.3			11	100.0	
	민주노동당			4	44.4	5	55.6							9	100.0	
	국민중심당			1	20.0	2	40.0	2	40.0					5	100.0	
	무소속	1	50.0			1	50.0							2	100.0	
연령	30대	1	33.3	2	66.7									3	100.0	25.147 (.196)
	40대	3	4.2	39	54.9	21	29.6	6	8.5	1	1.4	1	1.4	71	100.0	
	50대	13	12.9	50	49.5	28	27.7	8	7.9	1	1.0	1	1.0	101	100.0	
	60대			31	51.7	14	23.3	12	20.0	3	5.0			60	100.0	
	70대	1	12.5	3	37.5	3	37.5	1	12.5					8	100.0	
당선횟수	초선	14	8.6	91	55.8	39	23.9	13	8.0	4	2.5	2	1.2	163	100.0	18.119 (.053)
	재선	3	7.5	16	40.0	17	42.5	4	10.0					40	100.0	
	3선 이상	1	2.5	18	45.0	10	25.0	10	25.0	1	2.5			40	100.0	
지역	서울			19	57.6	13	39.4	1	3.0					33	100.0	51.795 (.034) *
	인천/경기	4	8.3	27	56.3	12	25.0	5	10.4					48	100.0	
	대전/충남	1	5.0	9	45.0	4	20.0	5	25.0	1	5.0			20	100.0	
	광주/호남	4	14.8	10	37.0	8	29.6	3	11.1			2	7.4	27	100.0	
	대구/경북	1	4.5	13	59.1	4	18.2	4	18.2					22	100.0	
	부산/울산/경남	5	14.3	11	31.4	12	34.3	6	17.1	1	2.9			35	100.0	
	강원/제주	1	10.0	7	70.0	2	20.0							10	100.0	
	비례대표	2	4.2	29	60.4	11	22.9	3	6.3	3	6.3			48	100.0	
도시규모	대	5	8.6	33	56.9	16	27.6	2	3.4	1	1.7	1	1.7	58	100.0	18.763 (.225)
	중	8	8.4	43	45.3	28	29.5	15	15.8	1	1.1			95	100.0	
	소	3	7.3	20	48.8	10	24.4	7	17.1			1	2.4	41	100.0	
	비례대표	2	4.1	29	59.2	12	24.5	3	6.1	3	6.1			49	100.0	

* P〈.05 이하 ** P〈.01 이하 *** P〈.001 이하

17대 국회에 대해 긍정적으로 평가하고 있었다.

국회의원들이 17대 국회를 16대 국회보다 더 긍정적으로 평가하는 이유에 관해 구체적인 문항이 존재하지 않아 정확한 비교는 어렵지만, 진보정치연구소에서 국회전문가를 대상으로 한 의정활동에 대한 평가 조사 결과에서 그 답을 얻을 수 있다. 구체적으로 진보정치연구소[3]에서 2006년 국회전문가를 대상으로 17대 국회의 의정활동 평가를 조사한 결과를 보면 17대 국회가 16대 국회보다 잘했다는 평가가 40%, 못했다는 평가가 21%, 비슷하다 39%로 긍정적 평가가 더 높게 나타났다. 17대 국회가 더 나아진 점에 대해서는 10명 중 6명이 '국민접근성 및 투명성'(64%)을 들었고 '국회의원의 자질'(10%), '국회운영의 합리성'(8%), '상임위 전문성'(8%)을 들었다.

그런데 특이한 점은 17대 국회에서 가장 실망스러운 집단으로 초선의원(50%), 386의원(19%), 재선의원(19%)을 꼽았으며 이들에 대한 만족도 역시 상당히 낮은 것으로 조사되었다(초선의원에 대해 만족하지 않음 50%, 386의원에 대해 만족하지 않음 78.9%, 재선의원에 대해 만족하지 않음 40%). 이러한 결과는 17대 국회가 시작할 때 초선의원, 386의원, 여성의원의 등장과 같은 배경으로[4] 전반적인 국회에 대한 기대치가 높았던 것에 비추어 본다면 국민들의 실망을 그대로 반영하는 것이라 할 수 있다.

결론적으로 국민들은 17대 국회의 출발에 상당한 기대를 가졌으나

---

3) 진보정치연구소에서 여론조사기관인 한길리서치에 의뢰해 2006년 7월 19일부터 28일까지 10일간 국회관련 전문가 100명(국회공무원 50명, 보좌관 25명, 국회출입기자 25명)을 대상으로 전화면접 방법으로 〈17대 국회 전반기 의정활동 평가 전문가 설문조사〉를 실시하였다(진보정치연구소, 2006 http://policy.kdlp.org/sub2_institute/sub2-2.php?bo_table=sub2_2&wr_id=186).

4) 17대 총선에서 초선의원의 획기적 증가(의원 정수의 62.5%)는 국민들로 하여금 의회 권력의 세대교체에 대한 희망을 갖도록 하였다. 동시에 민주노동당과 같은 진보정당의 의회진출과 여성의원들의 확대는 또 다른 기대의 대상이 되었다.

1년 6개월여 동안의 활동이 기대에 미치지 못해 실망감이 상대적으로 더 크게 나타난 것으로 국회에 대한 평가에서도 부정적인 경향이 고스란히 반영된 것이라 할 수 있다. 그러나 상대적으로 국회의원들 스스로나 국회전문가들은 16대에 비해 국민접근성이나 투명성과 같은 측면에서 17대 국회를 긍정적으로 평가한다. 국회의원들이나 전문가들이 느끼는 국회의 투명성과 국민접근성이 국민들이 체감할 수 있는 수준에까지 이른다면 국회에 대한 국민들의 평가도 달라질 수 있을 것이다.

3) 국회에 대한 부정적 평가의 원인

전체적으로 국회에 대한 긍정적 평가가 상대적으로 높았던 반면 부정적으로 평가하는 경우도 적지 않았는데 그들은 왜 국회를 부정적으로 평가하였는가? 전체 의원들 중 부정적인 답변을 했던 국회의원 98명을 대상으로 "왜 국회가 제 역할을 다하지 못하고 있다고 생각하는가?" 물었다.

〈표 3〉에서 알 수 있듯 부정적인 평가를 하고 있었던 국회의원들의 경우 국회가 제 역할을 다하지 못하는 가장 큰 이유로 '정당의 당리당략'(51.0%)을 들었으며 이것이 국회가 제대로 역할을 수행할 수 없도록 만든다고 보았다. 이는 국민들이 국회가 제대로 역할을 하지 못하는 것이 '정당의 당리당략' 때문이라고 생각했던 것과 같은 결과이다. 국회의원들 스스로도 국회가 원외중심적 정당에 의해 운영되어가는 구조적 요인을 국회 운영의 가장 중요한 문제로 인식하고 있는 것이다. 다음으로 국회를 부정적으로 평가하는 이유로 '국회의원들의 자질 미흡'(11.2%)을 들고 있다. 예를들면, 의원들 개개인이 헌법 기구로서 독립성이 보장되어있음에도 불구하고 의회불문율처럼 정치적 쟁점관련 법안에 대해서는 개인적 신념보다 당론을 우선시하는 경향이 있다. 이에 대해 국민들은 아직까지도 의원들의 의정활동을 전반적으로 지배하는 의식이 성숙되지 못한 것으로 평가하고 있으며 국회의원들도 동일한 생각을 갖고 있는 것으로 볼 수 있다. 즉 국회와 정당의 구조적 문제와

〈표 3〉 국회가 제 역할을 못하는 이유

		국회가 역할을 못하는 이유														합계		유의확률
		국회의 힘이 행정부에 비해 약해서		정당들의 당리당략 때문에		국회의원들의 자질이 미흡해서		시민단체또는이익단체들의지나친간섭때문에		입법지원체계가 미흡해서		기타		모름/무응답				
		빈도	%	빈도	%	빈도	%	빈도	%	빈도	%	빈도	%	빈도	%	빈도	%	
전 체		8	8.2	50	51.0	11	11.2	2	2.0	3	3.1	4	4.1	20	20.4	98	100.0	
성별	남성	8	9.4	44	51.8	8	9.4	2	2.4	2	2.4	4	4.7	17	20.0	85	100.0	5.189
	여성			6	46.2	3	23.1			1	7.7			3	23.1	13	100.0	(.520)
소속정당	열린우리당			25	65.8	3	7.9			1	2.6	1	2.6	8	21.1	38	100.0	
	한나라당	6	14.0	16	37.2	5	11.6	2	4.7	2	4.7	2	4.7	10	23.3	43	100.0	45.845
	민주당	1	14.3	3	42.9	2	28.6							1	14.3	7	100.0	(.032)
	민주노동당			5	100.0											5	100.0	
	국민중심당	1	25.0	1	25.0	1	25.0							1	25.0	4	100.0	
	무소속											1	100.0			1	100.0	
연령	30대	3	10.7	18	64.3	3	10.7					1	3.6	3	10.7	28	100.0	
	40대	1	2.7	16	43.2	3	8.1	1	2.7	2	5.4	2	5.4	12	32.4	37	100.0	16.125
	50대	4	13.8	13	44.8	5	17.2	1	3.4			2	6.9	4	13.8	29	100.0	(.584)
	60대			3	75.0									1	25.0	4	100.0	
	70대	3	5.4	30	53.6	7	12.5	1	1.8	2	3.6	2	3.6	11	19.6	56	100.0	
당선횟수	초선	1	4.8	10	47.6	1	4.8			1	4.8	1	4.8	7	33.3	21	100.0	
	재선	4	19.0	10	47.6	3	14.3	1	4.8			1	4.8	2	9.5	21	100.0	10.255
	3선 이상	1	7.1	8	57.1			1	7.1	1	7.1	1	7.1	2	14.3	14	100.0	(.596)
지역	서울			11	64.7	2	11.8					1	5.9	3	17.6	17	100.0	
	인천/경기	1	10.0	4	40.0	2	20.0					1	10.0	2	20.0	10	100.0	
	대전/충남			7	63.6									4	36.4	11	100.0	
	광주/호남	3	37.5	5	62.5											8	100.0	39.074
	대구/경북	2	10.5	4	21.1	4	21.1	1	5.3	1	5.3	1	5.3	6	31.6	19	100.0	(.600)
	부산/울산/경남			1	50.0									1	50.0	2	100.0	
	강원/제주	1	5.9	10	58.8	3	17.6			1	5.9			2	11.8	17	100.0	
도시규모	비례대표	2	10.5	9	47.4	1	5.3	1	5.3	1	5.3	2	10.5	3	15.8	19	100.0	
	대	2	4.5	22	50.0	7	15.9			1	2.3	2	4.5	10	22.7	44	100.0	17.049
	중	3	17.6	8	47.1			1	5.9					5	29.4	17	100.0	(.520)
	소	1	5.6	11	61.1	3	16.7			1	5.6			2	11.1	18	100.0	

* P〈.05 이하 ** P〈.01 이하 *** P〈.001 이하

이로 인한 국회의원의 자질미흡이 국회가 그 역할을 제대로 할 수 없도록 만드는 것이다.[5]

상대적으로 '국회의 힘이 행정부에 비해 약해서'(8.2%)나 '입법지원체계가 미흡해서'(3.1%)와 같은 국회의 위상과 입법지원체계는 그다지 큰 문제로 여기고 있지 않았다. 또한 국회의 독자성 확보와 합리적 운영을 위해 국회의 파행을 중재할 수 있는 의장의 권위를 회복시키는 것이 선결과제라고 보는 경우도 있었으나(정영국 1999), 이번 조사에서 국회운영에 있어 국회의장의 권한을 강한 편(매우 강하다와 강한 편이다 포함)으로 보는 의원들이 70%를 차지하고 있던 것을 볼 때 국회의 문제를 위상이나 제도의 문제로 해석하는 것은 적절하지 않다.

4) 국회와 정당 간 관계
– 표결과정에서 나타나는 국회의원들의 이율배반적 태도

대부분의 국민들과 국회의원들이 국회가 제대로 운영되지 못한 이유를 '정당들의 당리당략'으로 들었던 이유는 한국 정당의 정치적 구조와 이를 바탕으로 한 정당과 국회의 종속적 관계 때문이라고 생각한다.[6]

---

5) "국민의 의사는 구체적이기보다 추상적일 때가 많고 전문적이기보다는 일반적일 때가 많다. 결국 국민의사를 수용해서 어떤 법안이나 정책을 만들어내는 과정에는 국회의원 개인의 전문성과 자질이 변수가 된다.… 그러나 지역주의 구도에서는 정당 후보자 결정과정에서 충성심이나 공천헌금이 후보자 개인능력이나 자질보다 중요하고, 국민은 정당의 깃발을 보고 후보자를 선택한다(김진하 2006). 한편 "공천권을 통한 당원에 대한 당수의 강한 통제력이 의원의 행동지향성에 큰 영향력을 주고 있어"(박동서 1999) 개별 국회의원의 경우도 다음 재선을 위해서는 소속 정당의 의사에 더 큰 영향을 받을 수밖에 없다.

6) 정영국(1999)은 국회의 개혁과제와 방향을 논의함에 있어 "현행 국회 관련법에는 서구의회에서 활용되고 있는 다양한 제도들이 반영되고 있어 국회가 민주적이고 합리적인 의회정치를 수행하는 데 충분"하다고 보았다. 그러면 왜 한국에서 의회정치가 파행으로 치닫고 있는가? 이에 대해서 "제도의 미비"라는 것으로는 설명이 부족하다고 하며 제도 이외의 다른 요인들이 더 중요하다고 보았다. 예를 들면 권위주의적인 정당정치 구조와 같은 요인이 더 중요한 요인이라는 것

그렇다면 국회의원들이 실제 국회 내 표결과정에 있어 가장 큰 영향을 미치는 요인이 무엇이라고 생각하는가?

실제 이번 조사 결과에 의하면 국회의원들은 국회 내 표결과정에 있어 가장 큰 영향을 미치는 요인으로 '정당'(49.8%), '개인의원의 신념'(42.8%), '지역구 이익'(4.9%), '재선'(1.6%), '계파'(0.8%)를 들고 있다. 그런데 정당을 가장 중요하게 생각하고 있는 것은 사실이지만 상대적으로 개인의 신념 또한 그에 못지않게 중요한 요인으로 꼽고 있다. 예를 들면 이라크 파병 동의안의 표결과정을 살펴보면(http://cafe.daum.net/gibumiraq 참고) 2005년 철군촉구 결의안을 발의(2005.7.15)한 의원들의 경우도 몇 번의 철군 연기에 대해 찬성과 반대를 오간 사실을 볼 수 있다.

그렇다면 의사결정과정에서 개인의 신념과 당론이 대립될 때 무엇을 더 중요하게 생각하고 있는 것일까? 이에 대해 국회의원들은 61.3%가 '본인 소신'이 중요하다고 답하였으며 37.4%는 '정당의 당론'이 더 중요하다고 답하였다. 이러한 결론은 국회의원들의 자율성이 상당히 부족하고 따라서 본인의 소신보다는 정당의 당론이 의사결정과정에 지배적일 것이라고 생각하는 일반적인 생각과는 상반되는 결론이라 할 수 있다. 결론적으로 국회의원들은 국회 표결과정에 있어 가장 큰 영향을 미치는 요인으로 정당을 들고 있으면서 동시에 당론과 본인의 소신이 충돌할 때에는 신념이 더 중요하다고 답함으로써 이중적인 태도를 보이고 있음을 알 수 있다.

한편, 당론과 지역구 이익이 충돌할 때에는 대체로 어떤 것을 더 중시하는가에 대해서는 '지역구 이익'이 48.6%, '당론'이 33.3%, '모름/

인데 국민과 국회의원 모두가 국회가 제 역할을 못하는 이유로 "국회의 힘이 행정부에 비해 약"하다거나 "입법지원체계가 미약"하다는 이유가 아니라 "정당들의 당리당략"을 든 것과 일맥상통한다 할 수 있다.

무응답'이 18.1%로 답변하였다.[7] 이 답변 또한 표결과정에서 큰 영향을 미치는 것에 대해서 4.9%만이 지역구 이익이라고 답변한 것과는 상당히 차이가 나는 답변이다. 그런데 재선에 중요하다고 생각하는 것에 대해서 '지역구 활동'(63.8%), '여/야 여부'(8.2%)와 '현직여부'(7.0%), '정당지원'(5.3%), '정당지도부와의 관계'(4.9%), '선거자금'(1.6%), '국회의 표결내용'(0.8%)을 들고 있어 당론과 지역구 이익을 충돌할 때 지역구 이익을 우선한다는 답변과 일치하는 답변을 하였다. 즉 국회의원들은 재선에 있어 지역구 활동이 중요한 기준이 된다고 생각하고 있으며, 따라서 당론과 지역구 이익을 충돌할 때 지역구 이익을 우선한다.

예를 들면, 전농연(전국농민회총연맹)의 2003년 한-칠레 FTA 국회비준 거부 국회의원 서명운동을 예로 들 수 있다. 2003년 국회의원 서명운동이 시작되고 농촌지역 출신 의원들의 서명 참여 인원은 그해 4월 7일 117명, 6월 3일 140명, 그리고 7월 21일 147명으로 늘었다. 이 숫자만으로도 이미 국회비준이 불가능한 정도의 의원들이 동참한 상태였는데, 이러한 성과를 거둘 수 있었던 것은 당연히 지역구의 표 때문이라고 할 수 있다.[8] 그러나 결론적으로 한-칠레 FTA나 한-미 FTA, 이라크 파병 동의안, 연장 동의안 등이 종국에는 가결되는데 이는 본인의 소신이나 지역구 이익보다 당론이 더 큰 영향력을 행사한 것으로 볼 수 있다.

한국의 정당구조를 이갑윤[9]은 '지역주의 정당구조,' 정영국은 '권위

---

7) 1차 조사 결과를 보면 국회의원이 가장 중요시해야 할 일로 국민들은 '지역주민의 뜻 대변'(46.3%), '좋은 법 제정'(16.4%), '지역사업 유치'(13.3%), '행정부 견제'(12.9%), '지역구민 민원해결'(6.9%), '정부의 정책 홍보'(3.9%)를 들고 있다.

8) 해당지역 유권자 중 상당수가 농민단체 회원이고 이들은 국회에서 "비준에 찬성한 당과 국회의원에 대해서는 낙선운동 등으로 강력히 응징할 것"(2003.4.7. 연합뉴스)이라며 반농민적 국회의원을 낙선시키겠다고 공언하는 상황이었기에 농촌 출신 국회의원들은 모두 당적과는 상관없이 이러한 압박에 민감할 수밖에 없었다.

9) 이갑윤(1999)은 한국의 경우 국회의원 당선에 절대적 영향력을 행사하고 있는 것은 지역주의 정당구조라고 한다. 지역주의 정당구조에서는 지역의 지배정당

주의 정당정치 구조,' 호광석은 '권위주의 정치체제' 등 지역과 권위
주의를 기반으로 형성, 유지되어 온 것으로 설명하고 있다. 또 길승흠
(1983)은 정당의 조직과 구조는 미국형인데 반해서 그 조직과 구조를
운영하는 사람들의 사고방식, 가치관, 행동양식 등이 영국형을 지향하
는 경우에는 개인의 의사보다 정당의 의사가 더 우선하는 경우가 많다
고 한다. 즉 쟁점화된 정치적 법안의 경우 의사결정과정에 있어 개별
국회의원들은 조직내부의 강력한 규율과 통제에 따라 개인 혹은 지역
구민의 의사보다 당론을 우선시한다는 것이다. 따라서 이러한 정당 조
직은 국회와의 관계를 종속적으로 만들며 국회의원들을 독자적인 입법
주체로서 자율적인 의정활동을 할 수 없도록 만든다고 본다.

결론적으로 당론보다 본인의 소신이나 지역구 이익이 더 중요하다
는 생각을 갖고는 있으나, 현실의 정당구조와 국회와의 관계는 이러한
생각을 실현시키기 힘들도록 만든다. 국회의원들의 이중적 답변 역시
언장선상에 있다고 볼 수 있을 것 같다. 답변을 통해 한 가지 더 생각해
볼 수 있는 것이 '모름/무응답'의 비율이다. 당론과 소신을 비교해서
물었을 때 '모름/무응답'의 비율(1.2%)은 당론과 지역구 이익의 경우
18.1%로 상당히 높게 나타났다. 즉 당론과 소신의 경우보다 당론과 지
역구 이익을 두고 갈등할 때 그 중 한 가지를 선택하는 것이 더 힘들다
고 보는 것이다.

그렇다면 정당의 당론이 결정되는 과정은 과연 민주적이라 할 수 있
는가? "당론이 결정되는 과정은 민주적이다"라는 데 대한 자신의 견해
를 물은 질문에 대해 동의하는 의원들이(적극 동의와 약간 동의를 합쳐)
84%, 동의하지 않는 의원들이 14.4%로 당론이 민주적으로 결정된다

소속 후보라는 것이 당락의 결정적 요소로 작용하고 있으며, 의정활동의 성과나
개인적 자질, 대의기능의 수행 등은 당락의 주요한 변수가 되지 못한다는 것이다.
따라서 국회의원들은 소속정당에 대해 충성을 다하며, 표결에 있어 개인의 신념
이나 지역구의 이익보다 소속정당의 당론을 우선시할 수밖에 없다는 것이다.

고 생각하는 의원들이 월등히 많았다. 이는 대부분의 국민들이 당론은 주로 정당의 정치적 견해와 이익과 관련하여 당의 상층부에 의해 결정되고 강요되어, 국회의원들의 개별적 자율성이 무시되고 있다고 생각하는 것과는 완전히 반대되는 결과이다. 그런데 정당의 당론이 본인의 소신과 갈등이나 충돌을 빚는 경우가 얼마나 있는지에 대한 물음에 대해 '가끔 있다' 71.2%, '거의 없다' 23.0%, '자주 있다' 4.9%로 답한 것을 보면 "정당의 당론이 민주적으로 결정"되는 것이 이상적이라는 생각은 갖고 있지만 실지로는 본인의 의사와 갈등을 겪는 경우가 많으며, 이러한 경우 본인의 의사나 지역구 이익을 우선시하는 것이 옳다고 생각하지만 실제 표결상황에서는 정당의 당론이 표결에 가장 큰 영향을 준다는 것을 알 수 있다.

그러면 "국회의 운영에 정당의 개입이 지나치게 많다"는 문항에 대해서 국회의원들은 어떤 생각을 갖고 있는가? 국회의원들은 동의(적극 동의와 약간 동의를 포함) 47.3%, 동의하지 않음(별로 동의하지 않음과 전혀 동의하지 않음을 포함)이 36.6%로 국회운영에 정당의 개입이 지나치게 많다는 데 대해 상대적으로 더 동의하고 있다.[10]

당론보다 소신을, 당론보다 지역구 이익을 더 중요하게 생각하고, 당론이 형성되는 과정 또한 민주적이라는 견해에 동의를 표하면서 동시에 국회의 운영에 정당의 개입이 많고 이로 인해 국회가 파행적으로 운영된다고 하는 국회의원들은 이상과 현실의 괴리로 인해 자신의 정체성을 명확히 하지 못하고 있다.

---

10) "정당은 국회의원 선출의 공적 신뢰성을 제고시키고, 의원들의 의정활동에 있어서 안정성과 효율성을 높여 주기 위한 정치인들의 결사체"로 "의회가 정당에 우선하지 정당이 의회에 우선하지 않"(정영국 1999)아야 한다. 그러나 정당들의 국회 개입과 표결과정에서의 강제는 국회의 자율성을 떨어뜨리는 결과를 갖고 온다.

2. 국회 평가에 대한 지역변수의 특징

정근식(1996, 143)은 지역주민들의 사회적 정체성은 지역사회에 따라 내용이 다르며 결정화의 정도도 다르다[11]고 한다. 즉 지역정체성이란 오랜 기간에 걸쳐 형성되어 지역 성원들에게 내재되어 있는 의식이자 행위양식인 것이다. 그동안의 선거과정에 관련된 투표양상을 분석하는 대부분의 논문에서 지역이라는 변수를 다른 어떤 변수보다 중요한 요소로 꼽고 있는 것 또한 이러한 근거에 따른 것이라 할 수 있다. 따라서 이 글에서도 출신 지역 혹은 지역구(지역구(서울-경기//대구-경북//부산, 울산-경남//광주-전라//충청 지역), 지역규모(대도시, 중소도시, 읍면지역)와 같은 지역변수가 국회의원들로 하여금 국회를 평가하는 데 유의미성을 띠는지 분석해본다.

실제 조사결과(1차 조사)를 보면 국회의 역할 수행에 대해 광주/전라의 경우 부정적 평가(못하고 있는 편이다와 못하고 있다를 포함)가 38.5%로 다른 지역에 비해 상대적으로 가장 낮았다(서울 58.9%, 인천/경기 64.9%, 부산/울산/경남 73.1%, 대구/경북 56.9%, 대전/충청 52.0%, 강원54.3%). 현재 여당의 지역적 지지세력이라 할 수 있는 광주/전라지역의 경우 다른 지역에 비해 국회에 대한 부정적 평가가 가장 낮은 것을 알 수 있다. 또 지역규모에 따른 국회의 역할 수행에 대한 평가의 경우 구체적으로 군지역의 경우 대도시나 중소도시에 비해 상대적으로 부정적 평가가(군지역의 경우 38.1%로 중소도시의 61.9%와 대도시의 61.9%에 비하면 3분의 2 수준) 덜한 편이었다. 군지역의 경우 인구특성상 보수적이고 전통적 가치관을 갖고 있어 "국회의원이나 대통령은 하

---

11) "지역정체성은 세계경제에의 편입의 정도나 국민 경제 내에서의 분업적 위상, 지역 내 산업화의 진전정도에 따라, 역사적 경험의 공유 정도나 국내 정치권력의 재생산과정에서의 지역주민 간 의사소통의 질과 양에 따라 달라진다," 정근식, "지역정체성과 상징정치,"『경제와 사회』130호 (한울, 1996).

늘에서 낸다"는 말에 동의하는 경향이 높아 중소도시나 대도시 주민들에 비해 국회에 대한 평가에 대체로 긍정적이다. 이렇듯 거주지와 지역규모와 같은 지역변수는 국회 평가에 상당한 연관성을 띠고 있다.

그렇다면 국회의원들의 경우는 어떠한가? 지역민의 의사를 대변한다고 할 수 있는 지역 국회의원의 경우 지역변수가 국회평가에 있어 어떤 유의미한 차이를 가지는지 알아본다. 그러나 "한국의 지역정당은 그 지지기반은 지역적이지만 중앙권력을 지향하고 또 이를 실현한다는 점에서 전국정당"(박찬표 2002, 280)이라고 볼 수 있다. 박찬표(2002)는 영호남 중심의 지역주의적 대결구도는 점차 다차원적인 지역갈등구조로 변화되어 가고 있는데, 현재의 지역주의와 지역문제는 예전 영호남의 대립이 아니라 모든 지역에서 공통적으로 나타나는 지역경제의 침체와 연관[12]이 있다고 본다. 즉 수도권과 비수도권의 대립구도가 다른 지역적 변수보다 더 큰 지역문제를 일으키고 있다고 보는 것이다.

실제로 이러한 수도권과 비수도권의 대립이 다른 지역적 변수보다 더 유의미한 결과를 띨 것인가를 알아보기 위하여 서울/인천/경기를 수도권으로 그외 지역을 비수도권으로 구분하여 국회의 평가를 바라보는 데 차이가 있는지를 살펴보았다. 그런데 〈표 4〉에 따르면 수도권과 비수도권 지역구 의원들이 국회를 평가하는 데 있어 통계적으로 유의미한 차이가 없는 것으로 나타났다. 즉 수도권/비수도권의 차이없이 지역구를 갖고 있는 대부분의 국회의원들이 17대 국회를 16대 국회보다 긍정적으로 평가하고 있었다('매우 잘하고 있다'와 '약간 잘하고 있다'를 합쳐 긍정적 평가를 하고 있는 경우가 수도권 112명, 57.4%, 비수도권의 경우 108명, 59.7%로 통계적으로 유의미한 차이를 발견할 수 없

---

12) 박찬표(2002)는 60년대부터 90년대 후반까지 지역 간 경제력의 차이를 보여주는 지역 내 생산(GRP)의 GDP비율을 살펴보고 수도권으로 경제력이 집중됨과 동시에 상대적으로 수도권에서 멀어질수록 경제력이 침체하고 있는 현상을 주목하였다. 지역 간 갈등의 양상이 이전의 영·호남 혹은 충청지역 중심에서 수도권대 비수도권의 양상으로 전개되고 있다는 것이다.

〈표 4〉 수도권과 비수도권 지역구 국회의원의 17대 국회 평가
(전체 응답자 중 비례대표의 경우를 제외한 지역구 의원 195명을 대상으로 함)

		17대 국회 평가												합계		
		①매우잘함		②약간잘함		③비슷		④약간못함		⑤매우못함		모름/무응답		빈도	%	유의확률
		빈도	%	빈도	%	빈도	%	빈도	%	빈도	%	빈도	%			
전 체		16	8.2	96	49.2	55	28.2	24	12.3	2	1.0	2	1.0	195	100.0	
지역	수도권	4	4.9	46	56.8	25	30.9	6	7.4	0	.0	0	.0	81	100.0	.098
	비수도권	12	10.5	96	49.2	30	26.32	18	15.3	2	1.8	2	1.8	114	100.0	

* P〈.05 이하 ** P〈.01 이하 *** P〈.001 이하

었다). 따라서 지역주의 혹은 지역갈등구조는 점차 사라지고 경제적 차원의 수도권/비수도권의 대립이 더 중요한 변수가 될 것이라는 예상은 아직은 이른 듯하다.

또 다음의 〈표 5〉에서 보듯 수도권과 비수도권의 지역구에 상관없이 지역구 국회의원들 대부분은 정당의 당리당략을 국회가 제 역할을 못하는 가장 큰 이유라고 생각하고 있었다. 즉 수도권과 비수도권이라는 권역별에 상관없이 대부분의 국회의원들은 국회에 대한 부정적 평가의 가장 큰 부분으로 '정당의 당리당략'을 들고 있는 것이다.

한편 지역의 규모에 따른 국회 평가의 경우 1차 국민의식 조사에서는 변수 간 통계적 유의성이 있는 것으로 나타났었다. 예를 들면, 대도시나 중소도시의 경우, '못하고 있는 편이다'와 '못하고 있다'를 합쳐 부정적 평가가 61.9%로, '잘하고 있다'와 '잘하고 있는 편이다'를 합쳐 긍정적 평가(5.0%와 3.2%)보다 훨씬 높게 나타났다. 그런데 군지역의 경우 부정적 평가(못하고 있는 편이다와 못하고 있다)가 38.6%로 대도시나 중소도시에 비해 상대적으로 낮게 나타났다. 이는 지역 간 경제적 차별성에 따라 예측할 수 있는 결과와는 다른 것이라 할 수 있다. 차라리 지역의 인구학적 특성이 훨씬 더 설명력을 가진다.

그렇다면 수도권과 비수도권이 아닌 지역구 의원별 국회평가는 어

〈표 5〉 수도권과 비수도권 지역구 국회의원들이 본 국회가 제 역할을 못하는 이유
(전체응답자 중 국회에 대한 부정적 평가(비슷 포함)를 한 지역구 의원 81명을 대상으로 함)

		국회가 역할을 못하는 이유													합계		
		국회의힘이 행정부에 비해 약해서		정당들의 당리당략 때문에		국회의원들 의자질이 미흡해서		시민단체또는이익단체들의지나친 간섭때문에		입법지원 체계가 미흡해서		기타		모름/ 무응답		빈도	%	유의 확률
		빈도	%	빈도	%	빈도	%	빈도	%	빈도	%	빈도	%	빈도	%			
전 체		7	8.6	40	49.4	8	9.9	2	2.5	2	2.5	4	4.9	18	22.2	81	100	
지 역	수도권	1	3.2	19	61.3	2	6.5	1	3.2	1	3.2	2	6.5	5	16.1	31	100	.538
	비수도권	6	12.0	21	42.0	6	12.0	1	2.5	1	2.5	2	4.0	13	26.0	50	100	

* P〈.05 이하 ** P〈.01 이하 *** P〈.001 이하

떠한가? 앞의 〈표 1, 2, 3〉에서 알 수 있듯 국회의원들 대부분이 국회가 국민의 의사를 대변하는 것이 가장 중요한 역할이라고 생각하고 있으며, 국회가 제대로 그 역할을 하지 못하는 것이 '정당의 당리당략' 때문이라고 본다. 그런데 16대 국회와 17대 국회를 상대 평가하는 문항에 대해서는 지역별 평가의 차이가 있었다. 강원/제주의 경우 가장 높은 80%가 17대 국회에 대해 긍정적이었으며, 대구/경북의 경우도 63.6%로 다른 지역에 비해 긍정적 평가가 높았고, 부산/울산/경남이 45.7%로 가장 낮았다. 이에 비해 광주/전남지역의 경우 국민들의 국회에 대한 평가의 경우 타 지역에 비해 가장 긍정적이었던 데 반해 국회의원들의 경우 부정적 평가가 많았다. 이는 지역에 소속된 국회의원들의 경우 열린우리당과 민주당에 나뉘어 분포되어 있으며, 소속 정당에 따른 국회 평가가 다르기 때문이라고 할 수 있다.

3. 이념성향별 변수에 따른 국회 평가의 차이

그동안 우리 정당 정치가 지역에 따른 지지기반을 갖고 있었기 때문에 소속 정당의 당론은 지역 간 혹은 여야 간 대립을 가지거나 근래에 와서는 진보와 보수의 대립으로 이어지기도 한다. 국회 평가에 있어 국민들과 국회의원들의 이념성향(진보, 중도, 보수)은 어떠한 관계를 갖고 있는가? 위에서 살펴본 대로 지역변수는 아직까지 국회를 평가하는 주요한 기준으로 작용하고 있다. 17대 국회에서는 진보와 보수라는 이념적 대립과 관련하여 정책입안의 과정뿐만 아니라 이라크 파병이나 한미 FTA 등 굵직한 논쟁과 논의가 다른 어떤 국회보다 많았던 점에서 국회의원들의 이념성향을 분석해 보고 이에 따라 나타나는 차이점을 분석해 보고자 한다.

우선 국민들의 의식조사 결과를 보면 국민들의 경우 어떤 이념 성향을 갖고 있느냐에 상관없이 국회의 역할수행에 대해 부정적인 평가를 내리는 경우가 대부분(90~95%)이었다. 국회의 역할 중 국민의 의사를 대변하는 역할에 대한 평가에 있어서는 진보적 성향의 경우, '못하고 있다'가 28.8%로 중도적, 보수적 성향의 경우보다 부정적인 평가의 수치가 높았다. 국회의원들의 이념성향[13]에 관한 조사 결과를 살펴보면 '진보적 성향'을 갖고 있다고 한 경우가 43명으로 17.7%, '중도적 성향'

〈표 6〉 국회의원의 이념성향 평균

	N	평균	표준편차	분산
의원 이념성향평가	238	5.03	1.667	2.779

* 0- 가장 진보, 5 -중도, 10- 가장 보수

---

13) 국회의원들에 대한 이념성향을 조사한 결과는 0-3은 진보, 4-7은 중도, 8-10은 보수로 변수를 recoding하여 국회의원 전체의 이념성향을 분석해 보았다.

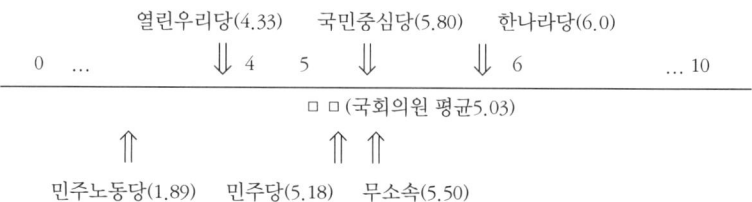

〈그림 1〉 이념 공간상에 나타난 정당의 위치(평균값)

을 갖고 있다고 답한 경우가 177명 72.8%, '보수적'이라고 답한 경우가 17명 7.0% 였다. 전체적으로 볼 때 국회의원들의 이념 성향의 분포를 살펴보면, 평균은 5.03으로 중도에 근접해 있으며 동시에 중앙에 밀집되어 있는 형태로 나타났다(〈표 6〉 참조).

〈그림 1〉은 각 정당에 소속된 국회의원들이 인식한 이념적 위치를 이념 공간상에 표시한 것이다. 우리나라 주요 정당에 소속된 의원들은 대체로 중도적 성향을 갖고 있다고 하였지만 열린우리당이 상대적으로 진보적이라고 생각하는 반면, 한나라당은 국회의원 평균이나 민주당보다 더 보수적인 성향을 갖고 있는 것으로 나타났다. 열린우리당 의원들이 갖고 있다고 하는 진보성이 민주노동당의 진보성과는 비교도 안 될 정도로 큰 격차가 있는 것을 알 수 있었고 민주노동당보다 상대적으로 민주당이나 한나라당과 더 가깝다는 사실을 알 수 있다.

이러한 이념성향에 따라 구체적으로 국회의 의사결정과정에서 어떤 차이가 있는가를 알아보기 위하여 당론과 소신 중 어떤 것이 더 중요한가에 대한 선택의 경우를 분석해보면 통계적 유의성이 없는 것으로 나타났다(〈표 7〉 참조). 이념성향에 상관없이 대부분의 국회의원들은 본인의 소신이 당론보다 더욱 중요하다고 생각하고 있는 것이다.

그러나 당론과 지역구 이익 중 어떤 것이 더 중요한지의 물음에 대해서는 이념성향에 따라 통계적으로 유의미한 차이가 있는 것으로 나타났다(〈표 8〉 참조). 진보적 성향을 갖고 있는 국회의원들은 당론이 지

〈표 7〉 이념성향에 따라 당론과 소신 중 중요한 것의 선택 차이

		당론과 소신 중 중요한 것						합계		
		당론		본인 소신		모름/ 무응답				
	전체	빈도	%	빈도	%	빈도	%	빈도	%	유의확률
이념성향의 범주화	진보	16	37.2	26	60.5	1	2.3	43	100	
	중도	66	37.3	111	62.7	0	.0	177	100	.327
	보수	7	41.2	10	58.8	0	.0	17	100	
전체		89	37.6	147	62.0	1	.4	237	100	

* P〈.05 이하 ** P〈.01 이하 *** P〈.001 이하

역구 이익보다 우선한다고 답한 반면 보수적이거나 중도적 성향을 갖고 있는 의원들은 당론보다 지역구 이익이 더 중요하다고 답변하였다. 이러한 결론은 민주노동당을 진보적이고 자유로운 정당으로 인식해 국회의원들이 당론보다 지역구 이익이나 국회의원들의 소신을 더 중요하게 여길 것이라는 일반적인 사고와는 배치되는 결과라 할 수 있다. 그러나 구체적인 의사결정과정을 보면 민주노동당의 경우 상향식 의사결정과정을 통해 민주적이고 공개적으로 당론을 결정하는 방식을 채택하

〈표 8〉 이념성향에 따라 당론과 지역구 이익 중 중요한 것의 선택 차이

		당론과 지역구 이익 중 중요한 것						전체		
		당론		지역구 이익		모름/ 무응답				
		빈도	%	빈도	%	빈도	%	빈도	%	유의확률
이념성향의 범주화	진보	18	41.9	12	27.9	13	30.2	43	100	
	중도	59	33.3	95	53.7	23	13.0	177	100	.008 *
	보수	3	17.6	10	58.8	4	23.5	17	100	
전체		80	33.8	117	49.4	40	16.9	237	100	

* P〈.05 이하 ** P〈.01 이하 *** P〈.001 이하

고 있다. 따라서 지역구 이익보다 당론이 정책결정과정에 있어 더 중요하다고 보는 것이다.[14]

그런데 〈표 9〉를 보면 당론결정과정이 민주적이라는 데 대한 국회의원들의 견해를 물은 문항에 대해 이념성향에 관계없이 대체로 민주적이라는 데 동의를 표한 것으로 나타났다. '정당의 당리당략'을 국민들과 국회의원 모두가 국회의 역할수행을 가로막는 중요한 걸림돌이라고 보았을 때 정당의 당론이 소속의원들의 견해나 소신과 무관하게 혹은 강압적인 과정을 통해 행사되어졌을 것이라고 생각할 수 있었으나 결과는 반대였다. 이념성향과 상관없이 국회의원들 대부분이 당론이 결정되는 과정이 대체로 민주적이라는 데 동의하고 있는 것이었다. 그럼에도 불구하고 국회의원들 대부분이 '정당의 당리당략'이 국회운영의 가장 걸림돌이라고 지적한 것은 아이러니하지 않을 수 없다.

〈표 9〉 이념성향에 따른 "당론결정과정이 민주적이다" 라는 견해에 대한 차이

		당론 결정과정이 민주적이다								합계		
		적극동의		약간동의		별로동의하지 않음		모름/ 무응답		빈도	%	
		빈도	%	빈도	%	빈도	%	빈도	%			유의확률
전 체		40	16.9	160	67.5	34	14.3	3	1.3	237	100.0	
이념성향	진보	12	27.9	22	51.2	8	18.6	1	2.3	43	00.0	
	중도	25	14.1	128	72.3	22	12.4	2	1.1	177	100.0	.173
	보수	3	17.6	10	58.8	4	23.5	0	0.0	17	100.0	

* P〈.05 이하 ** P〈.01 이하 *** P〈.001 이하

---

14) 국회의 대의기능을 "부정적인 측면에서 보면 지나친 대의는 국회의원으로 하여금 국가 이익보다는 자신을 선출한 지역 유권자의 이익을 추구하게 됨으로써 전체 이익을 해칠 우려가 있"(김진하 1999)다. 특히 민주노동당의 경우 지역구 이익보다는 서민을 위한 정당, 노동자를 위한 정당을 모토로 삼고 있으므로 지역구의 이익보다 서민과 노동자 대중의 이익이 더 우선한다 하겠다.

〈표 10〉 이념성향에 따라 국회의 중요한 의사를 결정하는 표결에
영향을 미치는 가장 중요한 요인의 차이

		표결에 영향을 미치는 요인										합계		
		정당		지역구		의원개인의 신념		계파		재선		빈도	%	유의 확률
		빈도	%	빈도	%	빈도	%	빈도	%	빈도	%			
전체		120	50.6	11	4.6	100	42.2	2	0.8	4	1.7	237	100.0	
이념성향	진보	22	51.2	1	2.3	18	41.9	1	2.3	1	2.3	43	100.0	.127
	중도	88	49.7	10	5.6	77	43.5	0	0.0	2	1.1	177	100.0	
	보수	10	58.8	0	0.0	5	29.4	1	5.9	1	5.9	17	100.0	

* P〈.05 이하 ** P〈.01 이하 *** P〈.001 이하

〈표 10〉에 의하면 "이념성향에 따라 국회 내에서 중요한 표결을 할 때 가장 큰 영향을 미치는 것이 무엇인가"에 대한 물음의 경우 통계적으로 유의미한 차이를 발견할 수 없었다. 그러나 대체로 이념성향에 상관없이 국회의원들 대부분은 '정당'이 가장 큰 요인이라고 답변하였다. '의원개인의 신념'이 그 뒤를 이었으며, '지역구 이익'이나 '계파', '재선'과 같은 요인은 거의 작용을 하지 않았다. 즉 대부분의 의원들은 이념성향과 상관없이 국회에서 중요한 표결을 할 때 '정당'이 가장 큰 영향력을 행사한다고 보고 있는 것이다. 그러나 〈표 8〉, 〈표 9〉의 경우와 비교해 보면 진보적 성향을 가진 의원을 제외하고는 대체로 당론보다는 지역구 이익이나 본인의 소신을 중요하게 생각한다던 답변과는 다른 결론이라고 할 수 있다. 구체적으로 〈표 10〉의 빈도분석결과를 보면 보수적 성향의 의원들이 '정당'을 가장 중요한 요인으로 꼽았고('정당' 58.8%, '의원 개인의 신념' 29.4%), 진보와 중도적 성향의 의원들은 '정당'(진보적 성향의 경우 51.2%, 중도적 성향의 경우 49.7%)과 '의원 개인의 신념'(진보성향의 경우 41.9%, 중도성향의 경우 43.5%)을 비슷하게 꼽고 있다.

4. 소속정당에 따른 국회 평가의 차이

현재 정당의 경우 지역을 중심으로 한 정당과 정치적 이데올로기를 토대로 한 정당으로 크게 나누어 볼 수 있다. 따라서 소속정당에 따라 국회의원들의 국회 평가에는 차이가 있을 것이라고 생각할 수 있다. 〈표 11〉에 따르면 소속정당에 따라 16대 국회와 17대 국회를 다르게 평가하고 있다. 특히 여당인 열린우리당의 경우 다른 정당들에 비해 상대적으로 긍정적 평가가 높았으며('매우 잘함'과 '약간 잘함'을 포함 64.6%), 교섭단체인 한나라당 역시 58.3%('매우 잘함'과 '약간 잘함'을 포함)의 긍정적 평가를 하였다. 그런데 prometheus("교섭단체 위주 국회운영 비판 한목소리, 의원 100명 동조") 보도에 따르면 심봉숙, 심상정 두 의원은 국회 내에 교섭단체에 대해서만 정책연구위원의 수를 배정하거나 국고 보조금을 지급하는 등으로 인해 비교섭단체 의원들의 활동이 제한된다고 주장하였다. 그리고 이 두 의원이 상정한 '교섭단체 정책연구위원 임용 등에 관한 규칙 중 개정 규칙 안'이 찬성 148, 반대 86, 기권 14로 가결

〈표 11〉 소속정당에 따른 16대 국회에 비한 17대 국회 평가

		16대 국회에 비한 17대 국회 평가											합계		유의확률
		①매우잘함		②약간잘함		③비슷		④약간못함		⑤매우못함		모름/무응답			
		빈도	%	빈도	%	빈도	%	빈도	%	빈도	%	빈도	%	빈도	%	
전 체		18	7.4	125	51.4	66	27.2	27	11.1	5	2.1	2	.8	243	100.0	
소속정당	열린우리당	8	7.1	65	57.5	27	23.9	9	8.0	2	1.8	2	1.8	113	100.0	59.885 (.000) ***
	한나라당	8	7.8	52	50.5	28	27.2	15	4.6					103	100.0	
	민주당	1	9.1	3	27.3	3	27.3	1	9.1	3	27.3			11	100.0	
	민주노동당			4	44.4	5	55.6							9	100.0	
	국민중심당			1	20.0	2	40.0	2	40.0					5	100.0	
	무소속	1	50.0			1	50.0							2	100.0	

* P〈.05 이하 ** P〈.01 이하 *** P〈.001 이하

〈표 12〉 소속정당에 따라 "당론 결정과정이 민주적이다" 라는 견해의 차이

		당론 결정과정이 민주적이다								합계		
		적극동의		약간동의		별로동의 하지 않음		모름/ 무응 답		빈도	%	유의 확률
		빈도	%	빈도	%	빈도	%	빈도	%			
	전 체	41	16.9	163	67.1	35	14.4	4	1.	243	100.0	
소 속 정 당	열린우리당	16	14.2	81	71.7	15	13.3	1	0.9	113	100.0	.002 **
	한나라당	17	16.5	73	70.9	12	11.7	1	1.0	103	100.0	
	민주당	1	9.1	4	36.4	5	45.5	1	9.1	11	100.0	
	민주노동당	5	55.6	2	22.2	1	11.1	1	11.1	9	100.0	
	국민중심당	2	40.0	2	40.0	1	20.0	0	0.0	5	100.0	
	무소속	0	.0	1	50.0	1	50.0	0	0.0	2	100.0	

* P〈.05 이하 ** P〈.01 이하 *** P〈.001 이하

되었다(2004년 7월 16일, http://www.prometheus.co.kr).

　그러나 2006년 헌법재판소에서는 교섭단체 구성 여부에 따라 보조금을 차등지급하는 것이 합헌이라는 결정을 내렸(2006년 7월 28일, http://www.lawtimes.co.kr)던 사실에서 알 수 있듯 상대적으로 교섭단체에 포함되지 못하는 민주당, 민주노동당, 국민중심당의 경우는 교섭단체로 지정된 정당들에 비해 국회운영에 있어 소속정당의 의사가 정책이나 법률제정 과정에 제대로 전달하지 못하는 경우가 많기 때문에 상대적으로 긍정적 평가가 낮다고 할 수 있다.

　〈표 12〉에 따르면 소속정당에 따라 당론결정과정이 민주적이라는데 대한 견해에 통계적으로 유의한 차이가 있다. 민주노동당의 경우 '적극 동의'가 55.6%로 다른 정당들에 비해 상대적으로 높은 수치를 보였는데, 이는 앞의 이념성향에 따른 차이를 살펴보았던 〈표 9〉의 결과와 일치한다. 즉 민주노동당의 상향식 의사결정방식에 따른 결과라 할 수 있다. 그 이외의 경우 대체로 당론결정과정이 민주적으로 이루어지고 있다는데 대부분 동의를 표했으며 민주당의 경우 별로 동의하지 않는

〈표 13〉 소속정당에 따라 국회의 운영에 정당의 개입이 지나치게 많다는 데 대한 견해

		국회의 운영에 정당의 개입이 지나치게 많다										합계		
		적극동의		약간동의		별로동의 하지 않음		전혀동의 하지않음		모름/ 무응답		빈도	%	유의 확률
		빈도	%	빈도	%	빈도	%	빈도	%	빈도	%			
전 체		35	14.4	115	47.3	86	35.4	3	1.2	4	1.6	243	100.0	
소속정당	열린우리당	16	14.2	52	46.0	42	37.2	1	0.9	2	1.8	113	100.0	.059
	한나라당	12	11.7	51	49.5	39	37.9	1	1.0	0	0.0	103	100.0	
	민주당	2	18.2	7	63.6	1	9.1	0	0.0	1	9.1	11	100.0	
	민주노동당	4	44.4	2	22.2	1	11.1	1	11.1	1	11.1	9	100.0	
	국민중심당	1	20.0	2	40.0	2	40.0	0	0.0	0	0.0	5	100.0	
	무소속	0	0.0	1	50.0	1	50.0	0	0.0	0	0.0	2	100.0	

* P〈.05 이하 ** P〈.01 이하 *** P〈.001 이하

경우가 45.5%로 높게 나타난 점은 주목해볼 만하다. 특히 민주당의 경우 다른 정당에 비해 1인 보스 중심의 운영이 아직도 지속되어지고 있다는 반증이 아닐까 생각된다.

대체로 대부분의 정당들의 당론결정과정이 민주적으로 이루어지고 있다는 데 동의를 표하고 있는데 반해, 〈표 13〉에 따르면 의원들 대부분은 정당이 국회의 운영에 지나치게 개입이 많은 것으로 판단하고 있다. 이는 국회가 제 역할을 다하지 못했던 이유에 대한 문항에 있어 '정당의 당리당략'을 들었던 것과 같은 의미의 답변이라고 본다. 즉 예전과는 달리 민주적 과정을 거쳐 당론이 결정되기는 하나 아직도 국회 운영에 있어 개인 의원의 신념이나 주관적 판단보다는 정당의 당론이 의사결정과정에 더 직접적으로 영향력이 행사되어지고 있다는 것이다. 의원들 스스로도 본인의 소신을 의사결정의 가장 중요한 것이라고 생각하면서도 실제 표결에 있어 정당의 당론이 더 영향력을 행사하고 있는 것이 현실이며 이로 인해 '정당의 당리당략'의 문제가 지속적으로 제기된다고 본다.

5. 성별에 따른 국회 평가의 차이

2005년 조사 결과에서나 이번 조사 결과 모두에서 여성 국회의원의 활동에 대해 국민들이나 국회의원 모두 긍정적 평가를 내리고 있었다. 국민들에 대한 의식조사의 경우 왜 그러한가에 대한 이유가 빠져 있었으나 국회의원조사의 경우 이 부분이 포함되어 있다. 따라서 어떤 부분에서 여성의원들의 활동에 대해 긍정적인지 또 부정적인지를 비교해 보고자 한다.

여성정치세력 민주연대의 평등지킴이 의정모니터단이 17대 여성국회의원을 주요대상으로 하여 성 인지적 관점과 개혁성, 전문성, 성실성의 관점에서 2006년 259회 임시회를 포함하여 지방선거 후보등록일인 5월 17일까지 진행된 내용에 대한 모니터 보고서를 2006년 5월 30일 발표하였다(http://www.womanpower.or.kr/main.htm). 내용을 보면 여성 국회의원 41명 중 22명이 본회의에 100% 출석하는 등 비교적 성실히 출석하였으며 상임위원회의 경우도 12명이 100% 출석을 보였다. 17대 총선을 통해 등장했던 39명의 여성국회의원은 전체 국회의원의 13%로 이전까지 여성 국회의원 5.9%의 후진적 수준을 벗어나 세계평균 15.8%에 근접해가는 여성정치참여의 새로운 출발점이 될 것이라는 기대 속에 있었다. 17대 국회가 여성정치인의 양적 성장이 질적 변화를 가져올 것인가를 시험하는 첫 무대로서 평가의 대상이 되었으며 진정한 '여성정치'에 대한 논의도 이어졌다.

여성의원들의 활동에 대한 평가에 있어 1차 조사의 결과를 간단히 살펴보면 우선, 성별, 학력, 직업, 소득의 경우 변수에 상관없이 남성의원 대비 여성의원들의 활동에 대해 긍정적 평가가 25~30% 정도였다. 그러나 전체적으로 살펴볼 때 남성의원과 여성의원의 경우 비슷하다고 판단하는 경우가 50% 정도를 차지하고 있어, 남성의원과 여성의원과의 확연한 차이를 느끼지는 못하고 있었다. 이러한 평가는 국회활동에 대한 평가에서 많은 여성의원들이 주목받았음에도 불구하고 그 수가 적어 법안 재개정이나 당론에 묻혀 평가가 제대로 이루어지지 못했던 것이 한 원인이 아니었을까 생각된다. 지역변수에서는 통계적 유의성을 발견할 수 있었는데, 대도시와 중소도시에 비해 군지역의 경우 여성의원들에 대한 긍정적 평가가 낮게 나타났으며, 서울지역이 다른 지역에 비해 여성의원들을 남성의원들에 비해 업무를 잘하고 있는 것으로 평가하고 있었다. 여성의원에 대한 호감도는 연령, 학력, 소득, 직업수준에 상관없이 70% 정도로 높게 나타났다. 단지 지역규모별 변수의 경우 중소도시, 대도시, 군지역의 순으로 여성의원에 대한 호감도를 갖고 있는 것으로 나타났다. 특히 군지역의 경우 여성의원에 대한 호감도와 평가가 중소도시와 대도시의 경우보다 상대적으로 낮게 나타났다. 군지역의 경우 거주하고 있는 대부분이 노인들이어서 정치에 대한 보수적 사고가 전제되어 있으며 이것이 여성의원에 대한 낮은 평가로 이어진 것이라 볼 수 있을 것 같다.

이러한 여성의원들에 대한 호감도나 긍정적인 업무평가는 여성의원들의 확대를 가져올 수 있는 할당제에 대해서도 동의를 표하도록 만들었다. 여성들의 경우 남성들에 비해 '할당제의 확대'에 긍정적 의사를 표하였고 대도시나 중소도시의 경우 군지역에 비해 긍정적이었다. 서울을 비롯한 수도권의 경우 가장 높은 찬성률을 보이기도 하였다. 결론적으로 연령이나 소득, 학력보다 성, 지역규모 혹은 지역성에 따른 의식의 차이가 여성의원들에 대한 평가에 더 크게 영향을 미치고 있다고 볼 수 있었다.

그렇다면 국회의원들은 여성 국회의원들에 대해 어떻게 평가하고 있는가? 〈표 14〉를 보면 남성의원에 비해 여성의원의 활동에 대한 평가의 경우 성, 지역, 소속정당, 당선횟수 등 여타의 변수와 상관없이 대체로 긍정적인 평가('매우 잘한다'와 '약간 잘한다'를 포함하여 전체의 49.4%)가 많았으며 부정적인 평가('약간 못한다'와 '매우 못한다'를 포함하면 전체의 8.6%)를 하는 경우는 거의 드물었다. 대부분의 변수에 상관없이 대체로 여성의원들의 활동을 긍정적으로 평가하고 있었으며,

〈표 14〉 성별에 따른 남성의원에 비한 여성의원 역할 평가

		성별에 따른 남성의원에 비한 여성의원 역할 평가											합계				
		매우잘함		약간잘함		비슷		약간 못함		매우 못함		모름/무응답		전체			유의
		빈도	%	빈도	%	빈도	%	빈도	%	빈도	%	빈도	%	빈도	%	확률
전 체		34	14.0	86	35.4	90	37.0	18	7.4	3	1.2	12	4.9	243	100	
성별	남성	20	9.9	69	34	84	41.4	17	8.4	3	1.5	10	4.9	203	100	.000
	여성	14	35.0	17	42.5	6	15.0	1	2.5	0	.0	2	5.0	40	100	***

* P〈.05 이하 ** P〈.01 이하 *** P〈.001 이하

남성의원에 비해 여성의원들이 여성의원들의 활동에 대해 더 긍정적인 것으로 나타났다. 이는 국민들의 경우도 여성들이 남성들에 비해 여성의원들의 활동을 더 긍정적으로 평가한 것과 같은 결과이다. 이러한 결과를 통해 우리 사회에서 여성들의 사회·정치적 활동에 대해 예전에 비해 많은 호감과 긍정성을 갖고 있다는 것을 알 수 있었다. 특히 그동안 의존적인 경향이 많았던 여성들이 부분적인 평가이긴 하지만 점차 적극성을 띠어가고 있음을 알 수 있다.

그렇다면 국회의원들이 여성의원들의 어떤 면에서 그 역할을 잘 하고 있다고 생각하고 있는가? 〈표 15〉를 보면 전체 의원들 중 여성의원들에 대해 긍정적 평가('매우 잘하고 있음'과 '약간 잘하고 있음' 포함)를 내렸던 120명 의원들을 대상으로 어떤 영역에서 여성의원들이 가장 높은 점수를 받고 있는가를 알아보았다. 여성의원들이 잘하고 있다고 평가받고 있는 영역은 전체로 보면 '성실성' 65.8%, '전문성' 20.0%, '청렴성'과 '정치적 소신'이 각 각 6.7%, '원만한 인간관계' 0.8% 순이었다. 남성의원들과 여성의원들 간 여성의원 평가에 있어 차이를 볼 수 있었는데, 남성의원들의 경우는 '성실성'을 가장 높게 꼽았던 반면 다른 영역에 대해서는 비교적 낮은 점수들을 주고 있다. 반면 여성의원들의 경우 '성실성'을 가장 크게 꼽고 있기는 하였으나 '전문성', '청렴성', '정치적 소신'에 대해서도 남성의원들에 비해 상대적으로 높게 평

〈표 15〉 성별에 따라 여성의원들이 잘하고 있다고 생각하는 영역에 대한 평가

		여성의원들이 잘하고 있다고 생각하는 영역										합계			
		성실성		전문성		청렴성		정치적 소신		원만한 인 간관계		기타		전체		유의 확률
		빈도	%	빈도	%	빈도	%	빈도	%	빈도	%	빈도	%	빈도	%	
전 체		79	65.8	24	20.0	8	6.7	8	6.7	1	.8	0	.0	120	100	
성 별	남성	64	71.9	19	21.3	3	3.4	3	3.4	0	.0	0	.0	89	100	.003
	여성	15	48.4	5	16.1	5	16.1	5	16.1	1	.8	0	.0	31	100	**

* P〈.05 이하 ** P〈.01 이하 *** P〈.001 이하

가하고 있는 것이 차이점이라 할 수 있다.

반대로 여성의원이 못하고 있다면 어떤 면에서 그러한가? 여성의원들에 대해 부정적('약간 못하고 있음'과 '매우 못하고 있음'을 포함) 평가를 내렸던 의원들을 대상으로 여성의원들이 못하고 있는 영역을 어떻게 생각하는지 물었다. 〈표 16〉에 따르면 '전문성'이 57.1%로 가장 부족하다고 평가하고 있었으며, 여성의원들이 잘하고 있다고 평가했던 '성실성'의 영역에 대해서는 한 명도 지적하고 있지 않은 것을 볼 때 부정적 의견을 갖고 있는 의원들조차 여성의원들의 '성실성'에 대해서는 인정하고 있는 것으로 생각할 수 있다.

즉 여성 국회의원들이 소속 정당이나 지역, 도시규모 등 여타의 변수에 상관없이 대체로 긍정적으로 평가받는 이유는 여성의원들이 보였던 '성실성' 때문이라고 할 수 있다. 그리고 가장 부족한 부분이 '전문성' 이었는데 몇 가지 이유를 들 수 있을 것 같다. 우선 비례대표의원인 경우가 많아[15]지역구 이익 혹은 지역 관련한 문제에 관한 전문적 지식이

---

15) 17대 국회의원 중 여성 국회의원은 전체 299명 의원 중 39명이다. 그 중 열린우리당의 경우 지역구 의원이 5명, 비례대표가 12명, 한나라당의 경우 지역구 5명, 비례대표 11명, 새천년민주당 비례대표 2명, 민주노동당 비례대표 4명으로 비례대표의원의 수가 지역구 의원의 수보다 월등히 많다.

〈표 16〉 성별에 따라 여성의원들이 못하고 있다고 생각하는 영역에 대한 평가

		여성의원들이 못하고 있다고 생각하는 영역										합계				
		성실성		전문성		청렴성		정치적 소신		원만한 인간관계		기타		전체		유의 확률
		빈도	%	빈도	%	빈도	%	빈도	%	빈도	%	빈도	%	빈도	%	
전 체		0	.0	12	57.1	0	.0	5	23.8	2	9.5	2	9.5	21	100	
성 별	남성	0	.0	12	60.0	0	.0	4	20.0	2	10.0	2	10.0	20	100	.339
	여성	0	.0	0	.0	0	.0	1	100.0	0	.0	0	.0	1	100	

* P〈.05 이하 ** P〈.01 이하 *** P〈.001 이하

나 적극성이 떨어지는 것으로 인식되어졌다. 다음으로 실제 직업이 정치인인 경우가 많다. 나경원, 서혜석(변호사), 안명옥(의사), 문희(약사), 김명자(대학교수) 등 몇몇 의원들만이 전문직이며 여성운동이나 노동, 농민운동과 같은 운동영역에서 활동을 해온 몇몇 의원들을 제외하면 정치인이 대부분이다. 따라서 전문적 지식을 토대로 하는 상임위원회 활동 등의 영역에서 제대로 역할을 하지 못한다고 평가하는 것이다. 다음으로 여성의원들이 역할을 제대로 하지 못하고 있다고 생각하는 이유가 '정치적 소신의 부족'이었는데 이 역시 여성의원들 중 비례대표의원들이 많은 것과 유관하다. 즉 비례대표의원들은 지역구가 아니라 정당이 자신의 의원직을 유지해주는 원동력이기 때문에 개인의 정치적 소신보다 정당의 당론이 우선시되며 이것이 '정치적 소신의 부족'으로 다른 의원들에게 인식되는 것이다.

그렇다면 성별에 따라 국회를 평가하는 데 있어 어떤 차이점이 존재하는가? "국회의 역할에 대한 평가", "국회 업무에 대한 평가('입법', '국민의사 대표', '행정부 견제·감시', '사회갈등 조정의 경우 모두')", "국회의장의 권한", "소속 상임위원회에 대한 만족도", "당론결정과정이 민주적이라는 데 대한 견해", "정당의 국정운영 개입이 지나치게 많다"는 데 대한 견해 등 다양한 문항에 대한 통계적 유의성은 찾을 수

없었다. 따라서 대체로 국회의원들의 경우 여성과 남성이라는 성별 변수보다 이념성향이나 소속정당, 지역구/비례대표, 도시규모 변수 등이 국회 평가에 더 많은 영향을 끼치고 있음을 알 수 있었다.

IV. 결론 및 요약

앤드류 헤이드(2003)는 "이익집단은 대중에게 대의제에 대한 대안적인 장치를 제공하고 있으며 조직화된 이익집단이 정책형성과정에서 점차 영향력을 확대해 감으로써 의회는 점차 그 역할이 상실되어져" 갈 것이라고 한다. 이뿐만 아니라 대중매체의 확대 또한 의회의 역할을 대체해 나감으로써 의회는 그 역할을 점차 상실해 나갈 것이라고 본다. 한편 오현철(2004)은 한국 시민사회에 대한 논의를 통해 한국 생활세계의 전근대성을 극복하기 위해서 공론장의 중요성을 강조하며 특히 온라인 공론장의 특성상 "앞으로는 '대의의 대행'이 아니라 온라인 공간에서의 대화와 논쟁을 통해 걸러진 주장들이 직접적으로 정치체계에 전달될 것"이라고 주장한다. 또 다양한 이익집단들의 등장과 그 영향력의 확산은 이전의 국회의 역할을 상당 부분 대체해 나갈 가능성을 제시해 준다고 한다. 이렇듯 "국민의 의사를 대변하는 일"을 대체할 수 있는 다양한 집단과 공간들이 등장하고 있어 그 어느 때보다 국회의 운영에 대한 평가가 주목받고 있다.

국민들의 경우 국회에 대한 부정적 평가가 상당히 높은데 반해, 국회의원들은 17대 국회의 운영이 16대에 비해 대체로 긍정적이라는 상반되는 평가를 내리고 있다. 국회관련 전문가들 또한 17대 국회에 대해 긍정적으로 평가하고 있는데, 그 중 국회운영의 공개성과 민주성에 가장 높은 점수를 주고 있다. 그렇다면 국민들의 부정적 평가는 어디에서 비롯되는 것인가. 국민들에게 존재하는 국회에 대한 부정적 평가의 근거에 대해 국회의원들은 정당들의 당리당략에 휘둘리는 국회의 모습이 가장 큰 원인이라고 생각하고 있었다. 이는 개별 국회의원들의 자질과 같은 개인적 문제가 아니라 지역주의적 정당구조와 같은 구조적 문제에 따른 것이라고 보는 것이다.

지역변수의 경우 다른 인구통계적 변수에 비해 통계적 유의미성을 갖는 경우가 훨씬 많았는데 지역규모 변수는 지역의 규모나 경제적 특성과 같은 차이에 기인한다기보다는 인구적 특성에 기인하고 있다고 볼 수 있다. 아직도 지역주의적 구조가 경제적 발전정도에 따른 수도권/비수도권의 지역구조보다 국회평가에 있어 더 유의미한 변수라는 사실도 알 수 있었다. 따라서 국회의 위상과 긍정적 평가를 높이기 위해서는 이러한 정당의 구조적 문제에 대한 해결책이 그 무엇보다 우선되어야 할 것이다. 즉, 정당의 민주적 운영을 위한 다양한 제안이 국회 나아가 정치전반에 대한 신뢰를 회복하기 위해 시급히 시행되어져야 할 것이다.

국회의원들의 이념성향을 살펴본 결과 중도적 성향이라고 답변한 경우가 대부분이었으며, 주목할 만한 사실은 진보적이라고 하는 열린우리당의 경우 가장 진보적이라고 평가할 수 있는 민주노동당보다 한나라당의 이념적 지향과 더 가깝다는 것이었다. 아직도 한국의 정당구조에서 정치적 스펙트럼은 한쪽으로 지나치게 편향되어져 있다. 이러한 이념성향이 정당의 운영과정에서 중요결정사항이나 본인의 신념이나 지역구 이익과 당론이 대립되어지는 사안일 경우 어떤 결정을 내리도록 만드는가에 대해 살펴본 결과 진보적 성향을 갖고 있는 의원들의 경우 본인의 소신이나 신념을 중요하게 생각하기는 하지만 당론과 대립시에는 당론을 따른다는 것을 알 수 있었다.

유의해야 할 점은 민주노동당의 당론결정과정이다. 당론결정과정이 하향식이 아닌 상향식으로 이루어지기 때문에 서민을 위한 정당이라는 당의 정치적 지향에 따라 지역구 이익에 반한다 하더라도 당론을 선택해야만 하는 것이다. 물론 당론과 개인의 신념 혹은 지역구 이익이 갈등을 빚게 될 때 당론을 따르는 것이 당의 정체성과 당의 안정과 유지

를 위해 반드시 필요한 것이라는 존재론적 이유가 있다.[16]

그렇다고 해서 국회의원들이 당론을 위해 지역구 이익이나 개인의 신념을 온전히 희생하지는 않는다고 한다.[17] 지역구 이익을 위한 집단 행동이나 시민단체, 네티즌들의 압력, 소신 있는 의정활동 등이 국회의 원들의 재선에 일정한 영향력을 행사하고 있기 때문이다. 물론 지역주 의적 정당구조로 인해 지역구 활동이나 의회 활동보다 어느 소속 정당 이냐가 재선과 당선에 더 중요한 영향력을 행사하며 이로 인해 많은 국 회의원들이 지역구나 국민들의 의사와 상관없이 당론을 따르는 경우가 더 많은 것이 사실이다.[18] 당론의 강압적 행사가 유지되는 것은 지역주 의적 정당구조와 이에 따른 공천 및 선거과정에서의 영향력 때문이라 할 수 있다.

많은 의원들은 당론결정과정이 민주적으로 이루어진다고 답했으나 강압적 당론을 결정하고 이에 위배되는 의원에 대해서는 '해당행위'를

---

16) 열린우리당의 경우 "진실 · 화해를 위한 과거사정리기본법(과거사법)" 표결 직전 열린 열린우리당 의총에선 대다수가 찬성을 하기로 박수로 동의했다. 그 러나 정작 표결에서는 의원 51명이 반대표를 던져 당이 우왕좌왕한 탓에 강제 적 당론을 정하고 이를 따르지 않을 경우 징계한다는 방침을 세웠다(동아일보, 2005.5.21).

17) 2007년 3월 임시국회 마지막 본회의에서 한나라당 정형근 의원이 제안한 "국민 연금법 수정안"을 한나라당 당론으로 통과시키기로 하였으나 찬성 131명, 반대 136명, 기권 3명으로 부결됐다. 참석하지 않은 의원들에 대해 당 윤리위원회에 회부한데 대해 맹형규, 고진화 의원의 경우 "당수정안에 뚜렷한 재원확보 방안 이 없다고 판단해 고심 끝에 표결에 참여하지 않았다," 이해봉 의원의 경우 "표 결에 참여하면 당론에 반대할 수밖에 없어 그 자리를 떠날 수밖에 없었다"고 개 인의 소신을 피력하였다(오마이 뉴스, 2007.4.3; 데일리안, 2007.4.3).

18) 2004년 한나라당의 경우 16대와는 달리 초선의원들의 자기주장으로 인해 사 소한 의견까지도 표결로 결정하였었다. 특히 의견이 가장 크게 맞선 사안은 현 당헌의 '당론에 따를 의무'를 '당론을 존중할 의무'로 바꾸는 안에 대해 "당 존 립마저 위협받을 수 있다"는 주장과 "의원들의 자율성 높이기"라는 주장이었 다. 그러나 결국 손을 드는 방식으로 당론 강제조항을 유지키로 했다(조선일보, 2004년 5월 12일).

들어 징계에 관한 논의가 이루어지는 것이 현실이다. 따라서 개별 국회의원들이 본인의 소신에 따라 자율적으로 표결을 행사할 수 있도록 정당 내 당론결정과정이 민주적으로 이루어져야 한다. 이를 통해 원외정당과 국회와의 종속성의 문제를 해소해 나가야 할 것이다.

　여성의원에 대해서는 국민들이나 국회의원들 모두 긍정적 평가를 하고 있었으며 상당한 호감을 갖고 있는 것을 알 수 있다. 구체적으로 국회의원들은 여성의원들의 성실성에 가장 높은 점수를 주고 있으며 상대적으로 정치적 소신의 부족을 미비한 점으로 꼽기도 하였다. 다양한 시민단체들의 국회의원 평가에 있어서도 여성의원들의 활동은 상당히 긍정적 평가를 받고 있다. 이는 실제 여성의원들의 성실한 자세와 노력에 기인한 바도 크겠지만 그동안의 남성의원들에 대한 실망과 반감도 포함되어 있을 것이라고 생각한다.

　여성의원의 확대와 여성의 정치참여는 발전된 민주사회의 당위적인 요청이다. 나아가 생활정치 영역에서부터 이루어지는 많은 여성들의 정치참여는, 정치영역 자체에 대한 신뢰와 호감을 가져다 줄 수 있어 정치 전반에 걸친 긍정적 평가 확산에 기여할 수 있을 것이다. 여성의 정치참여를 위한 다양한 활로를 모색하는 것은 단지 여성의원, 나아가 여성들만을 위한 것이 아니며 전체 정치구조 전반의 변화를 위해 반드시 필요한 과정이라 할 수 있다.

참고문헌

강원택. 2003. 『한국의 선거정치—이념, 지역, 세대와 미디어』. 푸른 길.

김영래. 2004. "한국의회정치의 반성과 개혁과제." 한국정치학회 편. 『한국의회정치와 제도개혁』. 한울아카데미.

김진하. 2006. "국가경쟁력 제고를 위한 국회 기능의 정상화." 『의정연구=(Journal of) *Legislative studie*』 12(2): 7-30. 한국의회발전연구회.

김원홍. 1996. 『국회의원 여성후보에 관한 연구』. 한국여성개발원.

김정착. 1998. "제15대 국회의원의 정치관 및 경제관을 중심으로." 『사회과학』 37(2): 75-106. 성균관대학교 사회과학연구소.

김종림 · 박찬욱. 1985. "불문행이율과 의회과정: 11대 연구." 박동서 편. 『의회와 입법 과정』. 법문사.

김현우. 1996. "국회의원의 당적변경과 정당의 의미." 『의정연구=(Journal of) *Legislative studies*』 2(2): 42-73. 한국의회발전연구회.

길승흠. 1983. "한국의 정당과 의회관계: 공화당과 민정당의 경우." 『한국정치학회보』 17: 31-47. 한국정치학회.

박동서. 1999. "건국의회 50년의 역사적 평가와 개혁." 백영철 외. 한국정치학회 편. 『한국의회정치론』. 건국대학교 출판부.

박종관. 2006. "지방분권시대 국회의원의 역할에 관한 연구." 『진리논단』 14: 177-199. 천안대학교.

박재창. 2003. 『한국의회정치론』. 도서출판 오름.

박찬욱 편. 2005. 『제17대 국회의원 총선거 분석』. 푸른길.

박찬표. 2002. 『한국의회정치와 민주주의』. 도서출판 오름.

심지연. 1999. "의회정치와 민주주의." 한국정치학회 편. 『한국의회정치론』. 건국대학교 출판부.

신정현. 2002. 『한국정치제도의 개혁: 정당과 국회를 중심으로』. 집문당.

오현철. 2004. "한국시민사회론 비판과 대안—하버마스 이론을 중심으로." 『경제와 사회』 62. 한울.

유승익. 2006. "17대 국회의원의 인구사회학적인 배경분석." 『의정연구=(Journal of) *Legislative studies*』 12(1): 79-108. 한국의회발전연구회.

윤종빈. 2004. "17대 초선의원들의 사회 · 경제적 배경." 『의정연구=(Journal of) *Legislative studies*』 10(2): 59-83. 한국의회발전연구회.

이갑윤. 1998.『한국의 선거와 지역주의』. 도서출판 오름.

이현우. 2006. "17대 국회에 대한 국민평가―구조적 문제와 운영적 문제."
『의정연구=(Journal of) *Legislative studies*』12(1): 5-30. 한국의회발전연
구회.

정근식. 1996. "지역정체성과 상징정치."『경제와 사회』30: 140-166. 한울.

정영국. 1999. "민주정치 정착을 위한 국회운영제도의 개혁." 백영철 외. 한국
정치학회 편.『한국의회정치론』. 건국대학교 출판부.

중앙선거관리위원회 편. 2004.『17대 국회의원 선거 투표율 분석』. 중앙선거관
리위원회.

진보정치연구소. 2006.『17대 국회 의정평가 전문가 설문조사 보고서』. 진보정
치연구소.

호광석. 2005.『한국의 정당정치―제1공화국부터 제5공화국까지 체계론적 분
석』. 들녘.

『동아일보』, 2005. 5. 21. "[정치 줌인]열린우리 '강제적 당론' 내홍."

『데일리안』, 2007. 4. 3. "한나라, 국민연금법 표결 불참자 7명 징계방침."

『연합뉴스』, 2003. 4. 7. "한-칠레 FTA 비준 저지할 터."

『오마이 뉴스』, 2004. 10. 5. "의정활동 꽃 국감, 시민단체도 대목."

『오마이 뉴스』, 2007. 4. 3. "한, '정형근 법안' 표결 불참자 징계 방침."

『우먼타임스』, 2004. 6. 2. (166호), "여성운동의 정치력이 높아지길."

『조선일보』, 2004. 5. 12. "한나라 '黨論복종 의무' 유지키로."

〈인터넷 자료〉

대한민국 국회 (http://www.assembly.go.kr).

여성정치세력 민주연대 (http://www.womanpower.or.kr).

이라크 평화를 간절히 바라는 바끼통 (http://cafe.daum.net/gibumiraq).

인터넷 법률신문 (The Lawtimes http://www.lawtimes.co.kr).

인터넷 신문 prometheus (http://www.prometheus.co.kr).

진보정치연구소 (http://policy.kdlp.org).

| 제6장
설문조사를 통해 본 17대 국회의원들의 의정활동*

가상준

I. 서론

의회는 입법기능, 대의기능, 행정부 견제 기능, 사회통합기능을 수행하고 있는 곳으로 국회는 국민의 의견을 취합하고, 갈등을 조정하며, 국민의 요구를 정책으로 변환시키는 역할을 담당하고 있다. 또한 커져만 가고 있는 대통령과 행정부의 권한을 견제하여 국민들의 기본권을 보호하는 역할을 수행하고 있다. 의회는 사회발전, 국민의 이익 및 기본권 보호에 중요한 역할을 수행하고 있기에 국회의 발전정도, 즉 제도화와 전문화는 국가의 민주주의 발전정도를 측정할 수 있는 중요한 잣대로도 사용되고 있다.

기술과 경제가 급속도로 발전하고 있는 현재, 행정부의 역할이 커지

---

* 본 연구는 『세계지역연구논총』 25-3호에 발표한 내용을 수정 및 보완한 논문이다.

고 있어 입법에 있어 의회의 역할이 주도적인 역할을 수행하고 있지는 못하지만, 행정부가 제출한 법안에 대한 심사를 통해 그리고 행정부 독주에 대한 견제를 통해 그들의 영향력을 행사하고 있다. 17대 국회에 들어와 국회의원들이 발의한 법안이 행정부가 제출한 법안에 비해 월등히 많다는 측면과 국회를 통과한 법안 중 의원들이 발의한 법안이 행정부가 제출한 법안보다 많다는 측면이 국회가 정책결정에 있어 중요한 영향력을 행사하고 있음을 보여주는 것이다.[1] 특히 의회는 제도적으로 그들의 입법기능과 행정부 견제 기능을 강화하기 위해 국회예산정책처를 창설하고[2] 법제처의 조직을 강화하여[3] 그들의 역할수행에 부족한 부분을 채우고 있다. 또한 17대 국회는 과거 어느 국회보다 초선의원이 많은 의회로 그들의 참신성과 활동력이 국회의 기능 및 역할 강화에 긍정적으로 작용하였다(가상준 2006; 손병권 2004).

하지만 그럼에도 불구하고 국회의 역할 수행에 대해 국민들은 매우 부정적으로 평가하고 있으며 국회에 대한 신뢰 또한 매우 낮은 수준이

---

1) 17대 국회에서 정부가 제출한 법안은 1,102건이며 의원이 발의한 법안은 6,387 건이다. 이 중 국회를 통과한 법안은 각각 563건, 1,350건이다.

2) 국회예산정책처는 예산안, 결산, 기금 운용 계획안 및 기금 결산에 대한 연구 및 분석과 함께 국회의 위원회 또는 국회의원이 요구하는 사항의 조사 및 분석의 역할을 담당하고 있다. 2001년 법제예산실이 법제실과 예산정책국으로 이원화되었고 예산정책국은 2003년 국회예산정책처법에 의해 국회예산정책처로 개편되었으며, 2004년 3월 개청함으로써 국회의 행정부 견제 기능 및 입법기능을 강화시키는 요인으로 작용하고 있다.

3) 법제실은 국회의원 또는 위원회가 요청한 법률안의 입안 및 검토, 행정입법에 관한 분석·평가 및 연구, 국내외의 법제와 그 운용 등에 관한 조사 및 연구, 기타 국회의원의 법제활동에 관한 지원의 기능을 수행하고 있다. 2001년 1월 법제예산실이 법제실과 예산정책국으로 이원화되었고, 법제실은 전문 인력을 법제관으로 충원하면서 개편하였다. 이후 대폭 증가된 의원입법 수요에 대응하기 위해 2003년 7월에 법제실을 3개과에서 5개과로 확대, 개편하였게 되었다. 이러한 법제실의 확대, 개편은 국회의원들의 입법활동을 강화시키는 요인으로 작용하게 되었다.

다(임성호 2004).[4] 이러한 결과에는 여러 가지 이유가 있을 수 있다. 국회는 업무의 공개성을 원칙으로 하고 있어 정책결정과정은 다른 정부 부서와 비교하여 매우 공개적이기에 국민들에게 비난받을 수밖에 없는 구조 속에 있다는 것이 하나의 원인이다. 또한 갈등을 통합으로 이끌어내는 역할을 수행하기에 의원들 간 그리고 정당 간 갈등이 여과 없이 국민들에게 전달되며 이에 국회에 대한 평가는 부정적일 수밖에 없다. 효율성과 신속성이 강조되는 현실상황에서 일방적인 결정보다는 갈등을 조정하고 협의를 중시하는 의회 성격상 신속한 정책을 생산하는 것은 쉬운 작업이 아니다. 이에 국민의 의견을 정책으로 전환시키는 데에는 많은 시간과 비용이 소요되고(이현우 2006), 이로 인해 의회에 대해 국민들은 정책공급에 피동적이며 비반응적인 정치기구로 인식, 부정적인 평가를 내리고 있기도 하다(Farnsworth 2003; Fenno 1975; Parker and Davidson. 1979; Patterson and Magleby 1992).

이와 함께 무엇보다 국가적 이익보다는 지역적 이익을 앞세우는 재선을 위한 국회의원들의 행태는 국회에 대한 신뢰를 낮추는 동인으로 작용하고 있다고 해도 과언이 아니다(Fiorina 1989). 국회의원들이 재선을 위해 그들의 중요한 기능인 입법기능을 소홀히 한 채 지역구 활동에만 치중하다 보니 국민들로부터 비난을 받고 있다는 것이다.

국회에 대한 국민들의 인식이 매우 부정적이라는 것은 매우 안타까운 현실이다. 국회에 대한 국민들의 인식이 긍정적으로 변환시키기 위한 많은 노력이 필요하다. 하지만 무엇보다 국회에 대한 국민들의 평가가 왜 부정적인지 정확한 원인을 파악하여야지만 인식의 전환이 있을

---

4) 2005년 조사 결과에 의하면 국회의 업무수행능력에 대해 긍정적으로 평가하는 유권자는 4.1%로 나타나고 있으며 국회를 신뢰한다고 대답한 유권자는 6.6%로 나타나고 있다 조사는 서강대학교 동아연구소가 한국학술진흥재단의 지원을 받아 "의회의 이상과 현실 관련 국민의식조사"를 위해 R&R(Research and Research)에 의뢰해 2005년 11월 제주도를 제외한 전국에서 1,200명을 면접 조사한 결과이다.

수 있다. 앞서 언급하였듯이 학자들은 이러한 결과는 국회의원에게 있어 재선은 무엇보다 중요한 목표이고 이를 위한 활동을 다른 활동보다 중시하다 보니 나타나고 있는 것이라 말할 수 있다. 즉, 국회의원이 입법기능과 대의기능보다는 재선에 관련된 활동, 즉 지역구 이익을 위한 활동에 치중하고 있어 여기에 불만을 느낀 국민들로부터 부정적인 평가를 받고 있다는 것이다. 또한 국회역할과 활동에 대한 의원들의 평가와 국민들의 평가에 상당한 차이가 존재하고 있으며, 이러한 인식 차이는 국회에 대한 국민들의 태도변화를 이끌어내지 못하여 지속적으로 부정적인 평가가 이어지고 있다고 말할 수 있다.

이에 본 연구는 의원들이 중시 생각하는 국회의 기능은 무엇이고, 그들의 역할의 순위를 정하는 데 있어 영향을 미치는 요인은 무엇인지 알아봄으로써 국회에 대한 부정적인 평가의 원인이 의원들의 행태와 관련 있는지 분석하는 것을 목적으로 삼고 있다. 즉, 의원들의 활동이 너무 지역구 활동에 치중되어 있어 입법기능 및 대의기능은 문제가 발생하고 있는 것은 아닌가 살펴봄으로써 국회의 부정적인 평가의 원인을 찾으려 한다. 또한 의원들은 국회역할 및 국회활동에 대해 어떻게 생각하며 평가하고 있는지 알아봄으로써 그리고 이를 국민들의 국회에 대한 평가와 비교해 봄으로써 국민들의 국회와 국회의원의 국회는 다르게 존재하고 있는지 알아보려고 하며, 이를 통해 궁극적으로 국회에 대한 부정적인 평가의 원인을 찾으려 한다. 특히 국회의원들은 그들에게 주어진 역할 중에 무엇을 가장 중시하고 있으며 순위를 정하는 데 있어 어떠한 요인이 중요하게 작용하는지 알아보는 것은 국회 및 국회의원의 활동을 이해하는 데 도움이 될 것이다.

이를 통해 본 연구는 국회에 대한 부정적인 평가에 국회의원의 행태가 중요한 영향을 차지하고 있는지 알아보며 국회의 대표적 기능이라고 할 수 있는 입법과 대의기능과 재선을 추구하는 의원의 지역봉사의 관계를 심층 분석함으로써 잠재적 혹은 실질적 국회의 문제점들을 파악하려 한다.

II. 선행 연구 검토

의회에 대한 국민들의 평가는 매우 부정적이다. 하지만 우리의 경우 다른 국가와 비교하여 매우 부정적인 것으로 나타나고 있다. 이러한 이유에 대해 많은 설명이 있지만 중요한 이유는, 헌법으로 부여받은 의회의 많은 기능에 대해 국민들은 커다란 기대감을 갖고 있지만 현실 속에서는 기대에 못 미치는 의회의 역할만이 보이기에 부정적인 평가를 받고 있는 것이다(Kimbell and Patterson 1997). 중요한 임무를 부여받은 국회가 역할을 제대로 수행하지 못하고 있어 현실 속에서 국민들은 국회에 대해 실망하고 부정적인 평가로 연결된다는 것이다. 특히 이는 앞서 언급한 것과 같이 국민들은 국회를 정책공급에 피동적이며 비반응적인 정치기구로 인식, 부정적인 평가를 내리고 있기 때문이다(Farnsworth 2003; Fenno 1975; Parker and Davidson 1979; Patterson and Magleby 1992).

한편 국회의원에 대해서는 의회에 주어진 권한을 국가 이익보다는 개인적 이익을 위해서 사용하고 있다고 인식하여 부정적인 평가를 내리고 있다(Hibbing and Theiss-Morse 1995). 특히 당선된 후 의회에 진출한 후 의회를 둘러싸고 있는 많은 이익들 그리고 로비스트들에 의해 의원들의 행태는 변화되고 있다고 생각한다(Hibbing and Theiss-Morse 1995, 62). 문제는 이러한 이익이 국민들의 이익과는 관련되어 있지 않다는 데 있다.

의원들이 입법에서 수동적 행태를 보이고 지역구 이익만을 위한 의정활동을 전개하는 것은 재선과 관련이 크다. 무엇보다 국회의원에게 있어 의원직을 유지하는 것은 중요한 과제이기 때문이다. 매이휴(Mayhew 1974)가 주장하듯이 의원은 재선, 의회 내 영향력 행사, 유익한 공공정책 수립(good public policy) 등의 목표를 정치가로서 가지고 있다. 이들 중 재선은 의원들에게는 제일차적인 목표로서 의회 내 영향력 행사 그리고 유익한 공공정책 수립은 재선 없이 달성하기 힘든 것이다. 이에 의원들은 그들이 추구하는 정치적 목표를 달성하기 위해서 무엇보다 재선이라는 목표를 달성해야 한다.

의원에게 의원직을 유지하는 것이야말로 그들의 정치현실이며, 재선을 통해 많은 각광과 주목의 대상으로 부각되며, 정치라는 권력의 획득과 유지를 위한 투쟁 속에서 나타난 결과가 재선이며, 무엇보다도 재선은 대표의원과 지역구 주민 사이에 책임(accountability) 관계를 형성하기에 재선의 목표를 달성하는 것은 의원들이 추구하는 근원적인 관심이다(Mayhew 1974, 6). 의원이라는 신분을 통해 명성과 권력을 갖게되며, 이러한 신분을 이어가기 위해 의원들은 주기적으로 치러지는 선거에서 승리하여야 한다. 그들의 재선의 승패는 지역주민에게 달려 있다. 지역주민들은 재선의 의지가 있는 의원들의 과거 지향적인 활동을 중심으로 그들을 선거에서 평가하게 되는 것이다.

이렇듯이 재선은 국회의원에게 있어 중요한 부분이다. 국회의원의 경우 그들에게 가장 중요한 목표인 재선을 달성하기 위해 국회의 중요한 입법활동보다는 재선과 관련된 지역구 활동 그리고 대민선심활동에 치중하고 있어 국민들의 정책적 요구를 만족시키지 못해 국민들로부터 부정적인 평가를 받고 있다고 말할 수 있다. 그럼에도 불구하고 의원들이 입법활동보다는 다른 지역구와 관련된 활동에 치중하는 것에 대해 Fiorina(1989)는 다음과 같이 설명하고 있다.

의원들의 활동은 크게 입법 활동(lawmaking), 정부사업 유치활동(pork barrelling), 그리고 민원활동(casework)으로 구분할 수 있다. 하지만 입법활동은 다른 두 활동— 정부사업 유치활동과 민원활동—과 비교하여 크게 두 가지 면에서 구분된다고 말할 수 있다. 먼저 입법활동은 다른 두 활동에 비해 논쟁적(controversial)이다.

즉, 특정 법안의 발의 및 심사, 그리고 법률안에 대한 기록투표를 함에 있어 의원들은 주역주민의 선호도를 파악해야 하며, 그의 결정에 대해 호응하는 지역구민들도 있지만 불만을 갖는 주민들도 존재하고 있다는 사실을 주지해야 한다. 또한 이러한 적대적인 감정을 갖는 인물의 출현은 선거에 영향을 주는 지역구민들 사이에만 있는 것이 아니라 의회 내에도 있다는 점을 알아야 한다는 것이다. 이에 비해 정부사업 유치활동과 민원활동은 비논쟁적(non-controversial)이다. 즉 지역구 유권자와 마찰을 일으킬 여지가 없기에 선거에 적어도 부정적으로 영향을 미치지는 않는다는 것이다.

한편, 입법활동이 비가시적(non-visible)인데 비해, 정부사업 유치활동과 민원활동은 가시적(visible)이라는 특징을 보인다. 이는 의원들의 정부사업 유치활동과 민원활동으로 인해 유권자들은 경제적 효과를 쉽게 감지할 수 있기에(Fiorina 1989, 40) 가시적인데 비해, 입법활동은 지역구의 경제적 이익과 무관하므로 가시적이지 않으며 입법활동이 유권자의 투표에 결정적 영향을 미치지 못한다는 것이다.

이에 비해 선심성 정부사업 유치활동과 민원활동은 논쟁의 소지를 불러일으키지 않으며 어느 정당에 소속감을 가지고 있던 유권자의 이념성향이 보수이건 진보이건 정부사업의 유치로 인해 지역구가 발전하여 재정적으로 건전한 지역구로 발전하는 것에 반대하는 지역구민은 아무도 없다((Fiorina 1989, 42). 또한 지역구민에게 나은 서비스를 제공하고 그들이 가지고 있는 문제를 해결하기 위해 노력하는 의원에 대해 적개심을 가지는 이는 없을 것이다. 이에 득표 전략의 측면에서 볼 때 입법활동은 의원들에게 매력적이지 못하다.

이러한 결과들이 보여주는 것은 의원들이 재선에 집중하고 있으며, 개인적으로 합리적 선택으로 인해 집합적으로는 비합리적 결과가 초래된다는 것이다. 즉, 의원들이 재선이라는 목표달성을 위해 비가시적이고 논쟁적인 입법활동은 등한시하고 있어 유권자들의 요구를 정책으로 효과적/효율적으로 변환시키지 못하고 있다는 것이다. 이로 인해 국회에 대한 신뢰는 낮고 국회의 업무수행능력에 대한 평가는 부정적이라고 말할 수 있다. 우리의 경우 정당지도부의 공천권과 지역주의로 인해 재선에 영향을 미치는 것이 지역구보다는 정당일 수 있지만, 일반적으로 의원들의 의정활동은 재선을 위해 지역구 이익 보장을 위한 활동에 치중하고 있다고 할 수 있다. 특히 이러한 점은 의원들의 의회 내 행태를 통해 알 수 있는데 대표적인 것이 위원회 배정이다. 지역구 이익과 직접 관련되는 위원회에 배정되어 주민들의 이익을 챙기려 하고 있는 것이다.[5)

이와 관련해서 50명으로 구성되는 예산결산특별위원회는 의원들에게 지역구 이익을 챙길 수 있는 좋은 기회로 인식되고 있다. 이로 인해 임기도 1년으로 하고 있는데 되도록 많은 의원들이 예산결산특별위원회에 배정될 수 있도록 한 결과이다.

이러한 점은 본회의 투표에서도 발견할 수 있다. 이현우(2005a)의 연구는 이러한 경향을 단적으로 보여주고 있는데 신행정수도 건설위원회 구성안에 대한 표결시 의원들의 선택은 지역구 이익에 크게 영향받은 것으로 나타나고 있다. 이러한 경향은 한국과 칠레와의 FTA 비준을 위한 국회표결에서도 발견할 수 있다(이현우 2005b). 즉, 칠레와의 자유무역협정 비준에 있어 도시화 정도 그리고 의원들의 지역구는 표결에 중요한 요인으로 작용하였는데, 이러한 결과들은 의원들의 재선을 위해 지역구 이익과 관련된 부분에 민감하게 반응하고 있음을 보여주는 것이다.

국회에서의 투표뿐만 아니라 활발한 지역구 활동을 통해 의원들은 재선의 목표를 달성하기 위해 노력하고 있다. 특히 이러한 경향은 초선의원들일수록 강하게 나타나고 있다(윤종빈 2004). 윤종빈의 연구결과에 의하면 초선의원일수록 지구당 관련 모임 참석횟수와 지역구에 머무는 일수가 높게 나타나는데, 이는 다선의원에 비해 초선의원의 경우 지역구가 안정적이지 않기에 지역구에 투자하는 시간이 많게 되는 것이다.

---

5) 일반적으로 이러한 대표적 위원회는 건설교통위원회이라 할 수 있다. 또한 농림해양수산위원회는 특정 의원들의 지역구와 직접 관련성을 갖고 있다.

III. 설문조사 분석

과거 연구들은 국회에 대한 부정적인 평가의 원인은 무엇보다 지역구 이익만을 위해 활동하는 의원들의 의정활동 때문이라고 말할 수 있다. 위의 연구결과들은 의원들에게 있어 재선은 가장 중요한 목표이며 이를 달성하기 위한 정치적 행태는 여러 가지 차원에서 발견되고 있다. 또한 이러한 부정적 평가의 원인 중에 하나는 국민들의 국회에 대한 평가와 국회의원들의 평가에 커다란 상이성이 존재하고 있기 때문이다. 국민들의 평가 및 요구에 반응하지 못하는 국회의원들로 인해 부정적인 평가는 지속되며 나아질 기미를 보이지 않고 있다.

이에 본 연구는 국회에 대한 국민들의 부정적인 평가의 원인은 첫째, 국회활동과 역할에 대해 국회의원과 일반국민들의 상이한 평가는 존재하고 있기 때문이라고 가정하였고 둘째, 국회의원이 재선을 위해 지역구 이익만을 위한 의정활동을 펼치고 있기 때문이라고 가정하여 분석을 시도해 보았다. 이를 위해 국회의원에 대한 설문조사를 실시하여 조사해 보았다. 조사는 2006년 12월에 이루어졌고, 297명의 의원 중 243명이 답변하여 81.8%의 높은 응답률을 보였다.[6]

설문은 (1)17대 국회에 대한 평가, (2)상임위 활동 및 국회조직, (3)의정활동, (4)정치자금, (5)이념성향, (6)현안으로 구성되었다. 국회의원과 비교해 일반 유권자들은 국회에 대해 어떠한 태도를 가지고 있는지 같이 조사되었다.[7] 두 설문결과 비교를 통해 국회의원과 일반 유권자 간에 어떠한 상이성이 발견되는지도 알아보았다.

---

6) 조사는 서강대학교 동아연구소-중앙일보-참여연대 세 기관이 공동으로 수행한 것으로 설문조사는 "국회의 이상과 현실" 과제(학술진흥재단 기초학문 연구과제)의 일환이다.

7) 국회의원에게 물어본 질문 중 중요한 몇 가지 질문을 추려 일반국민 1,000명을 대상으로 설문조사를 실시하였다. 설문조사는 2006년 12월 13일 중앙일보에 의해 이루어졌다.

〈표 1〉 국회의 가장 중요한 역할

	빈 도	%
법률 제 · 개정	61	25.2
국민의사대표	132	54.5
행정부견제/감시	26	10.7
사회갈등조정	23	9.5

〈표 2〉 정당별로 국회의 역할 분석

역할 정당	법률 제·개정	국민의사대표	행정부 견제/ 감시	사회갈등조정	계
열린우리당	31	61	8	12	112
한나라당	24	55	17	7	103
민주노동당	1	6	0	2	8
민주당	4	5	0	2	11
국민중심당	1	3	1	0	5
무소속	0	2	0	0	2
계	61	132	26	23	242

먼저 의원들은 국회의 가장 중요한 역할은 무엇이라 생각하는지 알아보았다. 〈표 1〉은 결과를 보여주고 있다. 설문조사에 응답한 의원 중 54.5%는 국민의사대표의 역할이 가장 큰 국회의 역할이라고 대답하였다. 법률 제 · 개정이라고 대답한 의원들이 그 뒤를 따르고 사회갈등조정이라고 대답한 의원이 가장 적었다. 국회의 가장 중요한 역할이 법률 제 · 개정이라고 대답한 의원이 25.2%밖에 되지 않는다는 점이 매우 놀랍다.

국회의 역할에 대해 정당 간 상이한 견해를 보이고 있는지 알아보기 위해 의원들을 소속 정당별로 구분하여 교차분석을 시도해 보았다. 〈표 2〉가 보여주듯이 정당 간 커다란 차이는 보이고 있지 않다. 한나라

<표 3> 비례/지역구 의원으로 구분하여 국회의 역할 분석

정당 \ 역할	법률 제·개정	국민의사대표	행정부 견제/감시	사회갈등조정	계
비례대표	14	23	2	5	47
지역구대표	47	106	24	18	195
계	61	132	26	23	242

카이제곱 = 2.857(p=0.414)

당 의원들 중 행정부 견제/감시라고 대답한 의원들이 상대적으로 많은 것으로 나타나는데 한나라당이 의회에서 제1야당이기 때문이다. 독립성 검증인 카이제곱 값은 14.781(p=0.467)로 국회의 가장 중요한 역할에 대해 정당 간 상이성을 띠고 있지는 않은 것으로 나타나고 있다.[8]

국회의 역할에 대해 지역구 의원과 비례대표 의원 간에 차이가 있는지 알아보았다. 이는 비례대표의원의 경우 법률 제·개정이 중요한 역할이라고 생각하는 반면, 지역구 의원들은 국민의사대표라고 생각할 수 있기 때문이다. <표 3>은 구분하여 나타난 결과를 보여주고 있는데 비례대표 의원 중 국회의 가장 중요한 역할이 행정부 견제/감시라고 응답한 의원은 매우 소수다. 하지만 예상과는 달리 비례대표 의원들도 국민의사대표가 가장 중요한 국회의 역할이라고 대답하고 있음을 알 수 있다. 카이제곱 결과도 이러한 사실을 입증하고 있는데 두 의원 간에 차이가 있다는 가설을 기각할 수 없어 비례대표 의원과 지역구대표 의원간에 차이는 없다고 말할 수 있다.

국회의원들의 생각과 일반 유권자의 생각과 차이가 있는지 일반 유

---

[8] 기대빈도가 5이하인 셀이 많기에 통계적 결과를 신뢰하기는 힘들다. 이에 열린우리당과 한나라당만을 대상으로 분석을 시도해 보았지만 통계값은 5.390(p=0.145)로 나타나고 있어 두 정당 의원들이 국회의 역할에 대해 가지는 태도는 다르지 않다고 말할 수 있다.

<표 4> 국회의 가장 중요한 역할―일반 유권자 대상

	빈 도	%
법률 제 · 개정	136	13.6
국민의사대표	549	54.9
행정부견제/감시	55	5.5
사회갈등조정	234	23.4
모름/무응답	26	2.6

<표 5> 국회의 가장 중요한 역할―일반 유권자 대상(2005년 조사)

	빈 도	%
법률 제 · 개정	196	16.3
국민의사대표	789	65.8
행정부 감독	128	10.7
지역구 봉사	84	7.0
모름/무응답	3	0.3

권자들 대상으로 해서 얻은 결과를 분석해 보았다. 일반국민들이 생각하는 가장 중요한 국회의 역할은 의원들과 마찬가지로 국민의사대표다. 응답자 중 54.9%가 국민의사대표가 가장 중요한 국회의 역할이라고 대답하였다. 하지만 두 번째로 높은 응답은 사회갈등조정으로 의원들과는 조금 다르다. 의원들은 국민의사대표, 법률 제 · 개정, 행정부 견제/감시, 사회갈등조정의 순이었지만 일반국민들은 국민의사대표, 사회갈등조정, 법률 제 · 개정, 행정부 견제/감시의 순으로 대답하고 있다. 2005년 실시된 조사결과를 보면 더욱 흥미롭다.[9] 사회갈등조정 대신

---

9) 2005년 조사는 서강대학교 동아연구소가 한국학술진흥재단의 지원을 받아 "의회의 이상과 현실 관련 국민의식조사"를 위해 R&R(Research and Research)에 의뢰해 2005년 11월 제주도를 제외한 전국에서 1,200명을 면접 조사한 결과이다.

지역구 봉사를 넣어 물어보았을 때 〈표 5〉가 보여주는 것과 같이 국민의사대표, 법률제·개정, 행정부 견제/감시, 지역구 봉사의 순으로 나타난다. 법률제정이 두 번째이지만 국회의 가장 중요한 역할에서 입법활동이 차지하는 비중은 국회의원에 대한 설문조사와 비교하여 볼 때 매우 낮은 편이라는 것을 알 수 있다. 이는 〈표 4〉에서도 발견되고 있다. 결과를 통해 의원들 중 국회의 입법활동의 중요성을 강조하는 의원의 비율이 낮다는 것을 그리고 놀랍게도 예상과는 달리 일반국민들이 국회의 입법활동을 덜 강조하고 있다는 것을 알 수 있었다.

　국회의원들은 17대 국회의 활동에 대해 어떻게 생각하고 있는지 알아보기 위해 "16대 국회와 비교해서 17대 국회활동을 전반적으로 어떻게 평가하십니까?"라고 물어보았다. 〈표 6〉이 보여주는 것과 같이 17대 의원 중 44.6%는 16대 국회와 비교해서 17대 국회에 대해 긍정적으로 평가하고 있음을 알 수 있다. 부정적으로 평가한 의원은 13.3%에 지나지 않았다. 하지만 일반국민들의 의견은 달랐다. 〈표 7〉을 통해 알 수 있듯이 16대 국회와 비교해서 17대 국회활동에 대해 긍정적으로 평가하는 유권자는 3%에 지나지 않는다. 이에 비해 부정적으로 평가하는 유권자는 60.2%로 매우 높게 나타나고 있다. 이러한 결과는 17대 국회를 평가하는 데 있어 의원들과 국민들 간에 차이가 발생하고 있음을 단적으로 보여주는 것이다. 특히 17대 국회는 초선의원들이 다수를 이루고 있어 국회의 활동이 활발하고 국회의 역할이 매우 강화될 것이라고

〈표 6〉 16대와 비교한 17대 국회 평가 — 국회의원

	빈 도	%
매우 잘함	18	7.5
약간 잘함	125	37.1
비슷함	66	27.4
약간 못함	27	11.2
매우 못함	5	2.1

〈표 7〉 16대와 비교한 17대 국회 평가 — 일반국민

	빈 도	%
매우 잘함	4	0.4
약간 잘함	26	2.6
비슷함	356	35.6
약간 못함	260	26.0
매우 못함	342	34.2
모름/무응답	12	1.2

기대되었다. 하지만 국민들의 평가는 이와는 다른 결과를 보여주고 있다. 더 심각한 것은 그럼에도 불구하고 의원들은 긍정적으로 평가하고 있다는 점이다.

이러한 인식의 차이가 국회에 대한 불신으로 이어지고 있다고 볼 수 있다. 이는 국회의원들이 평가하는 국회활동이 부정적이라면 발전된 모습을 보이기 위해 적극적인 활동에 나서겠지만 그들은 긍정적으로 평가하고 있기에 새로운 모습을 보여주려는 의도가 없게 된다. 하지만 국민들은 국회에 대해 부정적으로 평가하고 있으며, 달라지는 국회의 모습을 그려보지만 변화하지 않는 국회에 대해 계속해서 실망하게 된다는 것이다. 특히 이러한 면은 의원들의 업무평가에서 더욱 발견된다. 〈표 8〉은 국회업무에 대한 국회의원들의 평가를 보여주고 있는데 입법활동 및 행정부 견제 활동에 대해서는 매우 긍정적으로 평가하고 있으며 국민의사대표에 대해서도 긍정적으로 평가하고 있는 편이다.

반면 사회갈등조정 업무에 대해서는 부정적인 평가를 내리고 있다. 의원들은 국회의 입법기능과 대의기능이 잘 이루어지고 있다고 평가하고 있다. 반면 일반국민의 평가는 매우 상이한 모습을 보이고 있다. 〈표 9〉는 국회업무에 대한 일반국민들의 평가를 보여주고 있는데 모든 업무에 대한 평가가 부정적이라 결론내릴 수 있다.[10]

이러한 결과는 국회의 입법기능과 대의기능의 강화를 위해 국회의원

〈표 8〉 국회업무 평가 — 국회의원

	법률의 제·개정	국민의사대표	행정부 견제/감시	사회갈등조정
매우 잘함	2.9(12%)	24(9.9%)	32(13.3%)	9(3.7%)
잘하는 편임	165(68.2%)	119(49.2%)	155(64.3%)	56(23.1%)
못하는 편임	44(18.2%)	91(37.6%)	52(21.6%)	155(64.0%)
매우 못함	4(1.7%)	8(3.3%)	2(0.8%)	22(9.1%)

〈표 9〉 국회업무 평가 — 일반국민(2005년 조사)

	법의 제정	국민의사대표	행정부견제	지역구 봉사
잘하고 있다	10(0.8%)	1(0.1%)	14(1.2%)	6(0.5%)
잘하고 있는 편이다	177(14.8%)	69(5.8%)	123(10.3%)	54(4.5%)
그냥 그렇다	559(46.6%)	373(31.1%)	480(40.0)	431(35.9%)
못하고 있는 편이다	371(30.9%)	503(41.9%)	447(37.3%)	471(39.3%)
못하고 있다	82(6.8%)	253(21.1%)	135(11.3%)	237(19.8%)

들에게 더 많은 노력이 요구되고 있지만, 의원들은 이를 의식하고 있지 못하다는 것을 보여주는 것으로 국회에 대한 부정적인 평가가 전환되기 위해서 의원들이 꼭 인지해야 할 부분이라 생각된다.

앞서 예상한 것과 같이 국회의원과 국민들 간의 국회에 대한 평가에 있어 커다란 차이가 발생하고 있으며 이는 불신의 원인으로 작용하고 있다. 즉 국민들은 개선되는 국회를 원하지만 국회의원들은 현재의 국회에 만족하고 있어 국회의 변화는 기대할 수 없다. 변화하지 않는 국

---

10) 국회의원에 의한 평가는 4척도이고 일반국민 평가는 5척도이기에 그리고 물어본 국회업무가 조금 차이가 있어 절대적 비교는 불가능하지만 상대적 평가는 가능하다. 각 업무에 대해 얼마나 부정적인 평가를 내리고 있는지를 비교함으로써 상이성을 조사하였다.

〈그림 1〉시간 할애

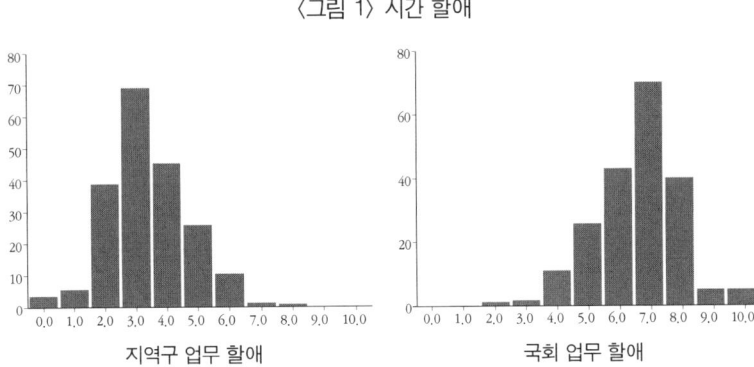

지역구 업무 할애   국회 업무 할애

회에 대해 국민들은 불만을 지속적으로 표방하게 되는 것이다.

  다음으로 국회의원들의 의정활동이 지역구 이익 위주로 치우쳐 있
는지 알아보기 위해, 먼저 어떻게 지역구와 국회의 업무를 조절하고 있
는지 알아보았다. 의원들에게 지역구 업무와 국회활동의 시간 할애는
어떻게 하고 있으며 보좌진 인력배치는 어떻게 할애하고 있는지 물어
보았다.[11] 의원들이 대답한 시간 할애의 분포를 보면 〈그림 1〉과 같다.
의원들은 지역구보다는 국회업무에 많은 시간을 할애하고 있는 것으
로 나타나고 있다. 지역구에 시간을 전혀 할애하고 있지 않는 의원들
도 있으며, 평균적으로 33.8%의 시간을 지역구 활동에 할애하고 잊지
않는 것으로 나타나고 있다. 반면, 국회업무에의 할애는 높은 것으로
나타나고 있다. 평균적으로 66.2%의 시간을 국회업무에 할애하고 있
음을 알 수 있다. 이는 예상과 달리 국회업무에 많은 시간을 투자하고
있음을 보여주는 것이다.

  이러한 경향은 보좌진 할애에서도 나타나고 있다. 시간적 분배보다
더 치중된 비율로 인원을 국회에 할애하고 있는데, 평균적으로 26%의

---

11) 전체를 10으로 보았을 때 지역구와 국회활동의 시간적 · 인적 할애는 어떻게
    하고 있는지 물어보았다.

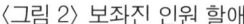

〈그림 2〉 보좌진 인원 할애

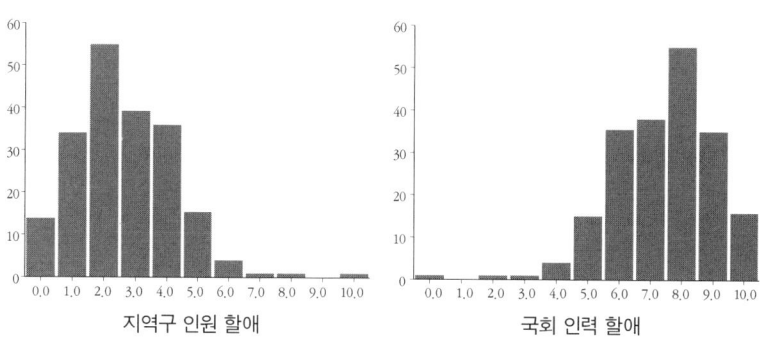

인원을 지역구에, 74%의 인원을 국회업무에 투자하고 있는 것으로 나타나고 있다. 이러한 결과들은 예상과는 달리 국회의원의 시간과 보좌진 인력을 주로 국회활동을 투입하고 있다는 점을 보여주고 있다. 다만 국회업무 중 어떠한 부분을 위해 시간과 인력을 투입하고 있는지 알 수 없는 것이 안타깝다.[12]

국회의원들이 재선을 위해 국회 의정활동은 어떻게 전개하고 있는지 조사해 보았다. 먼저 재선과 관련한 의원들의 태도를 알아보기 위해 의원들은 재선에 가장 중요한 요인은 무엇이라고 생각하는지 알아보았다.[13] 〈표 10〉은 이에 대한 의원들의 응답결과를 보여주고 있는데 지역

---

12) 당선횟수에 따라 지역구 업무 및 국회활동을 위한 시간과 보좌진 인력 배치에 차이가 있는지 분산분석을 시도해 보았다. 결과 초선의원일수록 많은 시간을 지역구 업무에 할애하고 있는 것으로 나타나고 있다. 하지만 인력배치에 있어서는 차이가 없는 것으로 나타나고 있다.

영·호남을 제외한 의원들의 시간, 보좌진 인력 할애 정도는 조금의 차이가 있다. 즉 시간의 35.5%와 64.4%를 각각 지역구 업무와 국회활동에 할애하고 있으며, 인력의 29%와 71%를 지역구 업무와 국회활동에 할애하고 있는 것으로 나타나고 있다.

13) 설문조사에서는 재선에 중요하다고 생각하는 순서대로 3가지를 고르라고 하였다. 〈표 8〉에서 보여주는 것은 1순위로 나타난 결과다.

〈표 10〉 재선에 가장 중요한 요인

	빈 도	%
선거자금	4	1.7
지역구 활동	155	66.0
국회에서의 표결내용	2	0.6
정당지원	13	5.5
여야 여부	20	8.5
현직 여부	17	7.2
정당지도부와의 관계	12	5.1
기타	12	5.1

구 활동이 가장 중요하다고 대답한 의원은 66%로 가장 높다. 다음으로 여야 여부, 현직 여부가 그 뒤를 따르고 있다.[14] 국회에서의 표결내용은 0.6%로 재선에 미치는 영향이 매우 미진한 것으로 나타나고 있다. 이는 입법과 관련된 활동은 재선과 무관하다는 점을 보여주는 결과라 하겠다. 여야 여부, 현직 여부가 지역구 활동 다음으로 재선에 영향을 미치는 요인이라고 국회의원들은 응답하였다. 이러한 결과는 재선에 관련하여 의원들은 지역구 활동을 가장 중요시하고 있으며, 활발한 지역구 활동을 통해 재선이라는 목표를 달성하고 있음을 보여주는 것이다.

다음으로 국회에서 표결시 영향을 미치는 요인이 무엇인지 물어봄으로써 의원들은 무엇을 중심으로 투표 결정을 하고 있는지 알아보았다. 〈표 11〉이 보여주듯이 가장 영향을 미치는 요인은 정당으로 나타나고 있다. 반면 의원 개인의 신념이라고 대답한 의원도 42.8%로 매우 높은 편이다. 반면 지역구라고 대답한 의원은 12명(4.9%)으로 예상보다 매우 낮은 편이다. 앞서 결과와 결부하여 보면 의원들의 태도를 이해할

---

14) 비례대표 의원을 빼고 지역구 의원들만을 대상으로 하였을 때도 매우 비슷한 결과가 나타난다.

〈표 11〉 표결에 영향을 미치는 요인

	빈 도	%
정당	121	49.8
지역구	12	4.9
의원 개인의 신념	104	42.8
계파	2	0.8
재선	4	1.6

수 있다. 즉 의원들은 국회에서 표결이 재선에 영향을 미치고 있다고 생각하고 있지 않다. 이에 의원들은 표결에 있어 정당과 그들의 소신을 중심으로 결정을 내리고 있는 것이다.

 하지만 의원들이 재선을 위해 지역구 이익을 중시하고 있다는 점을, 다음 질문에 대한 대답 결과를 통해 알 수 있다. 의원들에게 당론과 지역구 이익 충돌시 어느 것을 선택할 것이냐고 물어보았을 때 지역구 이익이라고 대답한 의원이 59.3%였으며 당론이라고 대답한 의원은 40.7%였다. 지역주의에 크게 영향을 받는 영·호남 의원를 제외한 나머지 의원에 한정해 조사해 보면 지역구 이익이라고 대답한 의원이 62.6%로 〈표 12〉보다 더 높게 나타나고 있음을 알 수 있다.

 당론과 지역구 이익에 있어 상이한 선택을 하고 있는 의원들에게 어떠한 차이점이 있는지 알아보기 위해 독립평균비교 분석을 시도해 보았다. 당론을 선택한 의원들과 지역구 이익을 선택한 의원들 사이에 선거에서 차점자와의 차이가 어느 정도였는지 조사해보았고, 의정경험에

〈표 12〉 당론과 지역구 이익 충돌시 선택

	빈 도	%
당론	81	40.7
지역구 이익	118	59.3

〈표 13〉 평균비교 분석

	t 값	유의확률
차점자 차이	0.244	0.807
당선횟수	1.869	0.063
한 달 평균 주민접촉 빈도	-1.314	0.191

차이가 있는지 알아보았다. 마지막으로 한 달 평균 주민접촉 빈도에 있어 차이가 있는지 알아보았다. 지역구 이익을 선택한 의원은 당론을 선택한 의원에 비해 선거에서 지역구의 안정성이 높지 않을 가능성이 크다. 즉 선거에서 차점자와의 표 차이가 적고 의정경험이 적은 의원일 것이다. 그렇기에 지역구 주민과의 접촉도 많을 것이라 예측할 수 있다. 〈표 13〉은 이에 대한 결과를 보여주고 있는데 예측과 같이 지역구 이익을 선택한 의원들은 당선횟수가 적은 것으로 나타나고 있으나[15] 차점자와의 득표 차이 면에서 그리고 주민접촉 빈도 면에서는 차이가 없는 것으로 나타나고 있다. 지역구 이익을 선택한 의원들이 당론을 선택한 의원에 비해 차점자와의 차이가 적으며 주민접촉 빈도는 더 높으나 통계적으로 유의하지는 않다. 하지만 당선횟수를 포함한 이러한 결과들은 지역구 의석이 안정적이지 않을수록 당론보다는 지역구 이익을 위한 결정을 하게 되며, 이것은 재선을 위한 그들의 선택이라는 점을 보여주는 것이다.

의원들이 재선을 위한 활동에 치중하고 있다는 점은 선호하는 위원회를 통해 알 수 있다. 앞서 언급한 것과 같이 의원들은 지역구에 경제적 이익을 가져다줄 수 있는 위원회에 배정되길 원한다. 물론 정당지도부의 결정 그리고 의원들의 전문성도 중요하지만 2년의 임기로 되어

---

15) 지역구 이익이라고 대답한 의원의 평균 당선횟수는 1.57인데 비해, 당론이라고 대답한 의원의 평균 당선횟수는 1.84다. 영·호남의원을 빼고 나머지 의원들을 대상으로 조사하면 이들의 차이는 더욱 뚜렷하게 나타난다.

있는 상임위원회 배정에 지역구에 이익을 가져다 줄 수 있는지의 여부
는 매우 중요한 요인이다. 이를 알아보기 위해 의원들에게 가장 선호하
는 위원회와 회피하는 위원회를 물어보았다.

〈표 14〉는 이에 대한 결과를 보여주고 있는데 의원들이 가장 선호하
는 위원회는 건설교통위원회로 나타나고 있으며 그 뒤를 통일외교, 문
화관광위원회가 뒤를 따르고 있다. 건설교통위원회가 의원들이 가장
선호하는 위원회로 나타난 것은 지역구 이익과 깊은 관련이 있기 때문
이다. 문화관광위원회가 세 번째로 선호되는 위원회로 나타나는데 과
거 설문조사와는 조금은 다른 결과라 하겠다.[16] 문화관광위원회가 관
할권이 커지고 영향력이 커지자 의원들 사이에서는 선호되는 위원회로
변화한 것이다. 여기에는 지역구에 경제적인 영향을 미칠 수 있다는 점
도 포함된 결과라 하겠다. 겸직이 가능한 운영, 정보, 여성위원회를 선
호하는 의원은 한 명도 없었다.

이에 비해 의원들이 가장 회피하는 위원회는 법제사법위원회로 나타
나고 있다. 환경노동, 농림해양수산위원회가 그 뒤를 따르고 있다. 법제
사법위원회는 다른 위원회에서 심의 통과된 모든 법안에 대해 체계 · 형
식과 자구의 심사를 맡고 있어 업무가 과도하게 많은 곳으로 인식되어
의원들이 회피하고 있다. 환경노동위원회는 과거 조사에서와 마찬가지

---

16) 과거 행하여진 설문조사와 조금은 다른 결과를 보여주고 있다. 김민전(1996)
의 경우 14대 국회 의원 127명에 대한 설문조사를 통해 가장 선호하는 위원회
는 (1)내무위원회, (2)통일외무, (3)농림수산, (4)통상산업위원회 순이라는 것
을 밝혔고 가장 비선호 위원회는 행정과 통신과학기술위원회이며 법제사법위
원회가 그 뒤를 따른다고 했다. 또한 교육, 환경노동, 국방위원회 또한 인기가
없는 위원회라고 밝히고 있다. 박천오(1998)의 경우 15대 국회 의원보좌관에
대한 설문조사를 통해 의원들 간에 가장 권위를 인정받는 위원회는 (1)재정경
제, (2)건설교통, (3)통일외무, (4)내무, (5)국방위원회였다. 주요정책을 다루는
위원회는 (1)재정경제, (2)건설교통, (3)환경노동, (4)통일외무, 통산산업위원
회였으며 재선에 기여하는 위원회는 (1)건설교통, (2)재정경제, (3)내무, (4)농
림해양, (5)통상산업위원회의 순이었다. 이에 비해 대표적 비선호 위원회는 (1)
행정, (2)환경노동, (3)법제사법, (4)문화체육, (5)국회운영위원회였다.

〈표 14〉 선호 및 회피 위원회

선호 위원회			회피 위원회		
위원회	빈도	%	위원회	빈도	%
운영	0	0	운영	3	2.2
법제사법	1	0.5	법제사법	58	42.0
정무	8	3.7	정무	1	0.7
재정경제	19	8.8	재정경제	3	2.2
통일외교	33	15.3	통일외교	1	0.7
국방	8	3.7	국방	8	5.8
행정자치	14	6.5	행정자치	1	0.7
교육	12	5.6	교육	1	0.7
과학기술	8	3.7	과학기술	3	2.2
문화관광	26	12.1	문화관광	3	2.2
농림해양	9	4.2	농림해양	13	9.4
산업자원	17	7.9	산업자원	2	1.4
보건복지	19	8.8	보건복지	3	2.2
환경노동	4	1.9	환경노동	28	20.3
건설교통	37	17.2	건설교통	8	5.8
정보	0	0	정보	1	0.7
여성	0	0	여성	1	0.7

로 의원들이 회피하는 위원회로 나타나고 있다. 농림해양수산위원회는 지역구 이익과 관련이 없는 한 배정을 꺼려하는 위원회로 나타나고 있다.[17] 이러한 결과들은 의원들이 선호하는 그리고 회피하는 위원회는 지역구 이익과 매우 커다란 관련이 있으며, 이는 의원들이 재선을 위한 의정활동이 용이한 곳에서 활동하기 위함이라고 말할 수 있다.

---

17) 농림해양수산위원회를 가장 선호하는 위원회로 선택한 의원의 지역구는 농·어촌이며, 회피하는 위원회로 선택한 위원회의 경우 주로 대도시가 지역구임을 알 수 있다.

IV. 함축적 의미 및 결론

본 연구는 국회에 대한 국민들의 부정적인 평가 그리고 낮은 신뢰도의 원인이 어디에 기인하고 있는지 밝히기 위해 의원들을 대상으로 설문조사를 실시하여 그들의 의정활동을 알아보았다. 또한 국민들의 평가와 국회의원들의 국회에 대한 평가에 있어 커다란 차이가 발생하고 있는지 알아봄으로써 이러한 상이성이 국회에 대한 부정적인 평가의 일부분으로 작용하고 있는지 알아보았다.

설문조사를 통해 국회의원들은 국회의 업무 중 가장 중요하게 생각하고 있는 것은 국민의사대표라는 것을 알 수 있었다. 다음으로 법률의 제·개정을 중시하고 있었다. 반면 국민들은 국회의원과 같이 국민의 사대표가 가장 중요한 국회의 업무라고 생각하고 있으나, 다음으로 사회갈등 조정을 중시하고 있었다. 국민의사대표가 가장 중요한 국회업무라는 점에서 공통점이 있지만 국회의원은 법률 제·개정을, 국민들은 사회갈등 조정을 다음으로 중요한 업무라고 생각하고 있다는 차이점이 발견된다. 또한 국회의원들이 일반국민보다 법률 제·개정의 중요성에 대해 더 강조하고 있다는 점도 중요하게 발견되는 현상이다. 이는 사회적으로 발생하고 있는 여러 가지 갈등 및 분쟁에 대해 국회가 효과적으로 해결하지 못하였다는 점을 국민들이 강조한 것이라 말할 수 있다. 특히 국회는 사회갈등 해소를 위한 역할을 수행하고 있지만, 국회 내에서 발생하는 갈등조차 해결하지 못하고 있어 이러한 결과가 나타난 것이라 하겠다.

국회의원과 국민들의 국회평가에 있어 차이가 있는 두 가지 면에서 비교해 보았다. 첫 번째로 16대와 비교하여 17대 국회를 평가하였으며, 두 번째로 국회의 주요 업무들에 대한 평가를 시도해 보았다. 국회의원들은 16대 국회와 비교해서 17대 국회를 비슷하거나 긍정적으로 평가하고 있는데 반해, 국민들은 부정적으로 평가하고 있음을 알 수 있었다. 16대 국회는 대통령에 대해 탄핵을 결정한 국회로 국민들로부터 비난을 많이 받았고 이로 인해 다수당이 바뀌어 17대 국회가 구성되어 출발하였다. 하지만 이러한 17대 국회에 대해 국민들은 매우 부정적으로 평가하고 있다. 이는 국회의원들과 국민들의 평가에 있어 커다란 차이가 발생하고 있음을 보여주는 것으로 이러한 평가의 상이성을 국회의원들은 알아야 할 것이다. 다음으로 국회의 주요업무에 대해 국회의원들과 일반국민들 간에 차이가 있는지 알아보았다. 입법활동과 관련해서 국회의원들은 매우 만족스러운 평가를 하고 있지만, 국민들은 부정적으로 평가하고 있는 것으로 나타나고 있다. 국민의사대표 업무에 대해서 국민들의 불만은 가장 큰 것으로 나타나고 있는데 국회의원들은 긍정적인 평가를 하고 있다. 행정부의 견제에 대해서도 마찬가지다. 이러한 상이한 평가 결과들은 국민들의 국회와 의원들의 국회는 다르게 존재하고 있음을 보여주는 것으로, 이는 국회에 대한 국민들의 부정적인 평가의 원인으로 작용하고 있는 것이다.

다음으로 국회의원들의 의정활동이 재선을 위한 지역구 활동에 치중되고 있는지 알아봄으로써 부정적인 평가의 원인으로 작용하고 있는지 분석해 보았다. 예상과는 조금 달리 의원들은 대부분의 시간과 보좌 인력을 국회활동에 할애하고 있는 것으로 나타나고 있다. 오직 26%의 시간만을 지역구 업무에 사용하고 있는 것으로 나타나고 있다. 다만 영·호남을 제외한 다른 의원들의 경우 35.5%의 시간을 지역구 업무에 할애하고 있는 것으로 나타나 차이가 있음을 발견할 수 있었다.

하지만 대부분의 국회의원들은 재선에 있어 가장 중요한 것은 지역구 활동이라고 말하고 있다. 이는 지역구 활동이 얼마나 재선을 위해 중요한지 보여주는 단적인 예이다. 특히 당론과 지역구 이익이 충돌했을 때 다수의 의원들은 지역구 이익을 선택할 것이라고 대답하고 있어, 재선을 위해서는 소속 정당과의 충돌도 불가피함을 밝히고 있다. 의원들의 지역구 이익을 위한 의정활동은 위원회 선택에서도 나타나고 있다. 의원들의 가장 선호하는 위원회는 건설교통위원회로 나타나고 있는데 이는 지역구 경제적 이익과 크게 관련이 있기 때문이다. 다음은

의원들 사이에 영향력 있고 신망 있는 위원회로 분류되는 통일외교통
상위원회였으며 세 번째로 선호하는 위원회는 문화관광위원회로 최근
들어 지역구 이익과 관련되어 영향력을 행사할 수 있는 위원회로 분류
되고 있기 때문이다. 이러한 결과들은 의원들은 의정활동을 통해 재선
의 목표를 달성하려고 노력하고 있다는 점을 보여주는 것이다.

　더 많은 의원들의 태도를 조사함으로써 의원들의 활동이 지역구 이
익에 치중되어 있다는 점을 밝히려 했으나, 의원들을 대상으로 한 설문
조사가 용이하지 않아 중요한 몇 가지 질문에 한정되다 보니 의도한 분
석을 시도하기에는 여러 가지 어려움이 있었다. 이에 국회의원들의 지
역구 이익을 위한 활동으로 인해 국회의 주요한 기능이 얼마나 희생되
고 있는지 매우 자세하게 밝히지는 못했다. 그럼에도 불구하고 무엇보
다 국회의 주요 업무평가에 국민들과 국회의원 사이에 커다란 차이가
발생하고 있음을 발견할 수 있었고, 국회의원들은 재선을 위해서는 지
역구 활동을 가장 중시하고 있음을 알 수 있었다. 지역구 이익을 위해
소속 정당 지도부와의 충돌도 서슴지 않음을 알 수 있었다.

　또한 의원들에게 위원회는 정당의 이익을 위해 혹은 본회의에 정보
를 전달하기 위한 곳이기도 하지만, 지역구 이익을 보호하고 챙기기 위
한 활동의 무대라는 점을 발견할 수 있었다. 이러한 결과들은 현실 속
의 국회는 국민들의 국회와는 상당히 차이가 있으며, 현실 속의 국회는
지역구 이익에 많이 치중되어 있음을 보여주고 있다. 국민들이 생각하
는 국회로 현실 속의 국회가 다가가기 위해서는 의원들의 많은 변화와
노력이 요구된다.

참고문헌

가상준. 2006. "제17대 국회 의원들의 입법행태 평가." 『의정연구』 12-1: 55-78.

김민전. 1996. "14대 국회의원의 의사결정 구조: 상임위원회의 배정과 그 활동을 중심으로." 한국정치학회 하계학술대회 발표논문.

박천오. 1998. "국회의원의 상임위원회 선호성향과 동기." 『한국정책학회보』 7-1: 293-315.

손병권. 2004. "17대 초선의원들의 의정활동 평가." 『의정연구』 10-2.

윤종빈. 2004. "16대 국회의원 역할 유형과 지역구활동." 『한국정치학회보』 38-5: 177-198.

이현우. 2006. "17대 국회에 대한 국민평가: 구조적 문제와 운영적 문제." 『의정연구』 12권 1호: 5-30.

_____. 2005a. "국회이원 표결 요인분석: 정당, 이념 그리고 지역구." 『한국과 국제정치』 21-3: 187-218.

_____. 2005b. "한국과 미국의 국회의원 표결요인 비교: 자유무역협정 비준의 경우." 『국제정치논총』 45-3: 105-126.

임성호. 2004. "국회불신의 수준과 원인." 『한국 의회정치와 제도개혁』. 한국정치학회 엮음. 서울: 한울 아카데미.

Farnsworth, Stephen J. 2003. "Congress and Citizen Discontent: Public Evaluations of the Membership and One's Own Representative." *American Politics Research* 31-1: 66-80.

Fenno, Richard F. 1975. "If, as Ralph Nader Says, Congress is 'The Broken Branch.' How Come we Lover Our Congressmen So Much?" In Norman J.Ornstein, ed. *Congress in Change: Evolution and Reform.* New York, NY Praeger.

Fiorina, Morris P. 1989. *Congress: Keystone of the Washington Establishment.* 2nd edition. New Haven: Yale University Press.

Hibbing, John R., and Elizabeth Theiss-Morse. 1995. *Congress as Public Enemy: Public Attitudes Toward American Political Institutions.* New York. NY. Cambridge University Press.

Kimball, David C., and Samuel C. Patterson. 1997. "Living up to Expectations: Public Attitudes Toward Congress." *Journal of Politics* 59-3: 701-728.

Mayhew, David. 1974. *Congress: The electoral connection*. New Haven. Yale University Press.

Parker, Glenn R., and Roger H. Davidson. 1979. "Why Do Americans Love Their Congressmen So Much More than Their Congress?" *Legislative Studies Quarterly* 4: 52-61.

Patterson, Kelly D., and David B. Magleby. 1992. "The Polls-Poll Trends: Public Support for Congress." *Public Opinion Quarterly* 56.

| 제7장

의원과 여·야당, 국회, 행정부와의 관계 분석:
국회의원 설문 조사 결과 분석

김진하

　정치제도 안에서 국회의원은 구조적으로 매우 모순적인 위치에 놓여 있다. 우선 행정부를 견제해야 하는 입법부인 국회의 여당의원과 행정부의 관계가 모순적이며, 입법부로서의 국회와 대의기구로서의 국회의 역할이 모순적이며, 정당과 국회와의 관계 또한 모순적인 측면이 있다. 삼권분립의 한 축으로 행정부를 견제해야 하는 기능이 국회에 있지만 여당의 경우 당정 협의를 통한 행정부 지원을 행정부 감시 기능 못지않게 중요하게 생각하고 있다.

　특히 대통령 중심제를 채택하고 있고, 대통령이 여당의 공천권에 전통적으로 영향을 크게 미치는 우리나라와 같은 경우에는 안정적인 정국 운영과 정책 효율성을 위해 당정협의가 중요한 여당의 책무로 여겨져 왔다. 또한, 정국 운영의 실패가 선거전에서 여당에게 불리하게 작용을 하게 되기 때문에 행정부와의 협조는 여당의원에게는 행정부 견제 못지않게 중요한 업무가 되는 것이다. 결국 국회와 행정부는 삼권분립의 한 축을 이루는 구조이면서도 행정부와 국회의 여당은 협조관계를 유지하는 이율배반적 위치에 놓이게 된다.

또한, 지역구 국회의원의 경우 지역구를 대표하는 대의기능과 입법 사이에 갈등을 겪기도 하고, 여·야의 갈등 혹은 협조 속에서 개별 의원의 정치적 신념이나 대의기능은 도전을 받기도 한다. 이는 헌법기관으로서의 개별 의원이 정당원이자 지역구민의 대표이며, 국회라는 집합적 제도의 구성원이라는 다층적 구조에서 야기되는 것이다.

이러한 구조적 문제들을 현역 국회의원들은 어떻게 인식하고 있는지를 알아보는 것이 이 장의 주제이다. 이제껏 국회의원의 입법활동이나 상임위 활동, 표결 행태 등을 계량적으로 분석하거나(김형준 2004; 박찬표 2004), 국회와 행정부와의 권력관계를 입법주체의 관점에서 풀어본 연구(조정관 2004; 최정원 2004), 혹은 당정관계를 역사적인 면에서 논의한 연구(이정희 2004) 등은 있었지만, 국회의원의 인식조사를 통해 연구한 경험적 자료는 거의 없었다. 국회의원은 개개인이 헌법기관이며 국회를 이루는 주체인데, 행정부-의회, 의회-정당의 구조적 관계에 대해 국회의원이 바라보는 시각을 중심으로 분석한 연구가 많지 않았던 것은 아쉬운 점이다.

이 장의 주요 분석 대상은 17대 현역 국회의원이다. 국회의원 의식조사 자료는 2006년 서강대 동아연구소와, 중앙일보, 참여연대가 공동으로 실시한 개별 의원과의 면접조사 자료를 사용하였다. 2006년 실시된 면접조사에서 총 243명의 국회의원이 응답을 하였다. 국회의원 개별 면접에는 많은 질문을 할 수가 없어서, 본고의 주제와 직접 관련되어 있는 질문들이 많지 않은 한계가 있지만, 국회의원 면접조사는 국회의원들의 국회관련 의식을 살펴볼 수 있는 1차 자료로서 충분히 의미가 있다.

I. 머리말

국회의 주요 기능에는 대의기능, 입법기능, 행정부 감독 기능, 갈등 해결 기능, 그리고 통합기능 등이 있다(김영래 2004). 국회가 이런 주요 기능을 잘 감당하기 위해서 필요한 것은 다음의 두 가지다. 하나는 국회의 여러 기능 상호간에 상충하는 부분이 적어야 하는 것이고, 다른 하나는 국회가 자율성을 가져야 하는 것이다.

그러나 현실적으로 국회의 주요 기능들에는 잠재적 갈등 요인이 있다. 특히 전통적으로 문제가 되는 것은 대의기능과 입법기능의 충돌 가능성이다(Davidson and Oleszek 1994). 국회는 입법기능을 담당하고, 국회의원은 입법가(lawmaker)지만, 또한 지역구의 민의를 전달해야 하는 대의원(delegate)이기도 하기 때문에 좋은 입법이라는 국가의 단일 목표가 지역구나 정당의 입장에 따라 달리 해석될 때 의원은 갈등을 겪게 되는 것이다. 특히 사회갈등적 요소가 있거나 지역의 이익과 전체 국가 이익이 상충될 수 있는 입법 사안일 경우, 입법과 대의기능의 동시적 수행 요구는 구조적으로 어려운 면이 있다. 또 앞서 언급한 것처럼 행정부 감시 기능을 수행하는 데 여당 의원의 경우 정치적·구조적 한계가 있게 마련이다. 국회의 올바른 기능 수행을 위해서는 주요 기능의 모순적 관계가 줄어들어야 하지만, 국회의 주요 기능 상호간에 충돌이 발생하거나 잠재적 갈등 요인이 될 경우 개별 국회의원의 선택은 어려운 문제에 직면하게 된다.

두 번째, 국회가 제도적 자율성을 확보해야 한다. 제도적 자율성은 특히 행정부로부터의 자율성을 의미한다. 아울러 개별 국회의원도 정당과 지역구로부터의 자율성을 일정부분 확보해야 한다. 국회의 기능을 잘 감당하기 위해서는 국회가 제도로서 행정부로부터 자율성을 갖는 것도 중요하지만, 지역구나 정당으로부터의 어느 정도의 자율성이 개별 국회의원에게 보장되어야 한다. 대의민주주의 국가에서 지역구로부터의 자율성을 논하는 것은 민주주의 원칙에 잘 맞지 않는 것처럼 들릴 수도 있다. 국회의원의 주요 역할을 국민의 의사를 그대로 전달하는 트랜스벨트(transbelt)로서의 대의기능으로 보고, 국회를 입법기관보다는 대의기관이라고 보면, 유권자나 지역구민으로부터의 자율성을 논하는 것은 적절하지 않은 것처럼 생각된다.

그러나 국회의원을 유권자의 대리인(delegate)으로 보지 않고 신탁자(trustee)라고 보게 되면 국회의원은 유권자의 손에 의해 선출되지만 일정한 자율성을 가지고 본인의 식견과 양심을 가지고 판단할 필요가 있는 헌법 기관이다. 유권자로부터 어느 정도의 자율성을 확보할 때만이 버크(Burke)가 말한 것처럼 국회의원이 국익이라는 단 하나의 공통이익을 위해 일하는 버크식 민주주의(Burkean Democracy)의 실현이 가능해진다. 재선에 민감한 국회의원이 지역구의 민심을 모른척하면서 국익을 위한 결정을 내린다는 것이 사실상 어렵지만, 국회가 주요기능을 성공적으로 감당하기 위해서는 유권자로부터의 자율성을 개별 국회의원에게 부여하는 것이 필요하다. 재선율이 높은 미국에서조차 재선을 위해 현역 의원이 많은 시간을 지역구에서 보내는 것이 보편적인 상황인데, 우리나라처럼 현역의원의 재선율이 높지 않은 국가에서의 지역구 대의기능은 의정활동의 주요한 부분이 된다. 그러나 좋은 입법을 한다는 것이 항상 지역구 이해관계와 일치하는 관계는 아니기에, 소신입법이 가능하도록 지역구에 지나치게 연계되지 않는 것이 나을 수 있다.

자율성이란 관계적 정의이다. 어느 일방으로부터의 간섭을 받지 않고 결정할 수 있는 권리를 의미한다면, 국회의 자율성 확보는 행정부, 정당과의 구조적 관계의 문제이고, 개별 국회의원의 자율성 확보 역시 소속 정당과 시민사회, 지역구로부터의 자율성의 영역인 것이다. 따라서 국회 기능의 정상화 혹은 효율성을 위해서는 구조 분석이 필요하고, 이 장에서는 그 구조를 바라보는 현역 의원의 시각을 통해 이 문제를 접근해 보고자 한다.

II. 몸말

17대 국회는 탄핵 소용돌이로 인해 정치신인의 등장과 기성 정치인의 낙선으로 인적 구성으로만 보면 완전히 새로운 틀을 갖출 수 있어서, 16대 국회와 많은 차별성이 있을 것으로 쉽게 예측할 수 있다. 우선 탄핵 정국으로 여당이었던 민주당은 군소정당으로 전락했고, 제1당이었던 한나라당은 제2당으로 추락했으며, 신생 정당인 열린우리당이 국회의 제1당이 되고, 민노당이 원내의석수로 제3당이 되는 등, 기존의 원내 역학구조의 엄청난 지각 변동이 이루어진 것이 17대 국회였다. 특히 민노당의 약진은 국회의원의 이념적 스펙트럼을 다양하게 하고, 과거와 다른 의정활동을 기대하게 될 수 있다는 점에서 그 의미가 크다.

또한, 초선의원이 전체 의원 299명 중에서 187명으로 전체 국회의원 대비 62.5%의 의원이 의정 경험이 없는 정치 신인이라는 것도 주목해야만 하는 점이다. 특히 여당인 열린우리당의 국회의원 152명 중에 초선이 108명으로 71%에 달하였다. 이는 현역 의원의 재선율이 90% 이상 되는 미국과 비교하여도 큰 교체율이었을 뿐만 아니라, 역대 국회와 비교해서도 엄청난 차이를 보이는 것이었다. 다음의 〈표 1〉은 민주화 이후 구성된 국회의 정치 신인 비율 분석이다.

위의 〈표 1〉에서 보면 민주화 이후 첫 번째 의회인 13대에서 50%를 넘었던 초선 비율이, 16대까지 40%대에 머물러 있다가 17대에 62.5%로 급상승한 것을 알 수 있다. 13대 국회의원 선거는 민주화 이후 첫 선거로서 유신과 5공화국의 전직 의원들을 탈락시키고 지역주의 구도가 반영된 4당 체제로 치러진 선거로서 과거와의 단절과 정치신인의 등장이

〈표 1〉 초선의원 원내진출 비율(13대~17대)

(단위: %)

13대	14대	15대	16대	17대
55.9	39.1	46.2	40.7	62.5

라는 면에서 초선의원이 많을 수밖에 없었다. 그런 점에서 13대 국회와 17대 국회는 유사한 점들이 있다. 두 국회 모두 현역 국회의원의 대거 탈락과 신인의 등장이 가능한 정치적 배경이 있었다는 점이다. 13대는 민주화, 17대는 탄핵정국이 그것이다.

16대와 17대를 비교하여 보면 17대의 초선 비율은 21.8% 상승하였다. 17대에 초선의원 진입이 두드러졌던 이유를 박홍민과 이준한은 유권자의 교체욕구, 의원의 세대교체, 1인 2표제와 여성 비례대표 할당제에서 찾았다(박홍민·이준한 2005). 하지만 정치권의 지각변동도 역시 중요한 요인임을 간과해서는 안 된다. 민주당으로부터 분당한 열린우리당이 민주당과 유사한 정치적 기반을 가지고 있었고, 열린우리당의 성공 가능성을 알 수 없었던 당시의 현실에서 참신한 정치신인의 발굴은 능동적 접근법이었던 동시에 어쩔 수 없는 선택이었다는 점이다. 17대 국회의원 선거의 화두가 탄핵이었다는 점을 고려해보면, 참신한 정치신인이 당선된 것이 아니라 탄핵의 피해정당으로 인식된 열린우리당 후보가 당선된 측면이 더 크다고 볼 수 있고, 그런 점에서 17대 초선의원의 등장은 신생정당의 인재수급의 특성과 예기치 않았던 낙승에 크게 힘입은 점이 있다.

이 연구에서는 17대 초선의원 진출로 인하여 17대 국회는 역대 국회와 행정부, 여·야당, 지역구와의 관계 형성과 개별 의원이 의정활동에 차이점을 보일 수 있다는 점에 주목한다. 초선의원과 다선의원 간에 시각의 차이가 존재하는지, 소속 정당이 의원의 인식에 차이를 가져오는지 보는 것이 주요 목적이다.

1. 17대 국회의 평가—4대 기능을 중심으로

서두에서 언급한 대로 국회의 주요 기능은 입법, 대의, 행정부 견제, 사회갈등 조정·통합 기능이다. 국회의원들은 17대 국회가 그런 기능을 제대로 수행하고 있다고 평가하고 있는지를 조사한 것이 〈표 2〉의

〈표 2〉 17대 국회의 평가[1]

(단위: 빈도수)

	매우 잘함	잘하는 편	못하는 편	매우 못함
입법	29(11.9)	165(67.9)	44(18.1)	4(1.6)
대의	24(9.9)	119(49)	91(37.4)	8(3.3)
행정부 견제	32(13.2)	155(63.8)	52(21.4)	2(0.8)
사회갈등 조정	9(3.7)	56(23)	155(63.8)	2(9.1)

17대 국회의 주요 업무에 대한 의원들의 평가이다.

위의 표를 보면 입법기능을 잘하고 있다고 긍정적으로 대답한 국회의원이 79.8% 정도에 이르고, 행정부 견제 기능도 잘하고 있다고 대답한 국회의원이 전체 응답자의 77%에 달한다. 따라서 17대 현역 국회의원들은 자신들이 속한 국회가 행정부 견제를 충실하게 하고 있다고 믿는 경향이 있으며, 아울러 입법기능을 잘 수행하고 있다고 믿는 국회의원이 그렇지 않다고 믿는 국회의원보다 절대적으로 많다는 것을 알 수 있다. 그에 비해 대의기능을 잘하고 있다고 응답한 국회의원은 전체의 58.8%에 불과하여, 국회의 대의기능을 긍정적으로 평가하는 국회의원이 10명 중 6이 되지 않는다는 것을 알 수 있다. 그에 비해서 응답자의 72.9%가 국회가 사회갈등 조정의 역할을 잘 수행하지 못하고 있다고 응답하여, 17대 국회의원들은 입법과 행정부 견제 기능은 긍정적으로, 대의기능은 약간 긍정적으로, 사회갈등 조정 기능은 부정적으로 평가함을 알 수 있다.

위의 표에서 국회의 기능을 잘하고 있는 순서대로 나열하자면 입법, 행정부 견제, 대의, 사회갈등 조정 순이다. 그런데 사회갈등을 제외한 다른 기능에 대한 국회의원의 평가는 긍정적인데 비해서 왜 국민의 국

---

1) 괄호 안의 수는 백분율로, 단위는 %이다. 이는 모르겠다고 응답한 응답자를 포함한 %로 가로의 합이 100이 안 될 수 있다.

회에 대한 평가는 부정적일까? 여기에는 국회에 대한 국민의 시각과 국회의원의 시각의 차이가 존재하기 때문이다. 국민들의 경우에는 국회의 가장 중요한 기능을 국회의 대의기능으로 생각하고, 국회의원이 해야 할 가장 중요한 업무를 대의기능과 지역구 봉사의 순서로 생각하고 있다. 국민들의 국회에 대한 불만은 대의기능을 국회가 제대로 수행하지 못하고 있다는데서 기인하는 점이 크다. 그리고 국회의 행정부 견제 기능에 대해서는 응답자의 10.7%가, 국회의원의 행정부 견제 기능에 대해서는 12.9%만이 주요 기능이라고 판단을 해서 사실상 일반 국민들은 국회의 행정부 견제 기능에 대해 대의기능이나 입법기능에 비해 상대적으로 덜 중시하고 있다는 것을 알 수 있다. 더욱이 일반 국민들의 조사 결과 국회가 행정부 견제하는 것은 좋지 않다고 응답한 비율이 과반수를 넘는 것을 생각해보면[2] 국회의원들이 잘하고 있다고 평가하는 입법기능은 국민들에게 과소평가되고 있는 기능이며, 대 행정부 견제 기능은 국회의원들은 잘하고 있다고 판단하고 있지만, 과반수의 국민들은 오히려 국회의 행정부 견제가 불필요하다고 느끼고 있다. 이처럼 국회의 기능과 수행에 대해 국회의원과 국민들 간의 인식차가 존재하는 것이 국회에 대한 국민의 저평가의 한 요인일 수 있다.

국회의 주요 기능에 대한 17대 국회의원의 평가를 소속정당과 초선 여부로 알아본 것이 다음의 〈표 3〉이다.

〈표 3〉을 보면 입법기능과 행정부 견제 기능에 있어서 여당인 열린우리당은 한나라당이나 민노당, 민주당에 비해 큰 차이는 아니지만, 상대적으로 평가를 긍정적으로 하고 있음을 알 수 있다. 여당 의원으로서는 대의기능과 사회갈등 조정 기능이 직접적으로 행정부나 대통령과 연관성이 크지 않은데 비해서, 직접적으로 행정부와 관련이 되어 있는

---

2) 2005년 서강대 동아연구소 서베이 자료. 응답자의 57.7%가 국회의 행정부 견제나 간섭은 좋지 못하다고 응답을 하였다. 그 외에 자세한 것은 본 책의 앞의 장(김진하) 참조.

<표 3> 국회 주요기능에 대한 국회의원 평가: 정당별 분석[3]

(단위: %)

	입법기능		대의기능		행정부 견제 기능		사회갈등 조정 기능	
	잘함	못함	잘함	못함	잘함	못함	잘함	못함
열린우리당	82.3	16.8	59.3	39.8	81.4	17.7	23.9	75.2
한나라당	81.6	18.5	64.1	36	77.6	22.4	32.1	67.9
민노당	33.3	66.6	11.1	88.9	44.4	55.6	11.1	88.9
민주당	63.6	36.4	36.4	63.6	54.5	45.5	18.1	81.9
국민중심	100	0	80	20	80	20	40	60
무소속	100	0	50	50	50	50	0	100

입법기능과 행정부 견제 기능에 대해 후한 점수를 준 것이라고 볼 수도 있다. 그에 비해서 민주노동당은 17대 국회의 네 가지 주요 기능을 일관되게 부정적으로 평가하고 있다. 다른 국회의원들이 비교적 긍정적으로 평가하고 있는 입법기능과 행정부 견제 기능도 민주노동당 의원들은 잘못하였다고 평가를 하고 있는데, 이는 원내 정당 중 가장 진보적인 정당으로서의 정책 이념과 목표가 다른 정당과 차별성을 보이고, 소수정당으로 원내 역할이 제한적인데서 나온 것이라고 볼 수 있을 것이다. 전체적으로 부정적인 평가를 받고 있는 사회갈등 조정 기능을 소수 정당인 국민중심당과 한나라당이 상대적으로 덜 부정적으로 평가하고 있다는 점도 주목할 만한 사항이다. 이 두 정당은 원내 정당 중에서 가장 보수적인 정당이라는 점이 이 부분과 연관이 있는지는 좀 더 연구해 봐야 할 과제이다.

　여당과 제1야당인 열린우리당과 한나라당만을 비교하여 보면, 입법

---

3) 응답자 셀은 열린우리당 113명, 한나라당 103명, 민노당 9명, 민주당 11명, 국민중심당 5명, 무소속 2명이다. 민노당, 민주당, 국민중심당, 무소속은 응답자 수가 너무 적어서 일반화의 오류가 있을 수 있기 때문에, 해석을 신중하게 하여야 한다.

기능에 대한 평가는 양당의원 간의 차이가 없고, 가장 차이가 많이 나타나는 평가항목은 사회갈등 조정 기능으로 약 10% 정도의 차이를 보이지만 ANOVA분석을 해보면 통계적으로 유의미한 차이는 보여주지 못한다. 무소속을 제외하고 원내 주요 5개 정당 간의 업무평가 차이를 ANOVA로 분석해보면 입법기능, 행정부 견제, 사회갈등 조정 기능에 관한 평가는 통계적으로 유의미한 차이가 어떤 정당 간에도 나타나지 않는다. 단, 대의기능에 대한 평가의 경우 한나라당 의원들과 민노당 의원들 간에는 유의수준 0.05에서 통계적으로 유의미한 차이를 보여준다. 따라서 한나라당 의원에 비해 민노당 의원의 경우 대의기능 수행에 부정적인 평가를 하고 있고 이는 통계적으로도 유의미하지만, 그 외에의 국회 기능에 대한 평가에는 정당 간에 통계학적으로 유의미한 차이가 없다고 볼 수 있다.

다음의 〈표 4〉는 초선의원과 재선의원 그리고 3선 이상의 다선의원 간에 국회의 주요 기능에 대한 평가의 차이가 있는지를 보여주는 분석자료이다. 다음의 표에서 볼 수 있듯이 의원의 당선횟수 혹은 의정활동 경험은 17대 국회의 기능에 대한 평가를 다르게 나타나게 할 수 있는

〈표 4〉 초선의원과 재, 다선의원의 국회 기능 평가[4]

	입법기능		대의기능		행정부 견제 기능		사회갈등 조정기능	
	잘함	못함	잘함	못함	잘함	못함	잘함	못함
초선	74.8	24.5	54	45.4	88.6	20.8	27.6	71.8
재선	85	15	72.5	27.5	77.5	22.5	22.5	77.5
다선	95	5	65	35	70	27.5	27.5	72.5

---

4) 초선의원은 163명, 재선의원은 40명, 3선 이상의 다선의원은 40명이다. 무응답자를 포함하여 백분율을 계산하였기에, 무응답자가 있을 경우, 가로의 합이 100%가 되지 않는다.

주요 요인이다.

〈표 4〉에서 보면 초선의원과 재선의원 사이에는 17대 국회에 대한 평가가 많이 다르게 나타남을 알 수 있다. 입법기능은 다선으로 갈수록 긍정적으로 평가하는데 비해서, 행정부 견제 기능은 다선으로 갈수록 부정적으로 평가하는 선형관계처럼 보여진다. 입법기능의 경우 초선의원의 74.8%가 국회가 잘하고 있다고 평가하는데 비해서, 재선의원의 85%, 다선의원의 95%가 입법기능을 긍정적으로 평가하고 있어서, 의정경륜이 오래된 의원일수록 17대 국회의 입법기능에 대해 매우 긍정적으로 평가하고 있다는 점을 알 수 있다. 선수가 쌓일수록 다른 국회와 비교가 가능하지만, 초선의 경우 비교 가능한 준거 국회가 없어서 절대적 기준으로 평가하기에 다선의원에 비해 다소 낮은 수치를 보여준다고 할 수 있다. 행정부 견제 기능은 반대로 초선으로 갈수록 잘하고 있다고 평가하는 경향이 높다. 이 또한 의정경험이 중요한 요소로 작용하였다고 볼 수 있다. 재선의원은 16대 국회와 비교하여 평가할 수 있고, 다선의원들은 여러 국회를 비교할 수 있어서 나름대로의 기준을 세울 수 있지만, 초선의 경우는 17대가 유일하게 경험 중인 국회이기에 다른 의원들과는 평가기준이 다를 수밖에 없다.

대의기능과 사회갈등 조정 기능은 선수와 선형관계를 보이지 않는다. 재선의원의 72.5%가 국회의 대의기능을 긍정적으로 평가하고, 다선의원의 65%가 긍정적으로 평가한데 비해서 초선의원의 54%만이 대의기능을 긍정적으로 평가하여, 선배 의원들보다 초선의원이 17대 국회의 대의기능을 상대적으로 덜 긍정적으로 평가하고 있는 것을 알 수 있다. 사회갈등 조정 기능의 경우 재선의원들이 다른 의원들에 비해서 부정적으로 평가하는 경향이 더 높게 나타났고, 초선과 다선의원들은 거의 차이가 없었다.

앞의 〈표 3〉과 〈표 4〉는 소속 정당과 당선횟수가 국회의 주요 기능에 대한 국회의원 인식에 영향을 미친다는 것을 알게 해준 자료이지만, 좀 더 면밀한 검토가 필요하다. 여당인 열린우리당의 경우 다른 정당보다 초선의원이 많은데, 그렇다면 열린우리당 초선의원들이 다른 의원들과 인식의 편차가 있는 것은 소속 정당 때문인지, 의정 경륜때문인지, 아니면 둘 다 때문인지 알 수 없기 때문이다. 그래서 정당변수를 통제하여 분석한 교차분석을 했고, 다른 정당은 생략하고 열린우리당과 한나라당 의원들만을 비교하였다. 민노당의 경우에는 응답자 전원이 초선의원이라 교차분석의 의미가 없고, 민주당과 국민중심당, 무소속은 너무 셀이 작아서 마찬가지로 분석의 의미가 없다. 그리고 열린우리당과 한나라당은 여당과 제1야당이라는 점에서, 이념적으로 진보와 보수를 대표하고 있다는 점에서 두 당만을 대상으로 교차분석하는 것이 큰 문제가 되지 않는다고 판단하였다. 다음의 〈표 5〉는 두 당만을 대상으로 선수와 국회의 주요 기능 평가를 교차분석한 결과이다.

다음의 〈표 5〉를 보면 전체적으로는 한나라당과 열린우리당의 입법

〈표 5〉 정당, 선수, 의회 주요 기능 평가 교차분석[5]

(단위: %)

		입법기능		대의기능		행정부 견제		사회갈등 조정	
		잘함	못함	잘함	못함	잘함	못함	잘함	못함
열린우리당	초선	80.3	12.5	58	40.7	82.7	16	24.7	74
	재선	85	15	70	30	80	20	25	75
	다선	91.6	8.4	50	50	75	25	16.7	83.3
	합계	82.3	16.8	59.3	41.8	81.4	17.7	23.9	75.2
한나라	초선	75.8	24.2	58	41.9	82.3	17.7	35.5	64.5
	재선	82.4	17.6	70.6	29.4	70.6	29.4 ·	17.6	82.4
	다선	95.8	4.2	75	25	70.8	25	33.3	66.7
	합계	81.5	18.5	64	36	77.6	21.4	32.1	67.9

---

5) 셀의 숫자는 가로방향으로 두 셀을 합해서 100이 나오게 된다. 무응답자를 포함하여 백분율을 계산하였기에, 무응답자가 있을 경우 100이 되지 않을 수 있다. 합계는 소속 정당의원들의 합계다. 응답자 수는 열린우리당 초선의원 81, 재선 20, 다선 12명, 한나라당 초선 62, 재선 17, 다선 24명이다.

기능에 대한 평가가 큰 차이가 없지만, 같은 선수를 비교하여 보면 초, 재선의 열린우리당 국회의원들이 한나라당 초, 재선 의원보다 입법기능을 긍정적으로 평가하는 경향이 있다는 것을 알 수 있다. 이에 반해서, 한나라당의 다선의원의 95.8%가 입법기능을 잘하고 있다고 평가하여, 열린우리당의 다선의원이나 다른 의원들에 비해 국회의 입법기능을 가장 높이 평가하고 있음을 알 수 있다.

대의기능 평가에 관해서는 정당을 통제하고 나면 양당의 초, 재선의원들 사이에는 큰 차이를 발견할 수 가 없었다. 다시 말해서, 양당의 초선과 재선의원 사이에 정당 효과는 거의 없다고 말할 수 있다. 하지만 다선의원의 경우는 달라서, 한나라당 다선의원의 75%가 대의기능을 잘하고 있다고 평가하는데 비해서 열린우리당 다선의원의 경우 긍정적 평가가 50%에 불과하였다. 따라서 초, 재선 의원과 달리 다선의원의 경우에는 대의기능에 대한 평가에 정당과 선수가 같이 영향을 미친다고 볼 수 있다.

행정부 견제에 관해서는 초선의원의 경우는 두 정당이 모두 82%대의 긍정적 평가를 보여서 정당효과가 없었다고 볼 수 있고, 한나라당의 재선의원과 다선의원의 차이가 없어서 한나라당의 경우 재선과 다선 사이의 선수는 크게 의미 있는 변수는 아니라는 것을 알 수 있다. 그러나 열린우리당의 재선의원은 한나라당의 재선의원에 비해 행정부 견제 기능 수행 평가 부분에서 10% 정도 더 높은 평가를 하고 있음을 알 수 있었다.

마지막으로 사회갈등 조정 기능에 대해서는 전체적으로는 열린우리당과 한나라당의 차이가 있는 것처럼 나타나지만, 선수의 차이는 일관된 효과를 보여주지 못하고 있다. 열린우리당의 경우에는 초선과 재선 사이에 선수의 효과가 나타나지 않으며, 한나라당의 경우에는 초선과 다선 사이에 큰 차이가 나타나지 않아서 정당을 통제하였을때, 선수의 효과는 다소 선수별로 유동적으로 나타나고 있다고 볼 수 있다.

지금까지 살펴본 것처럼, 정당요인과 선수요인이 국회의원의 국회기능 수행 평가에 일반적으로 영향을 미치는 것이 아니라, 국회의 기능별로 특정 정당, 특정 선수의원에게 단독으로 때로는 공동으로 영향을 미치고 있음을 알 수 있다.

2. 시민세력의 국회 견제에 대한 국회의원들의 인식

언론은 제4부라고 불리며 국민을 대신해서 정부를 감시하는 기능을 하고 있다. 국회 역시 정부기구의 하나이고 그런 점에서 언론은 국회에 대한 감시활동을 펼치고 있다. 국회와 언론과의 관계를 알아볼 수 있는 한 가지 방법은 국회의원들이 언론의 국회 견제를 어떻게 평가하고 있는가를 확인하는 것이다. 노무현 정부와 특정 언론과의 불편한 관계에 대해서는 널리 알려져 있지만 국회와는 어떤 관계인지를 알아볼 필요가 있다. 또한 민주화 이래로, 시민단체, 이익단체, 네티즌의 대 정부 감시 활동은 각 영역에서 증가하였다. 국회의 권력남용이나 도덕적 해이 등은 이들 시민사회 세력의 주요 감시 대상이 되었다. 그런 점에서 국회와 시민사회의 관계를 살펴보는 것 역시 17대 국회를 이해하는 데 필수적인 요소라고 볼 수 있다.

위의 〈표 6〉을 보면 시민사회의 국회 견제를 극단적으로 매우 긍정적으로 보거나, 매우 부정적으로 보는 의원들은 많지 않고 대부분 중도에 가깝게 평가하고 있음을 알 수 있다. 그러나 전체적으로 언론과 시

〈표 6〉 시민사회의 17대 국회 견제에 대한 국회의원 인식

(단위: %)

	매우 긍정적	약간 긍정적	약간 부정적	매우 부정적
언론	4.9	52.3	36.2	6.6
시민단체	5.3	55.1	31.7	7.8
이익단체	0.8	18.9	67.9	12.3
네티즌	3.3	47.7	39.1	9.1

민단체에 대한 평가는 긍정적인 편에 가깝고 네티즌은 51 대 48.2로 중립적이라고 볼 수 있으며, 이익단체의 국회 견제에 대해서는 압도적으로 부정적인 시각이 많았다. 시민단체의 국회 견제에 대한 평가는 전체적으로 60.4%의 국회의원이 긍정적으로 평가하고 있는 반면에, 이익단체의 국회 견제에 대해서는 80.2%의 국회의원이 부정적으로 평가하고 있음을 알 수 있다. 즉, 공익을 우선시하는 시민단체의 견제는 민의를 대변하고 전문 분야 단체의 의견을 청취한다는 측면에서 바람직한 것으로 간주하나, 이익단체의 견제는 국익이나 공익보다는 집단이기주의의 발현으로 보고 있다는 것을 알 수 있다. 네티즌의 역할에 대해 의견이 나뉘는 것은 네티즌의 참여를 시민의 참여 증대로 보고 긍정적으로 바라보는 입장과 그렇지 않은 입장으로 나뉘는 것을 알 수 있다. 네티즌의 결집으로 대통령을 당선시켰던 민주당이나 열린우리당 의원의 경우 한나라당 의원에 비해 네티즌의 국회 견제에 대하여 긍정적일 수 있기 때문에, 네티즌의 국회 견제에 대한 국회의원의 인식이 정당의 이념적 성향과 관련이 있는지 알아본 것이 다음의 〈표 7〉이다.

시민사회의 17대 국회 견제에 대한 국회의원의 평가를 정당별로 알아보면, 이익단체와 네티즌에 대한 평가는 정당별로 크게 차이를 보이지 않는다. 이익단체에 대한 평가에서 무소속이 정당 소속 국회의원에

〈표 7〉 시민사회의 17대 국회 견제에 대한 정당별 국회의원 인식

(단위: %)

	언론		시민단체		이익단체		네티즌	
	긍정	부정	긍정	부정	긍정	부정	긍정	부정
열린우리당	39	61	66.8	29.2	20.4	79.6	51.3	46.9
한나라당	75.7	24.2	48.5	51.5	19.4	80.6	50.5	49.5
민노당	55.6	44.4	88.9	11.1	22.2	77.8	55.5	44.5
민주당	63.6	36.4	63.6	36.4	18.2	81.8	54.5	45.5
국민중심	60	40	40	60	20	80	40	60
무소속	100	0	0	100	0	100	50	50

비해서 매우 부정적으로 생각하는 것으로 보이지만, 실제로 응답자가 2명에 불과해 의미가 없다. 그리고 네티즌의 국회 견제에 대한 국민중심당의 평가도 응답자가 적은 것을 고려해보면 이익단체의 국회 견제에 대한 부정적 평가는 정당별로 차이가 없고, 네티즌의 활동에 대해서도 정당별로 큰 차이가 없다고 말할 수 있다. 이는 네티즌의 국회 견제에 대한 국회의원의 인식에 소속 정당이 영향을 미쳤을지 모른다는 가정을 부정하는 결과이다.

이에 반해서, 언론의 국회 견제와 시민단체의 국회 견제에 대한 국회의원의 평가는 정당별로 큰 차이를 보이고 있다. 다른 모든 정당이 언론의 국회 견제를 긍정적으로 평가하는데 비해서, 열린우리당 의원들의 61%가 언론의 국회 견제 기능을 부정적으로 평가하고 있음을 알 수 있다. 왜 다른 정당과 달리 열린우리당 의원들은 언론의 국회 견제에 대해 부정적인 평가를 내리는 것일까? 노 대통령, 행정부, 열린우리당과 언론과의 불편한 관계가 열린우리당 소속 국회의원들에게 영향을 미쳤다고 볼 수 있다. 열린우리당 의원 입장에서 언론, 특히 보수언론의 국회 견제는 객관적이며 공익에 한정된 것이 아니라, 노 대통령과 열린우리당 때리기의 측면에서 받아들였기 때문인 것 같다. 한편, 제1야당인 한나라당 국회의원의 경우 언론의 국회 견제를 긍정적으로 보는 국회의원이 전체의 75.7%에 달하였다. 결국 열린우리당 국회의원과 한나라당 국회의원 사이에는 언론과 국회의 관계에 대해 근본적인 견해 차이가 존재한다는 뜻인데, 그 이유는 노무현 정권 아래에서 형성된 정당의 언론관의 차이라고 봐야 할 것이다. 시민단체의 국회 견제에 대해서도 진보적인 열린우리당, 민노당, 민주당 의원들은 긍정적으로 평가하는데 비해서, 보수적이라고 할 수 있는 한나라당과 국민중심당 의원들은 상대적으로 부정적으로 평가하는 경향이 있다.

결론적으로, 시민사회의 국회 견제에 대해서는 정당 간의 시각차가 존재하고, 이러한 시각차는 소속 정당과 국회, 시민사회 관계가 갈등적이냐, 협조적이냐에 따라, 이념의 거리에 따라서 영향을 받는다고 할 수 있다. 이익단체와 네티즌의 국회 견제에 대해서는 정당 간의 인식 차이가 거의 없었지만, 언론에 대해서는 열린우리당 국회의원이, 시민단체에 대해서는 한나라당과 국민중심당 국회의원이 다른 정당 소속의 국회의원과는 달리 부정적으로 평가하고 있다는 것을 알 수 있었다.

3. 국회의장 권한 평가

국회의장의 권한에 대한 평가는 결국 행정부와 정당으로부터의 의회의 자율성 지표로 사용될 수 있다. 국회의장의 권한이 강하다고 생각하면 그것은 주요 정당이나 행정부로부터 의장이 독립적으로 행사할 수 있는 권한이 충분하다고 생각하는 것이고, 약하다고 생각하면 의장은 정당이나 행정부로부터 자율권을 별로 보장받지 못하고 있다고 생각할 수 있기 때문이다. 다음의 〈표 8〉은 국회의장 권한을 국회의원들이 평가한 결과를 보여준다.

〈표 8〉을 보면 국회의장의 권한이 매우 강하거나 강한 편이라고 응답한 국회의원은 전체의 69.9%에 달하였다. 이처럼 전체 국회의원의 7/10 정도가 국회의장의 권한을 강하다고 생각한 것은 제도로서의 국회가 어느 정도 자율성을 가지고 있다고 판단한 것으로 유추할 수 있다. 국회의장 권한에 관한 인식을 정당 소속별로 살펴보아도 다음의 〈표 9〉에서 볼 수 있는 것과 같이 정당별로 큰 차이를 보이지 않는다. 따라서 소속 정당에 상관없이 국회의원들은 국회의장의 권한이 큰 편이라고 생각하는 경향이 있다.

〈표 8〉 17대 국회 국회의장 권한에 대한 의원 평가

(단위: %)

국회의장 권한	매우 강함	강한 편	미약한 편	매우 미약
	5.3	64.6	28.8	0.4

<표 9> 양대 정당 소속 국회의원의 국회의장 권한 평가[6]

(단위: %)

	매우 강하다	강한 편이다	약한 편이다	매우 약하다
열린우리당	7.1	61.1	30.1	0
한나라당	4.9	68.9	25.2	1

4. 국회의원 표결 결정

국회의원들이 국회 표결과정에서 의사결정을 내릴 때 영향을 미치는 요소가 무엇인지를 파악하는 것은 매우 중요하다. 이는 정당과 국회와의 관계, 지역구와 국회와의 관계, 그리고 대통령과 행정부와의 관계에 대한 분석의 기초가 될 수 있기 때문이다. 다음의 <표 10>은 국회의원 표결에 가장 큰 영향을 미치는 요소에 대해 국회의원들이 응답한 자료이다.

<표 10>에서 보면 국회의원 표결에 영향을 미치는 가장 중요한 요소는 정당인 것을 알 수 있다. 응답자의 절반이 정당이 국회 표결에 영향을 미치는 가장 중요한 요소라고 대답을 하였다. 그 다음이 개인 신념인데, 이는 의원 개개인이 헌법기관인 입법주체로서 스스로의 신념에 따라 표결에 임한다는 뜻이다. 지역구와 재선에 대한 염려는 6.5%에 불과하여 17대 국회의원은 대리인보다는 신탁자라는 것을 알 수 있었다.

<표 10> 국회위원 표결에 영향을 미치는 제일 중요한 요소

(단위: %)

정당	지역구	개인 신념	재선
50.6	4.9	42.8	1.6

6) '모르겠다'는 2명의 열린우리당 의원을 제외한 표이기 때문에 총계가 100%가 되지 않음.

〈표 11〉 소속정당별 국회의원의 표결에 영향을 미치는 요인

(단위: %)

	정당	지역구	소신	계파	재선
열린우리당	52.2	5.3	39.8	0.9	1.8
한나라당	46.6	4.9	47.6	0	1.0
민주당	36.4	9.1	45.5	0	9.1
민노당	66.7	0	22.2	11.1	0
국민중심당	40	0	60	0	0

이런 점은 국회가 대의기능을 다른 기능에 비해 상대적으로 잘 못했다고 인식하는 것과 맥을 같이한다고 볼 수 있는데, 표결과정에 지역구민의 의사나 재선에 대한 열망이 크게 영향을 미치지 않는다면 국회의원들은 지역구민으로부터 상당한 자율권을 가지고 있다고 볼 수 있지만 동시에 국민의 신뢰를 얻지 못하는 요인이 되기 때문이다. 국회의원들은 오로지 재선만을 추구한다는(single-minded reelection seeker) 메휴(Mayhew)의 진단이 한국의 경우에는 맞지 않는 것으로 나타났다.

이러한 차이는 한국 총선이 미국의 총선과 다르기 때문일 수도 있겠다. 그것은 한국의 경우 미국과 달리 지역주의 선거 전통이 민주화 이래 압도적인 요소가 되어왔기 때문에 지역정당의 공천이 곧 당선인 공식이 통용되기 때문이다. 이러한 정치 풍토에서는 정당의 당론을 쫓는 것이 지역구나 재선을 염두에 두고 의정활동을 하는 것보다 현실적으로 당선에 더 도움이 되기 때문에 지역구 의사나 재선에 대한 염려가 미국과는 달리 크게 작용하지 못하는 이유일 수도 있다. 혹, 국회의원의 의사결정과정에 미치는 요소가 정당별로 달리 나타나지 않을까 조사한 결과가 위의 〈표 11〉이다.

위의 〈표 11〉을 보면 전국구 의원이 상대적으로 많은 민노당과 국민중심당의 경우 지역구가 표결에 영향을 미친다고 응답한 의원은 한 명도 없다. 가장 진보적인 민노당 의원들의 66.7%가 정당이 가장 중요하다고 응답을 했고, 11.1%가 계파가 제일 중요하다고 응답을 하였다. 그

〈표 12〉 선수별 국회의원의 표결에 영향을 미치는 요인

(단위: %)

	정당	지역구	소신	계파	재선
초선	49.1	6.7	41.7	0.6	1.8
재선	50	2.5	45.0	2.5	0.0
3선 이상	50.1	0.0	50.0	0	0.0

다음 진보적이라고 볼 수 있는 열린우리당 의원들이 민노당에 이어 두 번째로 정당이 가장 중요하다고 대답한 비율이 높다. 상대적으로 보수적인 국민중심당, 한나라당, 그리고 민주당 의원들의 경우 소신이 더욱 중요하다고 응답을 하여서 정당과 소신 사이에는 정당 간의 차이가 나타나고 있음을 알 수 있다.

위의 〈표 12〉는 국회의원 표결에 영향을 미치는 요인을 의원의 선수별로 알아본 것이다. 선수에 상관없이 정당이 제일 중요하다고 대답한 의원은 약 50%에 이른다. 반면에 소신이 중요하다고 응답한 의원의 분포는 선수가 올라갈수록 증가함을 알 수 있다. 초선의원의 41.7%가 소신이 제일 중요하다고 응답한 반면에, 재선의원의 45%, 3선 이상 의원의 50%가 소신이 제일 중요하다고 응답을 하여, 선수와 소신 투표 비율과는 정(+)의 관계가 있음을 알 수 있다.

5. 국회와 행정부, 정당 관계

국회와 행정부의 관계를 알아 볼 수 있는 직접적인 문항들이 존재하지 않는 관계로 간접적인 설문 문항 두 가지를 이용하여 국회와 행정부와의 관계를 알아보고자 하였다. 첫 번째는, 국회가 제 역할을 하지 못하는 이유가 무엇인지 묻는 문항이다. 이는 과거 국회가 행정부의 시녀였던 시절과 비교하여 국회의 역할이 행정부에 의하여 제한되고 있다고 국회의원이 인식하고 있는지 아닌지를 알아보고자 위함이다. 두 번째는, 당정협의에 관한 질문으로 당정협의가 잘되고 있는지 아닌지를

<표 13> 국회가 제 역할을 하지 못하는 이유[7]

(단위: %)

행정부에 비해 약한 국회	정당의 당리당략	국회의원의 자질 미흡	시민, 이익단체의 지나친 간섭	미흡한 입법지원체계
8.2	51	11.2	2.0	3.1

조사하는 것이다. 당정협의를 통하여 여당은 국회와 당의 의견을 청와대와 행정부에 전달하는 소통의 통로가 된다는 점에서 당정협의에 관한 의원들의 인식은 간접적으로 행정부와 국회와의 관계를 진단해 볼 수 있는 자료가 될 수 있다.

위의 <표 13>을 보면 국회가 제 역할을 하지 못하는 이유가 국회가 행정부에 비해 힘이 약하기 때문이라고 대답한 의원은 8.2%에 불과하다. 행정부에 비해 국회 힘이 모자라서 국회가 제 역할을 하지 못한다고 응답한 의원들을 선수별로, 소속 정당별로 살펴보아도 큰 차이가 없는 것을 발견할 수 있었다. 단, 열린우리당 의원들은 한 명도 국회가 행정부보다 힘이 약해서 국회가 제 역할을 하지 못한다고 생각한 열린우리당 의원은 한 명도 없었다는 점이 특이점이기는 하지만, 전체적으로 행정부에 비해 국회의 힘이 약한 것이 문제라는 인식은 미미한 수준이었다. 그런 점에서 17대 국회는 대행정부 관계에서 힘의 열세에 놓여 있지 않고, 이는 민주화 이전과는 판이하게 달라진 국회의 위상을 상징적으로 보여주는 것이다.

위의 표에서 주목해야 할 점은 과반수의 의원들이 정당의 당리당략 때문에 국회가 제 역할을 하지 못하고 있다고 지적하고 있다는 점이다. 결국 국회가 무소속 의원들의 집합체가 아닌 이상, 정당의 간섭으

---

7) 기타 4.1%와 무응답 20.4%가 생략된 표로 전체의 합은 75.5%이다. 만약 무응답자의 경우 초선이 제일 많고, 재선이 다음인 것으로 미루어, 초선의원의 경우 국회가 제 역할을 하지 못하는 원인을 경험 있는 의원에 비해서 아직 모르고 있거나, 대답을 회피하는 경우가 많다고 판단할 수 있다.

〈표 14〉 당정협의의 긍정적 기능

(단위: %)

적극적 동의	약간 동의	별로 동의 안 함	전혀 동의 안 함	무응답
13.6	53.5	25.9	2.9	4.1

로부터 자유로울 수 없고, 정권획득을 위해서 모인 사람들의 집합인 정당은 그 이념과 정책노선에 따라서 입법과정에서 다른 입장을 견지할 수 있기 때문에 이런 현상이 빚어진다고 볼 수 있다. 선수별로는 큰 차이가 나타나지 않지만, 소속 정당별로 살펴보면 차이가 나타난다. 열린우리당 의원의 응답자의 65.8%가 정당의 당리당략 때문에 국회가 제 역할을 하지 못한다고 응답한 반면에, 한나라당 의원의 경우에는 오직 37.2%만이 정당의 당리당략 때문이라고 대답을 하였다. 즉, 국회가 파행국회로 치닫는 책임을 열린우리당은 한나라당의 당리당략 때문이라고 보는 경향이 있지만, 한나라당의 경우에는 압도적 다수가 열린우리당의 당리당략 때문이라고 보고 있지는 않다. 한나라당 의원의 20%는 이 문항에 대답을 하지 않았고, 14%가 국회의 힘이 모자라서, 11%가 국회의원의 자질 문제라고 응답을 하였다.

또한, 국회에 대한 정당의 간섭이 지나치다고 응답한 의원은 전체 응답자의 61.7%로 정당이 효율적이며 합리적인 국회운영에 다소의 걸림돌이 되고 있다고 의원들이 판단하고 있음을 알 수 있었다. 선수와 정당을 통제해도 비슷한 결과를 보여주고 있는 것은 의원들은 정당이 국회에 지나친 간섭을 하고 있다고 생각하는 것이 17대의 주류라고 볼 수 있다.

위의 표를 보면 당정협의가 긍정적 기능을 하고 있다고 판단하는 의원은 전체 응답자의 67.1%에 달한다. 이것은 당정협의가 당과 국회, 행정부, 청와대 간의 중요한 소통의 창구로서 역할을 하고 있다는 것을 보여주는 자료가 될 수 있다. 소속 정당별로 알아보면 여당인 열린우리당 의원의 83.1%가 긍정적으로 평가하고 있고, 한나라당 의원의 53.4%

가 긍정적으로 평가하고 있음을 알 수 있었다. 여당의 경우 당정 협의를 야당에 비해 높이 평가하고 있는 것은 틀림없으나 야당의 경우에도 과반수가 당정 협의를 긍정적으로 평가하고 있다는 사실은 정도의 차이는 있지만 당정협의가 긍정적으로 기능하고 있다고 국회의원들이 판단하고 있다는 것을 알 수 있다. 당정협의의 긍정적 기능에 대한 평가를 의원 선수별로 조사하였을 때, 의미있는 큰 차이는 보이지 않았다. 따라서 당정협의에 관한 긍정적 평가는 초당파적이며 선수에 영향을 받지 않는다고 볼 수 있다.

III. 꼬리말

제한적인 설문 문항을 근거로 하여 국회와 행정부, 정당, 지역구, 사회단체와의 구조에 대한 국회의원 의식 분석을 한 결과는 국회는 행정부나 지역구로부터 상당한 자율성을 누리고 있다는 것을 알 수 있었다. 우선, 국회의원의 표결에 지역구나 행정부는 직접적인 영향을 크게 미치지 않는 것으로 밝혀졌는데, 그 이유는 국회의원의 재선에 지역구 활동은 중요하나 국회 표결은 전혀 중요하지 않다고 판단하고 있기 때문이다. 국회의장의 권한이 강하다고 판단하는 국회의원들도 전체적으로 70% 정도 되어, 더 이상 국회가 행정부의 시녀가 아니라는 것을 알게 해준다. 아울러 국회가 제 기능을 하지 못하는 이유가 '강한 행정부–약한 국회'때문이라고 생각하는 국회의원도 소수에 머물러서 국회의 행정부에의 권력 관계가 달라지고 있음을 알 수 있었다.

그러나 표결에 가장 큰 영향을 미치는 요소는 정당이라는 의원들이 생각하고 있고, 국회의 파행운행이 정당의 당리당략 때문이라고 생각하고 있으며, 국회에 대한 정당의 간섭이 지나치다고 생각하고 있다. 그런 점에서 보면 국회는 행정부로부터는 독립성과 자율성을 획득해오고 있고, 지역구로부터도 어느 정도 자유로울 수 있게 되었지만, 소속 정당으로부터는 강한 제약을 받고 있다고 볼 수 있다. 현대 정치가 정당정치이고 정당정치의 장이 국회라는 점을 생각해보면 부정적인 현상만은 아니지만, 국회가 효율적으로 운영되고 제 기능을 다하기 위해서는 지나친 정당의 간섭은 자제되어야 할 필요가 있다.

국회의 주요 기능에 대한 국회의원들의 평가나 사회세력의 국회 견제에 대한 국회의원의 의식은 소속 정당과 선수에 의하여 영향을 받는 것으로 나타났다. 이는 국회의원이 각자가 헌법 기관이기는 하지만, 정당의 강력한 영향을 받고 있다는 것의 증거라고 할 수 있다.

추가적으로 덧붙이자면, 한국의 국회의원은 대리인보다는 신탁자로서 지역구민의 뜻보다는 자신의 소신이나 당론에 의해 표결에 참여하는 경향이 있고, 개별 의원은 소속 정당과 의정활동 경륜에 따라 국회와 시민세력 등을 바라보는 시각에 큰 차이가 있다는 것을 알 수 있었다.

참고문헌

김영래. 2004. "한국 의회정치의 반성과 개혁과제." 한국정치학회 편. 『한국 의회정치와 제도개혁』. 한울 아카데미.

김형준. 2004. "상임위원회 전문성에 대한 비교고찰." 한국정치학회 편. 『한국 의회정치와 제도개혁』. 한울 아카데미.

박찬표. 2004. "국회 표결제도와 표결연합의 정치역학: 교차투표와 정당투표를 중심으로." 『한국 의회정치와 제도개혁』. 한울 아카데미.

박홍민·이준한. 2005. "제17대 국회의원 선거와 의원교체." 박찬욱 편. 『제17대 국회의원 총선거 분석』. 푸른길.

이정희. 2004. "한국 당정관계의 역동성과 제도화." 한국정치학회 편. 『한국 의회정치와 제도개혁』. 한울 아카데미.

조정관. 2004. "한국에서의 행정입법과 행정부 의회관계." 『한국 의회정치와 제도개혁』. 한울 아카데미.

최정원. 2004. "법안발의 제도와 국회 입법과정의 정치역학." 『한국 의회정치와 제도개혁』. 한울 아카데미.

Davidson, Roger H., and Walter J. Oleszek. 1994. *Congress and Its Members*. Congressional Quarterly Press.

| 제8장

국회 내의 제도와 운영의 문제 분석:
원내교섭단체 제도와 당론*

이현출

I. 서론

17대 국회는 초선의원 비율이 63%에 이를 정도로 크게 물갈이가 이루어져 역대 어느 국회와도 다른 새로운 국회상을 보여줄 것으로 기대를 모았다. 그러나 시작부터 의장단 및 상임위원장단 배분, 예결위의 상임위원회화 등을 둘러싸고 개원 한 달 이후에야 원구성이 완료되는 등 당리당략으로 인해 국회가 파행을 겪는 구태는 변하지 않았다. 의원은 바뀌었으나 국회운영은 변하지 않았다는 데에 문제가 있다고 할 것이다.

17대 국회에서 여권의 이른바 '4대 개혁입법'을 다룬 국회 법제사법위원회(국가보안법)와 행정자치위원회(과거사진상규명특별법), 문화

---

* 이 글은 한국의정연구회 발간 『의정논총』 제4권 제1호(2009)에 발표된 논문이다.

관광위원회(신문법), 교육위원회(사립학교법) 등은 정당의 대리전장으로 변했다. 이 과정에서 국회의원은 독립적인 헌법기관으로서의 지위가 무색하게 소속 당을 대표해 몸싸움을 벌이고, 고성을 질러대는 동원꾼으로 전락했다(문화일보 2005/01/26). 상정과 심의, 표결에 이르는 전 과정에서 몸싸움과 상임위원장석 점거 등은 시간이 지나도 변하지 않는 국회의 모습으로 남았다.

18대 국회에도 크게 달라진 바가 없다. 임기를 시작한지 83일 만에 원구성이 이루어졌고, 국회의장을 뽑는 데에도 42일이나 걸렸다. 의장 없이 존재한 최장기 국회는 18대 국회가 헌정사에 남긴 신기록이다. 한미 자유무역협정(FTA) 비준안, 미디어법 등을 포함한 쟁점법안 처리를 놓고 이른바 '입법전쟁'을 벌이며 회의장 점거, 해머와 전기톱의 등장 등 국회폭력이 난무하였다(중앙일보 2009/03/10). 이러한 장면들은 당론정치의 폐해를 보여주는 단면이라고 할 수 있다. 당론정치에 발목 잡혀 시대가 변해도 우리 정치는 변함이 없음을 보여주었다.

급기야 2009년 4월 임시국회에서는 회기 마지막 날 금산분리 완화법안의 하나인 '금융지주회사법' 개정안이 본회의에서 담당 상임위원회인 정무위원회에서 마련한 법안 원안과 여야 지도부의 합의에 의해 본회의에 제출된 수정안이 모두 부결되는 사태가 발생했다(조선일보 2009/05/02). 상임위원회 심의가 완료된 법안에 대해 교섭단체 대표 간의 합의에 의해 수정안이 발의된 것이다. 이에 대해 해당 상임위원회 위원장이 반발하여 두 안이 모두 부결되었다. 이 사건은 위원회중심 국회와 당론중심 국회가 정면으로 대립된 모습을 극명하게 보여 주었다.

국회에 대한 국민 의식조사 결과에서도 국민들이 국회를 부정적으로 평가하는 데에는 정당의 당리당략이 중요한 문제로 지적되었다.[1] 응답 결과 61.7%가 정당의 당리당략으로 국회가 제 기능을 못하는 것으로

---

1) 서강대 동아연구소가 R&R에 의뢰해 2005년 11월에 전국 1,200명을 면접조사한 결과이다.

응답하고 있다. 국회의원들을 대상으로 한 조사에서도 국회가 제 기능을 못하는 이유를 당리당략(51.0%)에서 찾고 있는 응답이 가장 높게 나타나고 있다.[2] 대의민주주의에서 정당은 국가와 국민을 연계해주는 매개자적 역할을 수행하는 필수불가결의 존재로 알려져 있지만, 국회운영에서는 오히려 국회가 제 기능을 수행하는 데 걸림돌로 인식되고 있다는 것을 말해준다.

이러한 이면에는 국회의원이 독립적 헌법기관으로서 정치적 자율성을 인정받아야 함에도 당론의 굴레에 얽혀 소신있는 의정활동을 펼치기 어려운 상황이 존재한다. 또한 국회운영상 교섭단체는 과도한 특권을 누림으로써 비교섭단체 의원들의 활동을 정치적으로 무의미하게 만들며, 이로 인해 민의의 반영을 기본으로 하는 대의민주주의의 기본이념이 침해된다는 것이다(손봉숙 2004). 즉, 입법기능과 함께 중요한 기능의 하나로 간주되는 국민의사 대표기능이 침해된다는 것이다.

이러한 문제의식에서 이 연구에서는 국회의 제도와 운영상 매우 중요한 영향을 미치는 교섭단체제도와 당론의 문제를 다루고자 한다. 즉, 의원들의 입장에서 국회운영에서의 정당의 역할과 당론이 의정활동에 미치는 영향을 분석하고, 이에 대한 정책적 대안을 모색하는 데에 목적이 있다. 먼저 이론적 논의를 위하여 정당정치와 당론, 그리고 '전 국민 대표' 기능에 대해 고찰한다. 다음으로 의원들이 의정활동에서 정당과 당론을 어떻게 인식하고 있는지 경험적 조사결과를 통해 분석하고자 한다. 그리고 오늘날 국회운영을 규정짓는 교섭단체제도와 운영의 실태와 문제점을 밝힌다. 끝으로 분석결과에 대한 종합적인 평가와 대안을 모색해 나갈 것이다.

---

2) 서강대 동아연구소·중앙일보·참여연대가 2006년 11월 30일부터 12월 12일까지 현역의원 297명을 대상으로 조사한 결과이다.

II. 정당, 당론 그리고 국민대표

의원은 '전 국민의 대표'로서 행동할 것이 기대되고 있다. 그러나 실제로는 소속정당에 의해 행동의 제약을 받는 경우가 많다. 의원의 지위와 소속정당의 당원으로서의 지위라는 두 가지 요인은 실제 다양한 문제를 야기하고 있다. 특히 당론구속의 타당성에 관해서는 정당의 민주화와 함께 다양한 논의가 대두되고 있다. 그리고 이 문제는 정당내부의 문제에 머무르지 않고 정치자금법과 국회법 등 정치카르텔과 관련된 전반적인 문제와 연계되어 있다. 정치자금법에 기초하여 국고보조금을 비롯한 정치자금을 조성하는 국민들의 입장에서도 중요한 의미를 지닌다고 할 것이다. 즉, 정당법에서 정당은 민주정치의 건전한 발전에 기여할 것을 기대하고 있으며, 이에 따라 그 기능의 중요성을 인정하여 국고보조금을 지급하고 있기 때문이다.

정당은 국민의 지지를 받기 위하여 선거에서 경쟁할 뿐만 아니라 원내에 진출한 뒤에도 정책의 실현을 둘러싸고 경쟁하게 된다. 이처럼 원내에서 이루어지는 경쟁은 일반적으로 일정한 정당소속의 의원들로 구성되는 원내교섭단체를 중심으로 이루어진다. 교섭단체제도는 당초 원내운영의 효율성이라는 측면을 고려한 결과 탄생한 것이나, 한국의 경우 민주화 이후 원내에서 여당의 독주를 막기 위해 원내교섭단체 대표회담 중심으로 국회운영을 해 나가도록 제도 디자인을 한 데서 비롯되어 다소 그 성격이 다르다고 할 수 있다. 즉, 효율성 제고를 위한 제도의 취지를 무색하게 하여 각 정당의 당파적 이익을 실현시키는 수단으로 전락함으로써 국회에서의 심의를 형해(形骸)화하고, 나아가 국회운영의 파행을 초래하여 국회가 제 기능을 수행할 수 없도록 하였으며 결과적으로 국민대표 원리를 훼손하는 제도로 발전하게 되었다.

당론구속이라 함은 정당의 결의에 의하여 국회에서의 의원활동을 구속하고, 정당의 정책을 국회의 의사결정에 반영시켜 나가는 것을 말한다. 당론구속의 강제력은 의원이 표결이나 투표시 당론에 반하는 태도를 취하는 경우, 정당 또는 교섭단체에 의해 제재를 받는다는 심리적인 압력에 의해 담보된다고 할 것이다. 실제 당론위반에 대한 제재를 취할지 여부, 나아가 제재의 내용을 어떻게 할 것인지에 대한 문제는 사안의 성격이나 중요성, 정치상황, 위반의 영향 등을 고려하여 결정할 문제이나 그 제재는 당헌 당규에 따를 것이다. 그러나 의원의 입장에서 가장 중요한 동기의 하나인 재선동기를 위협하는, 즉 다음 선거에서의 정당 공천에 영향을 미칠 것이라는 사실상의 불이익을 가장 먼저 고려할 것이라고 생각된다.

그런데 당론구속이라는 문제의 논의는 헌법적 차원에서 의원 활동의 자유를 빼앗는 것으로 의원을 전 국민의 대표로 자리매김하고 있는 국민대표의 원리와 충돌이 일어날 수 있다. 즉 유권자에 의한 명령적 위임을 금지하는 자유위임이 국민대표의 이념으로 간주된 근대의회 시대에는 의원의 독립된 활동과 판단을 구속하는 정당의 존재자체가 국민대표의 관념과 상반되는 것으로 여겨졌다.

그러나 오늘날은 국민대표를 자유위임의 틀 속에서 보는 입장에서도 정당에 의한 의원의 구속은 정치적·사회적 사실의 문제에 머무르는 한 그것에 반하는 것은 아니며, 정당이 최종적으로는 전 국민의 이익을 추구하는 것으로 말할 수 있는 이상은 정당에 구속되는 의원도 전 국민의 대표로 위치지을 수 있다는 것이다(前田英昭 1994). 그리고 의원이 당론에 위반하였다는 이유로 소속정당으로부터 제명 등의 제재를 받았다고 하더라도, 그것이 직접적으로 국민대표나 의원의 면책특권의 취지에 반하는 것은 아니라는 것이다. 헌법론으로 당론구속은 정당이 의회와 국민을 연결하는 매개기능을 수행하는 것을 두고 간단히 헌법이 규정하는 국민대표의 원리에 반하는 것은 아니라는 것이 다수설이다(前田英昭 1994; 川崎政司 2001). 그러나 종래의 논의는 구체적인 존재형태, 나아가 정당의 상황 등의 문제에까지 미치지 못하고 형식적으로 헌법과의 관계를 논하는 수준을 벗어나지는 못하고 있다.

다음으로 당론구속의 문제는 국민대표와의 관계만이 아니라 의회의

기능이나 심의방식에 크게 연관되어 있다는 점이 간과되어 왔다. 즉, 당론구속의 영향이 지나치게 강한 경우에는 의원은 정당 또는 교섭단체의 투표 머신(machine)화하여 의회의 심의가 형식화되고 만다는 것이다. 특히 한국의 경우에도 당론구속이 국회 심의의 형해화와 국회기능 부전을 초래하는 원인이 된다는 비판을 받아 왔다.

물론 의원들의 의정활동에 영향을 미치는 요인은 정당요인만이 아니다. 기존 연구는 미국의 의원 투표행태 연구를 통하여 표결시 영향을 미치는 요인으로 정당, 이념, 지역구 요인을 지적하고 있다(Fenno 1978).

먼저 의원들의 법안 표결에 관한 초기 연구에서는 의원들이 자신의 지역구의 경제적 이익을 극대화시키고, 이를 대변하는 데에 가장 큰 비중을 둔다는 것이다(Peltzman 1985; Kalt and Zupan 1990). 이것이 곧 재선을 보장하는 중요한 요인이라는 것이다.

다음으로 의원들은 지역의 이익을 위하여 투표하기보다는 자신의 이념성향에 따라 투표한다는 것이다. 의원들이 지역구 이익을 위하여 투표한다는 것을 부인하지는 않지만, 의원들의 투표행태를 장기간에 걸쳐 고찰하면 다양한 이슈에 걸쳐 의원의 이념에 따른 일관성이 나타나고 있다는 것이다(Poole and Rosenthal 1997; Snyder and Groseclose 2000).

끝으로 의원들의 법안투표에 가장 영향력을 많이 행사하는 요인으로 정당을 지적한 연구이다(Rohde 1991; Cox and McCubbins 1993). 이들의 연구에 따르면 미국의 정당규율이 약한 것은 사실이나 정당 영향력이 약했던 시기에도 정당노선의 영향력은 의원들의 투표에 큰 영향력을 미쳐왔다는 것이다.

그러나 한국 국회에서의 의원들의 표결요인에 관한 연구는 2002년 11월 국회에서 본격적으로 전자표결이 진행된 이후부터 이루어져 그 역사가 길지는 못하다. 기존의 연구에 따르면 전자표결 실시 이전의 투표행태나 갈등양상은 '소속 정당'이라는 단일요인에 의하여 설명되어져 왔다. 그러나 전자표결이 실시된 이후 선구적 연구들에 따르면 기존의 정당요인뿐만 아니라 지역구, 이념성향이 투표행태에 영향을 미치고 있다는 것을 밝혀내고 있다(이현우 2005; 전진영 2006). 이러한 연구들은 2002년 대통령선거를 끝으로 이른바 3김시대가 끝나고 탈3김시대를 맞아 과거의 집권적 정당운영 형태가 변화하고, 17대 총선을 맞아 정당의 공천 민주화를 위한 물꼬도 트이는 모습을 보여 더욱 흥미를 끌었다. 3김 씨가 정당을 이끌던 시기에는 정당의 공천이 곧 당선과 직결되었기 때문에 정당의 당론에 반하는 원내활동을 할 수 없었다는 점은 주지의 사실이다.

이와 함께 정당의 당내민주화로 인하여 상향식 공천이 일반화되면서 더 이상 당 지도부의 의견에 맹목적인 충성을 보일 필요가 없게 될 것이라고 보았다. 나아가 국회의원 의정활동 평가가 일반화되었고, 그 평가가 인터넷의 발달로 유권자에게 널리 알려지게 되어 나름대로 자율적인 의정활동을 선보일 것이라고 기대하였다. 이로 인해 이젠 정당 보스에 대한 충성보다는 유권자들에 의한 평가를 더 중요한 기준으로 여길 것이라고 판단되었다. 따라서 의원들은 과거와 같은 정당의 당론보다는 재선과 결부된 다양한 요인들에 의해 의정활동을 할 것으로 기대되었다.

그러나 17대 국회는 이러한 기대와는 전혀 다르게 운영되었고, 국민들의 평가는 여전히 부정적이라는 것을 알 수 있다. 이러한 맥락에서 이 장은 17대 국회의원에 대한 의식조사 결과 분석을 통하여 의정활동에서 정당요인이 차지하는 실태를 고찰하고, 이를 규정하는 제도적 요인을 규명하고자 한다. 이러한 분석은 단순한 표결에 대한 경험적 요인 분석보다는 국회운영 전반에 대한 의원들의 인식을 바탕으로 국회운영의 개혁방안을 도출하는 데에 도움을 줄 것이다.

III. 경험적 분석

1. 데이터와 연구문제

이 장에 사용된 설문[3]은 국회의원의 시각에서 국회를 어떻게 바라보고 있는지를 분석하기 위하여 기획되었다. 질문은 크게 17대 국회에 대한 평가, 상임위원회 활동 및 국회조직, 의정활동, 정치자금과 지역활동, 그리고 정치 일반에 대한 인식에 관한 질문으로 구성되어 있다. 정치일반에 관한 설문은 국회의원의 이념성향과 현안인식에 대한 입장을 분석할 수 있는 자료로 국회의원을 대상으로 한 드문 심층조사 자료이다. 특히 63%의 초선의원들이 진출하여 새롭게 구성된 17대 국회에서 국회의원을 대상으로 의정활동에 대한 체계적 조사를 실시하였다는 점에서 의미가 크다고 할 것이다.

분석에 앞서 응답자의 인구통계학적 배경을 살펴보자. 조사 당시 전체 297명의 대상자 중 243명이 응답하여 81%의 응답률을 보여 주었다. 응답자의 83.5%가 남성 의원이었으며, 16.5%가 여성의원이었다. 소속 정당별로는 열린우리당 46.5%(113명), 한나라당 42.4%(103명), 민주당 4.5%(11명), 민주노동당 3.7%(9명), 국민중심당 2.1%(5명), 기타 무소속 0.8%(2명)으로 나타났다. 연령별로는 30대 1.2%(3명), 40대 29.2%(71명), 50대 41.6%(101명), 60대 24.7%(60명), 70대 3.3%(8명)로 나타났다. 당선횟수별로는 초선이 67.1%(163명), 재선이 16.5%(40명), 3선 이상이 16.5%(40명)를 차지하고 있다. 지역구와 비례대표의 비례는 81.2%와 19.8%를 각각 차지하고 있다. 이는 설문조사의 표본이 인구통계학적으

---

[3] 분석에는 서강대 동아연구소–중앙일보–참여연대 세 기관에서 공동으로 수행한 국회의원 의식조사 결과를 활용하였다. 이 조사는 2006년 11월 30일부터 12월 12일까지 진행되었으며, 구조화된 질문지를 이용한 설문지 배부 및 회수방식에 의해 이루어졌다. 표본은 당시 현역 국회의원 297명을 대상으로 하였다.

로 국회의원을 적절하게 대표하고 있다는 점을 보여주고 있다.

이 논문에서 연구자는 의정활동을 하는 가운데 정당과 당론에 대한 인식과 그 영향력, 그리고 당론투표와 소신투표에 영향을 미치는 요인에 주목하고 있다. 전반적으로 의원들은 국회역할 중 가장 중요한 것은 '국민의사 대표기능'(54.3%)이라고 인식하고 있다. 그리고 16대 국회와 비교해서 17대 국회활동을 전반적으로 잘하고 있다는 응답이 58.8%(매우 잘함 7.4% + 약간 잘함 51.4%)로 나타나 비슷하거나(27.2%) 못하는 편(13.2%)이라는 응답보다 높게 나타났다. 국회가 제 역할을 못한다고 응답한 경우 그 주된 이유는 정당들의 당리당략이라는 응답이 51%로 가장 높게 나왔다. 다음으로 국회의원의 자질미흡(11.2%), 국회의 힘이 행정부에 비해 약해서(8.2%), 입법지원체계가 미흡해서(3.1%) 등으로 나타났다. 이러한 응답결과는 국회가 제 역할을 다하기 위한 열쇠는 정당의 당리당략에 있다는 것을 보여준다.

이러한 문제의식에서 먼저 의원들의 의식조사를 통하여 당론투표와 소신투표의 실태, 정당의 역할에 대한 인식, 나아가 당론투표와 소신투표에 영향을 미치는 요인을 분석한다. 이러한 경험적 연구결과에 바탕하여 실제 어떠한 제도적 요인이 정당으로 하여금 국회운영과 심의과정에 긍정·부정의 영향을 미치고 있는지 분석할 것이다. 이러한 경험적 분석은 제도적 요인이 미치는 영향에 대한 현실적 평가가 가능하도록 해 준다는 점에서 중요한 의미를 지닌다고 할 것이다.

2. 경험분석 결과

1) 당론에 대한 인식

국회의원 조사결과에서 '표결에 있어 가장 중요한 요인'은 무엇이냐는 질문에 대해 정당요인이 가장 높게 나타났다. 응답결과는 다음의 〈표 1〉에서 보는 바와 같이 '정당'이 가장 높은 비율(49.3%)을 차지하고 있으며, 이어서 '의원 개인의 신념'(42.8%)이 이어졌다. 그러나 지

〈표 1〉 표결에 영향을 미치는 요인

	빈도	%
정당	121	49.3
지역구	12	4.9
의원 개인의 신념	104	42.8
계파	2	0.8
재선	4	1.6
계	243	100

역구(4.9%)와 재선(1.6%), 계파(0.8%) 등의 응답은 낮은 비율을 차지하는 것으로 나타났다. 따라서 3김의 퇴장 이후 지속적으로 당내민주화가 이루어지고 있음에도 표결 시에는 정당요인이 강하게 작용하고 있음을 알 수 있다.

　이처럼 표결에 정당이 중요한 영향을 미친다는 것은 의원 개개인의 숙의에 의해 하나의 집단적 결정을 도출하는 국회가 조그만 쟁점이라도 생기면 쉽게 집단적 갈등으로 인화할 수 있다는 것을 보여준다. 다수당은 다수당대로 국정이념을 실천하기 위해 소속의원들에게 정당의 정체성이 걸린 정책이나 국가적 중대사에 대해 정당의 입장을 의원들에게 표결 시 강요할 것이다. 반면 소수당은 다수당이 지배하는 의회에서는 자신의 입장을 관철시킬 방법이 없을 것이다. 따라서 정당의 당론을 엄격하게 정하고 당대당 타협에 의한 일괄타결을 노리게 되고, 이에 따라 상대당의 양보를 도출하기 위한 투쟁에 돌입하고, 그 결과 국회의 교착상태가 지속되어온 것을 볼 수 있다.

　그러나 당론과 본인의 소신이 충돌할 때 대체로 어떤 것을 더 중시하는지 질문한 결과, 의원들은 본인의 소신을 더 중시하고 있음을 알 수 있다. 다음의 〈표 2〉에서 보는 바와 같이 당론과 소신이 충돌할 때, 본인의 소신을 따른다는 응답은 61.3%, 당론을 따른다는 입장은 37.4%로 나타나 소신에 더 비중을 두고 있음을 알 수 있다. 아울러 당론과 지

〈표 2〉 당론과 소신 / 당론과 지역구 이익 간의 중요도 인식

구분	당론과 소신		당론과 지역구 이익	
	빈도	%	빈도	%
당론	91	37.4	81	33.3
소신/지역구	149	61.3	118	48.6
모름	3	1.2	44	18.1
계	243	100	243	100

역구 이익이 충돌할 때 어느 것이 더 중요한지에 대한 질문에서도 지역구 이익을 더 중시하고 있음을 알 수 있다. 그러나 이러한 응답은 다분히 당위적인 응답일 수 있다. 제도적으로 "(국회)의원은 국민의 대표자로서 소속정당의 의사에 기속되지 아니하고 양심에 따라 투표한다"고 명시되어 있다(국회법 제11조). 그러나 현실적으로 정당이 강제당론을 설정하고 추진하는 법안이나 해임건의안 등에 대하여 반대표를 던지기는 부담스러울 것이다.

예를 들면, 2003년 16대 국회 말기에 당시 김두관 행정자치부장관 해임건의안에 반대표를 던진 한나라당 김홍신 의원은 당기위원회에서 8개월의 당원권 정지 처분을 받았고, 비례대표 의원이었던 김 의원은 아예 의원직을 사퇴하였다(국민일보 2009/05/13). 그러나 자신의 재선동기와 관련하여 당론과 지역구 이익이 충돌할 경우에는 지역구 이익을 우선하여 투표하는 경우가 종종 나타나기도 하였다. 예를 들면, 2003년 '신행정수도 특별조치법안'의 경우나 17대 국회의 '종합부동산세법안'의 경우에는 지역구 이익과 부합되지 않아 당론에 반대하는 표결을 한 의원도 다수 존재하였다. 특히 한-칠레 자유무역협정(FTA) 비준동의안 처리 시에는 여야의 농촌출신 의원들이 뭉쳐 이른바 농촌당이란 이름으로 지역구 지향적 심의 및 투표행태를 보여주었다.

그러나 의원들은 당론과 소신이 충돌하는 경험을 가끔 겪고 있는 것으로 나타났다. 충돌빈도에 대한 응답결과를 보면, 자주(4.9%) 또는 가

〈표 3〉 당론과 소신 충돌 빈도

	빈도	%
자주	12	4.9
가끔	173	71.2
거의 없다	56	23.0
모름/무응답	2	0.8
계	243	100

끔(71.2%) 충돌을 겪는 것으로 나타났으며, '거의 없다'는 응답은 23%
로 나타났다(〈표 3〉 참조). 따라서 위의 설문에서도 나타난 바와 같이
많은 의원이 표결 시 정당요인을 중시하며, 그 과정에 당론과 소신이
충돌하는 경험을 하고 있음을 알 수 있다. 이러한 응답은 당론 구속의
범위와 연관된 문제이기도 하다. 즉, 정당의 정체성이 걸린 중대한 문
제가 아닌 많은 사안에 당론을 거는 경우가 많아 의원들의 입장에서 소
신과 충돌하는 경우가 종종 있는 것으로 해석할 수 있다.

　아울러 '정당의 당론결정 과정은 민주적'이라는 견해에 대해 동의한
다는 의견(적극 동의 + 약간 동의)이 84%에 이르는 것으로 나타나 당론
결정 과정은 민주적으로 평가하고 있음을 알 수 있다(〈표 4〉 참조). 이
에 대한 응답은 다분히 당위적으로 응답한 경우가 많은 것을 알 수 있다.
오늘날 국회의 교착상태의 주된 원인이 당론구속에 있고, 이로 인해 교
착상태를 풀기 위해서는 크로스 보팅(cross-voting)을 확대해야 한다는
응답이 많은 것(한국일보 2009/03/13)과는 대조를 이룬다고 할 수 있다.
그러나 정치개혁 사안 등 정당의 정체성이 걸린 중대사안에 대해서는
당론결정 과정에 불만을 느끼지 않을 수도 있을 수 있다. 즉, 정당의 공
천을 받은 후보자로서 유권자에게도 동일사안을 공약한 경우에는 국회
표결에서 강제당론으로 표결을 강제해도 의원들은 비민주적 결정이라
고 생각하지 않을 것이기 때문이다.

　다음으로 국회운영에 대한 정당의 개입에 대해 의견을 조사하였다.

〈표 4〉 당론과 정당의 역할에 대한 평가

(단위: %)

구분	적극 동의	약간 동의	별로 동의 하지 않음	전혀 동의 하지 않음	모름/무응답
당론결정과정이 민주적이다	16.9	67.1	14.4	0	1.6
국회운영에 정당의 개입이 지나치게 많다	14.4	47.3	35.4	1.2	1.6

조사결과는 〈표 4〉에서 보는 바와 같이 정당의 개입이 많다는 응답이 61.7%(적극동의 14.4%, 약간 동의 47.3%)로 나타나 국회운영에 정당의 개입이 많다고 평가하고 있는 것을 알 수 있다. 이러한 응답은 국회운영이 원내교섭단체 중심으로 이루어지도록 한 현행 국회법의 영향으로 국회운영 전반을 원내교섭단체 대표의 합의에 의해 운영하는 현실에서 비롯된 인식이라고 평가할 수 있을 것이다. 국회운영을 원내교섭단체 간의 합의에 의존토록 함으로써 여야 간에 자당의 정체성이 걸린 중요 사안에 대해서 이를 관철시키기 위하여 국회심의도 이에 맞물려 교착 상태를 빚는 경우가 흔하다는 점을 고려한다면 국회운영과 심의의 전반에 정당의 영향이 강하게 미치고 있음을 짐작할 수 있을 것이다.

2) 정당투표와 소신투표의 요인

표결 시 정당요인을 가장 중요하다고 응답한 의원들에게 있어서 정당요인을 고려한 당론투표에 영향을 미치는 요인을 분석해 보았다. 여기에서 종속변수는 표결 시 정당요인을 고려하였는지 여부가 될 것이다. 일반적으로 의원들은 재선을 위하여 의회활동을 한다는 기본명제를 바탕으로 할 때 표결에 영향을 미치는 독립변수로는 정당, 이념, 지역요인이 고려될 수 있을 것이며, 여기에 더하여 국회의원 개인의 특성변수로서 당선횟수, 이념, 득표차이, 여야요인 등이 고려될 수 있을 것이다. 아울러 상황변수로서 정당지도자의 정당장악능력, 상향식 공천

<표 5> 정당지향적 투표의 요인

	계수	표준오차	표준화계수(베타)	유의수준
당선횟수	.114	.158	1.120	.471
지역구크기	-.097	.214	.098	.652
이념	.255	.295	1.290	.388
연령	.227	.208	1.255	.276
열린우리당더미	.047	.581	1.048	.936
한나라당 더미	-.318	.585	.728	.587
상수	-1.159	1.029	.314	.260

* -2Log likelihood 256.049

R^2 = .030

제도의 확립여부, 국회의원의 의정활동 평가, 전자표결 도입 여부가 영향을 미칠 수 있을 것이다. 그러나 이 논문에서의 분석은 설문조사를 통하여 얻을 수 있는 정보에만 기초하고 있다. 즉, 지역구 선거에서의 득표차이나 기타 상황변수 등은 고려되고 있지 못하다. 따라서 이 논문에서는 정당지향적 또는 소신지향적 투표의 요인을 분석하기 위한 회귀분석에서 독립변수로는 당선횟수, 지역구 크기, 이념, 연령, 열린우리당 더미, 한나라당 더미 등의 변수를 고려하였다.

분석결과에 따르면, 위의 변수들은 유의미한 영향을 미치지 않고 있음을 보여주고 있다. 이러한 결과를 통해 알 수 있는 것은 국회의원의 개인적 특성보다는 상황변수로 언급된 정당지도자의 정당장악능력, 상향식 공천제도의 확립여부, 국회의원의 의정활동 평가 등의 요인이 더 많은 영향을 미치고 있다는 것을 말한다고 볼 수 있다.

즉, 표결 시 정당을 중요한 요인으로 고려하는 데에는 정당의 환경, 즉 정당지도자의 정당 장악력이나 공천제도와 같은 보이지 않는 재선에의 영향요인이 지배적인 영향을 미치고 있다는 점을 나타내 준다고 할 것이다.

다음으로 표결 시 개인의 소신을 중요한 요인으로 고려한 의원의 경우 이에 영향을 미치는 요인을 살펴보았다. 소신투표에 유의미하게 영향을 미치는 요인은 국회의원의 특성변수 중에 이념만인 것으로 나타났다(〈표 6〉 참조). 즉, 이념이 진보적일수록 소신투표를 하는 경향이 높고, 반대로 보수적일수록 정당의 당론에 따르는 경향이 높다는 것을 말해준다.

이처럼 의원들의 이념이 표결에 영향을 머친다는 것은 선행연구에서도 나타난 바 있다(이현우 2005a; 박현숙·남궁곤 2003). 이현우의 연구는 이슈법안을 중심으로 분석한 결과 당론에 영향을 받지만 이라크 파병 표결 등에서 나타나는 바와 같이 이념에 기초해서 소신을 굽히지 않는 경우가 나타나고 있음을 밝히고 있다. 이 연구에서도 진보적 성향의 의원이 소신투표를 한다는 것은 기존연구 결과와 동일하다고 할 것이다. 그러나 진보적 정당의 경우에는 당론투표가 강하기 때문에 의원 개인의 특성과는 구별되어야 할 것이다.

〈표 6〉 소신지향적 투표의 요인

	계수	표준오차	표준화계수(베타)	유의수준
당선횟수	-.069	.161	.933	.669
지역구 크기	.229	.218	1.258	.292
이념	-.677	.306	.508	.027*
연령	-.149	.211	.862	.481
열린우리당 더미	-.059	.595	.942	.921
한나라당 더미	.595	.599	1.812	.321
상수	1.073	1.049	2.924	.307

-2Log likelihood 251.067
R^2 = .057
* p<.05

IV. 제도적 요인

1. 원내교섭단체 제도

현행 국회법 제33조 1항은 20인 이상의 소속의원을 가진 정당은 하나의 교섭단체가 되며, 다른 교섭단체에 속하지 아니하는 20인 이상의 의원으로 따로 교섭단체를 구성할 수 있다고 규정하고 있다. 원내교섭단체란 일반적으로 비교적 동질적인 정치적 · 정책적 지향을 갖는 일정기준 이상의 의석을 가진 원내정당(parliamentary parties), 원내정파(parliamentary fractions), 원내집단(parliamentary groups) 정도로 개념화할 수 있을 것이다. 이 기준에서 쟁점이 되는 것은 '비교적 동질적인 지향'을 공유한다는 것을 해석하는 문제와 '일정 수'이상의 기준을 충족시켜야 하는 문제이다. 비교적 동질적인 지향을 공유한다는 개념은 동일정당을 의미하기도 하지만 여기에 더하여 일본의 회파 개념에서 나타나는 바와 같이 특정 정책적 지향에 따라 그룹을 만들 수 있는 것으로 해석하기도 한다. 그리고 '일정 수'의 개념에는 의회운영의 효율성 개념을 강조하고 있는 것으로 개별 국가가 그 기준을 몇 %나 몇 석으로 하는가는 사실상 그 국가의 정치사, 의회사적 전통에서 판단할 수밖에 없다.

원내교섭단체는 위에서 언급한 바와 같은 요건을 갖추었을 경우에 국회의 의사일정 및 각종 발언기회의 배분, 입법활동을 위한 행정적 · 재정적 지원에 관한 교섭에 참여할 수 있는 것으로 규정하고 있다. 문제는 원내교섭단체 대표위원이 국회의 운영과 심의를 사실상 지배하고 있다고 해도 과언이 아닐 정도로 교섭단체의 영향력이 너무 크다는 데에 있다. 국회법에서는 연간 국회운영기본일정 작성, 의사일정 변경 등 국회운영과 관련된 주요결정을 함에 있어 의장이 교섭단체 대표위원과 협의하도록 규정하고 있는데, 실질적으로 의장이 교섭단체 대표위원 간의 합의사항을 수용하는 형태로 운영되고 있어 국회운영에 있어 교섭단체의 영향이 과다하게 나타나고 있다.

한국 국회의 경우 교섭단체 구성요건이 20명이 된 배경을 보면, 객관적 기준은 없는 것이고 구태여 근거를 대자고 한다면 국회법 제정 시 일본 국회법상의 의안발의 정족수에서 힌트를 얻었다고 할 수 있다(박종흡 2001). 여기에서 발전하여 현재의 국회운영은 대부분 상임위원회 중심으로 이루어지는데 1개의 상임위원회에 최소한 1명 이상의 의원이 활동할 수 있는 정당이 교섭단체로 등록되어야만 상임위원회 운영의 내실화가 가능해진다는 논리를 제기하고 있다. 이러한 배경에서 상임위원회가 17~18개가 된다면 교섭단체 구성요건도 이에 맞추어야 한다는 논리가 지속되어 왔다. 이외에도 교섭단체 구성요건을 강화하자는 주장의 이면에는 새로운 정치세력의 참여를 제한시켜 기존 정당의 카르텔을 확대·강화하자는 의도(곽진영 2001)도 잠재되어 있다.

이러한 문제의식에서 교섭단체의 구성요건을 완화하여 소수당의 국회운영를 보장하여 국회운영에서의 대표성을 확대하고, 책임성을 강화하자는 견해가 설득력을 얻고 있다. 현행 교섭단체 구성요건은 9대 국회 이후 현재까지 지속되어온 것으로 그 완화에 관한 논의는 지속적으로 제기되어 왔다(임동욱·함성득 2005; 강장석 2008; 국회운영제도개선 자문위원회 2008). 나아가 교섭단체라는 것이 원내정당의 다른 명칭에 불과한 만큼 교섭단체라는 명목으로 소수정치세력의 참여를 제한하기보다는 교섭단체를 폐지하여 원내에 진출한 모든 정당이 국회운영에 참여할 수 있는 통로를 보장해야 한다는 주장이 제기되기도 한다(손봉숙 2004). 지금까지 교섭단체가 국회를 당파적으로 운영해온 만큼 교섭단체 대신에 운영위원회를 중심으로 국회를 운영해야 한다는 주장이 지속적으로 제기되어 이에 따라 교섭단체 구성요건을 완화하여 "정당 득표율이 5%이고 의석수가 10석 이상인 단일정당"으로 완화하고 "다른 교섭단체에 속하지 아니하는 의원들로는 따로 교섭단체를 구성할 수 없도록"하는 개선방안이 제시되기도 하였다(국회운영제도개선 자문위원회 2008).

2. 원내교섭단체 대표 회의

위에서 고찰한 바와 같이 엄격한 구성요건을 갖춘 원내교섭단체는 국회운영에 관해 어떠한 권한을 갖고 있는가? 국회운영 전반에 걸쳐 국회의장과 각 교섭단체 대표의원 간의 협의에 의해서 결정되는 사항은 다음의 〈표 7〉과 같다. 본회의장 의석배정에 관한 사항(제3조)에서부터 연간 국회운영에 관한 기본일정의 작성(제5조의 2)에 관한 사항, 국회의 기관 및 위원회의 위원에 관한 사항, 의사일정과 법안 처리과정, 발언 및 질문, 그리고 회의록 관련 사항에 이르기까지 국회운영의 전 과정이 교섭단체를 중심으로 이루어지고 있다.

이처럼 국회운영의 전반이 교섭단체 대표의원 간의 합의에 의해 움직이도록 되어 있어 외견상 합의제 국회를 지향하고 있는 것처럼 보이나 여러 가지의 비민주성과 비효율성을 배태하고 있는 것을 볼 수 있다.

먼저, 현행 국회법에 따라 20석 이상의 의석을 획득한 정당만이 원내교섭단체를 구성할 수 있기 때문에, 교섭단체를 구성하지 못한 정당이나 무소속 의원이 국회운영의 기본사항을 결정하는 과정에 소외되어 군소정당과 무소속 의원의 대표성이 제약된다는 문제점이 있다. 이는 국회의 대표성과 반응성을 제약하는 직접적인 요인으로 작용할 수 있다. 특히 오늘날 문제가 되고 있는 비결정의 정치[4](최장집 2004; Lee 2007)로 인하여 소수의 의제가 국회에서 전혀 대표되지 못하는 문제를 노정하게 된다.

둘째, 원내대표회담은 '각 교섭단체 대표 1인'으로 구성되기 때문에 170식을 차지하는 정당이나 20석을 차지한 정당이나 동등한 발언권을

---

[4] 우리 사회에서 현상적으로 나타나는 정책과 그 결정은 전체 정치과정의 일부에 불과하며, 그보다 더 중대한 사회경제적 갈등이나 이익들은 마땅히 이슈화해야 함에도 불구하고 이슈화되지 못하고, 즉 정책결정의 사안으로 등장하지 못하는 경우가 있는데 이를 비결정이라고 하고, 그러한 힘이나 영향력에 주목하게 된다 (최장집 2004).

〈표 7〉 국회의장과 교섭단체 대표의원 간의 협의사항

총칙	1.본회의장 의석배정(제3조) 2.연간 국회운영 기본일정의 작성(제5조의 2 제1항)
국회의 기관 및 위원회와 위원	3.국회사무총장의 임면 (제21조 제3항) 4.국회 선출직 공무원의 선출안 제출(제46조의 3 제1항) 5.정보위원회 위원 선임 또는 개선(제48조 제3항) 6.본회의 중 위원회 개의(제56조) 7.의장의 전원위원회 비개회 결정에 대한 동의권 행사(제63조의 2 제항)
의사일정과 법안처리 과정	8.본회의 개의시간 변경(제72조) 9.본회의의 비공개 결정(제75조 제1항) 10.의사일정의 변경(제77조) 11.의안에 대한 위원회 심사기간의 지정(제85조 제1항) 12.법제사법위원회의 체계-자구 심사기간의 작성(제86조 제2항)
발언 및 질문, 회의록 관련	13.동일의제에 대한 총 발언시간 또는 발언자 수의 결정(제104조 제4항) 14.비교섭단체 소속의원의 발언시간 및 발언자 수 결정(제104조 제5항) 15.본회의 개의 중 5분 자유발언의 허가(제105조 제1항) 16.5분 자유발언의 발언자 수와 발언순서 결정(제105조 제1항) 17.겸직으로 인한 의원 사직과 위원장 사임 시의 표결방법 변경 　(제112조 제5항) 18.국가안전보장 등을 위한 회의록 불게재(제118조 제1항) 19.국무총리 등의 대리출석·답변 승인 (제121조 제3항) 20.대정부 질문시 의제별 총 질문시간 및 비교섭단체 소속의원의 　질문자 수 및 질문시간결정(제112조의 2 제4항) 21.긴급현안질문 시간의 연장(제112조 3 제5항)
기타	22.폐회 중 서류제출 요구(제128조 제3항) 23.국정조사 요구 시 조사위원회의 확정(국정감사 및 조사에 관한 법률 제3조 제3항)

*자료: 손봉숙(2004) 참조

가지므로, 이는 다수당의 '과소대표성'과 소수당의 '과대대표성'의 문제를 낳을 수 있다(임종훈 2009). 1987년 민주화 이후 전문 개정된 국회법이 거의 모든 국회의 의사와 운영에 관한 권한을 원내교섭단체대표회담에 준 것은 여당의 독주를 막기 위한 것이었다(김민전 2005). 5·16 군사쿠데타 이후 전문 개정된 국회법은 국회의 의사에 관한 권한을 국회의장에게 주었고, 여당 소속 국회의장은 이를 바탕으로 정부편향적인 국회운영을 해왔는데 이에 대한 저항으로 나온 것이 원내교섭단체 대표회담이다. 국회운영의 주도권이 원내대표 간의 협의에 주어지게 됨에 따라 대표성의 왜곡이 심대하게 발생하게 되었다. 원내교섭단체를 구성하지 못한 정당의 대표성 문제는 위에서 거론하였지만, 교섭단체를 구성하고 있는 정당 간에도 대표성의 왜곡이 발생하고 있는 것이다. 현행 제도가 민주화 이후 여당의 독주를 막아내고 야당이 국정운영의 거부권을 행사할 수 있었다는 점에서 긍정적인 측면이 있었다. 그러나 민주화가 진행되면서 교섭단체 간의 발언력이 동일함에 따라 국민의 위임을 국회에서 실현하기 위한 방안이 모호해지게 된다는 문제가 노정되게 된다. 선거를 통해 국민에게 의회 다수당이 되어 실천하겠다고 약속한 선거 매니페스토(manifesto)가 국회에서 또다시 여야 간의 다툼의 대상이 됨으로써 대표성이 손상되는 결과를 초래하게 된다.

셋째, 당내민주화가 진행되면서 원내교섭단체 대표 협의에 의한 운영이 매우 비효율적이고 교착의 가능성을 높일 수 있다는 점에서 문제점으로 지적되고 있다(김민전 2005). 즉, 과거 3김식 정치 아래에서는 원내총무 간의 협상은 상대당과의 협상만 성공하면 되는 1레벨(level)의 비교적 단순한 게임이었으나, 오늘날은 정당의 민주화가 다소간 이루어지면서 타당 원내대표 간의 합의사항을 소속당 의원총회에서 추인을 받는 과정에 또 한 번 교착상태가 발생하는 경우가 흔히 나타나고 있다는 점을 지적하고 있는 것이다. 이러한 상황은 원내대표의 협상력을 낮추고 결과적으로 국회의 교착상태와 파행을 오래 끌게 된다는 역설에 직면하게 될 수도 있다는 지적이다.

넷째, 원내내표회담은 비공개로 진행되고 기록이 남지 않기 때문에, 정치적 결정의 책임성이란 측면에서도 문제가 될 수 있다. 즉 정치적 결정과정을 공개하지 않기 때문에 합의사항 이행에 대한 책임성을 확보할 수 없는 한계가 있다. 정치적 결정과정을 공개해야 하는 이유는 공개성이 책임성의 확보와 직결되기 때문이다. 따라서 밀실에서의 원내대표회담에 의존하는 현행 국회운영 방식의 많은 부분은 반응성 제고 차원에서도 재고되어야 할 여지가 많다고 본다. 국회의 위원회나 본회의 단계에서 법률안을 상정할 것인지 여부 등 입법과정의 중요한 부분은 위원회의 간사회의나 원내교섭단체대표회의에서 결정되는데, 이러한 회의는 비공식적으로 이루어지기 때문에 회의내용에 대한 구체적 기록이 남아 있지 않다(임종훈 2008). 이러한 측면에서 국회운영의 책임성을 강화한다는 측면에서도 현행 원내대표회담 중심의 국회운영을 국회운영위원회 중심의 국회운영으로 전환하는 것을 검토할 필요가 있다.

V. 쟁점과 토론

1. 당론의 범위와 구속력

국회의원 대상 조사에서 살펴본 바와 같이 의원들은 표결에 있어 가장 중요한 요인을 정당이라고 꼽고 있는 것으로 나타났다. 아울러 당론과 소신이 충돌하는 빈도 또한 높은 것을 알 수 있었다. 이처럼 정당에 의해 현실정치가 움직여가는 이상 당론구속을 일절 부정하는 것은 현실적이지 않고, 또 타당하지도 않다. 또한 당론구속을 완화하고, 의원 개인의 자유를 확대하는 것이 심의의 활성화나 민의의 반영에 직접적으로 연결된다고 단정적으로 말할 수는 없을 것이다.

그렇다고 하더라도 개인이 보다 중시되고, 가치나 이익이 다원화함에 따라 점점 복잡화·유동화하는 현대사회에 있어서 다양한 민의를 배경으로 하는 의원 개인의 자율적인 판단과 대응이 더욱 존중되어야 할 것이다. 그러한 점에서 국민의 대표가 갖는 의미를 현대사회에 적합한 형태로 재확인하고, 의원과 정당의 관계를 조정할 필요가 있다고 본다. 그와 함께 당론구속을 인정하더라도 그 존재양태에 관하여 몇 가지 논의되고 검토되어야 할 사항이 있다.

1) 당론구속의 범위

먼저 당론구속은 모든 법안에 일률적으로 적용할 것이 아니라 법안의 중요도와 내용에 의해서 그 정도를 변화시킬 필요가 있다. 예를 들어, 정당의 정체성이 걸린 기본정책이나 핵심공약과 관련되는 것에 대해서는 당론구속을 하는 것은 당연하다고 할 것이다. 그러나 그 외의 것에 관하여는 최대한 의원의 자율성을 존중할 필요가 있다. 이러한 주장에 대해 여당으로서는 국민에 대한 책임을 충분히 발휘할 수 없게 되어 곤란한 상황을 겪게 될 것이라는 지적이 있을 수 있다. 그러나 적어도 의원 개개인의 윤리관·신념 등에 관련되는 문제에 대해서는 각자의 판단에 맡겨 자유투표로 하는 것이 타당할 것이라고 판단된다.

이 점에 관해서 내각제 국가로 비교적 정당규율이 강한 영국에서도 노동당과 보수당의 경우 법안의 중요도에 따라 단계적인 형태로 당론을 결정한다. 매주 원내총무는 소속 의원들에게 의정활동 프로그램을 보내는데 그때 법안에 밑줄(underline)을 그어 사안의 중요도를 표시한다. 매우 중요한 법안의 경우 3개의 밑줄로 표시하여 의원들이 반드시 표결에 참여하여 당론에 따라 투표하도록 하고, 비교적 중요도가 떨어지는 법안의 경우 1개의 밑줄을 그어 표시하는데 이 경우에는 표결참여 의무도 없고 당론과 다른 목소리를 낼 수 있도록 허용하고 있다. 이를 '언더라인 시스템(underline system)'이라고 한다.

또한 노동당에서는 행동기준에 있어서 의원이 견지하는 신념에 관련된 안건에 관해서는 자유투표로 하는 것을 인정하고 있다. 일본의 경우에도 1997년 장기이식법을 둘러싸고 개인의 생사관이 달린 문제라는 점으로 공산당을 제외한 주요 정당의 경우 당론을 성하지 않고 투표에 임한 사례가 있다. 한국에서도 주요 정당의 경우 법안이나 동의안 등을 심의할 때 항상 강제당론을 설정하는 것은 아니다. 그러나 정쟁을 불러일으키는 몇몇 정치적 사안은 정당지도부가 소속의원들에게 정당의 입장강도에 따라 자유투표, 권고적 당론, 강제적 당론 등으로 입장을 정하고 있는 것을 볼 수 있다. 그러나 자유투표에 맡기는 경우에도 사안이 특별히 중요하지 않아 뚜렷한 정책적 입장이 없어서 자유투표에 일임하는 경우와 정당내부에서 의원들 간에 타협할 수 없는 수준으로 갈등이 심한 경우에 특정 입장을 취하지 못하고 자유투표에 맡기는 경우가 있으므로 성격의 구분이 필요하다.

2) 당론결정 시기의 문제

다음으로 당론을 결정하고 구속을 적용하는 시기의 문제가 제기된다. 이는 법안심의에 있어 의원의 활동을 어디까지 구속할 것인가의 문제를 말한다. 즉, 한국 주요정당의 경우 국회의 법안심의가 이루어지기 전 단계에 당내에서 당론수렴여부를 검토하도록 하는 당규를 두고 있다. 한나라당의 경우 "의원입법절차 규정"을 통하여 법률안이 작성되면 정책위원회에 제출하고, 정책위원회 의장은 당론수렴이 필요하다고 판단한 경우에는 최고위원회의 심의를 거쳐 의원총회에 상정하도록 규정하고 있다(한나라당 의원입법절차규정 제5조). 따라서 정당의 원내대책위원회 산하의 정책위원회에서 사전에 방침이 결정됨으로 인하여 국회의 위원회 심의에서의 발언을 포함하여 법안심의 전반에 걸쳐 구속의 효력이 미치게 된다. 당내 심의 절차는 결과적으로 국회 심의의 경직화와 형식화의 원인이 되기도 한다.

독일연방의회나 프랑스 상하양원에서는 위원회의 심의와 병행해서 교섭단체에서 검토가 이루어지고, 위원회에서 의결의 단계에 이르면 교섭단체의 방침이 결정되어 당론구속이 적용된다. 따라서 위원회에서의 실질적인 심의가 확보된다는 것을 알 수 있다. 이러한 독일과 프랑스 사례를 참고하여 당론결정 시기를 수정할 필요가 있다는 점을 제기하고자 한다. 이 문제와 관련하여 여당의 경우 정부제출 법률안의 경우에도 당정협의 후에 정책위원회가 당론구속을 적용할 것인지 여부를 정하도록 할 것인지, 아니면 상임위원회 심의 후 의결단계에서 정할 것인지 여부에 대해서도 판단이 필요할 것이다.

3) 당론결정과 구속의 주체문제

아울러 당론 결정의 주체에 관해서도 문제가 제기된다. 한국의 주요 정당은 의원총회를 통해 교섭단체의 당론을 정하도록 규정하고 있으나,[5] 정당에 대한 원내정당(교섭단체)의 독립성은 약하고, 정당의 지도부가 실질적인 결정권을 장악하고 정책위원회의 결정과 당 최고위원회의 결정이 중요한 영향을 미치고 있음을 알 수 있다. 특히 여당의 경우에는 당-청관계에서 중요한 방침이 결정되는 경우가 많다. 일본의 경우에도 원내정당의 영향력이 약하여 당 지도부의 결정이 중의원과 참의원 양원에 걸쳐 적용되기 때문에 심지어 참의원의 독자성마저 위협받는 상황이 일어나기도 한다(川崎政司 2001). 양원에서 심의한다는 양원제의 취지가 무색하게 된다는 것이다. 이에 대해 독일이나 프랑스의 경우에는 원외정당이 아니라 원내정당이 방침을 결정하고, 프랑스에서는 동일정당이지만 상원과 하원의 교섭단체가 각기 다른 대응을 취하는 경우도 자주 보인다.

여기에서 논의되어야 할 것은 정당과 원내정당, 즉 원내교섭단체와의 관계이다. 원외정당과 원내정당 간의 구별을 강조하면서 국회의 의사형성에 있어 의원 이외의 외부의 의사가 작동할 여지를 배제하기 위해 의원총회의 주체성을 높여 당론구속의 주체를 원내정당으로 해야 한다는 논의가 대두되고 있다. 이러한 논의의 중심에 원내정당화론이 자리 잡고 있다. 당론결정의 주체는 정당의 정체성 구현 또는 선거 시에 행한 매니페스토(manifesto)의 실천 등 몇 가지 사항을 고려하면서 결정되어야 할 문제이지 단순히 원내정당화의 문제로만 인식하기에는 어려움이 있다고 본다. 특히 이념정당의 경우 의원은 원외정당의 파견자에 불과하기 때문에 의원총회의 의결만이 구속력을 갖는다고 하기에는 무리가 있을 수 있다.

---

5) 한나라당 당헌 제61조 및 의원입법절차규정 제5조, 민주당 당헌 제51조 참조.

4) 당론결정 절차의 문제

다음으로 당론결정 절차의 문제도 논의가 필요하다. 그 핵심은 어느 정도 정당의 당론결정 과정이 민주적 절차를 거치고 있는가의 문제에 있다. 특히 그 결정에 개별 의원의 참여 기회가 어느 정도 보장되어 있는가가 중요한 문제가 되고 있다. 오늘날 우리 국회는 상임위원회 중심주의를 취하고 있어 많은 경우 소관 상임위원회 소속 위원이 아닌 경우에는 어떤 법안이 본회의에 상정되는지, 그리고 그 내용이 무엇인지도 모른 채 표결에 임하는 경우가 흔히 있다.

특히 일부 정당에서는 시급한 사안의 경우 최고위원회의에서 당론을 결정하고 이를 소속의원에게 강제하는 경우가 흔히 있다. 이 경우에는 해당 상임위원회 위원조차도 위원회 심의단계에서부터 제약을 받게된다. 따라서 몇 개의 인접상임위원회 위원들이 참여하는 분과별 의원총회를 정기적으로 개최하여 주요 현안에 대한 정보의 공유와 당론마련을 위한 심의의 기회를 갖는 것이 필요하다고 판단된다. 분과별 의원총회에서 당론을 설정할 필요가 있다고 판단되는 사안에 대해서는 의원총회를 통해 전체의원이 참여한 가운데 당론부여 여부를 결정하도록하는 것이 타당할 것이다. 국회에서 흔히 소수 당지도부에 의해서 당론이 결정된 가운데 소속의원은 법안의 내용도 잘 모른 채 이른바 입법전쟁에 동원되는 경우가 있다. 이러한 문제점을 해결하기 위하여 정당 차원의 민주적 당론수렴절차를 마련하는 것이 필요하다고 본다.

2. 운영위원회 중심의 국회운영

현행 국회법상 국회운영과 관련된 사항은 국회운영위원회의 소관사항으로 되어 있으며(제37조), 국회법 제76조(의사일정의 작성) 제3항에서도 운영위원회에서 회기전체의 의사일정을 작성토록 하고 있다. 따라서 국회운영관련 주요사항을 원내대표회담이 아니라 국회운영위원회에서 결정하도록 하면 원내대표회담 중심의 국회운영이 야기한 문제점을 해소할 수 있을 것이다. 국회의장이 국회운영위원회와 협의하여 국회를 운영할 경우 교섭단체 대표의원과 협의하여 운영하는 경우보다 비교섭단체 의원을 포함한 폭넓은 의원들의 다양한 의견을 수렴하고 이해를 조정하는 것이 가능하므로 국회운영의 민주성과 공평성을 제고할 수 있을 것이다.

또한 운영위원회의 위원구성이 여타 상임위원회와 같이 원내교섭단체 의석비에 따르기 때문에 정당 간의 의석비례 대표성의 문제도 해결할 수 있을 것이다. 또한 교섭단체를 구성하지 못한 정당소속 의원들도 참여할 수 있기 때문에 국회운영의 참여를 확대할 수 있을 것이다. 다만 원내대표단이 주로 초선의원 중심으로 구성되어 있으나 국회운영의 타협과 조정력을 높이기 위하여 중진급 의원 또는 일부 상임위원장도 운영위원에 포함되도록 하는 방안을 검토할 필요가 있을 것이다.

운영위원회 중심의 국회운영을 이끌기 위해서는 교섭단체 구성요건의 완화도 아울러 검토되어야 할 것이다. 현행 교섭단체 구성요건이 정치적 편의주의의 산물 또는 카르텔 정당 간의 담합이라는 비판을 면하기 위해서는 최소한의 논리적 타당성을 지닌 새로운 구성요건을 제시할 수 있어야 할 것이다. 교섭단체의 구성요건은 '배제의 정치'가 아니라 '참여의 정치'라는 정신에서 출발하는 것이 바람직할 것이다(강장석 2008). 광장의 정치, 거리의 정치를 원내로 수렴하기 위해서라도 교섭단체 요건의 완화가 필요할 것이다. 그 숫자는 입법권자의 판단에 맡겨야 할 것이나, 10석으로 정한 국회운영제도개선 자문위원회의 의견도 타당할 것으로 보이나 이보다 낮아도 무방할 것이다. 다만 원내정당이 아니어도 교섭단체를 구성할 수 있도록 하는 것이 의회운영에 다수를 참여시킬 수 있다는 점에서 타당할 것이라고 본다.

3. 정당의 공직후보선출과정의 민주화

위의 의원대상 조사에서 고찰한 바와 같이, 국회의원이 표결 시 정당을 중요한 요인으로 고려하는 데에는 정당의 환경, 즉 정당지도자의 정당 장악력이나 공천제도와 같은 보이지 않는 재선에의 영향요인이 지배적인 영향을 미치고 있다는 점을 알 수 있다. 국회가 변하기 위해서는 국회의원이 변해야 하며, 좋은 일꾼이 국회에 진출하기 위해서는 정당제도와 선거제도가 이에 부응하여야 할 것이다.

오늘날 정당은 과거 3김시대와는 다른 정치환경으로 발전하고 있으나 아직도 공천과정의 비민주성은 의원들의 자율성의 발목을 잡고 있다고 할 수 있다. 지난 17대 총선에서의 상향식 공천시도가 뿌리내리지 못하고 18대 총선에서는 다시 하향식 공천이 자리잡아가고 있는 모습니다. 후보공천의 민주화와 개방화는 당선된 의원에게 의정활동의 자율적 영역을 확보하여 의정활동에 전념할 수 있도록 할 수 있고, 지도부의 정당기율에 얽매이지 않고 국회에서의 합리적 이성을 도출할 수 있게 해 줄 것이다.

VI. 결론

17대 국회와 18대 국회의 파행과 교착상태를 지켜보면서 국민의 우려를 자아내는 것은 국회가 과연 사회를 통합하고 우리 사회가 안고 있는 다양한 문제를 해결할 능력이 있는가 하는 점이다. 국회를 둘러싼 환경은 세계화·정보화·지방화로 보다 다차원적으로 심화·발전하고 있는데, 국회는 아직도 대결과 전쟁의 장으로 변질되어 국가가 당면한 경제위기 극복과 같은 현안문제 해결에 도움을 주지 못한다는 회의론이 강하게 확산되고 있다. 이러한 우려의 한가운데에 이념과 정책을 중심으로 국회운영의 중심에 서야 할 정당이 제 기능을 못한다는 반성이 자리잡고 있다. 의원이 다수결 투표를 통하여 자신을 선출해준 지역구 유권자들의 이익을 반영하는 위임자(delegate)의 역할도 수행하지 못하고, 전국적인 시각에서 국민을 염려하는 수탁자(trustee)의 역할도 수행하지 않은 채 소속 정당의 이익과 이념만을 추구하고 정당에 대한 충성을 통해 차기 공천의 확보에만 골몰하는 상황에서 현안이 된 국가적 과제에 대한 심의의 장으로서 국회가 제 기능을 다하리라고 기대하기는 어렵다.

이 장은 17대 국회의원에 대한 의식조사 결과 분석을 통하여 의정활동에서 정당요인이 차지하는 실태를 분석하고, 이를 규정하는 제도적 요인을 규명하였다. 국회의원 대상 조사에서 살펴본 바와 같이 의원들은 표결에 있어 가장 중요한 요인을 정당이라고 꼽고 있는 것으로 나타났다. 아울러 당론과 소신이 충돌하는 빈도 또한 높은 것을 알 수 있었다. 소신투표 지향형인 경우에는 이념요인이 작용하고 있는 것을 알 수 있었으나, 정당투표 지향형인 경우에는 의원의 정치적 특성보다는 정당지도자의 정당 장악력이나 공천제도와 같은 환경적 요인이 영향을 미치고 있는 것으로 분석되었다.

이러한 국회운영을 둘러싼 문제에 대한 의원들의 인식의 이면에는 원내교섭단체 제도와 원내교섭단체 대표회담이 지배하는 국회운영 상의 문제가 놓여 있다. 이에 대해 이 논문은 당론구속을 인정할 것인지 말 것인지 라는 양자택일적인 논의가 아니라 한국적 권력구조하에서 정당정치의 운용과 민의의 반영 양태, 정당의 기능 및 한계 등을 고려하면서 종합적이고 다차원적인 맥락에서 검토되어야 한다는 점을 강조하고 있다. 당론구속의 범위 완화, 당론결정 시기의 조정, 당론결정 절차의 민주화와 같은 방안을 제시하고 있다. 제도적 측면에서 원내교섭단체 제도의 문제점을 분석하고 구성요건의 완화와 교섭단체 대표회담 중심의 국회운영을 운영위원회 중심의 국회운영으로 전환할 것을 제시하고 있다. 끝으로 환경적 요인으로 정당의 공직후보 추천과정의 민주화와 개방화를 통한 유능한 인물의 충원과 당선된 의원의 자율성 보장을 제안하고 있다.

참고문헌

강장석. 2008.『국회제도개혁론』. 서울: 삼영사.

곽진영. 2001. "한국 정당체계의 민주화: 정당-국가간 관계를 중심으로."『의
정연구』. 7(1).

국회운영제도개선 자문위원회. 2008.『국회운영제도개선 자문위원회 활동결
과 보고서』(2008. 12).

김민전. 2005. "원내파행 방지와 민주적 국회운영을 위한 개선방향."참여연
대 의정감시센터. 국회파행 방지와 국회 의정활동 활성화를 위한 토론
회 발표논문.

박종흡. 2001. "국회개혁의 방향과 과제."국회정치개혁특별위원회. 국회관계
법 개정에 관한 공청회 자료.

박현숙·남궁곤. 2003. "의회와 외교정책: 국회의원의 정치적 이념구조와 표
결행태 분석."『시민정치학회보』6.

손봉숙. 2004. "교섭단체, 폐지되어야 한다."『국회보』455.

이현우. 2005a. "국회의원의 표결 요인분석: 정당, 이념 그리고 지역구."『한국
과 국제정치』21(3).

_____. 2005b. "한국과 미국의 국회의원 표결요인 비교: 자유무역협정 비준의
경우."『국제정치논총』45(3).

임동욱·함성득. 2005. "원내교섭단체 요건 및 지위의 변화 필요성과 실천전략:
의석수와 정당득표율을 중심으로."『社會科學研究』13(1).

임종훈. 2008. "국회 입법 60년의 평가와 과제."한국입법학회 학술대회 발표
논문(2008. 12. 23).

_____. 2009. "원내대표 밀실협상 없애라."『중앙일보』, 1. 9.

전진영. 2006. "국회의원의 갈등적 투표행태 분석: 제16대 국회 전자표결을 중
심으로."『한국정치학회보』40(1).

최장집. 2004. "한국 민주주의의 취약한 사회경제적 기반."『아세아연구』
47(3).

松澤浩一. 1999. "立法過程における議員·會派·政黨."『駿河台法學』13(1).

前田英昭. 1994. "黨議拘束と表決の自由."『議會政治研究』29.

齊藤康輝. 2002. "黨議拘束と'全國民の代表'."『憲法研究』34.

川崎政司. 2001. "國會審議のシステムとルール: 國會審議の過程." 『國會月報』 (2001. 5).

Cox, Gary W., and Mathew D. McCubbins. 1993. *Legislative Leviathan*. Berkeley: University of California Press.

Fenno, Richard F. 1978. *Home Style: House Members in Their Districts*. New York: Harper Collins.

Jenkins, Shannon. 2006. "The Impact of Party and Ideology on Roll-Call Voting in State Legislatures." *Legislative Studies Quarterly*, X X XI, 2.

Kalt, Joseph P., and Mark A. Zupan. 1990. "The Apparent Ideological Behavior of Legislators: Testing for Principal-agent Slack in Political Institutions." *Journal of Law and Economics*, 33.

Lee, Hyun-chool. 2007. "The Ideological Disposition of Koreans." *Journal of Contemporary Asia*, Vol. 37, No. 4.

Peltzman, Sam. 1985. "An Economic Interpretation of the History of Congressional Voting in Twentieth Century." *American Economic Review*, 75.

Poole, Keith T., and Howard Rosenthal. 1997. *Congress: A Political-Economic History of Roll Call Voting*. N.Y.: Oxford University Press.

Rohde, David W. 1991. *Parties and Leaders in the Postreform House*. Chicago: University of Chicago Press.

Synder, James M., and Tim Groseclose. 2000. "Estimating Party Influence in Congressional Roll-Call Voting." *American Journal of Political Science*, 44.

〈부록〉 분석에 활용된 설문

〈문 15〉 국회의원들의 표결에 있어 가장 중요한 요인은 무엇이라 생각하십니까?

    1) 정당   2) 지역구   3) 의원 개인의 신념   4) 계파

    5) 재선   6) 기타 (_____)

〈문 21〉 의원님께서는 당론과 본인의 소신이 충돌할 때 대체로 어떤 것을 더 중시하십니까?

    1) 당론   2) 본인 소신

〈문 22〉 의원님께서는 당론과 지역구 이익이 충돌할 때 대체로 어떤 것을 더 중시하십니까?

    1) 당론   2) 지역구 이익

〈문 23〉 의원님께서는 당론과 본인의 소신이 충돌한 경험이 얼마나 있으십니까?

    1) 자주   2) 가끔   3) 거의 없다

〈문 24〉 다음의 의견에 대해 의원님께서는 어떻게 생각하십니까?

내 용	적극 동의	약간 동의	별로 동의 하지 않음	전혀 동의 하지 않음
1) 당론이 결정되는 과정은 민주적이다	①	②	③	④
2) 국회의 운영에 정당의 개입이 지나치게 많다	①	②	③	④

〈문 34〉 의원님의 이념성향은 일반적으로 어디에 놓여 있다고 생각하십니까?

      0---1---2---3---4---5---6---7---8---9---10

    (진보)   (보수)

제3부

의회평가 비교분석

| 제9장
한국인과 일본인의
국회에 대한 태도와 평가 비교*

이갑윤

I. 머리말

현대 민주주의 제도들 중에서 가장 역설적인 기관은 아마 국회일 것이다. 국민에 의해 정기적으로 선출되는 국회의원들로 구성되는 국회는 헌법에 의해 국민의 의사를 대변하는 최고 대의기구이자 유일한 입법기관으로 규정되어 있지만, 오늘날 행정부나 사법부와 같은 다른 국가기관은 말할 것도 없이, 기업이나 노조, 학교, 병원 등과 같은 사회경제적 기관들보다도 낮은 신뢰를 국민들로부터 받고 있기 때문이다 (Mayer and Canon 1999).

왜 이러한 현상이 나타나는 것일까? 왜 국민들은 자신이 선출한 국회를 신뢰하지 않는가? 한국인의 국회에 대한 높은 불신감은 권위주의 체제에 의해 국회의 기능이 왜곡되어 왔기 때문이라고 손쉽게 설명할 수

---

* 이 논문은 2008년 『동아연구』 54집에 게재된 논문이다.

있을지 모른다. 한국의 국회는 개원한 지 60년이 지났지만, 그 중 40여 년을 권위주의 체제하에서 독재정권의 시녀로서 극히 제한적인 역할을 수행해왔을 뿐이다. 국회는 제도적 프리미엄을 통해 과반수 이상의 의석을 확보한 권위주의 여당의 일방적인 독주와 이에 저항하는 야당의 '반대를 위한 반대'로 인해 극한 대립으로 점철되어 왔으며, 이로 인한 국회 운영의 잦은 파행이 국민들의 국회에 대한 인식을 극히 부정적으로 만들었다는 것이다(박동서 1985).

그러나 이러한 설명 방식은 그다지 설득력이 없어 보인다. 1987년의 민주화 이후 지난 20년간 선거과정의 민주화, 국정감사권의 부활, 위원회제도의 강화, 여소야대 국회의 등장 등 국회의 기능과 운영을 정상화할 수 있는 제도의 개선 및 환경의 변화가 이루어졌음에도 불구하고, 한국의 국회는 입법, 행정부 견제, 사회갈등의 통합 기능 등에서 여전히 제한적인 역할밖에 담당하지 못하고 있으며, 정당 간의 지나친 갈등과 대치로 인한 비정상적 국회 운영도 크게 개선되지 않았다. 따라서 한국인의 국회에 대한 높은 불신감을 권위주의 체제의 탓으로만 돌릴 수는 없는 것이다(박찬표 2002).

사실 국회에 대한 높은 불신감은 한국 사회만의 문제가 아니라, 일본을 비롯한 선진산업사회 일반에서 발견되는 보편적 현상이다. 의회민주주의를 채택하고 있는 많은 나라들에서 행정부의 기능 팽창에 반비례하여 국회의 기능과 영향력은 계속 축소되어 왔다. 예컨대, 국회의 본원적 기능인 입법 기능을 보더라도 국회를 통과한 법안들 가운데 의원 발의 법안의 수는 정부 발의 법안 수의 20~30% 수준에 지나지 않을 뿐더러 대부분의 중요한 법안들은 정부에 의해 제출되고 있다. 또한 행정부에 대한 견제와 감시 기능에 있어서도 오늘날 국회는 견제와 감시보다는 오히려 행정부를 담당하고 있는 여당 지도층의 정책 추진을 보조하는 역할을 하는 데 그치고 있다. 나아가 국회의원들은 국민의 대표로서 사회 전체의 공익이나 국가이익을 대변하기보다는 자신의 재선을 위한 선거구 활동이나 특정 이익집단의 특수이익을 도모하는 데 더 많은 노력을 기울이고 있으며, 사회갈등을 조정하고 통합하기 위해 노력하기보다는 오로지 권력 획득만을 추구하는 정당의 전사로서 당리당략에 따라 행동하고 있는 것이 현실이다. 이러한 상황으로 인해 일본과 같이 의회민주주의가 일찍이 제도화되어 있는 나라에서조차도 국회에 대한 국민의 불신은 매우 높다(成田憲彦 1997).

국회 불신은 어디에서 오는가? 국회의 제도나 조직상의 결함 때문인가, 아니면 국회의원의 자질이나 능력상의 문제 때문인가? 혹은 역설적으로 국민들의 무관심과 편견이 오히려 국회 불신을 증폭시키고 있는 것은 아닐까? 이 연구는 한국인과 일본인의 국회에 대한 태도를 비교분석함으로써 국민들의 국회 불신이 무엇에 기인하는지를 좀 더 구체적으로 밝히고, 과연 국민이 기대하고 요구하는 국회 및 국회의원의 역할과 기능은 무엇이며 이를 만족시키기 위해서는 어떤 개선안이 필요한가를 논의함으로써 국회 발전의 바람직한 방향을 모색하는 데 그 목적이 있다.

이 연구가 비교분석의 방법을 채택한 이유는 한국인과 일본인의 국회에 대한 태도에서 유사성과 상이성을 적출해냄으로써, 그 태도가 보편적인 것인지 또는 특수한 것인지 밝힐 수 있기 때문이다. 또한 비교의 대상으로 일본을 채택한 이유는 일본이 역사적 배경과 문화, 정당제와 선거제도, 정책결정과정 등에서 한국과 많은 유사점을 갖고 있는 동시에 정부형태, 국회의 구성과 조직, 행태 등에서는 많은 차이점을 갖고 있기 때문이다. 즉 한국과 일본은 지나치게 상이하지도 않고, 지나치게 유사하지도 않다는 점에서 비교분석의 대상으로서 적절하다고 할 수 있다.

이 글은 먼저 한국인과 일본인의 국회에 대한 태도에서 나타날 수 있는 유사성과 상이성을 가설의 형태로 제시한 다음(제2절), 이를 경험적 실증자료의 분석을 통해 검증하는 방식으로 전개해갈 것이다(제3절). 그리고 그 성과에 기초해 연구의 함의를 다양한 각도에서 토론할 것이다(제4절).

II. 연구가설

한국인과 일본인의 국회에 대한 태도를 비교 분석하는 데 있어 가장 중요한 범주의 하나는 신뢰성의 문제이다. 국회에 대한 국민의 신뢰는 국회 발전에 있어 매우 중요한 관건이다. 민주주의 정치과정에서 한 기관이나 조직이 행사할 수 있는 영향력의 가장 중요한 자원 중의 하나가 여론의 지지이기 때문이다. 어떤 기관이나 조직일지라도 국민의 지지를 받지 못한다면, 그들의 권력은 약화되고 국정 운영의 중심으로부터 소외될 수밖에 없다. 이렇게 볼 때 국회에 대한 국민의 높은 정치적 불신은 국회가 국민의 요구와 기대에 부응하는 기능과 역할을 제대로 수행하지 못한 결과이기도 하지만, 그 원인이 될 수도 있다. 왜냐하면 국회에 대한 국민의 신뢰가 회복되지 못한다면, 국회가 다른 권력기관과 경쟁하면서 입법이나 행정부 견제 등과 같은 역할을 제대로 수행해낼 수 없기 때문이다.

〈가설 1〉 정책결정 과정에서 관료의 역할이 크면 클수록 국민들의 국회에 대한 불신은 더 커질 것이다.

한국과 일본은 관료주도형 정책결정의 전통이 강하기 때문에 국민들의 국회에 대한 불신이 그렇지 않은 나라들보다도 더 높게 나올 것이다. 정책결정 과정에서 국회의원의 역할이 한국보다는 일본이 더 크기 때문에 일본인의 국회에 대한 불신감은 한국인의 그것보다는 더 낮게 나올 것이다.

한국은 대통령제를 취하고 있는데 반해, 일본은 의원내각제를 취하고 있다. 한국의 국회는 단원제인데 비해, 일본의 국회는 중의원과 참의원의 양원으로 구성되어 있다. 일반적으로 권력분립의 원리에 기초하고 있는 대통령제하의 국회보다는 권력융합의 원리에 기초하고 있는 의원내각제하의 국회가 정치적 위상이 더 높다고 할 수 있다. 그러나 이 연구는 이러한 제도의 차이보다는, 정책결정 과정에서 국회와 국회의원이 실제로 어떤 역할을 하고 있느냐가 국민들의 국회에 대한 태도에 결정적인 영향을 미친다고 본다. 한국과 일본은 서로 다른 정부형태를 취하고 있지만, 관료들이 정책결정 과정에서 주도권을 행사하는 관료주도형 정책결정의 전통이 강하다는 공통점이 있다. 바로 이 때문에 양국의 국회는 정책결정 과정에서 '최소형 국회'로 주변화되어 왔다. 또한 양국 모두에서 발견되는 일당우위 정당제의 전통 역시 이러한 경향을 강화하는 데 일조하였다. 이처럼 정책결정 과정에서 국회와 국회의원의 역할이 매우 제한적이었기 때문에 양국의 국민들은 행정부 우위의 종속형 국회의 효능에 대해 회의를 품게 되었고, 이것이 국회에 대한 높은 불신감을 낳는 원인의 하나가 되었을 것이다.

그런데 일본에서는 1980년대 이후 시장자유화를 요구하는 국제사회의 압력이 커지면서 관료주도형 정책결정이 후퇴하고, 여당의 정책심의기구인 정무조사회와 국회의 상임위원회를 무대로 하여 활동하는 정책적 전문성을 가진 '족의원'들이 출현하여 그들이 정책결정 과정을 주도하게 되었다. 그 결과 사회의 다양한 이해관계의 조정과 타협의 장으로서 국회의 위상이 크게 제고되고, 국회의 효능에 대해 부정적인 인식을 갖고 있던 국민들의 태도도 조금씩 바뀌게 되었다. 이에 비해 한국에서는 민주화 이후에도 국회가 정책토론이나 사회의 다양한 이익을 조정하는 장으로 이용되기보다는 정당들 간의 권력경쟁의 장으로만 이용됨으로써 국민들의 국회에 대한 불신을 더욱 심화시키게 되었다. 이러한 차이로 인해 한국인의 국회에 대한 불신감은 일본인의 그것보다 더 높게 나올 것이다.

〈가설 2〉 국회에 대한 낮은 관심은 국회 활동에 대한 정보 부족을 야기할 것이고, 정보 부족은 국회에 대한 부정적인 편견을 지속시킬 것이다.

한국인과 일본인 모두 국회에 대한 관심이 낮지만, 국회 활동에 대한 중립적인 정보를 접할 수 있는 기회가 더 많은 일본인이 그렇지 못한 한국인보다 국회에 대해 덜 부정적인 태도를 취할 것이다.

한국인과 일본인은 앞서 지적한 관료주도형 정책결정의 전통으로 인해 국회의 영향력이 행정부 관료나 정당의 영향력에 비해 크지 않을 것이라고 생각한다. 바로 이러한 점이 한국인과 일본인으로 하여금 행정부 관료나 정당보다 국회에 대해 관심을 덜 갖게 하는 요인으로 작용하게 된다. 국회나 국회의원의 활동에 대해 관심이 적다는 것은 곧 그들의 활동에 대한 인지도가 낮다는 것을 의미한다. 일반적으로 어떤 일에 대해 관심과 정보가 적은 사람은 그에 대해 더 많은 관심과 정보를 갖고 있는 사람들에 비해 편견이나 몰이해에 빠질 가능성이 높다.

한국인과 일본인은 국회나 국회의원의 활동에 대해 관심이 적을 뿐만 아니라 정보도 부족하기 때문에 국회에 대해 자신들이 갖고 있는 부정적인 고정관념을 지속시키게 된다. 한국인과 일본인은 국회 활동에 대한 정보를 주로 TV나 신문을 통해 얻을 것이다. 따라서 TV나 신문의 보도 방향은 이들의 국회에 대한 인식과 태도에 큰 영향을 미칠 것이다. 일반적으로 TV나 신문은 정치권력에 대해 비판적 감시자 역할을 자임하고 있기 때문에 국회나 국회의원의 활동에 대해 비판적일 경우가 많다. 이러한 것들이 한국인과 일본인의 국회에 대한 부정적인 편견을 강화시킬 것이다. 다만 TV를 통해 국회 심의 과정을 실시간으로 볼 수 있는 기회가 더 많은 일본인이 한국인보다 국회 활동에 대해 중립적인 정보를 더 많이 갖고 있기 때문에 국회에 대해 덜 부정적인 태도를 취할 것이다.

〈가설 3〉 국회의원의 자질과 능력에 대한 평가가 낮을수록 국회에 대한 신뢰도
　　　　도 낮아질 것이다.

한국인과 일본인 모두 자국 국회의원들의 능력과 자질에 대해 낮게 평가하고 있지만, 일본인의 국회의원 평가가 한국인의 그것보다 덜 부

정적으로 나타날 것이다.

20세기의 정당균열을 가져왔던 요인들—예컨대, 국제냉전, 노동과 자본의 균열, 권위주의 세력과 민주화 세력의 대립 등—이 탈냉전, 탈산업화, 민주화, 세계화 등으로 소멸함에 따라 정당 이데올로기의 수렴현상이 나타나게 되었다. 정당들을 차별화할 수 있는 근거로서 이데올로기의 효용성이 사라짐에 따라 국회의원 선거에서 후보자의 자질과 능력이 주요한 변수로 부상하게 되었다. 그러나 문제는 국민의 기대를 충족시킬 수 있는 능력과 자질을 갖춘 사람이 정당의 공천경쟁이나 선거경쟁에 참여하지도 않을 뿐더러, 그러한 사람들이 참여해도 국회의원으로 당선될 가능성은 그리 크지 않다는 것이다. 나아가 설령 당선된다고 해도 국회의원으로서 그들이 정책결정 과정에서 행사할 수 있는 영향력은 그다지 크지는 않을 것이다. 이러한 사정이 국회의원의 자질과 능력을 계속 저하시킬 것이고, 이는 곧 국회에 대한 신뢰 저하로 나타나게 될 것이다.

민주화 이후 한국정치에 나타난 지역주의 정당균열은 지역 맹주로서 3김 씨의 공천 권력을 절대적으로 강화시켰고, 그 결과 보스에 대한 충성심은 강하지만 국회의원으로서의 능력과 자질이 부족한 사람들이 대거 국회에 진출하게 되었다. 이러한 현실로 인해 한국인은 국회의원들의 능력과 자질에 대해 매우 부정적으로 평가할 것이다. 일본의 경우에도 기성 의원 중심의 공천과 개인후원회 중심의 선거운동으로 인해 정치신인의 국회진출이 쉽지 않아 능력과 자질이 있는 사람들의 정치참여가 쉽지는 않다. 그러나 일본의 국회의원들은 한국의 국회의원에 비해 정책결정 과정에서 관료 및 이익단체와의 협의를 통해 더 큰 영향력을 행사하고 있기 때문에 국민들로부터 그들의 능력과 자질에 대해 좀 더 긍정적인 평가를 받을 것이다.

〈가설 4〉 권력 획득을 위한 정당 간의 경쟁이 격화될수록 국민들의 국회에 대한
　　　　신뢰는 낮아질 것이다.

　한국인과 일본인 모두 국회의원의 정당 활동에 대해 부정적인 평가
를 하고 있으며, 한국인은 정당들의 당리당략에 따른 국회 파행에 대해,
일본인은 정당의 파벌주의와 이익유도 정치에 대해 가장 불만스럽게
생각할 것이다.

　민주주의 정치체제에서 주권자인 국민은 자신이 원하는 바를 정치가
들이 정책으로 실현해주길 바라는 마음에서 그들에게 권력을 위임하는
것이다. 다시 말해, 국민의 지지를 동원할 수 있는 정책대결을 통해 정
치가들이 권력을 획득하기를 원한다. 그러나 현실에서는 정치가들이
국민의 요구는 아랑곳없이 오로지 자신들의 권력욕을 충족시키기 위
해 권력을 추구하는 현상이 나타나게 된다. 국회가 정책 심의 및 사회
적 이익의 조정장으로서 기능하지 못하고 오로지 권력 획득을 위한 정
당들의 당리당략의 장으로 이용되고 있다는 것이 국회 불신의 가장 큰
이유가 될 것이다.

　민주화 이후 한국의 정당들은 3김 씨와 같은 지역적 지도자들에 의
해 사당화(私黨化)되어 그들의 권력경쟁의 도구로 기능하였다. 그 과
정에서 국회는 권위주의 시대와 다를 바 없는 파행을 거듭해왔다. 이러
한 현실로 인해 한국인은 국회의원의 정당 활동에 대해 부정적인 평가
를 할 것이다. 이에 비해 일본의 경우 정당 간의 협상과 타협이 제도화
되어 있기 때문에 위와 같은 비난은 적으나, 정당의 파벌주의가 정치의
역동성을 제한하고, 정치가들의 부패와 분열과 무능을 야기한다고 하
여 이에 대해 비판적이다. 또한 국회의원들이 정부의 공공자금을 가지
고 자신의 선거구에 특혜를 주는 정당의 이익유도 정치에 대해 국민들
이 뿌리 깊은 불신을 갖고 있다. 양국 모두 노무현 정부와 고이즈미 정
부의 출범 이후 정당의 사당화나 이익유도정치에 대해 개혁 작업을 진

행하고 있으나 국민의 기대에는 못 미치고 있는 것이 사실이다.

III. 자료 분석 및 가설 검증

한국인과 일본인의 국회에 대한 태도를 체계적으로 비교 분석하기 위해서는 국회와 국회의원에 대한 태도와 정향을 인식, 감정, 평가라는 세 가지 차원으로 나누어 조사한 종합적인 여론조사 자료가 필수적이다. 한국인의 국회에 대한 태도는 2005년 서강대학교 동아연구소에서 실시한 〈국회의 이상과 현실〉 연구의 조사 자료를 활용함으로써 어느 정도 연구 조건을 충족시킬 수 있었지만, 일본인의 국회에 대한 태도는 조사 자료의 수가 매우 적을 뿐 아니라 설문항이 한국 측의 설문항과 일치하지 않기 때문에 비교 분석에 어려움이 많았다. 이 연구에서는 2005년 11월에 실시된 요미우리신문의 여론조사자료와 그동안 지속적으로 실시되어온 World Value Survey 자료를 이용했음을 밝혀둔다.

1. 국회에 대한 신뢰도

예상했던 대로 한국인과 일본인 모두 국회에 대해 낮은 신뢰도를 갖고 있는 것으로 나타났다. 양국 모두 국회에 대해 신뢰하고 있다는 사람은 응답자의 10%도 되지 않는 반면, 불신감을 나타내고 있는 사람은 응답자의 2/3에 육박하고 있다.

양국인 모두 국회가 정치발전에 가장 큰 걸림돌이며 국회개혁이 필요하다는 데 인식을 공유하고 있다. 한국인의 경우 응답자의 가장 많은 수인 40%가 국회가 민주화에 가장 큰 장애요인이 되었다고 생각하고 있으며, 일본인의 경우 개선의 노력이 가장 시급한 국가기관으로 가장 많은 수인 82%(3개까지 선택)가 국회를 선택하였다. 이는 관료(45%)나 경찰(46%)보다 두 배에 가까운 비율이었다.

〈표 1〉 국회신뢰도 회귀식: 한국

모형	회귀계수		표준화 회귀계수	t 값	유의도
	B 값	표준오차	Beta		
상수	3.864	.168		22.979	.000
성별	.108	.035	.091	3.120	.002
연령별	-.008	.002	-.173	-5.057	.000
지역규모	-.066	.026	-.073	-2.519	.012
소득	-.022	.017	-.041	-1.349	.178
학력	-.067	.028	-.086	-2.371	.018
호남	-.123	.042	-.090	-2.913	.004
영남	-.098	.040	-.077	-2.484	.013

〈표 2〉 국회신뢰도 회귀식: 일본

모형	회귀계수		표준화 회귀계수	t 값	유의도
	B 값	표준오차	Beta		
상수	3.517	.133		26.439	.000
성별	-.002	.041	-.001	-.041	.967
연령	-.011	.001	-.250	-8.400	.000
학력	-.002	.013	-.005	-.178	.859
소득	.005	.007	.018	.605	.545

하위집단별 신뢰도를 검증해보면, 한국인의 경우 남성이 여성보다, 나이 많은 사람이 젊은 사람보다, 학력이 낮은 사람들이 고학력자보다, 그 차이가 크지는 않지만 국회에 대한 신뢰도가 높은 것으로 나타나고 있다. 연령과 성별의 회귀계수는 1% 미만의 통계적 유의도를 갖는 반면, 교육과 도시화는 5% 미만의 유의도를 나타내고 있다. 일본인의 경우 한국과 마찬가지로 연령과 도시화가 영향을 미치고 있는 것으로 나타나지만, 성과 학력, 수입 등은 통계적으로 유의한 영향을 미치지 않는 것으로 나타나고 있다. 다른 나라 국민들의 국회에 대한 신뢰도와 비교

〈표 3〉 주요 국가별 기관 신뢰도

	미국	캐나다	독일	프랑스	이탈리아	영국	필리핀	일본	한국	아르헨티나	브라질	평균
군대	1.87	2.29	2.46	2.38	2.48	1.91	2.04	2.28	2.29	2.94	2.12	2.25
언론	2.85	2.75	2.74	2.85	2.73	3.18	2.16	2.22	2.31	2.67	2.40	2.54
노동조합	2.67	2.78	2.68	2.86	2.91	2.93	2.41	2.63	2.49	3.31	2.58	2.76
의회	2.68	2.68	2.76	2.80	2.78	2.75	2.29	2.98	3.27	3.30	3.07	2.81
관료제	2.42	2.51	2.70	2.67	2.78	2.60	2.15	2.80	2.33	3.43	2.46	2.65
TV	2.87	2.70	x	x	x	x	2.10	2.26	2.33	2.80	2.52	2.43
정부	2.69	2.66	x	x	x	x	2.49	2.90	2.81	3.14	2.72	2.68
정당	2.91	2.94	x	x	x	x	2.57	3.04	3.24	3.43	3.12	3.02
대기업	2.44	2.45	2.75	2.64	2.56	2.69	2.36	2.84	2.84	3.00	2.27	2.59
평균	2.50	2.55	2.59	2.58	2.58	2.60	2.21	2.71	2.63	3.02	2.56	2.56

자료: World Value Survey(2002)

해보면, 한국인과 일본인은 국회에 대해 매우 낮은 신뢰도를 보여주고 있다는 사실을 알 수 있다. 불신감을 나타내는 4점 척도(1: 신뢰 한다~ 4: 신뢰하지 않는다)에서 양국인의 국회에 대한 불신감은 서구 및 동남 아 국가보다 낮으며 남미 국가들과 비슷한 정도로 높은 불신감을 보여 주고 있다. 〈표 3〉에서 주목해야 할 사실은 국회는 거의 모든 나라에서 다른 정치, 사회, 경제적 주요 기관에 비교할 때 가장 낮은 신뢰도를 보 여주고 있다는 사실이다. 이렇게 볼 때 한국과 일본에서 국회가 불신감 이 높은 기관이라는 사실은 결코 이례적인 사례가 아니며, 정도의 차이 는 있을지 몰라도 거의 모든 나라에서 국회는 정치 불신의 대상이 되고 있다고 하겠다.

한국과 일본의 국회 신뢰도가 다른 나라의 국회 신뢰도보다 낮은 이 유로 들 수 있는 것은, 한국과 일본의 전반적인 정치·사회적 신뢰도가 낮다는 점일 것이다. 기관 신뢰도별 상관계수를 보았을 때 한국과 일 본 모두 국회 신뢰도와 여타 기관 신뢰도 간의 계수 범위가 정방향의

0.20~0.50에 이르고 모두 1% 미만의 통계적 유의도를 보이고 있다. 이는 양국인의 국회에 대한 불신이 정치·사회 전반에 대한 불신감으로부터 기인한다는 것을 보여준다고 하겠다.

끝으로 지적할 것은 한국인의 국회에 대한 불신감이 일본인의 국회에 대한 불신감보다 높게 나타나고 있다는 점이다. 한국인의 경우, 일본인과 비교할 때 기관 신뢰도의 평균이 약간 더 높게 나타남에도 불구하고 국회의 경우에는 0.3에 가까운 정도의 차이가 나타나고 있다. 물론 이러한 차이의 크기를 과장 해석할 수는 없지만, 한국의 국회는 일본은 물론 세계에서 가장 낮은 신뢰도를 받고 있는 국회라는 점에 주목하여야 할 것이다.

2. 국회 활동에 대한 관심과 인지도

국회에 대한 신뢰도와는 달리 국회에 대한 관심과 인지도에서는 한국인과 일본인 사이에 유사성보다는 차이점이 더 크게 나타나고 있다. 먼저 국회 활동에 대해 정치적 관심을 갖는 사람들의 비율은 한국인의 경우 30% 정도에 불과하지만 일본인의 경우는 70%가 관심을 표명하고 있다. 이는 일본인이 한국인보다 더 국회에 관심을 뚜렷이 나타내고 있다는 것을 말해준다. 한국과 일본 모두 남자가 여자보다, 연령이 높은 사람이 연령이 낮은 사람보다, 그리고 교육수준이 높을수록 국회에 대한 관심이 높은 것으로 나타나고 있다. 이는 일반적인 정치적 관심의 연장선상에서 국회에 대한 관심이 나타나고 있다는 것을 보여준다.

한국과 일본의 차이는 국회 인지도에서 잘 나타난다. 한국인의 40%, 일본인의 55%가 그들의 지역구 의원이 누구인가 인지하고 있으며, 이는 다른 나라와 비교할 만한 수준이라고 하겠다. 지역구 의원 의정활동에 대해 한국인은 10%가 알고 있다는 응답을 한 반면, 일본인의 경우는 30%가 알고 있다는 응답을 하여 비교적 큰 차이를 보여주고 있다고 할 수 있을 것이다. 양국 간에 차이가 있으나 국회의원이 누구인지는 알아도 그들이 무엇을 하고 있는지에 대해 아는 사람들은 매우 적다는 사실을 보여준다. 인지도에 있어 하위집단별 차이는 농촌거주자와 연령이 높은 사람들이, 연령이 낮으며 도시에 거주하는 사람들보다 높다는 사실을 제외하면 여타 사회 · 경제학적 또는 인구학적 집단별 차이는 나타나고 있지 않다.

전반적으로 한국인과 일본인들이 국회의원의 의정활동에 대한 인지도가 낮은 것은 국회에 대한 무관심 외에도 그들이 접할 수 있는 의정활동에 대한 정보부족에 기인한 것으로 보인다. 대부분의 한국인은 국회에 대한 정보의 원천으로 TV를 꼽았으며 국회의원을 1년간 한 번도 만나지 않은 사람들의 비율이 90%가 넘었다. 이는 한국인들이 정당 지도층이 아닌 일반 국회의원들의 의정활동에 관한 정보를 습득할 기회가 극히 제한되어 있다는 것을 보여준다. 후원회 등 국회의원의 지역구 조직이 한국보다 잘 발달되어 있으며, TV에 의한 의정활동의 방영이 비교적 많은 일본의 경우는, 한국보다 정보 습득의 기회가 좀 나은 편이긴 하지만 국민의 불만은 상당히 높은 편이다. 일본인들은 정치사회집단 중 국회를 가장 폐쇄적인 집단으로 인식하고 있으며, 관료와 국회의 정보공개를 가장 많이 요구하고 있다는 사실이 이를 말해준다

국회의원의 의정 활동에 대한 낮은 인지도는 기대했던 대로 국회의 신뢰도에 부정적인 영향을 미치는 것으로 나타나고 있다. 〈표 4〉에서 볼 수 있는 것처럼 국회에 대한 관심이나 지역구 의원의 인지 여부는

〈표 4〉 의정활동 평가 회귀식: 한국

모형	회귀계수		표준화 회귀계수	t 값	유의도
	B 값	표준오차	Beta		
상수	3.158	.148		21.404	.000
국회활동 관심도	.063	.039	.050	1.621	.105
지역구 의원 인지여부	-.015	.052	-.009	-.292	.771
지역구 의원 활동내용 인지도	.138	.041	.104	3.375	.001

신뢰도에 별 영향을 미치지 못하지만, 지역구 의원 의정활동 내용의 인지도는 신뢰도에 긍정적인 영향을 미치고 있다. 다시 말해, 국회의원의 의정활동에 대해 많이 알면 알수록 국회에 대한 국민의 정보 습득의 기회가 제한되어 있다는 것이 국회에 대한 신뢰도를 낮추는 데 큰 영향을 미치고 있다는 것을 보여주고 있다. 이와 더불어 국민이 국회에 대해 가지는 높은 불신감은 국회 활동에 대한 정확한 인지에 기인한다기보다 국회에 대한 고정관념이나 TV나 신문에서 보도되는 국회에 대한 단편적인 비판적 기사에 기인하고 있다고 볼 수 있다.

3. 국회의원 능력과 자질에 대한 평가

자신의 지역구 국회의원은 좋아해도 국회는 싫어한다는 역설은 한국인과 일본인에게는 적용되지 않는다. 한국인과 일본인 모두 국회보다는 자신의 지역구 국회의원을 더 신뢰하지만, 지역구 국회의원을 좋아하는 사람보다 싫어하는 사람이 약 2배가량 많은 것으로 나타나고 있다. 지역구 의원을 싫어하는 정도는 성, 연령, 교육수준, 수입 등과 관계없

〈표 5〉 국회의원에 대한 인상(제한없음): 일본

	긍정적 인상	부정적 인상
성실/불성실	5.0(%)	18.9
신념/무신념	9.0	37.7
정책능력/무능력	10.5	20.1
국익/특수이익	6.5	27.3
위압/겸손	2.5	12.8
청렴/사리사욕	1.4	35.8
서민적/비서민적	7.5	26.9
헌신적/자기보신	2.3	37.3
무응답	88.5	22.5

〈표 6〉 국회의원 선출 시 중요한 기준: 한국

기준	개인적 자질	공약 실천도	소속정당 호감	의정활동 평가	지역현안 해결	국책사업 유치	개인민원 해결	개인적 친분	무응답	Total (%)
백분율	36.3	25.3	11.3	9.8	15.6	1.0	0.5	0.3	0.1	100

〈표 7〉 국회의원의 필요한 자질(제한없음): 일본

결단력	판단력	행동력	카리스마	조정력	정책입안능력	국제감각	사명감	윤리관	무응답
47.5%	24.1	50.7	9.4	10.0	19.3	33.9	30.2	20.8	15.0

이 전반적으로 약 1/3 정도가 싫어하고 있다.

국회의원을 싫어하는 요인으로 가장 중심적인 기준이 되는 것은 국회의원의 자질과 능력이 국민의 기대와 요구를 만족시키지 못하고 있다는 것이다. 한국인이 32%가 국회가 제 기능을 하지 못하고 있는 이유로 국회의원의 낮은 자질과 능력을 꼽고 있으며, 한국 정치발전의 가장 시급한 과제로 국회의원의 자질 향상(32%)과 전문성 제고(19%)를 선택하고 있다. 즉 응답자의 과반수가 국회의원의 자질과 능력의 문제가 정치발전에 가장 큰 장애라고 인식하고 있다. 또한 응답자의 33%가 국회의원이 개선해야 할 과제로 선거공약을 제대로 실천하는 것을 요구했으며, 27%가 좀 더 나은 의정 활동을 요구하고 있다. 또 국회의원을 선출할 때 가장 중요한 기준으로서는 개인적 자질이 36%, 공약 실천도가 25.3%, 지역현안의 해결이 15.6%로 나타났으며, 소속정당에 대한 호감은 불과 11%에 지나지 않았다.

국회의원을 싫어하는 정도를 조사 자료의 부족으로 정확히 비교할 수는 없으나, 일본인의 경우도 한국인과 크게 다르지 않았다. 국회의원에 대한 좋은 인상과 나쁜 인상을 물었을 때 일본인의 89%가 성실성, 신념, 정책능력, 국가이익보호 등의 좋은 점은 한 가지도 발견하고 있지 않은 반면, 불성실성, 무신념, 무능력, 특수이익보호 등 나쁜 점은

78%가 한 가지 이상을 발견하고 있다.

　일본인에게 국회의원은 특히 신념이 없으며(38%), 자기 보신에 열중하고(37%), 사리사욕에만 관심을 가지는(36%) 사람으로 인식되고 있다. 이러한 국회의원에 대한 부정적 인상은 한국과 마찬가지로 교육수준, 수입 등에 관계없이 하위집단들에게 광범위하게 분포되어 있다. 일본인들은 국회의원들의 필요한 자질로서 정치적 적극성을 가장 크게 요구하고 있다. 특히 행동력(51%), 결단력(48%), 판단력(42%)을 가장 중요한 자질로 인식하고 있으며, 정책입안능력(19%)나 조정능력(10%)등에 대해서는 큰 관심을 나타내고 있지 않다.

4. 국회의원의 정당 활동에 대한 평가

　〈표 3〉에서 볼 수 있는 것처럼 정당에 대한 국민의 신뢰도가 가장 낮은 것은 보편적인 현상이라고 할 수 있다. 1970년대 이후 정당에 대한 불만과 불신이 높아지고, 대정당에 대한 지지가 지속적으로 감소하고, 정당 귀속감을 갖는 사람의 수와 강도가 침체하고 있는 현상을 '정당의 실패'라고 한다. 미국과 같은 예외적인 국가를 제외하면 국회는 정당의 가장 중요한 활동장소이며, 국회의원은 의정활동에서 선거구, 이익단체 등을 대표하지만 무엇보다도 소위 정당의 전사로 활동을 하는 것이 보편적인 현상이다. 따라서 국민의 국회에 대한 불만은 상당부분 국민의 정당에 대한 불만과 불신으로부터 기인한다는 것은 한국과 일본의 경우도 마찬가지이다. 정당과 국회의 신뢰도의 상관계수는 한국의 경우 0.456이며 일본의 경우는 0.414이다. 이는 정당을 불신하는 사람일수록 국회를 불신한다는 것을 보여주는 지표라고 할 수 있을 것이다.

　한국인들은 국회가 제 역할 기능을 담당하지 못하는 이유로 무려 62%에 달하는 사람들이, 정당의 당리당략에 의한 의정활동이라고 지적하고 있는 남성이 여성보다, 교육수준이 높을수록 정당에 대한 불신이 높게 나타나고 있다. 민주화 이후 한국정당들은 이데올로기 차이가

〈표 8〉 국회기능별 평가: 한국

	잘하고 있다	잘하고 있는 편이다	그냥 그렇다	못하고 있는 편이다	못하고 있다	무응답	Total
입법	0.8	14.8	46.6	30.9	6.8	0.1	100(%)
국민의사 대표	0.1	5.8	31.1	41.9	21.1	0.1	100
행정부감독	1.2	10.3	40.0	37.3	11.3	0.1	100
지역구봉사	0.5	4.5	35.9	39.3	19.8	0.1	100

줄어들면서 지역주의를 이용해 지지를 동원함으로써 정책대결을 결여한 순수한 권력추구 집단으로 전락했을 뿐 아니라, 정당과의 타협과 협상 전통이 없는 상태에서 국회가 정당들의 지나친 권력 갈등과 경쟁의 장으로 파행과 정체를 반복해 왔던 것이 사실이다. 이렇게 볼 때 한국인의 여·야당 국회의원들에게 공히 상대 정당과의 협력과 조화를 가장 많이 주문하고 있다는 점이 결코 놀라운 일이 아니라고 할 수 있다. 또 국회의원이 가장 잘못하고 있는 분야로 입법, 행정부 감독, 지역구 봉사보다도 63%가 국회의원이 국민의사를 대표하지 못하고 있다고 주장하는 것은 국회의원이 정당의 수단으로 존재하고 있는 데 대한 불만을 잘 보여주고 있다.

일본인의 경우 한국인의 경우와 마찬가지로 정당에 대한 부정적 평가가 국회에 대한 신뢰를 낮추고 있지만, 그 구체적인 내용은 다르다. 일본에 있어서는 정당의 전사로서 국회의원들이 지나친 갈등과 대립보다는 후보자 지명, 정치자금 제공, 업계단체와의 연계 등에 있어 핵심적 역할을 담당하는 파벌주의와 지역구, 업계단체, 관료 등과의 특수관계로서 형성된 족의원과 이익유도 정치에 대한 부정적 인식이 지배적이다.

일본인의 약 3분의 2가 국회활동의 개선으로서 파벌주의의 척결을 요구하는 한편, 국회의원들의 입법능력을 제고시키는 기제로서의 족의원 현상에 대해 80%가 반드시 개선되어야 할 문제라는 인식을 가지고 있다. 파벌주의와 족의원에 대한 이렇게 높은 부정적 인식은 1990년 이후 진행되어 왔던 정치개혁 작업의 성과가 적어도 국민의 인식에 있어서는 극히 제한된 효과를 가져왔다는 것을 보여주고 있다. 일반적 국회의원의 정당 활동에 대한 부정적 인식은 남성이 여성보다, 교육수준이 높고 연령이 낮을수록 더 강하게 나타나고 있다.

IV. 토론 및 제안

한국과 일본의 국회에 대한 국민의 신뢰도가 매우 낮다는 사실은 심각한 문제이고, 이를 해결하기 위한 노력이 필요하다는 것을 말하지만 그렇다고 해서 문제의 심각성을 지나치게 과장할 필요는 없다. 왜냐하면 한국과 일본 국회에 대한 국민의 정치적 불신은 한국과 일본만의 문제나 또는 국회만의 문제가 아니기 때문이다. 거의 모든 국가에서 국회는 정당과 함께 가장 낮은 신뢰도를 받고 있을 뿐 아니라, 한국인과 일본인은 국회와 같은 사회·경제적 기관에 대한 불신감이 높기 때문이다.

국회에 대한 낮은 신뢰의 원인의 하나가 국회에 대한 국민의 정보부족이라는 사실은 국민이 국회에 대해 갖는 부정적 평가를 객관적 정보에 의한 것이라기보다는 언론에 의한 부정적 고정관념이나 편견에서 기인한다는 것을 보여준다고 하겠다. 국회에 대한 무관심과 정보부족이 국회에 대한 부정적 평가를 증가시키고, 부정적 평가가 또 무관심과 정보부족을 증가시키는 악순환이 발생한다면 이는 국회의원의 의정활동의 질적 수준을 개선하는 데 가장 큰 장애물이 될 수 있다. 국회의원의 가장 큰 관심은 재선에 있으며, 재선에 필요한 지지를 확보하기 위해 다양한 의정활동을 하게 된다. 그러나 만약 그들의 의정활동이 국민의 대부분이 관심이 없거나 알지 못한다면 국민이 기대하거나 요구하는 의정활동에 노력을 기울일 필요가 없어지기 때문이다. 이렇게 볼 때 국회에 대한 정보의 확산을 위해 언론에 의한 국회보도의 확대, 전자정부제의 도입, 전문가와 시민단체에 의한 의원들의 공약실천도와 의정활동 평가는 국회의원들로 하여금 더 좋고 많은 의정활동에 노력을 기울이는 유인적 효과를 가져옴으로써 국회개혁과 국민신뢰도 회복에 긍정적인 효과를 가져올 것이다.

국회에 대한 국민의 불신이 모든 나라에서 보편적이라는 사실은 그 원인이 국회의 제도나 의원들의 행태에서 기인하기보다는 현대 대의제 민주주의의 구조적 문제라는 것을 의미한다. 국회의원의 자질과 능력을 향상하기 위해 위원회제도를 개선하고 참모조직을 강화하면, 의정활동의 감시제도를 도입할 수 있을 것이다. 그러나 그러한 제도적 개혁은 정당이나 유권자의 변화가 수반되지 않고서는 극히 제한적 효과를 가져올 수밖에 없다. 국민이 그들의 대의원에게 요구하는 지도력, 전문성, 도덕성을 갖춘 사람들이 돈, 조직, 네트워크(network) 등에 의해 결정되는 정당공천과 선거과정에서 과연 선출될 수 있는가 하는 문제이다. 국회의원들이 소위 상급정치라고 하는 입법이나 국민의사대표보다는 특수이익을 대변하거나, 지역구 이익을 위한 하급정치에 더 많은 노력을 기울이는 것은 바로 이 하급정치의 성패여부가 그들의 공천과 당선에 더 큰 영향을 미치기 때문이다.

국회의원의 자질과 능력이 국민의 기대와 요구를 충족시키지 못하는 이유는 정당공천과 투표행태와 같은 외부적 요인보다도 능력과 자질을 갖춘 사람들이 과거와 달리 더 이상 정치적 직업을 택하지 않는 자기선택에 의한 질 저하에 더 큰 원인이 있다고 하겠다. 국회의원이 된다는 것은 사람들에게 일정한 명예와 권력을 부여하지만, 근본적인 직업의 불안정성, 재선을 위한 자금과 조직에 대한 지속적인 노력, 증가하는 국민의 불신 등은 국회의원이 될만한 능력과 자질을 갖춘 사람들로 하여금 정치가 아닌 사회 · 경제 · 문화 분야의 지도적 직업을 택하게 하기 때문이다.

국회에 대한 국민의 불신이 현대 대의제의 구조적인 문제에서 발생한다는 또 하나의 이유는 국회의원과 정당 간의 관계에서 기인한다. 현대 대의제에서 대의원을 국민의 기대나 요구에 부응하게 하고 또 선거에서 국민에게 책임을 지게 하는 근본적 기제는 정당이다. 정당이 권력을 획득하기 위해 더 많은 지지를 동원하려는 선거과정을 통해 국민의 사가 국가정책으로 전이되기 때문이다. 그럼 점에서 국회의원은 정당의 수단이며 그들의 활동은 본질적으로 정당의 활동이다. 60년대 이후 정당의 이데올로기 노선이 수렴하고, 그들이 국민에게 제시하는 지도자가 국민의 신임을 얻지 못한 채 권력경쟁에만 몰두한 나머지 대부분의 나라에서 정당은 국민의 신뢰를 잃게 되었다. 이렇게 볼 때 한국인과 일본인들이 국회의원들에게 개선을 요구하는 지나친 당리당략에 의한 의정활동이나 파벌주의나 족의원에 의한 이익유도 정치는 사실 국회의 본질적 문제라고 하기보다는 국회에서 활동하는 정당의 문제이며, 이를 해결하기 위해서는 국회의 제도개혁보다 정당의 개혁이 필수적이라고 할 수 있을 것이다.

V. 결론

한국인의 국회에 대한 불신감을 낮추기 위해 국회 및 국회에 대한 정보의 확대, 전자정부제의 도입, 의원들과 의원후보자들의 활동에 대한 평가제, 위원회제도와 참모조직의 강화, 국회의원의 교차투표제, 정당 간의 협상과 타협의 증대 등 다양한 개선책이 제시될 수 있다. 그러나 이러한 제도적 개혁이 큰 성과를 가져올 것이라고 기대하기는 어렵다고 할 수 있다. 그 이유는 무엇보다도 이러한 개혁 작업이 성공을 거두기 위해서는 국회는 물론 정당, 유권자, 언론 등의 변화가 필수적이기 때문이다. 또 설사 이러한 변화가 수반되어 국회에 대한 신뢰가 어느 정도 회복될 수 있을지 모르지만, 그렇다고 해서 앞으로 국회가 최고입법기관으로서 정책결정과정에서 중추적 기능을 담당할 가능성은 크지 않기 때문이다.

현대 정치과정에서 정부기능의 확대, 관료제의 발전, 정당조직과 규율의 발전, 조합주의의 이익대표체계의 대두 속에서 국회는 그 기능과 영향력이 지속적으로 축소되고 있으며 이러한 거대한 정치변화 속에서 과거와 같은 위상과 명성을 회복하기란 사실상 불가능하기 때문이다.

국민의 국회에 대한 불신을 해소하기 위한 국회개혁의 작업이 그 성공가능성이 적다면 국회에 대한 국민의 기대를 낮추는 것이 필요하다. 국회가 그동안 수많은 개혁 작업에도 불구하고 신뢰를 회복하지 못하는 가장 중요한 이유는 아마 국회가 다른 정치사회적 기관과 비교할 때 이상과 현실, 공식적 기능과 실제적 기능 사이에 가장 큰 괴리가 있기 때문일 것이다.

최고입법기관으로서의 국회는 엄밀히 말하면 역사적으로 지금까지 존재하지도 않았으며, 앞으로 존재할 가능성도 없는 이상에 불과하다. 마찬가지로 국민의사의 대표, 행정부의 감독, 사회갈등의 통합 등과 같은 기능에 대한 국민의 기대를 모두 만족시킬 수 있는 가능성도 별로 존재하지 않는다. 이와는 반대로 국회가 법의 심의나 행정부의 감독에 있어 정당들의 권력 경쟁을 통해 사회의 다양한 이익과 의견이 표출되고 수렴되는 기능을 한다고 기대한다면 대부분의 국회들은 이들을 만족시킬 수 있을 것이다.

이렇게 볼 때 국민의 국회에 대한 불신이 국회의 정상화를 막고 또 비정상적인 국회활동이 국회에 대한 불신을 증가시키는 악순환의 고리를 끊기 위해서는 국회나 국회의원에 대한 보다 현실적인 국민의 인식 변화가 반드시 수반되어야 할 것이다.

참고문헌

강신택. 1992. "예산심의에 있어서 국회 상임위원회와 행정부처간의 상호작용; 제13대국회: 1988~1992."『서울대행정논총』30권 2호.

김광수. 1993. "한·미 양국 의회의 입법전문성 성장비교."『한국정치학회보』 27권 1호.

김광웅·김학수·박찬욱. 1991.『한국의 의회정치: 이론과 현상인식』. 서울: 박영사.

김현우. 2001.『한국국회론』. 서울: 을유문화사.

박동서 편저. 1985.『의회와 입법과정』. 서울: 법문사.

박재창. 2003.『한국의회정치론』. 서울: 오름.

박종민. 1998. "행정부의 입법부 지배: 변화와 지속."『의정연구』4권 2호.

박찬욱. 1992. "한국의회내 정당간 갈등과 교착상태." 한배호·박찬욱 공편. 『한국의 정치갈등: 그 유형과 해소방식』. 서울: 법문사

박찬욱·김병국·장 훈 지음. 2004.『국회의 성공조건 – 윤리와 정책』. 동아시아 연구원.

박찬표. 2002.『한국의회정치와 민주주의: 비교의회론의 시각』. 서울: 오름.

백영철 외. 1999.『한국의회정치론』. 한국정치학회 편. 서울: 건국대학교출판부.

손병권. 1998. "상임위원회 운영 및 의원의 상임위원회 활동 평가: 상임위원회 소속의원의 경력과 상임위원회 활동 간의 관계분석."『의정연구』7권.

이윤정. 2003.『정치개혁과 국회개혁 – 현장에서의 회고와 전망』. 동아시아연구.

이은호·이경은·김 인. 1982. "국회 상임위원회의 전문성 제고방안."『의정 연구』10권.

이종범·박통희. 1993. "위원회제도와 국회운영의 대표성, 능률성, 그리고 전 문성."『의정연구』65권.

임동욱. 2000.『국회생산성 높이기』. 박영사.

임성호. 1999. "국회활성화와 정치개혁."『평화논총』3권 1호.

조석제. 1995. "일본 자민당 정책리더십의 구조전환 요인."『입법조사연구』 236권.

조중빈. 1988. "대통령과 의회: 권력우위와 분립 순환."『사상과 정책』가을.

한국의회발전연구회. 2002. "16대 국회의 중간평가."『의정연구』8권 1호.

Adonis, Andrew. 1993. *Parliament Today*. Manchester: Manchester University Press.

Cox, Gary W., and Mathew D. McCubbins. 1993. *Legislative Leviathan: Party Governmen in the House*. Berkeley: University of California Press.

Davidson, Roger H., and Glenn R. Parker. 1972. "Positive Support for Political Institutions: The Case of Congress." *Western Political Quarterly* 25.

Dodd, Lawrence C. 1986. "The Cycle of Legislative Change: Building a Dynamic Theory." In *Political Science of Politics*. Edited by Herbert F. Weisberg. New York: Agathon.

Fenno, Richard F. 1975. "If, as Ralph Nader Says, Congress is 'The Broken Branch.' How Come we Lover Our Congressmen So Much?" In Norman J. Ornstein, ed. *Congress in Change: Evolution and Reform*. New York, NY Praeger.

Flanagan, Scott C., and Aie-Rie Lee. 2000. "Value Change and Democratic Reform in Japan and Korea." *Comparative Political Studies* 33-6.

Hall, Richard L. 1996. *Participation in Congress*. New Haven: Yale University Press.

Harris, Fred R. 1995. In *Defense of Congress*. New York: St. Martin's Press.

Held, David. 1996. *Models of Democracy*. Stanford: Stanford University Press. 2nd edition

Huntington, Samuel. 1973. "Congressional Responses to the Twentieth Century." In *The Congress in America's Future*. Edited by David Truman. Englewood Cliffs, NJ: Prentice-Hall.

King, Anthony. 1976. "Modes of Executive-Legislative Relations." *Legislative Studies Quarterly*, 1. 1.

Lijphart, Arend. 1984. *Democracies: Patterns of Majoritarian and Consensus Government in Twenty-One Countries*. New haven: Yale University Press.

_____. 1998. "Reforming the House: Three Moderately Radical Proposals." *PS: Political Science and Politics* 30: 10-13.

Mayer, Kenneth R., and David T. Canon. 1999. *The Dysfunctional Congress?* Colorado: Westview Press.

McDermott, Monika L., and David R. Jones. 2003. "Do Public Evaluations of

Congress Matter? Retrospective Voting in Congressional Elections." *American Politics Research* 31-2.

Ornstein, Norman J., ed. 1975. *Congress in Change: Evolution and Reform*. New York: Praeger Publishers.

Parker, Glenn R. 1977. "Some Themes in Congressional Unpopularity." *American Journal of Political Science*.

Perkins, John A. 1944. "American Government and Politics: Congressional Self-Improvement." *American Political Science Review* 38: 499-511.

Polsby, Nelson W. 1968. "The Institutionalization of the U.S House of Representatives." *American Political Science Review* 62 (No. 2, Sumer): 424-168.

Ripley, Randall B., Samuel C. Patterson, Lynn M. Maurer, and Stephen V. Quinlan. 1992. "Constituents' Evaluations of U.S House Members." *American Politics Quarterly* 20-4.

Sandler, Todd. 1992. *Collective Action: Theory and Applications*. Ann Arbor: University of Michigan Press.

浅野一郎編. 1988. 立法の過程 ぎょうせい.

五十嵐敬喜. 1994. 『議員立法』. 三省堂.

上田耕一朗. 1999. 『國議員』. 平凡社.

大嶽秀夫. 1994. 『自由主義的改革の時代』. 中央公論社.

小林良彰. 1997. 『現代日本の政治過程』. 東京大学出版会.

田中愛治. 1997. "『政黨支持なし』. 層の意識構造と政黨支持概念の再檢討."『レヴァイアサン』20号.

谷勝宏. 1995. 『現代日本の立法過程』. 信山社.

原田一郎. 1997. 『議会制度』. 信山社.

三宅一郎. 1985. 『政治支持の分析』. 創文社.

小林良彰. 1997. 『現代日本の政治過程』. 東京大學出版會.

田中愛治. 1997. "『政黨支持なし』. 層の意識構造と政黨支持概念の再檢討."『レヴァイアサン』20号. 木鐸社.

建林正彦. 1999. "中選擧區制と議員行動." 水口憲人ほか(編).『變化をどう説明するか: 政治編』. 木鐸社.

中野実. 1992. 『現代日本の政策過程』. 東京大学出版会.

成田憲彦. 1997. "『政治改革の過程』論の試み."『レヴァイアサン』20号.

| 제10장
의회에 대한 국민인식 비교:
한국과 미국을 대상으로

이현우 · 박경산

I. 서론: 비교관점에서 본 의회 평가

의회의 업무수행을 평가하는 방법은 다양하다. 의원들의 법안제출 수와 법안 통과율 등 입법활동을 중심으로 국회의 생산성을 통해 국회를 평가할 수 있으며, 또한 의회와 정부 사이의 갈등이나 의회 내 정당 간의 갈등수준을 측정하여 국회를 평가할 수도 있다. 이러한 업무평가 방법은 집합적 통계자료를 바탕으로 한다. 그런데 이처럼 의회가 산출한 자료를 통한 평가 외에도 국민들의 의회업무평가를 분석하는 방법도 있다. 다양한 의회평가 방법 중에서 여러 국가의 의회비교연구를 위한 평가방식으로 가장 적절한 것이 설문을 통한 국민들의 국회에 대한 평가의식자료라고 할 수 있다.

그 이유는 첫째로, 앞에서 제시한 대로 의회운영에서 산출된 통계자료를 바탕으로 한 평가방법들은 각 국가의 국회가 가지고 있는 제도적 조건에 의해 규정되는 바가 있기 때문에 단순비교가 쉽지 않다. 예를 들어, 법안통과비율을 본다면 한국에서는 국회의원뿐만 아니라 정부의 법안제출이 가능하지만, 미국의 경우에는 국회의원들만이 법안제출의 권한을 가지고 있다. 또한 법안제출 요건이 다르기 때문에 한국에서는 행정부의 법안통과비율이 16대와 17대에서 각각 93%와 81%였는데, 미국에서는 대통령 발의 의제통과율은 단점정부에서 69%, 분점정부에서 56%를 보여주고 있다. 그러나 이러한 비율을 통해 한국국회가 미국하원보다 더 효율적으로 운영되고 있다고 주장하는 학자들은 없다.

두 번째 이유는, 의회에 대한 평가란 결국 국민들의 인식에 달려 있다는 점에서 국회운영 자체의 객관적 평가보다도 국민들이 인식하고 있는 의회의 업무평가가 더욱 중요할 수 있다는 것이다. 특히 의회운영과 의원선거 사이의 관계를 감안한다면 더욱이 국민이 인식하고 있는 의회평가가 더 중요하다. 따라서 국가들 사이의 의회운영을 비교하려면 객관적 지표보다 응답자들에 의한 주관적 평가가 더 의미를 가질 수 있다.

선진민주주의 국가들 중 대통령제를 택하고 있는 국가에서 국민들의 의회에 대한 평가는 별로 긍정적이지 않다. 그 이유 중 하나는 행정부와 입법부의 구조적 특성이 다르기 때문이다. 즉, 국민들의 입장에서 보면 행정부는 효율성과 공공성에 높은 가치를 두는데 비하여 국회는 정당들의 서로 다른 의견들이 노정되는 공간이기 때문에 자연히 갈등과 의사결정이 늦어지고 소모적으로 보여지기 때문이다. 따라서 국민들이 피상적으로 판단하면 대통령을 수반으로 정책수행을 임무로 하는 행정부에 비해 의회는 비효율적인 기관으로 인식되기 쉽다.

그러나 국민들이 의회에 대한 부정적 이미지의 원인을 전적으로 정당 간 갈등이라는 의회의 속성만으로 치부할 수는 없다. 국민들의 의회평가에 가장 중요한 요인이 정당들에 대한 평가가 될 수 있다. 즉, 선호정당이나 혐오정당이 있는가 그리고 이들 정당이 다수당인가 소수당인가의 여부에 따라 의회평가가 달라질 수 있다. 이처럼 대중들은 정당에 대한 평가를 기초로 하여 의회를 평가하는 일련의 과정을 거친다. 그런데 정당평가가 그대로 의회평가로 이어지는 것이 아니라, 의회가 합의와 협의의 기구로서 작동하는가 하는 의회자체에 대한 평가 또한 의회전체 평가에 중요한 요인으로 작용한다. 일찍이 히빙과 테이스몰스(Hibbing and Theiss-Morse 1997)의 주장에 따르면 사람들의 마음속에는 오늘날의 정치제도들이 당면문제를 제대로 해결할 수 없다는 선입관이 있다는 것이다. 기존의 제도들은 둔감하고 비용이 많이 드는 반응성이 없는 체제로서 오히려 문제를 악화시킬 따름이다. 어떤 조치가 필요한 곳에 적절한 시기에 적당한 방법으로 대처하지 못하는 것만을 보여줄 뿐이다. 의회도 다른 정치제도들처럼 본래적인 문제가 있기도 하지만, 그 이외에도 의회를 부정적으로 인식하게 만드는 몇 가지 다른 요인들이 있다. 국민들의 의회조직에 대한 불만은 갈등이나 역기능만을 주로 보도하는 언론의 정보제공에도 원인이 있다. 특히 현대사회와 같이 대부분의 정치정보가 언론을 통해 습득되는 사회에서 언론의 보도태도는 매우 중요하다. 그리고 최종적으로 의원들의 행태 자체가 국민들에게 실망을 주기도 한다.

이와 비슷한 주장이 디온(Dionne 1991)에 의해 구체적으로 제기되었다. 오늘날 정치과정은 대체로 문제해결에 주력하는 것이 아니라, 정치인들의 단기적 이득 챙기기에 초점이 맞추어져 있다는 것이다. 디온에 따르면 정치인들은 문제(problems) 그 자체가 아니라, 이를 이슈로 변형화하여 논의하는 경향이 있으며, 이때부터 모든 것이 정치인들 사이의 경쟁이라는 게임구도가 되어 버린다는 것이다. 문제에 집중하게 되면 해결책이 제시된다. 그러나 이슈에 초점을 맞추게 되는 순간 정치인들은 시민들을 분열시키고, 단지 자신들에게 유리한 구도로 만들어가기 위해 골몰할 따름이다.

이 글에서는 한국국회에 대한 국민들의 평가를 미국의 경우와 비교함으로써 좀 더 일반적 시각에서 의회평가를 분석하고자 시도하였다. 구체적으로 한국국회에 대한 국민들의 부정적 평가가 한국정치만의 문제인지 혹은 다른 국가에서도 발견되는 일반적 현상인지를 살펴본다.

또한 국회평가에 영향을 미치는 요인들 가운데 어떤 요인들이 공통적이고 이질적인지를 확인하도록 한다. 이를 통해 국회평가에 대한 시각을 보다 확장하는 것을 목적으로 한다.

II. 기존의 연구검토

한국은 물론이고 미국에서도 일반대중에 의한 국회평가에의 연구는 양과 관심에 있어 대통령 연구(Ostrom and Smith 1992; MacKuen et al. 1992)에 비해 훨씬 적다. 대통령 연구 중 특히 대통령 지지도에 관한 연구가 가장 활성화되어 있는데, 그 이유는 대통령의 인기도는 대통령의 권한이나 차기 선거결과에 직접적으로 중요한 영향을 미치기 때문이다. 반면에 국회의원 선거에서는 국회의원 현직자나 도전자 개인의 역량이 중요한 변수가 되며, 국회전반에 대한 평가가 선거결과와 직접적으로 연관되지 않는다는 것이 일반적인 인식이다. 경험적 연구에 따르면 미국의 의원선거에서, 국회에 대한 낮은 평가에도 불구하고, 현직자들은 90%가량이 재선할 수 있을 정도로 인기를 유지하고 있다는 것이다. 이러한 결과는 의회평가 연구와 선거결과 간의 미약한 관계를 극명하게 보여준다(Fenno 1975; Parker and Davidson 1979).[1]

그러나 최근 연구동향을 보면 의회평가가 선거에 중요한 요인이 되지 못한다는 기존의 주장에 대해 비판을 제기하는 연구들이 나타나고 있다(Born 1990; McDermott and Jones 2003). 또한 논리적으로 볼 때 의회에 대한 국민들의 평가 및 지지는 제도로서의 국회와 의원들에게

---

1) 대통령에 대한 대중평가에는 미치지 못하지만 대법원에 대한 국민평가도 상당히 연구되어 있다. 법원이 자신들의 결정을 수행할 수 있는 권한을 가지고 있지 못하기 때문에 법원에 대한 국민들의 지지는 법원의 위상을 유지하는 데 매우 중요하다는 것이다(Calderia and Gibson 1992).

중요하다. 의원들은 국회라는 제도와 거리를 유지하려 하거나 심지어 국회를 비난하며 선거에 참여할 수도 있다(Fenno 1975). 그러나 큰 틀에서 보면 대의정부는 국가제도에 대한 정통성과 국민들의 지지에 근거하여 작동한다. 따라서 국민들의 지지가 없다면 입법과정은 더욱 어려워지며 또한 정책들은 정통성을 결여하는 결과를 가져온다. 비록 경험적 증거들이 주장하는 바와 같이 의회평가가 각 개인의원들의 선거 결과에 미치는 영향력이 통계적으로 유의하지 않다 하더라도, 정치과정에서 의회평가의 중요성이 무시될 수는 없다.

　미국의회를 연구한 학자들에 따르면 의회에 대한 국민평가는 시기에 따라 다소간 변화가 있기는 하지만 비판적인 태도가 주류를 이루고 있다(Parker 1981; Patterson and Magleby 1992). 특히 지역구 의원 개인들보다 의회 전체에 대한 평가가 항상 낮은 것으로 나타난다. 이에 대하여 다수의 학자들은 입법과정 자체가 갖는 특성이 주된 원인이라는 데 동의하고 있다. 신속하지 못하고 복잡한 의회의 의사결정과정이 국민들에게 의회가 비효율적이며 비생산적인 것으로 인식된다는 것이다. 국회가 중요한 정책적 이슈를 다룰 때 최선의 정책을 합의하기 위해 다양한 의견이 제기되고 수렴되는 것이 당위적임에도 불구하고 대다수의 국민들에게는 의회의 정상적 운영과정이 소모적이고 불만족스럽게 느껴지는 것이다(Parker 1981).

　미국의회에 대한 부정적 평가에 영향을 미치는 구조적 요인으로 우선 꼽을 수 있는 것이 미국의 정치문화이다. 미국인들은 전통적으로 정치인들을 정직성과 존엄성 그리고 시민적 성향(civic-mindedness)을 제대로 갖추지 못한 집단으로 인식하고 있다(Lipset and Schneider 1983). 이러한 견해에 따르면 의회에 대한 비판적 태도는 실제적인 의회의 미흡한 역할수행뿐만 아니라 미국정치문화에 흐르는 정치와 정치인들에 대한 부정적 인식틀에 영향을 받는다는 것이다.

　의회에 대한 평가가 부정적인 두 번째 이유로 당파성(partisanship)을 지적할 수 있다. 대중들은 자신이 지지하는 정당에 잘 설득되고 호의를 보이는 경향이 있다(Patterson et al. 1992). 따라서 대통령과 의회의 관계가 의회평가에 영향을 미치는 요인으로 작용한다. 구체적으로 보면, 대통령의 소속정당이 응답자의 지지정당인지의 여부가 대통령과 의회 관계에 대한 평가에 영향을 미친다. 지지정당에 따라 의회와 대통령의 교착상태가 대통령의 책임으로 인식되기도 하고 혹은 의회의 책임으로 비난을 받기도 한다.

한편, 대중들은 의회활동에 대한 정보부족으로 부차적인 요인들을 중시하기도 한다. 한 연구에 따르면 전문가들은 의회평가에 정치과정의 중요성을 강조하는데 비해 의회에 대한 체계적이고 충분한 정보가 없는 일반응답자들은 의회를 평가할 때 비효율성, 특정이익집단에 대한 의회의 배려 등을 상대적으로 더 많이 고려한다는 것이다(Hibbing and Theiss-Morse 1995). 또 다른 연구는 선거기간 동안 부정적 선거운동과 미디어의 부정적 뉴스보도가 의회평가를 부정적으로 유도하는 요인이라고 주장하기도 한다(Mann and Ornstein 1994). 그리고 응답자 개인의 정치적 특성 이외에도 인구통계적 특성도 의회평가에 의미 있는 영향을 미치는데, 상위계층에 속하는 유권자들이 의회에 대한 평가에서 상대적으로 긍정적이라는 것이다.

미국의회의 지지율을 결정하는 구체적 변수들에 대한 과학적 연구도 활발하다. 포괄적으로 변수들을 제시한 연구는 파커(Parker 1977)에 의해 가장 먼저 이루어졌는데, 그는 갤럽(Gallup)과 해리스(Harris)의 여론조사 결과를 조합한 자료를 사용하여 경제상황, 중요한 국제적 문제, 대통령의 활동성 등이 의회에 대한 국민평가에 영향을 미친다는 것이다. 설문조사에서 응답자들이 직면하고 있는 사회경제적 여건이 정치제도 평가에 영향을 미칠 것이라는 것은 일반적으로 추론되는 사실이다. 사회적 여건이 취약해지거나 경제가 침체되면 대통령뿐만 아니라 의회와 같은 중심적 정치제도에 대한 평가도 낮아질 것이다. 또한 정치제도들에 대한 국민들의 평가는 서로 상관성이 높으며, 정치제도들이 어떻게 의제를 설정하고, 이를 실행하기 위해 노력하는가에 따라 국민들의 평가가 달라질 수 있다.

이를 좀 더 구체적으로 살펴보면, 첫째, 대통령이 갖는 정치적 영향력을 고려할 때 대통령평가가 다른 정치제도에 대한 평가에 영향을 미칠 수가 있다. 이미 예전 연구에서도 국민들은 의회에 대한 평가 시에 대통령 평가를 고려한다는 주장이 있었다. 즉 "의회는 그 자체로서 평가받는 것이 아니라 대통령이라는 프리즘(prism)을 통해 평가받는다는 것이다"(Davidson et al. 1966, 62).

둘째로, 경제상황이 독립적으로 각 정치제도 평가에 영향을 미치는 부분도 있다. 의회에 대한 신뢰성을 종속변수로 하고 경제사정만을 독립변수로 분석한 연구에 따르면 인플레이션이 일정하다면, 실업률이 1% 증가함에 따라 의회에 대한 신뢰가 4.1% 감소한다는 것이다(Lipset and Schneider 1983).

셋째, 미디어가 다루는 의회에 대한 뉴스가 일반대중의 의회평가에 영향을 미치는데, 대부분의 의회에 관한 뉴스내용은 의회에 대해 부정적이라는 점이 지적된다(Robinson 1981).

넷째, 국가가 당면한 이슈에 대한 국민적 관심이 정치제도 평가에 영향을 미칠 수 있는데, 그동안 연구에 따르면 국내 이슈(domestic issues)가 관심의 대상이 되면 의회에 대한 평가는 낮아지는 것으로 나타났다. 반면에 외교문제에 국민들의 관심이 집중되면 의회에 대한 평가는 오히려 상승하는 것으로 나타났다(Parker 1981). 왜냐하면 국내정책에 관한 이슈는 논쟁의 여지가 많고 의회의 책임이 크기 때문에, 의회가 이슈갈등에 대한 책임을 지는 경우가 많기 때문이다.

III. 한국인과 미국인의 정치일반의식

한국인과 미국인의 의회평가를 비교분석하기 이전에 수행해야 할 작업이 두 국가 사이의 정치문화의 차이를 확인하는 것이다. 왜냐하면 정

〈그림 1〉 한국과 미국의 정치문화적 태도

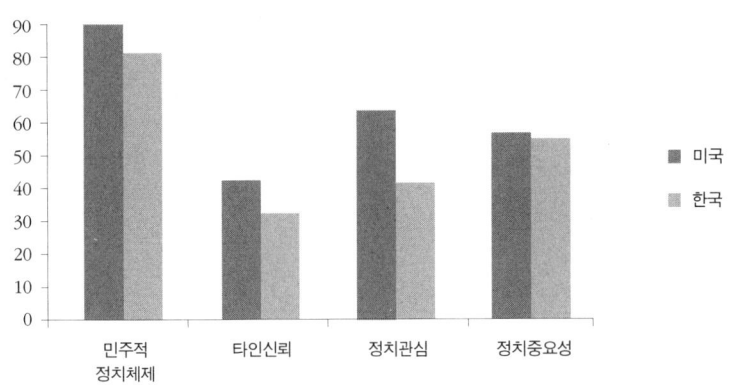

자료: 세계가치조사(World Value Survey) 한국 2005년, 미국 2006년

치제도에 대한 응답자들의 평가는 주관적 기준에 따른 것이기 때문에, 우선 각 국가의 정치문화를 이해하지 않고서는 의회평가의 비교와 해석이 불가능하기 때문이다. 〈그림 1〉은 정치문화를 측정해 볼 수 있는 대표적인 문항들에 대한 비교이다.

우선, 양국의 응답자들이 자국의 정치를 민주적 정치체제로 보고 있는가에 대한 질문을 살펴보았다. 미국에서는 절대다수라고 할 수 있는 87.3%가 민주적 정치체제라고 생각하고 있다. 그러나 한국의 2005년 조사를 보면 미국보다 낮은 74% 정도가 한국의 정치체제가 민주적이라고 응답하였다. 한국인 응답자 중 20% 이상이 한국의 정치체제를 민주적이라 생각하고 있지 않다. 한국의 민주화가 이루어진지 20년 가까이 되는 시점이고, 진보적 성격의 김대중 정부와 노무현 정부가 집권을 하여 여·야당 간의 정권교체가 이루어져 외형적으로는 민주주의가 안정기에 들어간 시점에서도 한국 응답자들의 민주정치에 대한 불만은 낮지 않은 상태였다.[2]

---

2) 프리덤하우스(Freedom House)의 연례보고서에서 한국은 2006년에 정치적 권

이처럼 설문결과에서 민주화에 동의하는 비율이 낮은 이유는 아마도 응답자들이 정치체제라는 제도 자체에 대한 불만이나 평가라기보다는 정치권에 대한 비판이 포함되어 있기 때문으로 볼 수 있다. 즉, 2004년 대통령 탄핵이라는 초유의 사태와 탄핵무효와 행정도시 이전 등 중요한 국가적 사안에 대해 국민적 합의가 이루어지지 않았고, 따라서 사법기관에 의한 정치적 결정 등이 사회적 갈등의 치유에 부족했던 것이 영향을 미쳤을 가능성을 배제할 수 없다.

정치관심 정도를 보면 양국의 차이가 확연하다. 미국 응답자들 중 절반이 훨씬 넘는 61.2%가 정치에 관심이 있다고 답한데 비해, 한국 응답자들 가운데서는 39% 정도만이 정치에 관심이 있다고 말하고 있다. 그렇다면 한국인들이 미국인들보다 정치에 대한 일상적 대화나 선거관심이 정말로 낮다고 보아야 하는가? 한국 응답자들이 정치에 관심이 없다고 말하는 경우, 그 속에는 정치에 대한 비판적인 의미가 포함되어 있다고 해석하는 것이 보다 정확할 수 있다. 한국인들이 정치에 대해 미국인들에 비해 잘 모르거나 관심이 없다고는 볼 수 없다. 언론의 보도량이나 일상대화에서 정치이슈가 다루어지는 정도를 보면 양국의 정치관심이 20%p 이상 차이가 나는 정도라고 할 수 없다. 따라서 정치에 관심이 있는가를 묻는 질문에 대한 한국 응답자들의 답변 속에는 정치를 좋아하지 않는다는 의미가 포함되어 있어, 미국 응답자들보다 훨씬 낮은 정치관심도를 보여주고 있다고 해석해야 할 것이다.

이러한 주장을 뒷받침할 수 있는 경험적 자료가 정치중요성에 대한 응답자들의 태도이다. 정치가 중요하다고 생각하는가에 대한 설문에 한국과 미국 응답자들은 50%가 약간 넘는 정도로 거의 비슷한 긍정적 응답비율을 보여주고 있다. 양국의 차이는 1.5%p에 불과하다. 정치의 중요성을 인식하는 응답자의 비율이 차이가 없다면, 사실상 정치에

리는 최고점인 1점을, 시민적 자유(Civil Liberties)는 2점으로 평가되었다. 이 점수는 2009년 평가와 동일한 점수이다.

대한 관심정도도 큰 차이가 없을 것이라고 추정할 수 있다. 논리적으로 볼 때 정치가 중요하기 때문에 정치에 관심을 갖게 되는 것이지, 정치에 관심이 높기 때문에 정치를 중요하게 생각하는 것은 아니기 때문이다. 따라서 정치관심에 있어 양국가 간의 차이가 크게 나타나는 것은 한국에서 정치에 대한 비판적 의견이 많기 때문이며, 응답자들 가운데 일부는 정치관심을 관심 그 자체로 이해한 것이 아니라, 정치에 대한 호의적 태도를 포함한다고 해석하여 답변한 것으로 추정된다. 그리고 마지막으로 타인에 대한 신뢰정도를 보면 타인에 대해 긍정적 신뢰를 가진 비율이 미국인들이 한국인들보다 9.4%p가 높은 것으로 나타났다.

이상의 정치문화를 측정해 볼 수 있는 설문항들을 전체적으로 비교해보면 일관되게 미국인들이 한국인들보다 정치에 대해 긍정적인 태도를 가지고 있다는 점을 확인할 수 있다. 앞에서 주장한 바와 같이 정치관심에서의 두드러진 차이는 응답자들이 설문문항을 해석하는 과정에서 의미상 차이로 인해 발생했다고 설명할 수 있지만, 위에서 살펴본 4개의 설문 모두에서 미국인들이 정치에 대해 좀 더 긍정적인 답변을 보여주고 있다. 따라서 정치문화에 대한 태도를 근거로 볼 때 정치나 정치제도에 대해서 미국인들이 상대적으로 좀 더 나은 평가를 할 것으로 예측해 볼 수 있다.

한편, 좀 더 구체적으로 정치운영에 대한 국민의식 비교를 해보면 다음의 〈그림 2〉처럼 나타난다. 민주주의의 기본이 되는 자유에 대한 설문에 대해 1점을 전혀 자유롭지 않음, 10점을 완전 자유로움으로 정의할 때, 미국과 한국 응답자들의 평균은 각각 7.69와 6.80이었다. 자유에 대한 평가에서 미국인들이 한국 인들보다 더 만족스럽다는 것을 확인하였다. 한편, 민주주의가 얼마나 중요한가에 대한 민주가치에 대한 질문에 대해서는 양국 사이에 별 차이가 없었다. 뿐만 아니라 자유로운 선거에 의해 지도자를 선출하는가에 대한 질문에 대해서도 한국과 미국이 각각 8.31점과 8.48점으로 별 차이를 보이지 않고 있다. 그리고 응답자들의 이념을 가장 진보 0점, 가장 보수 10점으로 구분하여 평균을

〈그림 2〉 한국과 미국의 정치성향

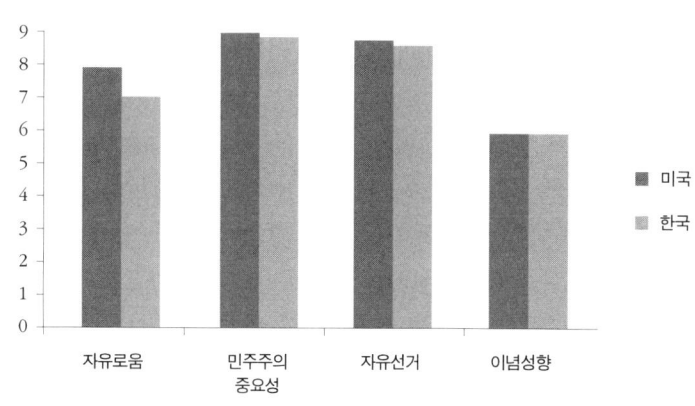

자료: 세계가치조사조사(World Value Survey) 한국 2005년, 미국 2006년

살펴보면 한국 응답자들의 평균 5.69점과 미국 응답자의 평균 5.71점은 차이가 없었다.

앞의 〈그림 1〉에서 양국 간의 정치문화에서는 미국인들이 정치에 대해 좀 더 긍정적인 것으로 나타났지만, 좀 더 구체적으로 정치와 연관된 설문들을 통해 살펴보면 자유에 대한 평가를 제외하곤 한국인과 미국인들 사이에 거의 차이를 보이지 않고 있다. 뿐만 아니라 자유에 대한 평가도 평균이 아니라 점수분포를 살펴보면 다른 해석이 가능하다. 미국 응답자들 가운데 9점과 10점을 택한 응답자비율이 34%인데 비하여 한국 응답자들 가운데는 이들 극단적인 점수를 택한 응답자들은 18.1%에 그치고 있다. 비록 긍정적 점수대 분포에서 미국인들이 한국인들보다 높은 비율을 보이지만, 결정적으로 두 집단 사이의 평균차를 가져온 것은 바로 최고점수를 택한 미국인들이 한국인들보다 많기 때문이었다. 이같이 점수분포를 고려한다면 자유향유에 대한 양국의 차이 역시 큰 차이를 보인다고 하기는 어려울 것이다.

이 글의 목적은 한국인의 국회평가 분석에서 나타난 결과가 미국과의 비교를 통해 한국적 특성은 무엇이고, 다른 국가에서도 발견되는 공통적인 것은 무엇인지를 밝히는 것이다. 따라서 대표적인 대통령제 국가인 미국과의 비교를 통해 연구에서 발견된 내용을 좀 더 포괄적으로 해석하려는 연구전략을 가지고 있다. 이를 위하여 본격적으로 국회평가를 분석하기에 앞서 한국과 미국의 정치문화와 정치성향을 검토하였다. 그 결과 미국인들이 한국인들보다 정치에 대한 태도가 약간 더 긍정적이기는 하지만, 비교가 가능할 수준의 정치의식이라는 것을 알 수 있었다.

IV. 의회평가

민주주의 국가에서 의회에 대한 국민들의 평가가 그리 높지는 않다. 이론적 검토에서 살펴본 바와 같이 의회의 속성이 정당 간의 대립과 시간이 걸리는 토론과 합의과정이 국민들에게 비효율적이거나 낭비적으로 비춰지기 때문이다. 다음의 〈그림 3〉을 보면 국민들의 의회평가가 긍정적인 국가들은 터키, 인도, 말레이시아 등으로, 서구민주국가들과는 차별적으로 민주주의 공고화가 완전히 이루어졌다고 보기 힘든 국가들이 주류를 이루고 있다. 따라서 민주주의 수준과 의회에 대한 긍정적 평가 사이에 상관성이 있다고 보기는 힘들다.

이처럼 의회평가가 민주주의 발전수준과 상관관계를 갖지 않는 것은 의회평가가 응답자들의 의회에 대한 기대치를 기준으로 이루어지기 때문이다. 즉, 선진국가일수록 국민들의 의회기능과 운영에 대한 기준이 높기 때문에 의회평가가 긍정적이기 어렵다. 반면에 기초적인 수준에서 민주주의를 이룩한 국가일수록 독재시대와 비교해 보면 의회가 나름대로 기능을 하기 때문에 의회의 존재와 미약한 역할만으로도 상당한 만족이나 긍정적 평가를 내릴 수 있다. 따라서 민주주의 수준차가 너무 큰 국가들 사이에는 의회평가를 직접적으로 비교하기 어렵다고

〈그림 3〉 의회에 대한 긍정적 평가비율

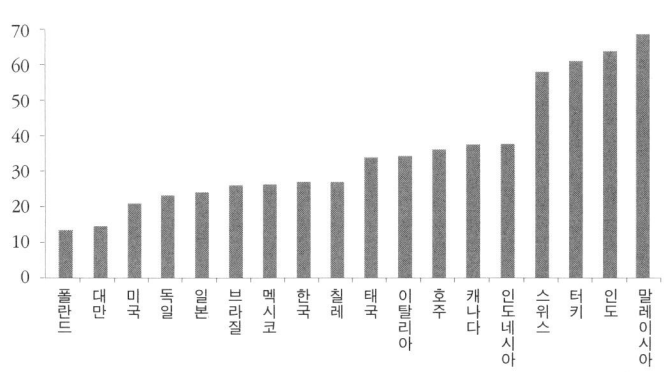

자료: World Value Survey, 2005년 조사

하겠다.

한편, 의회에 대한 국민들의 평가가 시간에 따라 얼마나 변화하는지를 살펴볼 필요가 있다. 의회운영에 따라 평가정도가 달라지겠지만 평균적인 의회평가는 어느 정도 수준이며, 또한 변화의 폭은 얼마나 나타날 수 있는가를 확인해야 하기 때문이다. 다음의 〈그림 4〉는 한국과 미국의회에 대한 평가를 15년에 걸쳐 4번 조사한 결과를 보여주고 있다. 우선 그림을 통해 명백히 알 수 있는 것은 시간이 지남에 따라 의회에 대한 국민들의 평가가 전반적으로 낮아지고 있다는 사실이다. 양국 모두에서 의회평가의 하락이라는 동일한 추세가 발견된다.

한국의 경우 1990년 조사에서는 세 명 중 두 명꼴로 국회에 대한 평가가 긍정적이었지만, 1995년 조사에서는 긍정적 평가가 절반인 34.2%로 낮아졌다. 이같이 급격한 의회에 대한 긍정적 평가의 감소는 민주화 초기 비정상적으로 민주주의와 그 제도에 대한 높은 기대에서 출발했기 때문으로 볼 수 있다. 한국의 민주화가 1987년에 이루어졌고, 13대 총선이 1988년에 치러졌기 때문에, 1990년 조사에서는 민주화 직후

〈그림 4〉 시간에 따른 긍정적 의회평가 비율 (2005년)

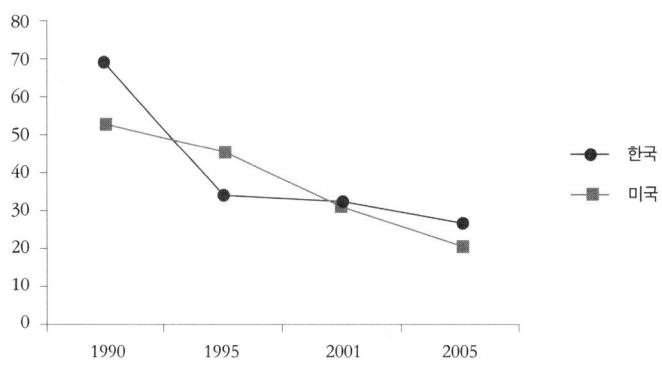

국회에 대한 국민들의 기대가 높았다고 볼 수 있다. 따라서 1995년 2차 조사시점의 평가가 오히려 정상적인 평가수준이라고 할 수 있다. 이후 에도 한국인의 국회평가는 지속적으로 감소하여 2005년 조사에서는 네 명 중 한 명 정도만이 국회를 긍정적으로 평가하고 있다.

한편, 미국인의 설문조사 결과를 보면 15년 사이에 의회에 대한 신뢰 도가 30%p 이상 감소된 것을 확인할 수 있다. 미국에서 이처럼 급격한 신뢰도 하락이 일어난 것은 한국이 경험한 급속한 민주화과정 속의 국 회평가에 대한 정상화 과정으로 설명할 수는 없다. 큰 폭의 의회신뢰 도 감소요인 중 의회와 연관된 요인으로는 미국정치에서 1990년대 이 후 나타난 양극화를 꼽을 수 있다(Epstein 2007). 미국정치의 양극화 원 인은 다양하지만 의회와 연관해서 보면 정당지도자들의 권한이 커지 면서 정당규율이 강화되고, 의회리더들에 의한 의제(agenda)의 통제가 심해지고, 의원들 사이에 의미 있는 숙고의 감소 등이 나타났기 때문에 (Mann and Ornstein 2006). 그 결과 입법과정의 교착상태가 이전에 비 해 빈번히 발생하게 되었다.

양극화는 정당 간의 갈등심화를 의미하며, 따라서 의회운영의 교착상태(gridlock)를 야기한다. 1940년대부터 1990년대까지 의회를 대상으로 한 경험적 분석에 따르면 양극화 수준이 가장 낮을 때에는 양극화가 가장 높았을 때보다 많게는 160% 정도 더 많은 수의 법안을 통과시킨다는 것이다(McCarty et al. 2006). 양극화는 중간영역에 속하는 의원의 수를 감소시킨다, 의원들은 두 정당의 중간위치를 유지하기보다 어느 한 쪽을 편들도록 강요당한다. 따라서 완충역할을 할 수 있는 의원이 줄어들면서 교착상태가 빈번해지고 장기화된다면 국민들의 의회에 대한 실망과 비판이 높아질 수밖에 없다.

의회가 이처럼 갈등이 높아지면 반대정당 지지자들 가운데 다수당이 지배하는 의회에 대해 비판적 시각을 보내는 비율이 훨씬 높아진다. 따라서 갈등의 심화는 전체적인 의회지지율을 낮추는 결과를 낳게 된다. 한편, 특정정당 지지자들이 아니라 해도 정당 간 갈등이 심화되면서 반대정당과의 대화와 협력이 어려워지고, 의회 다수당이 일방적으로 수적 우세를 앞세워 타협이나 이견에 대한 논의 없이 법안을 통과시키는 경우를 보면서 의회운영에 대한 불만이 증가하기도 한다. 이러한 상황에서는 합의적 법률제정이 어려워지고 일반국민들 중에 불만을 갖는 비율이 높아지게 된다.

V. 의회신뢰도와 의원평가

의회가 절대적 의미에서 국민들에게 얼마나 지지를 받는가 하는 것도 중요하지만 다른 기관과의 평가에서 상대적으로 어디에 자리매김하는가를 살피는 것이 더 중요하다. 왜냐하면 정치전반에 대한 평가 속에서 의회평가를 상대적으로 해석해 볼 수 있기 때문이다. 같은 수준의 의회평가라고 해도 정치적 불신이 팽배한 정치환경 속에서 평가와 정치신뢰가 어느 정도 수준을 유지하는 사회에서의 평가점수는 서로 다르게 해석되어야 하기 때문이다.

〈그림 5〉 한국의 주요기관 신뢰도

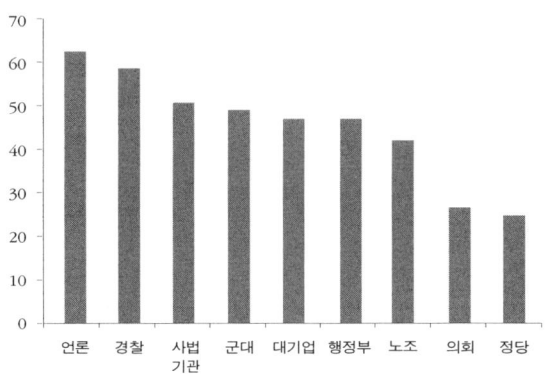

〈그림 5〉와 〈그림 6〉은 한국과 미국 양국의 주요기관 신뢰도를 높은 수준부터 정렬한 것이다. 한국의 경우 언론과 경찰 그리고 사법기관에 대한 신뢰도가 상당히 높게 나타났고, 의회와 정당은 주요기관들 사이에서 가장 낮은 순위에 위치하고 있다. 특히 정당이 의회보다 더 낮은 위치에 있다는 점이 눈에 띈다. 한편, 미국의 주요기관 신뢰도 순서를 보면 한국과 상당히 유사하게 나타난다. 경찰이나 사법기관에 대한 신

〈그림 6〉 미국의 주요기관 신뢰도

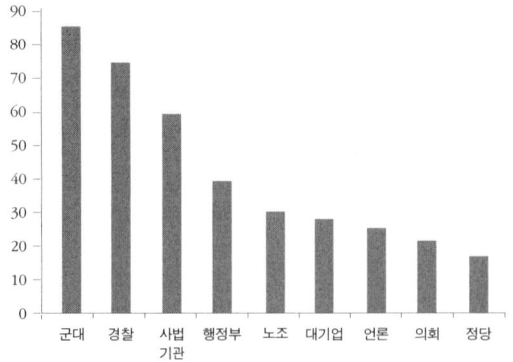

뢰도는 높으며, 동시에 의회나 정당에 대한 신뢰도는 매우 낮은 것으로
나타난다. 그리고 순위에 있어서도 양국에서 비슷하게 가장 낮은 위치
를 차지한다.

이처럼 여러 주요기관들 중 의회는 매우 낮은 신뢰도 위치를 갖지만,
지역구 국회의원에 대한 주민들의 평가는 상당히 차이가 있다는 점에
주목할 필요가 있다. 앞의 기존연구에서 밝힌 바와 같이 응답자들은 의
회전반에 대한 평가와 지역의원에 대한 평가에 있어 상당한 차이를 보
인다. 즉, 의회전반에 대해서 부정적 평가가 훨씬 앞서지만 지역구 의
원에 대한 평가에서는 그보다는 훨씬 긍정적인 평가를 하고 있다(Fenno
1975, 286). 이러한 현상은 한국과 미국 양국 모두에서 동일하게 나타
난다.

〈표 1〉에서 보는 바와 같이 한국 응답자들 가운데 과반이 훨씬 넘는
60% 가까운 응답자들이 국회의 업무수행에 대해 부정적 평가를 하고
있다. 그러나 자신의 지역구 의원에 대해 부정적 평가를 한 응답자들은
그 절반 정도인 29.5%이다. 정도의 차이는 있지만 미국 응답자들의 태
도도 마찬가지로 나타난다. 미국 응답자 가운데 44.3%가 의회의 역할
에 대해 부정적 평가를 하지만, 지역구 의원에 대한 부정적 평가는 그
보다 훨씬 적은 30.3%로 나타났다.

이러한 평가차이는 몇 가지 이유로 설명될 수 있다. 첫째로 당파성
을 그 원인으로 들 수 있다. 응답자들이 의회에 대해 평가할 때, 자신이
지지하는 정당이 다수당이 아닐 경우에 의회 평가는 좀 더 부정적이 될

〈표 1〉 의회평가와 지역구 의원평가

(단위: %)

	의회 부정 평가	의원 부정 평가
한국	59.6	29.5
미국	44.3	30.3

자료: 한국(동아연구소 2006), 미국(Pew Research Center 2006. 6)

것이다. 의회운영의 기본적 책임이 다수당에 있기 때문에 의회다수당이 지지하지 않는 정당이라면 불만을 가질 가능성이 더 높아진다. 실제로 미국의 사례를 보면 공화당이 다수당이었던 2006년 조사에서 공화당에 호의적인 응답자들 가운데 의회평가가 부정적인 비율은 30.4%였고, 지역구 의원에 대해 부정적인 응답자들은 20.2%로 의회에 대한 부정적 평가가 8.2%p 정도 높았다. 그러나 민주당에 호의적인 응답자들의 태도를 보면, 의회에 대해 부정적 견해가 58.1%이고, 동시에 지역구 현직자에 대한 부정적 견해는 36.9%로 21.2%p로 훨씬 차이가 큰 것을 알 수 있다. 이처럼 소수당을 지지하는 응답자들은 다수당이 지배하는 의회전체에 대한 평가에 더 인색한 평가를 내린다.

또 다른 이유로는 현직의원들의 지역구 사업에 혜택을 보거나 직간접적인 영향을 받았을 때 지역구 의원에 대해서는 좀 더 긍정적인 평가를 하게 된다. 의원들은 재선을 위해 가장 중요한 역할 중 하나가 지역구를 관리하는 것이라고 생각한다. 따라서 의원들은 지역구 방문 등을 통해 지역구 민원해결에 중점을 두며, 이러한 지역구 챙기기가 결과적으로 재선에 가장 큰 영향을 미친다는 것이다(Cain et al. 1990). 이처럼 유권자들은 의원선거에서는 후보자들을 평가할 때 현역의원이 어떠한 지역구 사업을 했으며, 개인적으로 후보자들이 어떤 특성을 가졌는가에 따라 평가하고 투표를 결정한다. 한편, 의회를 평가하는 기준은 이와 달리 국내 이슈와 관련된 의회의 법안표결, 행정부와의 관계 그리고 입법과정에서 나타난 특성과 법안통과속도 등에 중점을 둔다(Parker and Davidson 1979). 이처럼 서로 다른 기준에 의한 평가가 의회전체와 지역구 의원에 대한 평가태도에도 차이를 가져온다. 그러나 의회평가와 의원평가가 전혀 관계가 없다는 주장에 대한 비판적 연구에도 주목할 필요가 있다. 이에 대해서는 이 글 7절에서 다루고 있다.

VI. 신뢰도와 영향력

의회를 평가하는 지표들은 다양하다. 앞에서 살펴본 바와 같이 국회의 업무수행에 관한 설문은 국회가 얼마나 그 기능을 잘 수행하고 있는가를 묻는 설문이다. 또한 국회의 신뢰도에 관한 질문은 국회가 얼마나 믿을만한가를 물으면서 동시에 다른 기관과의 신뢰도 정도를 비교하는 형태의 자료가 제공되는 것이 일반적이다. 그런데 신뢰도의 의미를 분석하는 다른 방식이 각 기관의 신뢰도와 영향력을 비교하여 평가하는 것이다. 영향력이라는 지표는 응답자들에게 해당 기관의 사회정치적 영향력이 어느 정도라고 생각하는지를 주관적으로 물어 얻은 값으로, 일반적으로 신뢰도 척도와 같은 척도를 사용한다.

〈그림 7〉은 서강대 동아연구소의 2006년 조사에서 나타난 각 기관의 신뢰도와 영향력을 각각 x, y축으로 측정하여 나타낸 것이다. 중간의 45도 각도의 추세선 밑에 위치한 기관들은 영향력에 비하여 신뢰도가 높은 집단으로, 이들에 대한 일반 국민들의 평가는 비교적 우호적이라고 할 수 있다. 여기에 속한 기관들은 시민단체, 군대, 종교단체, 학교

〈그림 7〉 주요기관의 신뢰도와 영향력

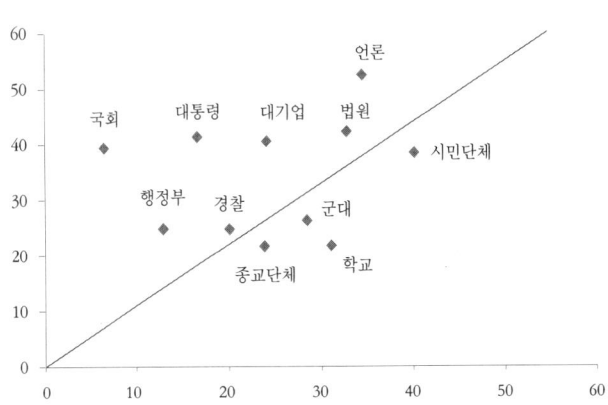

등이다. 한편, 추세선의 윗부분에 속한 기관들은 영향력이 신뢰도보다 높은 기관들로, 국민들 입장에서는 이들 기관의 권력행사가 때로는 정당하지 못하다고 느낀다는 것을 나타낸다. 따라서 추세선으로부터 멀리 떨어진 기관일수록 신뢰도와 영향력의 격차가 심하며, 추세선 상단에 위치한 경우는 영향력에 비해 신뢰도가 떨어지는 정통성 결여의 집단이라고 말할 수 있다.

⟨그림 7⟩에 따르면 국회가 추세선으로부터 가장 멀리 떨어져 있는 것을 알 수 있다. 국회에 대한 두 평가점수 차이가 32.7점으로 가장 크고, 다음으로 대통령이 24.6점의 차이를 보이고 있다. 이러한 결과는 응답자들이 국회가 국가운영에 중요한 영향을 미친다는 것을 알고 있지만 국회의 현재 기능을 믿을 수 없다는 것을 의미한다. 다른 주요기관들에 비해 국회에 대한 만족도가 가장 낮은 것으로도 해석할 수 있다. 국회 다음으로 두 평가점수 사이에 차이가 큰 기관이 대통령이다.

이 결과는 기관들의 구조상 특성만으로 신뢰도와 영향력의 차이를 설명할 수 없다는 것을 보여준다. 대통령은 행정부의 수장으로서뿐만 아니라 국가의 상징적 지도자로서 정치역할을 수행한다. 그런데 응답자들의 평가에서 영향력은 크지만 신뢰도는 매우 작은 것으로 나타났다. 대통령제 국가에서 대통령의 역할이 정치의 중심이 되며 영향력이 크게 느껴지는 것은 당연하다. 그리고 그러한 대통령의 영향력에 대한 평가는 크게 변하지 않을 것이다. 한편, 현직 대통령의 업무수행에 대한 평가가 신뢰도와 밀접한 관계가 있을 것을 생각된다. 이러한 논리에 따르면 대통령 평가의 경우 영향력에 대한 평가는 시간에 따라 크게 변화지 않는 것이 일반적이지만, 대통령의 업무수행능력 평가에 따라 신뢰도가 영향을 받기 때문에 영향력과 신뢰도의 차이가 크게 나타나는 것은 업무평가 점수가 낮은 것이 주된 이유가 된다.

이 같은 주장은 국회에 대한 평가에도 그대로 적용될 수 있다. 즉, 대통령과 더불어 국회가 국가운영에 중요한 역할을 한다는 것을 대부분의 응답자들이 인식하고 있다. 그러나 국회의 업무수행평가에 대해서는 매우 부정적인 태도를 보인다. 그 결과 국회의 영향력은 크다고 인식되지만 국회의 업무수행에 대한 불만이 낮은 평가로 이어져 영향력과 신뢰 사이에 큰 차이를 보이게 되는 것이다. 이러한 주장은 주요기관에 대한 평가는 기본적으로 그 기관에 대한 기대치와 실제업무수행 평가 사이의 차이에 따른 것이라는 주장과 일맥상통한다(Kimball and Patterson 1997).

VII. 의회평가와 의원선거

기존의 의회평가에 관한 연구들은 국민들이 의회를 평가하는 데 영향을 미치는 중요한 요인들이 무엇인지를 밝혀내고, 평가결과를 분석해보면서 의회가 위기라는 주장으로 끝을 맺는 경우가 많았다. 그런데 학문적 관심으로 볼 때 의회에 대한 부정적 평가가 의원선거로 연결되어 현직자에게 불리하게 작용하는가의 여부까지 살펴본다면 연구범위를 확대할 수 있는 계기가 될 수 있을 것이다.

논리적으로 추론해 보면 유권자들이 의회를 어떻게 평가하는가에 따라 의원선거에서 후보자 선택이 영향을 받게 된다. 특히 현직 의원에 대한 평가는 의회전반에 대한 평가와 밀접한 관련이 있을 것으로 생각하게 된다. 그러나 기존의 의원선거에 관한 연구들을 보면 국회의 업적이 국회의원 선거에 영향을 미친다는 경험적 주장은 거의 없다. 이에 따라 대다수의 의원선거모델들은 의회의 업적평가를 변수로 고려하지 않는다. 미국인들은 의회에 대해서 부정적 평가를 하지만 선거에서는 매우 높은 비율로 현직자들을 재선시키기 때문이다(Fenno 1978).

그렇다면 유권자들이 의회를 평가하는 기준과 의원선거에서 후보자를 선택하는 기준이 서로 다르기 때문에 의회평가가 의원선거에 영향을 미치지 못하는 것으로 판단할 수 있다(Parker and Davidson 1979). 개별의원들은 전체 의회에 대한 유권자의 태도로부터 구별되어 평가받는다는 것이 일반적 주장이며, 여기에 본(Born 1990)만이 다른 견해를 보이고 있다. 좀 더 자세히 들여다보면 유권자들이 의회운영의 부진함이라는 책임을 모든 의원들에게 묻는 것이 아니라, 의회다수당 의원들에게 더 엄중하게 책임지우는 경우를 생각해 볼 수 있다. 따라서 유권자가 의회운영에 만족한다면 의회다수당 의원들에 대해 좀 더 긍정적인 태도를 보일 것이며, 반대로 의회운영에 불만족하다면 그 책임 또한 다수당 의원들이 지게 될 것이다.

다른 한편, 현직의원들에게만 의회운영에 대한 유권자 평가가 영향을 미칠 가능성도 있다. 만일 다수당 후보라 해도 현직자가 아니라면 국회운영에 대한 평가가 미치는 영향이 현직자의 경우보다 그 영향력이 작을 것으로 추측해 볼 수 있다. 이처럼 의회평가가 의원선거에 영향을 미치는 범위가 모든 후보자가 아니라 여당 후보자들 특히 이들 가운데서도 현직자에게 영향을 미칠 수도 있다. 만약 그렇다면 소속정당을 구분하지 않고 분석하는 경우 여당의 현직자들뿐만 아니라 다른 조건의 후보자들이 분석에 포함되어 통계적으로 전체 의원선거에 의회평가가 영향을 미치지 못하는 것으로 나타날 수도 있다.

이러한 취지의 연구결과에 따르면 유권자들은 의회운영에 대해서는 다수당의 후보자들이 책임져야 한다는 것을 구분할 수 있을 정도로 세련되었다는 것이다. 그리고 경험적으로 분석해 보면 현직자 여부에 관계없이 여당 후보자들이 의회평가에 영향을 받는다는 것이다(Mcdermott and Jones 2003). 이러한 주장은 의원들은 의회를 비난하며 선거운동에 나선다는 페노의 유명한 언급과 일부 배치되는 것이다. 최소한 다수당의 현직자들은 의회운영에 대한 평가로부터 자유롭지 못하다.

의회평가가 의원선거에 영향을 미친다는 주장은 기본적으로 유권자들이 회고적 투표(retrospective voting)를 한다는 가정에서 출발한다. 따라서 그동안 현 정부의 업무수행에 대한 긍정적 평가는 선거에서 다시금 현 정부에 대한 지지로 이어진다. 예를 들어 유권자들은 대통령이 어느 정당소속인지를 알고 있으며, 지역에서 출마한 의원후보들의 소속정당도 알고 있다. 따라서 회고투표를 하는 유권자들은 후보자들의 소속정당을 연관시켜 의원선거에서 투표결정을 하게 된다. 대통령의 업무수행 능력을 긍정적으로 평가하는 유권자들은 대통령소속 정당의 의원후보에게 좀 더 우호적인 태도를 보인다. 따라서 대통령의 업무평가가 정당투표를 통해 의원선거에 영향을 미친다(Abramowitz 1985; Jacobson 1997). 이러한 투표결정 과정의 분석이 타당하다면 의원선거에서 대통령의 업무수행평가뿐만 아니라 의회에 대한 평가도 회고투표 요인으로 작용할 가능성을 무시할 수 없다.

그리고 여기에 주요한 회고투표의 대상이 의회다수당 후보가 될 것이다. 여기에는 몇 가지 이유가 있다. 우선 미국의 경우 다수당이 의회의 입법과정을 전반적으로 지배하기 때문에 의회운영에 대한 책임이 다수당에 치중되는 것은 당연하다(Cox and McCubbins 1993; Rohde 1991). 또한 사실상 다수당이 정책결정에 얼마나 큰 영향을 미치든 간에 다수당은 수적인 면과 리더십을 독점한다는 점에서 대중들에게 인식되는 정도가 크다. 그리고 다수당 의원들도 유권자의 접촉에 있어서 소수당 의원들보다 본인들을 국회와 훨씬 가깝게 설명하는 것으로 나타난다. 마지막으로 유권자들 입장에서 보면 다수당에 정당소속감을 가지고 있는 유권자들이 의회에 대해 좀 더 긍정적인 평가를 하고 있다(Kimball and Patterson 1997). 이처럼 의회에 대한 책임감은 의원입장에서나 유권자 입장에서 모두 다수당에 치중하고 있다는 것을 알 수 있으며, 이는 의회평가가 주로 다수당 후보자들의 득표에 영향을 미친다는 것을 설명해 준다.

이러한 관점에서 경험적 분석을 수행한 연구에 따르면 예상한 대로 의회에 대해 부정적 평가를 하는 유권자들은 다수당 후보를 지지하는 확률이 낮았으며, 반대로 의회의 업무에 대해 긍정적 평가를 하는 유권자들은, 다른 조건이 동일하다면, 다수당 후보를 선택하는 비율이 높다는 것이다. 이러한 현상은 어떤 정당이 다수당인가에 관계없이 동일하게 나타나는 것으로 확인되었다. 이 결과는 이전 연구에서 의회평가가 의원선거에 영향을 미치지 못한다는 주장을 반박하는 것으로, 논리적 주장이나 경험적 분석에서 충분히 주목할 만하다고 하겠다. 이러한 관점에 따르면 페노가 주장하는 바와 같이 모든 후보자들이 의회를 비난하는 선거운동을 하는 것이 아니라, 다수당 후보는 의회를 옹호하는 선거전략을 세울 것이라고 볼 수 있다. 그리고 다수당 의원들이 의회운영에 훨씬 더 협조적일 것이라는 것도 어렵지 않게 추측해 볼 수 있다.

미국의회 평가에 대한 이러한 주장이 한국에 적용될 수 있는지 논의해 볼 필요가 있다. 우선 한국 국회의원 선거결과의 특징 중 하나가 후보자 특성에 의한 투표가 아니라 정당투표가 중요하다는 것이다. 지역주의의 영향이 가장 큰 이유이기는 하지만 선거주기가 다른 국회의원 선거와 대통령 선거를 보면 매번 대통령에 대한 평가가 의원선거에 반영되는 뚜렷한 추세를 보여 왔다. 따라서 유권자들의 대통령에 대한 평가가 의원선거에 영향을 미치는 것은 미국과 공통적이다. 그리고 국회운영에 대한 책임을 국회다수당에게 묻는 경향도 공통적이다.

그런데 한국국회 운영이 미국의회와 차이를 보이는 것 중 하나가 의회다수당이 중요한 것이 아니라 대통령 정당인지의 여부가 국회에서의 위상에 중요하다는 것이다. 즉, 한국국회는 행정부로부터 독립적이지 못하고 여당과 야당이라는 행정부 중심적 판단에 따른 위상이 중요하다. 이러한 이유로 인해 한국에서는 국회평가 그 자체가 의원선거에 영향을 미치지 못하는 경우가 대부분이다. 결국 한국의 국회의원 선거는 정당역할에 의해 영향을 받기는 하지만, 국회운영에 대한 다수당의 책임이라기보다는 대통령의 업무평가에 의한 정당투표의 영향을 받는다는 점에서 국회의 독립성이 미국보다는 낮다고 하겠다.

VIII. 의회의 신뢰회복 방안에 관한 논의

일반적으로 의회에 대한 불만의 기저에는 의회의 운영 방향이 대다수 국민들의 의사가 아니라 특수집단의 이득과 정치인들의 이해관계라는 인식이 깔려 있다. 따라서 일반국민들이 정책결정에 더 큰 영향을 미칠 수 있는 방안을 찾아야 한다는 것이 여러 나라 의회에서 의회개혁방향으로 설정되어 있다. 미국 정치에서 미국적인 것(Americanism)은 바로 일반대중의 의지를 이해하고 따르는 것으로 정의되기도 하며(Kazin 1995, 12), 따라서 의회가 바로 이러한 목표를 이루도록 개혁되어야 한다는 주장이 설득력을 가진다.

정치제도에 관계없이 의회가 중요한 이유는 의회가 국민들이 정책결정에 직접 영향을 미칠 수 있는 통로로서 작용할 수 있기 때문이다. 의회는 다수 의원들과 정당의 집합체이기 때문에 다양한 의사를 정책결정에 반영할 수 있다는 점에서 민주적 반응성이나 책임성의 특성을 갖는다. 따라서 의회의 존재는 "긴장을 완화시키고, 확신을 제공하며, 아울러 정부에 대한 만족감이나 친근감을 높여준다"고 볼 수 있다(Packenham 1970, 530). 국민들은 의원들이 그들의 목소리를 대변할 수 있다는 의미에서 의원들의 존재를 긍정적으로 생각한다.

국민들이 의원들에게 충분한 영향을 미칠 수 있는 조건이 되지 못할 때 국민들은 의회에 대해 부정적 평가를 하게 된다. 그리고 국민들은 좀 더 큰 권한을 원하며, 국회의원들은 국민의 권한강화에 조력해야 한다고 믿는다. 그런데 이러한 추세가 대의제 민주주의의 위축을 의미한다면 의회개혁은 장점 못지않게 많은 문제점을 노정할 수 있다.

국민들이 이전에 비해 정치과정에 좀 더 관여하고 싶어 하는 것은 사실이다. 그러나 일반인들이 정치에 대한 책임성과 대표성을 심각하게 인지하고 있지는 않다. 또한 타인에 대한 특별한 관심이나 충분한 정보를 가진 의사결정자도 아니다. 사실상 일반대중들이 특정 이슈에 대해 탐구할 동기도 없으며, 후보자들의 토론에 집중할 시간도 없다. 여론조사 결과에 따르면 의회 대신에 일반인들이 국가의 중요한 일을 결정하는 것이 더 나은 결과를 가져올 것이라는 견해는 절반 정도이며, 일반국민들이 중요한 정치적 이슈에 대해 올바른 판단을 내릴 수 있는 충분한 정보와 지식을 가졌다고 생각하는 응답자들은 30% 정도에 그치고 있다. 이러한 경험적 결과는 응답자들이 의회에 대해 비판적이기는 하지만 의회기능을 직접민주주의 방식으로 대체할 의사를 가지고 있지는 않다는 것을 보여준다(Hibbing 2002).

한국에서의 의회평가나 기대도 미국인들의 그것과 많이 다르지 않다. 국민들의 85%가 국회가 민주주의 제도로서 필요하다는 것을 인정하고 있지만 국회의 기능수행에 대한 긍정적 평가는 4% 정도에 그치고 있다. 여기에는 의원들의 역할수행에 대한 실망이 상당히 영향을 미치고 있다. 의원들이 경쟁보다 협력에 중점을 두어야 한다는 의견이 5배나 되며, 특히 야당 의원들도 견제보다는 여당과의 협력이 더 중요하다는 비율이 더 높은 것으로 나타났다(이현우 2006).

결국 국민들이 원하는 의회는 대중들이 직접 참여하는 조직이 아니라, 다양한 의사의 집합체로서 성공적인 타협을 이뤄내는 의회가 되는 것이다. 이때 의사결정에 국민전체의 이익을 증대하는 방안이 가장 중시되어야 하며, 의원들이나 특정집단의 이해가 개입되어서는 안 된다는 것이 강조된다. 이러한 조건을 충족시켜 준 사례가 미국의 2001년 9·11 사태 이후 의회의 업무평가 설문결과이다. 당시 의회는 75%가 넘는 지지도를 얻었는데 여기에는 물론 위기 시 나타나는 단합(rally-around-flag)현상도 중요하지만, 다른 한편으로는 의회가 정당 간 이견이 없고, 특정 집단의 이득이 고려되지 않았으며, 국민들이 모두 공감대를 이루는 정책결정을 이뤘다는 점이 지적된다. 이처럼 의회가 국민들을 위한 정책결정을 내린다는 인식이 높아질 때 국민들의 의회에 대한 신뢰와 긍정적 평가가 늘어날 것이다.

참고문헌

이현우. 2006. "17대 국회에 대한 국민평가." 『의정연구』 21호: 5-30.

Abramowitz, A. I. 1985. "Economic Conditions, Presidential Popularity, and Voting Behavior in Miterm Congressional Elections." *American Political Science Review* 47: 31-43.

Born, R. 1990. "The Shared Fortunes of Congress and Congressmen: Members may Run from Congress, but They can't Hide." *Journal of Politics* 52: 1223-1239.

Cain, Bruce, John Ferejohn, and Morris Fiorina. 1990. *The Personal Vote: Constituency Service and Electoral Independence*. Boston: Harvard University Press

Caldeira, Gregory A., and James L. Gibson. 1992. "The Etiology of Public Support for the Supreme Court." *American Journal of Political Science* 36: 635-64.

Cox, G. W., and McCubbins M. D. 1993. *Legislative Leviathan*. Berkley: University of California Press.

Davidsoon, Roger H., David M. Kovenock, and Michael K. O'Leary. 1966. *Congress in Crisis: Politics and Congressional Reform*. Belmont: Wadsworth.

Dionne, E. J. Jr. 1991. *Why Americans Hate Politics*. New York: Simon & Schuster.

Epstein, Diana, and John D. Graham. 2007. *Polarized Politics and Policy Consequences*. Pardee Rand Graduate School (http://www.rand.org/pubs/occasional_papers/2007/RAND_OP197.pdf 검색일 2009. 6. 25).

Fenno, Richard F. 1975. "If, As Ralph Nader Says, Congress is 'the Broken Branch, How Come We Love Our Congressmen So Much?'" In Norman J. Ornstein, ed. *Congress in Change: Evolution and Reform*. New York: Praeger.

Fenno, Richard F. 1978. *Home Style: House Members in their Districts*. New York: HarperColins.

Hibbing, John R. 2002. "How to Make Congress Popular." *Legislative Studies Quarterly* 27: 219-244.

Hibbing, John R., & E. Theiss-Morse. 1995. *Congress as Public Enemy: Public Attitudes toward American Political Institution.* New York: Cambridge University Press.

Jacobson, G. C. 1997. *The Politics of Congressional Elections.* New York: Longman.

Kazin, Michael. 1995. *The Populist Persuasion.* New York: Basic Books.

Kimball, David C., and Samuel C. Patterson. 1997. "Living Up to Expectations: Public Attitudes Toward Congress." *Journal of Politics* 59: 701-28.

Lipset, Seymour Martin, and William Schneider. 1983. *The Confidence Gap: Business, Labor, and Government in the Public Mind.* Baltimore: The Johns Hopkins University Press.

MacKuen, Michael B., Robert S. Erikson, and James A. Stimson. 1992. "Peasants or Bankers? The American Electorate and the U. S. Economy." *American Political Science Review* 86: 597-611.

Mann, Thomas E., and Norman J. Ornstein. 1994. *Congress, the Press, the Public.* Washington D.C.: American Enterprise Institute and The Brookings Institution.

_____. 2006. *The Broken Branch.* New York: Oxford University Press.

McCarty, Nolan, Keith T. Poole, and Howard Rosenthal. 2006. *Polarized America: the Dance of Ideology and Unequal Riches.* Cambridge: the MIT Press.

Mcdermott, Monika L., and David R. Jones. 2003. "Do Public Evaluations of ons of Retrospective Voting in Congressional Elections." *Retrospecngressional Eles Research* 31: 155-77.

Ostrom, Charles W. Jr., and Dennis M. Simon. 1985. "Promise and Performance: A Dynamic Model of Presidential Popularity." *American Political Science Review* 79: 334-58.

Packenham, Robert A. 1970. "Legislatures and Political Development." In Allan Kornberg and Lloyd D. Musolf, eds. *Legislatures in Developmental Perspective.* Durham: Duke University Press.

Parker Glenn R. 1981. "Can Congress Ever Be a Popular Institution?" In Joseph

Cooper and G. Calvin Mackenzie, eds. *The House at Work*. Austin: University of Texas Press.

_____. 1977. "Some Themes in Congressional Unpopularity." *American Journal of Political Science* 21: 93-109.

Parker, Glenn R., and Roger H. Davidson. 1979. "Why do Americans Love Their Congressmen So Much Than Their Congress?" *Legislative Studies Quarterly* 4: 54-61.

Patterson, Kelly D., and David B. Magleby. 1992. "The Polls-Poll Trends: Public Support for Congress." *Public Opinion Quarterly* 56: 539-51.

Robinson, Michael J. 1981. "Three Faces of Congressional Media." In Thomas E. Mann and Norman J. Ornstein, eds. *The New Congress*. Washington D. C.: Enterprise Institute for Public Policy Research.

Rohde, D. W. 1991. *Parties and Leaders in the Post-Reform House*. Chicago: University of Chicago Press.

부록

※ 본 조사결과나 자료를 원할 경우 서강대학교 현대정치연구소로 문의바람

I. 국회의 이상과 현실 관련 국민의식조사

1. 조사의 설계 및 진행

조사대상	• 전국(제주 제외) 만20세 이상 성인남녀
표본수	• 1,200명
표본오차	• 95%신뢰수준에서 ±2.8%포인트
조사방법	• 면접조사(*face-to-face interview*)
표본추출 방법	• 할당표본추출법(*quota sampling*) ▶ 1단계 : 다단계 지역추출법 — 실사지점 선정 ▶ 2단계 : 할당표본추출법 — 응답자 선정 ※ '2. 표본추출방법'에서 별도 설명
조사기간	• 2005년 10월 21일(금) ~ 11월 8일(화)
조사기관	• (주)리서치 앤 리서치(R&R; 대표 노규형)

2. 표본추출방법

1) 1단계: 다단계 지역표본추출법 (multi-stage area sampling)

- 지역별 층화
  - 전국을 7개 광역시와 8개 도(제주도 제외)로 나누고, 도는 다시 시 /읍/면으로 층화
- 인구수 비례 할당
  - 층화된 지역별 인구수를 감안하여, 지역 당 실사지점(sampling point) 수를 계산(실사지점 당 평균 10명 조사 원칙).
- 다단계 지역표본추출
  - 3단계의 과정을 거쳐 실사지점인 통/리를 무작위 선정

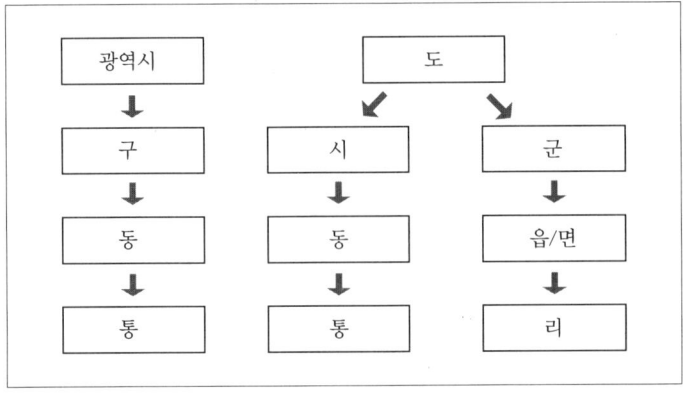

2) 2단계: 할당표본추출법 (quota sampling)

- 최종 응답자는 실사지점에서 성별·연령대별 인구비례 할당을 통해 선정

「국회의 이상과 현실」 관련 국민 의식 조사   ID ☐ ☐ ☐ ☐

안녕하십니까?
서강대학교 동아연구소와 리서치 앤 리서치(R&R)에서는 국회 및 국회의
원의 이상과 현실에 관한 국민 의식조사를 실시하고 있습니다. 서강대학
교 동아연구소와 리서치 앤 리서치는 본 조사연구를 수행하는 전문조사연
구기관으로 국회 및 국회의원에 관한 선생님의 의견을 여쭙고자 합니다.
선생님께서 응답하신 내용은 절대 비밀이 보장되며, 조사내용은 통계적인
목적으로만 이용됩니다. 바쁘시더라도 잠시 시간을 내어 응답해 주시면
대단히 감사하겠습니다.

서강대학교 동아연구소 연구책임자 이   갑   윤

SQ 1. 거주지역

(1) 서울 (2) 부산 (3) 대구 (4) 인천 (5) 광주 (6) 대전 (7) 울산

(8) 경기 (9) 강원 (10) 충북 (11) 충남 (12) 전북 (13) 전남 (14) 경북 (15) 경남

SQ 2. 도시 규모   (1) 대도시   (2) 중소도시   (3) 군지역 (읍·면·리)

SQ 3. 성별   (1) 남자   (2) 여자

SQ 4. ○○님의 '연세' 는 현재 만으로 어떻게 되십니까?

[만 _____ 세]

■ 면접지역			
시/도	구/시/군	동/읍	면/리
■ 면접조사원 기재사항			
이름 :	연락처 :	면접일시 :	

1. 정치일반

문1. 선생님께서는 정치에 얼마나 관심이 있습니까?

    1) 매우 많다   2) 조금 있다
    3) 별로 없다   4) 전혀 없다

문2. 선생님께서는 주변사람들과 정치에 관하여 얼마나 자주 이야기를 나누십니까?

    1) 매일   2) 일주일에 3-4회   3) 일주일에 1-2회
    4) 한달에 1-2회   5) 거의 없음

문3. 한국의 민주주의와 정치발전을 위해서 다음 중 어떤 제도가 우리나라 정치에 알맞다고 생각하십니까?

    1) 대통령 중심제   2) 내각 책임제
    3) 이원집정부제(프랑스식)   4) 어떤 제도건 상관없다

문4. 노무현 대통령은 지역주의 완화를 위해서 선거제 개편을 주장하고 있습니다. 이에 대해 선생님께서는 어떻게 생각하십니까?

    1) 찬성한다   2) 반대한다

문5. 선생님께서는 여소야대 현상이 국정에 어떤 영향을 미친다고 생각하십니까?

    1) 행정부의 독주를 견제할 수 있으므로 민주적이다
    2) 효율성이 떨어진다
    3) 여대야소와 별 차이 없다
    4) 행정부와 국회가 대립하므로 정국이 불안정해진다

문6. 정치 발전을 위해서 가장 시급한 현안은 무엇이라고 생각하십니까?

1) 대통령의 책임정치   2) 전문가의 행정부 각료 임명
3) 국회의원의 자질 향상   4) 국민의 정치의식 고양
5) 언론의 공정한 국정 보도와 감시   6) 시민 단체의 적극적 활동
7) 정치 선진국의 제도 도입

문7. 선생님께서는 정부를 통해 집행되는 세금이 얼마나 효율적으로 쓰이고 있다고 생각하십니까?

1) 매우 효율적으로 쓰이고 있다   2) 효율적으로 쓰이는 편이다
3) 비효율적으로 쓰이는 편이다   4) 매우 비효율적으로 쓰이고 있다

문8. 선생님께서는 정부가 하는 일들이 얼마나 올바르다고 생각하십니까?

1) 대부분 옳다   2) 비교적 옳은 편이다
3) 옳지 않은 경우가 많다   4) 대부분 옳지 않다

문9. 현재 우리나라 정치가 얼마나 민주적으로 운영되고 있다고 생각하십니까?

1) 매우 민주적으로 운영되고 있다   2) 민주적으로 운영되는 편이다.
3) 민주적으로 운영되지 못하는 편이다   4) 매우 비민주적으로 운영되고 있다

문10. "정치체제"에 관한 다음의 견해 중 선생님 생각은 어느 것에 가장 가깝습니까?

1) 민주주의가 다른 어떤 정부형태보다 항상 더 낫다
2) 상황에 따라서는 독재정부가 민주정부보다 더 낫다
3) 민주정부나 독재정부나 상관없다

문11. "민주주의와 경제발전" 중 하나를 선택해야 한다면, 선생님은 어떤 것이 더 중요하다고 생각하십니까?

    1) 경제발전이 훨씬 더 중요하다   2) 경제발전이 좀더 중요하다
    3) 민주주의가 좀더 중요하다   4) 민주주의가 훨씬 더 중요하다

문12. 다음의 각 주장에 대해 선생님의 견해를 답하여 주십시오.

번호	내 용	매우 그렇다	그런 편이다	그렇지 않은 편이다	전혀 그렇지 않다
문12-1	정부는 나라가 어려운 상황에 처했을 때 이를 해결하기 위해 법을 무시해도 된다	①	②	③	④
문12-2	나는 정치에 참여할 능력을 가지고 있다	①	②	③	④
문12-3	나 같은 사람들은 정치가 너무 복잡해서 이해할 수가 없다	①	②	③	④
문12-4	힘 있는 소수가 나라를 움직이고 있으며 보통사람들은 그에 대해 어떻게 해볼 도리가 없다	①	②	③	④
문12-5	나 같은 사람들은 정부가 하는 일에 영향을 주지 못한다	①	②	③	④
문12-6	못 배운 사람들도 배운 사람들만큼 정치적 발언권이 있어야 한다	①	②	③	④
문12-7	어떤 주장이 사회에서 논의되는 것을 허용할 것인지는 정부가 결정해야 한다	①	②	③	④
문12-8	판사들은 중요한 판결을 내릴 때 정부의 견해를 수용해야 한다	①	②	③	④
문12-9	국회가 정부를 자주 견제하면 정부는 중요한 일을 해낼 수가 없다	①	②	③	④
문12-10	도덕성이 높은 정치지도자들이 있다면 그들에게 모든 것을 맡길 수 있다	①	②	③	④
문12-11	사람들의 생각이나 주장이 너무 다양하면 사회는 혼란에 빠질 것이다	①	②	③	④
문12-12	정부와 국민간의 관계는 부모와 자식간의 관계와 같아야 한다	①	②	③	④

§ 다음 질문내용에 대하여 선생님께서 평소 생각하시는 대로 답변해 주십시오.

문13. 귀하께서는 우리나라의 외교안보정책과 관련해 다음 중 어느 의견에 가장 가깝다고 생각하십니까?

　　1) 한반도 주변문제뿐만 아니라 다른 국제문제에 있어서도 미국주도의 세계질서 유지에 더욱 협력해야 한다
　　2) 한반도 문제 중심으로 전통적인 한미간 동맹관계를 복원해야 한다
　　3) 미국 중심의 외교안보정책을 탈피해 점차 다변화하는 방향으로 전환해야 한다
　　4) 미국 중심의 외교안보 정책은 부정적인 역할이 크므로 전면 재검토해야 한다

문14. 귀하께서는 국가보안법 개정 문제와 관련해 다음 중 어느 의견에 가장 가깝다고 생각하십니까?

　　1) 남북한 대치상태를 감안해 현행대로 유지하고 엄격히 적용해야 한다
　　2) 현행대로 유지해야 하지만 인권침해의 소지가 없도록 신중히 적용해야 한다
　　3) 인권침해와 법규남용의 소지를 줄이는 방향으로 개정해야 한다
　　4) 인권침해와 법규남용의 소지가 많으므로 전면 폐지해야 한다

문15. 귀하께서는 대북지원 문제와 관련해 다음 중 어느 의견에 가장 가깝다고 생각하십니까?

　　1) 대북지원이 북한을 개혁 개방으로 유도하지 못하고 김정일 체제의 강화를 초래할 것이므로 전면 중단해야 한다
　　2) 대북지원이 북한의 개혁 개방을 유도하지 못하지만, 현재보다 규모를 줄여 인도적으로 지원해야 한다
　　3) 대북지원이 북한의 개혁 개방을 유도할 것이므로 현 수준 정도에서 지속해야 한다
　　4) 대북지원이 북한의 개혁 개방을 유도하고 민족의 동질성 회복과 대단결에 도움이 되므로 더욱 확대해야 한다

문16. 귀하께서는 재벌개혁 문제와 관련해 다음 중 어느 의견에 가장 가깝다고 생각하십니까?

    1) 재벌개혁은 시장기능에 맡기고 정부는 재벌에 대한 규제를 전면적으로 풀어야 한다

    2) 상호지급보증 금지와 부당내부거래 등 불공정거래에 대한 규제를 제외한 나머지 규제는 풀어야 한다

    3) 재벌개혁을 위해 출자총액제한제 등 현행 규제의 골격을 지속적으로 유지해야 한다

    4) 재벌개혁을 위해 규제를 지금보다 더 강화해야 한다

문17. 소액주주의 권익을 보호하기 위해 집단 소송제가 단계적으로 도입될 예정입니다. 귀하께서는 이 문제와 관련해 다음 중 어느 의견에 가장 가깝다고 생각하십니까?

    1) 집단소송제를 포함해 기업의 투자와 모험정신을 위축시키는 각종 제도의 도입에 반대한다.

    2) 책임경영확립의 필요성은 인정하지만, 집단소송제가 아닌 사외이사제 강화 등 다른 방법을 강구해야 한다

    3) 집단소송제 도입에 찬성하지만, 적용대상과 범위는 신중해야 한다

    4) 집단소송제 도입에 찬성하며 대상기업과 대상행위를 더 확대해야 한다

문18. 귀하께서는 복지정책과 관련해 다음 중 어느 의견에 가장 가깝다고 생각하십니까?

    1) 우리 경제수준에 비해 복지예상이 과도하므로 축소해야 한다

    2) 우리 경제수준을 고려할 때, 복지예산을 현재 수준으로 유지해야 한다

    3) 현행 복지수준이 미흡하므로, 다른 분야의 예산을 줄이더라도 복지예산을 어느 정도 증액해야 한다

    4) 현행 복지수준이 매우 미흡하므로, 세금을 높여서라도 대폭 증액해야 한다

문19. 귀하께서는 환경정책과 관련해 다음 중 어느 의견과 가장 가깝다고 생각하십니까?

> 1) 환경보호보다 경제성장을 위해 기업 규제를 최소화해야 한다
> 2) 경제성장과 환경보호의 조화를 추구하되 충돌할 경우, 경제성장에 우선순위를 둔다
> 3) 경제성장과 환경보호의 조화를 추구하되 충돌할 경우, 환경보호에 우선순위를 둔다
> 4) 경제성장보다 환경보호를 위해 기업규제를 강화해야 한다

문20. 최근 자립형 사립고 도입을 둘러싸고 사회적으로 큰 논란이 일었습니다. 귀하께서는 교육정책과 관련해 다음 중 어느 의견에 가장 가깝다고 생각하십니까?

> 1) 고교 평준화를 전면 철폐하고 모든 학교가 별도로 학생을 선발한다
> 2) 전면적 평준화는 문제가 있으므로, 자격을 갖춘 사립학교가 별도로 학생을 선발한다
> 3) 평준화 제도의 골격은 유지하되 능력별 수업 실시 등으로 하향 평준화의 문제점을 보완한다
> 4) 교육 기회를 균등하게 부여하기 위해 현행 평준화제도를 유지해야 한다

문21. 얼마전 호주제에 관한 법률이 개정되었습니다. 귀하께서는 호주제도와 관련해 다음 중 어느 의견에 가장 가깝다고 생각하십니까?

> 1) 호주 및 호적제도는 가족제도의 붕괴로 이어질 우려가 있으므로 현행대로 유지해야 한다
> 2) 호주 및 호적제도를 유지해야 하지만, 남편 사망 시 부인이 1순위로 호주를 승계해야 한다
> 3) 재혼 시 자녀가 새 아버지의 성을 따르는 것도 허용하는 등 호주 및 호적제도를 크게 수정해야 한다
> 4) 현행 호주 및 호적제도를 완전히 폐지해야 한다

문22. 귀하께서는 "사형제 폐지"와 관련해 다음 중 어느 의견에 가장 가깝다고 생각하십니까?

　　1) 현행 사형제도를 그대로 유지한다
　　2) 정치범. 사상범 등을 제외하고 나머지 범죄에 대해 사형제도를 유지한다
　　3) 반인륜적 범죄를 제외한 모든 범죄에 대해 폐지한다
　　4) 전면적으로 폐지해야 한다

문23. 귀하께서는 자신의 이념적 성향이 다음 중 어디에 위치한다고 생각하십니까?

　　〈진보〉　　　　　　　　〈중도〉　　　　　　　　〈보수〉
　　　0 - - - 1 - - - 2 - - - 3 - - - 4 - - - 5 - - - 6 - - - 7 - - - 8 - - - 9 - - - 10

문24. 선생님께서는 통일에 대해 어떻게 생각하십니까?

　　1) 빨리 통일을 해야 한다　　　　2) 여건을 봐가며 속도를 조절해 추진해야 한다
　　3) 통일을 서두를 필요가 없다　　4) 굳이 통일할 필요가 없다

문25. 남북한이 통일을 할 경우 어떻게 통일을 해야 한다고 생각하십니까?

　　1) 남한식 체제로 통일해야 한다
　　2) 남한식도 북한식도 아닌 제3의 체제로 통일해야 한다
　　3) 각각의 체제를 유지하면서 공존하는 방식으로 통일해야 한다

문26. 통일을 위해서는 비용이 필요합니다. 통일을 위해 추가비용을 부담해야 한다면 귀하는 1년에 얼마나 부담할 의향이 있으십니까?

　　1) 5만 원 미만　　　　2) 5~10만 원 미만　　　3) 10~20만 원 미만
　　4) 20~30만 원 미만　　5) 30~50만 원 미만　　6) 50~70만 원 미만
　　7) 70~100만 원 미만　　8) 100만 원 이상　　　9) 전혀 부담할 생각 없다

2. 정당과 선거

문27. 선생님께서는 2002년 16대 대통령 선거에 투표하셨습니까?

　　　 1) 투표했다 <☞ **문28로** >　　　 2) 투표하지 않았다 <☞ **문29로** >
　　　 3) 투표권이 없어서 하지 않았다

---

§　다음의 문항은 **투표한 분만** 응답해 주십시오.

문28. (문27에서 ① **투표를 한 경우만**) 어느 후보를 찍으셨습니까?

　　　① 이회창　　② 노무현　　③ 이한동　　④ 권영길
　　　⑤ 김영규　　⑥ 김길수　　⑦ 장세동

---

§　**투표하지 않은 분만** 응답해 주십시오.

문29. (문27에서 ② **투표를 안 한 경우만**) 선생님께서 투표하지 않은 이유는 무엇입니까?

　　　① 찍을만한 후보자가 없어서　　　② 정치나 선거에 관심이 없어서
　　　③ 누구를 찍어도 선거결과에 영향이 없어　④ 누가 당선되어도 마찬가지여서
　　　⑤ 후보자간의 차이가 별로 없어서　　⑥ 개인사정/출근 등으로

문30. 선생님께서는 지난 2004년 17대 국회의원 선거에 투표하셨습니까?

　　　 1) 투표했다 <☞ **문31, 32로** >　 2) 투표하지 않았다 <☞ **문33으로** >
　　　 3) 투표권이 없어서 하지 않았다

§ 다음의 문항은 투표한 분만 응답해 주십시오.

문31. (문30에서 ① 투표를 한 경우) 지역구 선거에서는 어느 정당 후보를 찍으셨습니까?

① 열린우리당　　② 한나라당　　③ 민주당　　④ 민주노동당
⑤ 기타 (　　　　)

문32. (문30에서 ① 투표를 한 경우) 비례대표선거에서는 어느 정당 후보를 찍으셨습니까?

① 열린우리당　　② 한나라당　　③ 민주당　　④ 민주노동당
⑤ 기타 (　　　　)

§ 투표하지 않은 분만 응답해 주십시오.

문33. (문30에서 ② 투표를 안 한 경우) 선생님께서 투표하지 않은 이유는 무엇입니까?

① 찍을만한 후보자가 없어서　　　　② 정치나 선거에 관심이 없어서
③ 누구를 찍어도 선거결과에 영향이 없어　　④ 누가 당선되어도 마찬가지여서
⑤ 후보자간의 차이가 별로 없어서　　⑥ 개인사정/출근 등으로

문34. 우리나라의 다음 정당에 대해 어떻게 생각하십니까?

번호	정당명	매우 좋아한다	좋아하는 편이다	보통이다	싫어하는 편이다	매우 싫어한다
34-1	열린우리당	①	②	③	④	⑤
34-2	한나라당	①	②	③	④	⑤
34-3	민주당	①	②	③	④	⑤
34-4	민주노동당	①	②	③	④	⑤
34-5	자민련	①	②	③	④	⑤

3. 국회

문35. 국회가 하는 업무 중 가장 중요한 역할은 무엇이라고 생각하십니까?

    1) 법의 제정   2) 국민의사대표
    3) 행정부 감독   4) 지역구 봉사

문36. 선생님께서 국회가 국회의 역할을 잘 하고 있다고 생각하십니까?

1) 잘하고 있다 2) 잘하고 있는 편이다 ☞ **문38로**	3) 그냥 그렇다 4) 못 하고 있는 편이다 ☞ **문37로** 5) 못하고 있다

문37. (문36의 ③, ④, ⑤번 응답자만) 만약에 국회가 제 기능을 못하고 있다면, 그 주된 이유가 무엇 때문이라고 생각하십니까?

    1) 국회의 힘이 행정부에 비해 너무 약해서   2) 정당들이 당리당략
    3) 국회의원들의 자질 미흡   4) 시민단체 또는 이익단체의 지나친(강한) 영향력

문38. 다음에 나오는 국회 업무에 대해서 어떻게 평가하고 계십니까?

번호	내 용	잘 하고 있다	약간 잘 하고 있다	그냥 그렇다	약간 못 하고 있다	못 하고 있다
문38-1	법의 제정	①	②	③	④	⑤
문38-2	국민의사 대표	①	②	③	④	⑤
문38-3	행정부 감독	①	②	③	④	⑤
문38-4	지역구 봉사	①	②	③	④	⑤

문39. 선생님 지역의 지역구 의원에 대해 어느 정도 호감을 가지고 계십니까?

① 좋아한다 ② 좋아하는 편이다	☞ **문40로**

③ 보통이다 ④ 싫어하는 편이다 ⑤ 싫어한다	☞ **문41로**

문40. (문39의 ①, ②번 응답자만) 선생님께서 지역구 국회의원을 좋아하시는 주요 이유
는 무엇입니까?

    1) 개인적 자질   2) 공약 실천도
    3) 의정 활동   4) 지역사업

문41. (문39의 ③, ④, ⑤번 응답자만) 선생님께서 지역구 국회의원을 싫어하시는 주요 이
유는 무엇입니까?

    1) 개인적 자질   2) 공약 실천도
    3) 의정 활동   4) 지역사업

문42. 국회의원은 어떤 일을 가장 중요시해야 한다고 생각하십니까?

    1) 지역주민의 뜻 대변   2) 행정부 견제
    3) 지역사업 유치   4) 좋은 법 제정
    5) 정부의 정책 홍보   6) 지역구민 민원해결

문43. 지역구의원과 전국구(비례대표)의원이 차이가 있다고 생각하십니까? 혹은 없다고
생각하십니까?

    1) 있다   2) 없다

문44. (문43의 ①번 응답자만) 차이가 있다면 전국구(비례대표)의원은 어떠한 장점이 있다고 생각하십니까?

1) 전문성
2) 참신성(직능대표성)
3) 선거구 서비스
4) 사회집단의 대표성(여성, 노동, 장애인 등)

문45. 전국구(비례대표)의원이 필요하다고 생각하십니까?

1) 필요하다
2) 필요없다

문46. 선생님께서는 야당 국회의원의 국회활동과 여당 국회의원의 국회활동에 차이가 있다고 보십니까?

1) 많은 차이가 있다   2) 약간 차이가 있다   3) 별 차이가 없다   4) 차이가 없다

문47. 선생님께서 생각하실 때 국회에서 여당 국회의원이 가장 중요하게 생각해야하는 역할은 무엇이라고 보십니까?

1) 행정부와의 정책 조율
2) 청와대와의 정책 조율
3) 야당과의 협력
4) 야당의 도전에 대한 응전
5) 지역구 현안 해결
6) 행정부 견제
7) 국정 감사
8) 국민의 의사 수렴

문48. 선생님께서 생각하실 때 국회에서 야당 국회의원이 가장 중요하게 생각해야 하는 역할은 무엇이라고 보십니까?

1) 행정부와의 정책 조율
2) 행정부 견제
3) 여당과의 협력
4) 여당의 독주에 대한 제동
5) 기타 야당과의 협력
6) 지역구 현안 해결
7) 국정 감사
8) 국민의 의사 수렴

문49. 선생님께서 국회의원을 선출할 때 가장 중요한 기준으로 삼는 것은 무엇입니까?

    1) 개인적 자질   2) 공약실천도   3) 소속정당의 호감
    4) 의정활동 평가   5) 지역현안의 해결   6) 국책사업의 유치
    7) 개인민원 해결   8) 개인적 친분

문50. 선생님께서는 국회의원들이 국회에서 중요한 문제를 결정할 때 가장 영향을 미치는 것은 무엇이라고 생각하십니까?

    1) 소속 정당   2) 국회의원 개인의 소신
    3) 지역구민   4) 행정부   5) 여론

문51. 국회의원은 중요한 문제를 결정할 때 어느 의견을 따르는 것이 옳다고 생각하십니까? 국회의원이 따라야할 가장 중요한 의견은 어떤 의견입니까?

    1) 소속 정당의 의견   2) 국회의원 개인의 의견
    3) 국민여론   4) 지역구민의 의견
    5) 행정부 및 대통령의 의견   6) 이익집단 또는 시민단체의 의견

문52. 선생님께서는 국회활동에 어느 정도 관심을 가지고 계십니까?

    1) 매우 많다   2) 조금 있다   3) 별로 없다   4) 전혀 없다

문53. 선생님의 지역구 국회의원이 누군지 아십니까?

    1) 안다   2) 모른다

문53-1. (문53의 ①번 응답자만) 아신다면 선생님의 지역구 국회의원은 누구입니까? △
△△의원

※ 정답/오답 여부는 [별첨] 자료 참조

    1) 정답   2) 오답

문54. 선생님께서는 과거 1년 동안 얼마나 자주 지역구 국회의원을 만나보셨습니까?

    1) 1번   2) 2번   3) 3번   4) 4번   5) 5번 이상   6) 만나본 적 없다

문55. 선생님 지역구 국회의원 활동에 대해서 얼마나 잘 알고 계십니까?

    1) 매우 잘 안다   2) 잘 아는 편이다   3) 잘 모르는 편이다   4) 전혀 모른다

문56. 국회의장이 누구인지 알고 있습니까?

    1) 안다   2) 모른다

문56-1. (문56의 ①번 응답자만) 안다면 국회의장은 누구입니까? △△△

    1) 정답   2) 오답

※ 다음의 질문에 응답해 주십시오.

번호	내 용	전적으로 찬성	약간 찬성	약간 반대	절대 반대
문57	우리나라에 국회가 꼭 필요하다고 생각하지 않는다는 말에 대해 어떻게 생각하십니까?	①	②	③	④
문58	누가 국회의원이 되건 어느 정당이 정권을 잡건 다 마찬가지라는 말에 대하여 어떻게 생각하십니까?	①	②	③	④

59. 선생님께서는 다음 기관을 얼마나 신뢰하십니까? 영향력은 얼마나 크다고 생각하십니까? 그리고 얼마나 그 기능을 잘하고 있다고 생각하십니까?

번호	내용	신뢰도					영향력					평가				
		매우 높다	높은 편이다	보통이다	낮은 편이다	매우 낮다	매우 높다	높은 편이다	보통이다	낮은 편이다	매우 낮다	매우 잘한다	잘하는 편이다	보통이다	못하는 편이다	매우 못한다
59-1	대통령	①	②	③	④	⑤	①	②	③	④	⑤	①	②	③	④	⑤
59-2	국회	①	②	③	④	⑤	①	②	③	④	⑤	①	②	③	④	⑤
59-3	행정부 (공무원)	①	②	③	④	⑤	①	②	③	④	⑤	①	②	③	④	⑤
59-4	경찰	①	②	③	④	⑤	①	②	③	④	⑤	①	②	③	④	⑤
59-5	군대	①	②	③	④	⑤	①	②	③	④	⑤	①	②	③	④	⑤
59-6	학교	①	②	③	④	⑤	①	②	③	④	⑤	①	②	③	④	⑤
59-7	법원	①	②	③	④	⑤	①	②	③	④	⑤	①	②	③	④	⑤
59-8	대기업	①	②	③	④	⑤	①	②	③	④	⑤	①	②	③	④	⑤
59-9	신문방송 등 언론	①	②	③	④	⑤	①	②	③	④	⑤	①	②	③	④	⑤
59-10	시민단체	①	②	③	④	⑤	①	②	③	④	⑤	①	②	③	④	⑤
59-11	종교단체	①	②	③	④	⑤	①	②	③	④	⑤	①	②	③	④	⑤

문60. 선생님께서는 한국 민주주의의 발전에 어느 기관이 가장 긍정적인 역할을 해왔다고 생각하십니까?

    1) 행정부와 대통령   2) 국회   3) 법원   4) 정당
    5) 시민단체   6) 학생   7) 기타

문61. 선생님께서는 한국 민주주의 발전에 어느 국가 기관이 가장 부정적인 역할을 해왔다고 생각하십니까?

    1) 행정부와 대통령   2) 국회   3) 법원   4) 정당
    5) 시민단체   6) 학생   7) 기타

문62. 정치 발전을 위해서 가장 시급한 현안은 무엇이라고 생각하십니까?

    1) 대통령의 책임정치   2) 전문가의 행정부 각료 임명
    3) 국회의원의 전문성 제고   4) 국회의원의 자질 향상
    5) 국민의 정치의식 고양   6) 언론의 공정한 국정 보도와 감시
    7) 시민 단체의 적극적 활동   8) 네티즌의 적극적인 활동
    9) 정치 선진국의 제도 도입

문63. 선생님께서는 국회나 국회의원에 대한 정보를 어디를 통해서 얻으십니까?

    1) 신문   2) 텔레비전   3) 라디오
    4) 홍보물   5) 인터넷   6) 개인접촉(친구, 동료)

문64. 국회에 대한 언론보도 태도는 대체로 어떻다고 보십니까?

    1) 긍정적   2) 약간 긍정적   3) 중립적
    4) 약간 부정적   5) 부정적

문65. 국회에 대한 언론보도를 얼마나 신뢰하십니까?

    1) 매우 신뢰   2) 약간 신뢰   3) 중립적
    4) 약간 불신   5) 매우 불신

문66. 선생님께서는 지난 2004년 4월 17대 총선 때와 같은 선거구에서 지금도 살고 계십니까 아니면 이사를 하셨습니까?

    1) 계속 살고 있다   2) 이사를 했다

문67. 여성국회의원이 남성국회의원과 비교해 볼 때 일을 잘하고 있다고 보십니까?

    1) 매우 잘한다   2) 잘하는 편이다   3) 비슷하다
    4) 못하는 편이다   5) 매우 못한다

문68. 선생님께서는 여성국회의원에 대해 어느 정도 호감을 가지고 계십니까?

    1) 매우 좋아한다   2) 약간 좋아한다
    3) 약간 싫어한다   4) 매우 싫어한다

문69. 선생님께서는 현재 정당공천과정의 여성할당제에 대해 어떻게 생각하십니까?

    1) 매우 찬성한다   2) 찬성하는 편이다
    3) 반대하는 편이다   4) 매우 반대한다

4. 통계처리용 자료

DQ1. 선생님의 고향은 어디입니까?

    ① 서울   ② 경기   ③ 강원   ④ 충청   ⑤ 전라
    ⑥ 경상   ⑦ 제주   ⑧ 이북   ⑨ 해외

DQ2. 선생님의 최종학력은 어떻게 되십니까?

① 초등학교 이하　　② 중졸 이하　　③ 고졸 이하
④ 대졸 이하　　⑤ 대학원 이상

DQ3. 선생님의 직업은 무엇입니까? (　　번) ☞ 다음 페이지 〈직업분류 코드표〉 참조

DQ4. 선생님의 종교는 무엇입니까?
① 불교　　② 기독교　　③ 천주교　　④ 유교
⑤ 천도교　　⑥ 원불교　　⑦ 기타　　⑧ 없음

DQ5. 선생님 가구의 한달 수입은 어느 정도 되십니까?

① 100만 원 이하　② 100 - 200만 원　③ 200 - 300만 원　④ 300 - 400만 원
⑤ 400 - 500만 원　⑥ 500 - 1000만 원　⑦ 1000만 원 이상

> DQ6. 선생님께서는 최근 2년간 아래와 같은 단체에 가입을 하신 적이 있거나 현재 가입하고 계십니까?

번호	내　용	있다	없다
DQ6-1	정당에 가입한 적이 있거나 현재 가입하고 있습니까?	①	②
DQ6-2	노동조합에 가입한 적이 있거나 현재 가입하고 있습니까?	①	②
DQ6-3	사회단체 및 시민단체에 가입한 적이 있거나 현재 가입하고 있습니까?	①	②
DQ6-4	협동조합에 가입한 적이 있거나 현재 가입하고 있습니까?	①	②
DQ6-5	향우회에 가입한 적이 있거나 현재 가입하고 있습니까?	①	②

〈 직업분류 코드표 〉

전문직
01. 의사
02. 약사,간호사
03. 변호사,판사, 검사
04. 대학교수, 연구원
05. 교사, 학원강사
06. 언론인, 방송인
07. 엔지니어(무엇:)
08. 목사, 신부, 승려
09. 예능 및 예술인

공무원
11. 고급공무원(4급 서기관 이상, 총경이상)
12. 일반공무원(5급 사무관 이하, 경정 이하)
13. 군인(영관급 이상)
14. 군인(위관급, 하사관)
15. 기능직 공무원(무엇:)
16. 고용직 공무원(무엇:)

기업체
21. 중역, 임원(이사급 이상)
22. 중간 관리직 사원(부장, 차장, 과장급)
23. 사무직 사원(계장, 대리, 평사원)
24. 중소기업 사장(무엇:)

판매, 서비스직
31. 상점주인(무엇:)
32. 음식점,여관, 세탁소 등의 주인 (무엇:)
33. 복덕방, 부동산 중개인
34. 점원
35. 주방장, 이발사, 미용사
36. 행상, 노점상
37. 파출부, 우유 배달부
38. 영업직(보험직)

생산직
41. 생산감독(주임 및 반장)
42. 숙련공(무엇:)
43. 공장근로자(무엇:)
44. 자동차 중장비 운전사
45. 막노동, 단순노동자
46. 가내 수공업(무엇:)

농어민
51. 부농(6,000평이상)
52. 중농(3,000-5,999평)
53. 소농(1,500-2,999평)
54. 빈농(1,500평
미만), 소작
55. 선원, 어부
56. 축산,낙농업자
57. 수산업자(선주, 양식업 경영자)

기타
61. 학생
62. 주부
63. 무직
64. 정년 퇴직, 연금생활자
65. 군인(사병), 공익요원, 전경
66. 기타(무엇:)

* 오랜 시간 내주셔서 감사합니다.

II. 국회의 이상과 현실 관련 국회의원 의식조사

조사의 설계 및 진행

조사대상	• 17대 국회의원 (297)
표본수	• 243명
조사방법	• 면접조사(*face-to-face interview*)
조사기간	• 2006년 11월 30일 ∼ 12월 12일
조사기관	• 서강대학교 동아연구소, 중앙일보, 참여연대

국회의 이상과 현실 : 국회의원 설문지

ID

존경하는 의원님께 부탁드립니다.

본 설문은 서강대 **동아연구소 - 중앙일보 - 참여연대** 세 기관에서 공동으로 수행하는 국회의원 의식조사입니다.

국회의 중요성에도 불구하고 현재 국회에 대한 국민의식은 매우 낮은 형편입니다. 서강대 동아연구소에서는 학술진흥재단의 기초학문 연구과제의 일환으로 국회인식의 올바른 틀을 세우고자 중앙일보 및 참여연대와 함께 설문조사를 실시하고 있습니다.

매우 바쁘시겠지만 설문에 응답해주시어 본 국회연구가 올바른 국회인식에 기여할 수 있도록 도와주시기 바랍니다. 본 설문에 응답해주신 내용은 통계법 13조에 따라 통계목적이외에는 사용되지 않으며, 개인비밀은 철저히 보호됩니다.

본 조사에 관한 문의할 것이 있으시면 **서강대학교 정치외교학과 이현우 교수(705-8393)**에게 연락주시기 바랍니다.

서강대학교 정치외교학과 교수　이　갑　윤

■ 17대 국회에 대한 평가

1. 다음은 국회업무에 관한 사항입니다. 17대 국회를 평가할 때 의원님의 의견과 가장 가까운 번호에 V표 해 주십시오.

내 용	매우 잘하고 있다	잘하고 있는 편이다	못하고 있는 편이다	매우 못하고 있다
1) 법률의 제·개정	①	②	③	④
2) 국민의사 대표	①	②	③	④
3) 행정부 견제/감시	①	②	③	④
4) 사회갈등 조정	①	②	③	④

2. 의원님께서는 국회역할 중 가장 중요한 것이 무엇이라고 생각하십니까?

    1) 법률의 제·개정   2) 국민의사 대표
    3) 행정부 견제/감시   4) 사회갈등 조정

3. 의원님께서는 16대 국회와 비교해서 17대 국회활동을 전반적으로 어떻게 평가하십니까?

    1) 매우 잘하고 있다 (☞ 4번으로)   2) 약간 잘하고 있다 (☞ 4번으로)
    3) 비슷하다   4) 약간 못하고 있다   5) 매우 못하고 있다

    3-1. 만약 국회가 제 역할을 다 하지 못한다면 그 주된 이유는 무엇이라 생각하십니까?

        1) 국회의 힘이 행정부에 비해 약해서
        2) 정당들의 당리당략 때문에
        3) 국회의원들의 자질이 미흡해서
        4) 시민단체 또는 이익단체들의 지나친 간섭 때문에
        5) 입법지원체계가 미흡해서
        6) 기타 (_____)

4. 의원님께서는 남성의원들과 비교할 때 여성의원의 활동을 전반적으로 어떻게 평가하십니까?

　1) 매우 잘하고 있다 (☞ 4-1번으로)　　2) 약간 잘하고 있다 (☞ 4-1번으로)
　3) 비슷하다　　　　　　　　　　　4) 약간 못하고 있다 (☞ 4-2번으로)
　5) 매우 못하고 있다 (☞ 4-2번으로)

　4-1. 잘하고 있다면 주로 어떤 면에서 그렇다고 생각하십니까?

　　　1) 성실성　　　　2) 전문성　　　　3) 청렴성
　　　4) 정치적 소신　　5) 원만한 인간관계　6) 기타 (_____)

　4-2. 못하고 있다면 주로 어떤 면에서 부족하다고 생각하십니까?

　　　1) 성실성　　　　2) 전문성　　　　3) 청렴성
　　　4) 정치적 소신　　5) 원만한 인간관계　6) 기타 (_____)

5. 다음 단체의 국회 견제활동을 어떻게 평가하십니까?

내　용	매우 긍정적이다	약간 긍정적이다	약간 부정적이다	매우 부정적이다
1) 언론	①	②	③	④
2) 시민단체	①	②	③	④
3) 이익단체	①	②	③	④
4) 네티즌	①	②	③	④

■ 상임위 활동 및 국회조직

6. 의원님께서는 소속 상임위 배정에 대해 어떻게 생각하십니까?

　　1) 매우 만족　　　2) 약간 만족　　　3) 약간 불만족　　　4) 매우 불만족

7. 상임위 배정에 영향을 미치는 요인 중 중요한 순서대로 2가지만 선택하여 주십시오.

　　　　　1순위 _____　　　　2순위 _____

　　1) 당선횟수　　　　　　　　　2) 정당 지도부
　　3) 의원의 전문성　　　　　4) 의원 개인의 희망
　　5) 출신 지역구

8. 의원님께서 소속된 상임위원회의 역할 수행에 대해 어떻게 평가하십니까?
　　1) 잘하고 있다　　　　　　　　2) 잘하고 있는 편이다
　　3) 못하고 있는 편이다　　　　4) 못하고 있다

9. 상임위 배정에 있어 의원님께서 선호하는 상임위원회와 회피하는 상임위원회는 어느 곳입니까?

　　선호위원회　　1순위 _____　　　2순위 _____
　　회피위원회　　1순위 _____　　　2순위 _____

10. 국회운영에 있어 국회의장의 권한에 대해 어떻게 생각하십니까?

　　1) 매우 강하다　　　　　　　2) 강한 편이다
　　3) 미약한 편이다　　　　　　4) 매우 미약하다

11. 국회 입법지원기구 중 어느 조직이 가장 많이 도움이 되십니까?

    1) 법제실   2) 상임위 전문위원   3) 도서관 입법전자정보실
    4) 예산정책처   5) 없다

12. 의원님께서는 보다 나은 입법활동을 위하여 다음 중 어느 것이 가장 필요하다고 생각하십니까?

    1) 정책 보좌관 확대   2)입법지원 기구 확대   3) 정책개발비 지원확대

13. 의원님께서는 예산심의에 가장 장애가 되는 것은 무엇이라고 생각하십니까?

    1) 행정부의 불충분한 자료 제출   2) 시간 부족
    3) 전문성 부족   4) 정당의 당리당략   5) 인력 부족

14. 국회의원들의 표결에 있어 가장 큰 영향을 미치는 요인은 무엇이라고 생각하십니까?

    1) 정당   2) 지역구   3) 의원 개인의 신념
    4) 계파   5) 재선   6) 기타 (_____)

■ 의정활동

15. 의원님께서 의정활동을 하실 때 다음의 각 분야에서 가장 부족한 점은 무엇입니까?

내 용	인력	자금	중앙당 지원	입법 지원기구	자원봉사자
1) 국민의사 대표	①	②	③	④	⑤
2) 법률의 제·개정	①	②	③	④	⑤
3) 행정부 견제/감시	①	②	③	④	⑤
4) 지역구 활동	①	②	③	④	⑤

16. 의원님께서는 의정활동에 필요한 자료나 정보를 주로 어디에서 얻고 계십니까?

    1) 행정부   2) 시민단체/이익단체   3) 국회 입법지원조직
    4) 전문가   5) 언론/제보   6) 인터넷 자원
    7) 중앙당   8) 기타 (_____)

17. 이번 국회에서 의정활동을 위해 일주일에 평균 몇 차례나 주민들과 접촉하십니까?

    [회]

18. 의원님께서는 전체를 10으로 보았을 때 지역구 업무와 국회활동의 시간적 할애는 어떻게 하고 있습니까?(예를 들어 1:9 혹은 2:8)(비례대표의원 제외)

지역구 업무	:	국회활동
	:	

19. 의원님께서는 전체를 10으로 보았을 때 보좌진 인력 배치를 어떻게 (지역과 국회) 할애 하고 있습니까?(예를 들어 1:9 혹은 2:8)(비례대표의원 제외)

지역구	:	국회
	:	

20. 의원님께서는 당론과 본인의 소신이 충돌할 때 대체로 어떤 것을 더 중시하십니까?

    1) 당론   2) 본인 소신

21. 의원님께서는 당론과 지역구 이익이 충돌할 때 대체로 어떤 것을 더 중시하십니까?
(비례대표의원 제외)

    1) 당론   2) 지역구 이익

22. 의원님께서는 당론과 본인의 소신이 충돌한 경험이 얼마나 있으십니까?

    1) 자주   2) 가끔   3) 거의 없다

23. 다음 의견에 대해 의원님께서는 어떻게 생각하십니까?

내 용	적극 동의	약간 동의	별로 동의하지 않음	전혀 동의하지 않음
1) 당론이 결정되는 과정은 민주적이다	①	②	③	④
2) 국회의 운영에 정당의 개입이 지나치게 많다	①	②	③	④
3) 당정협의회는 긍정적인 기능을 하고 있다	①	②	③	④

■ 정치자금

24. 다음은 재선에 영향을 미친다고 알려진 요인들입니다. 의원님께서 재선에 중요하다고 생각하신 순서대로 3가지의 번호를 써주십시오

    1순위 _____   2순위 _____   3순위 _____

    1) 선거자금   2) 지역구활동   3) 국회에서의 표결내용   4) 정당지원
    5) 여야여부   6) 현직여부   7) 정당지도부와의 관계   8) 기타

25. 법으로 정해진 자금만으로 정상적인 선거전이 가능하다고 생각하십니까?

    1) 가능하다   2) 가능한 편이다
    3) 불가능한 편이다   4) 절대 불가능하다

26. 의원님께서 지출하시는 경비 중 후원회비는 어느 정도의 비중을 차지하고 있습니까?

(   )%

27. 의원님께서는 국회의원의 역할에 비해 세비는 어떻다고 생각하십니까?

    1) 매우 많다   2) 많다   3) 적절하다
    4) 부족하다   5) 매우 부족하다

28. 의원님께서는 현행 정치자금법에 있어 기업의 기부제한에 대해서 어떻게 생각하십니까?

    1) 현행대로 유지해야 한다   (☞ 29번으로)
    2) 일정한도 내에서 허용해야 한다   (☞ 28-1번으로)
    3) 기부제한을 철폐해야 한다   (☞ 29번으로)

      28-1. 일정한도 내에서라면 기업의 기부 한도액은 어느 정도가 적당하다고 생각하십니까?

         (_____)만원

29. 선거가 없는 해에 정치후원금을 어느 부분에 가장 많이 사용하십니까? 두 가지만 선택하여 번호를 써주십시오.

      1위 _____   2위 _____

    1) 보좌관 등의 인건비를 제외한 지역구 관리   2) 인건비
    3) 정책 연구 개발비   4) 정보 활동비   5) 품위 유지비/교제비
    6) 사무실 운영비   7) 홍보비
    8) 정당을 제외한 기타 단체 지원, 활동비
    9) 기타 (_____)

30. 의원님께서는 현행 정치후원회 모금 제도에 얼마나 만족하십니까?

    1) 매우 만족한다   2) 만족하는 편이다
    3) 불만족하는 편이다   4) 매우 불만족한다

31. 국회의원들의 정치 후원금 모금에 영향을 미치는 다음 요소들 중 가장 중요하다고 생각하시는 2가지를 골라 번호를 써 주십시오.

    1위 _____   2위 _____

    1) 당선횟수   2) 소속 정당
    3) 지역구의 경제력   4) 의원 개인의 명성
    5) 재계와의 관계   6) 노동조합과의 관계
    7) 당내에서의 위치   8) 후원회 조직
    9) 당선 가능성   10) 소속 상임위원회
    11) 기타

■ 이념성향

32. 의원님 지역구민들의 이념성향은 대체적으로 어디에 놓여 있다고 생각하십니까?

        0---1---2---3---4---5---6---7---8---9---10
      (진보)   (보수)

33. 의원님의 이념성향은 일반적으로 어디에 놓여있다고 생각하십니까?

        0---1---2---3---4---5---6---7---8---9---10
      (진보)   (보수)

34. 의원님께서는 복지예산과 관련해 다음 중 어느 의견에 가장 가깝다고 생각하십니까?

    1) 현재보다 축소해야 한다
    2) 현재 수준으로 유지해야 한다
    3) 현재보다 증액해야한다

35. 의원님께서는 북핵문제와 관련한 대북지원에 대해 다음 중 어느 의견에 가장 가깝다고 생각하십니까?

    1) 중단해야 한다
    2) 현재보다 규모를 줄여야 한다
    3) 현 수준정도에서 지속해야 한다
    4) 더욱 확대해야 한다

■ 현 안

36. 의원님께서는 17대 국회 후반기 현안은 무엇이라고 생각하십니까?(가장 중요하다고 생각하는 순서에 따라 두 가지만 골라주십시오)

    1위 _____   2위 _____

    1) 일자리 창출   2) 부동산 가격안정
    3) 한미 FTA   4) 이라크 파병 철군
    5) 사학법   6) 북핵문제
    7) 사회 소수자 이익보호(여성, 인권, 장애인 등)
    8) 국민연금제도 개혁
    8) 기타(_____)

37. 부동산 가격폭등에 대한 우선적 대안은 무엇이라고 생각하십니까?

    1) 공급확대
    2) 세제정책(종부세, 양도세 등)을 통한 투기억제
    3) 원가공개 등 분양가 규제
    4) 담보대출 추가규제, 금리 인상 등 금융정책 수단 동원

38. 현재까지의 상황을 종합적으로 고려할 때, 한미 FTA 체결에 대해 어떻게 생각하십니까?

    1) 찬성한다   2) 찬성하는 편이다
    3) 반대하는 편이다   4) 반대한다
    5) 입장유보

39. 의원님께서는 자이툰 부대가 이라크에서 언제 철군해야 한다고 생각하십니까?

    1) 즉각 또는 3개월 이내   2) 6개월 이내
    3) 1년 이내   4) 2008년 이후

― 설문에 참여해 주셔서 대단히 감사드립니다 ―

| 색인

| ㄱ |

| 편저자 및 필자 소개

* 가상준
· State University of New York at Stony Brook 정치학 박사
· New York State University 정치학 박사
· 단국대학교 정치외교학과 조교수

* 김진하
· 서강대학교 정치학 학사
· Northwestern University 정치학 박사
· 계명대학교 KIC 부학장

* 이갑윤
· 서울대학교 정치학 박사
· Yale University 정치학 박사
· 서강대학교 정치외교학과 교수

* 이현우
· 서강대학교 정치학 학사
· University of North Carolina at Chapel Hill 정치학 박사
· 서강대학교 정치외교학과 교수

* 이현출
· 건국대학교 법학 학사
· 건국대학교 정치학 박사
· 국회입법조사처 정치의회팀장

* 정혜숙
· 계명대학교 사회학 학사
· 계명대학교 사회학 박사
· 계명대학교 한국학 연구소 전임 연구원

* 박경산
· 연세대학교 정치학 학사
· University of North Carolina at Chapel Hill 정치학 박사

한국 국회의 현실과 이상

인 쇄 | 2009년 8월 25일
발 행 | 2009년 8월 31일

편저자 | 이갑윤 · 이현우
발행인 | 부성옥
발행처 | 도서출판 오름
등록번호 | 제2-1548호 (1993. 5. 11)

주 소 | 서울특별시 서초구 서초동 1420-6
전 화 | (02)585-9122, 9123   팩 스 | (02)584-7952
E-mail | oruem@oruem.co.kr
URL | http://www.oruem.co.kr

ISBN 978-89-7778-322-5   93340   정가 16,000원

※잘못된 책은 교환해 드립니다.